# V. ODTÜ Arkeometri Çalıştayı

Türkiye Arkeolojisinde Takı ve Boncuk:

Arkeolojik ve Arkeometrik Çalışmalar

Prof. Dr. Ay Melek Özer Onuruna

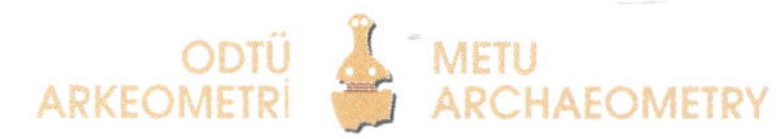


V. ODTÜ Arkeometri Çalıştayı
Türkiye Arkeolojisinde Takı ve Boncuk:
Arkeolojik ve Arkeometrik Çalışmalar

Prof. Dr. Ay Melek Özer Onuruna

Editörler
Asuman Günal Türkmenoğlu, Şahinde Demirci

Kapak Tasarım
Yasemin Saatçioğlu Oran

V. ODTÜ Arkeometri Çalıştayı Bildiriler Kitabı TÜBİTAK'ın değerli desteği ile bastırılmıştır.

ISBN 978-605-7673-76-3
1. Baskı / 1st Edition

Yayıncı Sertifika No: 47806



Baskı / Printed by
Print Center
Sultan Selim Mahallesi, Libadiye Sokak, No: 3
4. Levent 34415 İstanbul
Tel: +90 (212) 371 0300 Fax: +90 (212) 280 9604
Sertifika No: 46616

Yapım ve Dağıtım / Production and Distribution
Zero Prodüksiyon Kitap-Yayın-Dağıtım San. Ltd. Şti.
Abdullah Sokak, No: 17, Beyoğlu 34433 İstanbul
Tel: +90 (212) 244 7521 Fax: +90 (212) 244 3209
E.posta: info@zerobooksonline.com
www.zerobooksonline.com egeyayinlari.com.tr

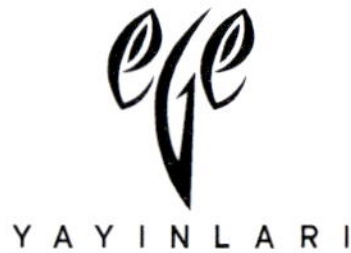

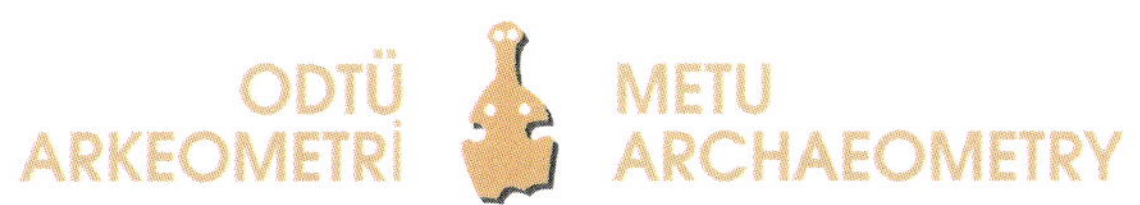


V. ODTÜ Arkeometri Çalıştayı

# Türkiye Arkeolojisinde Takı ve Boncuk: Arkeolojik ve Arkeometrik Çalışmalar

Prof. Dr. Ay Melek Özer Onuruna

14-16 Kasım 2019

Editörler

Asuman Günal Türkmenoğlu, Şahinde Demirci

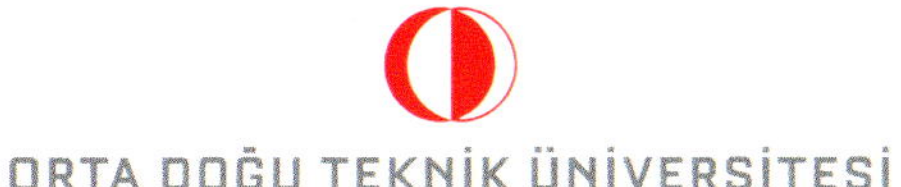

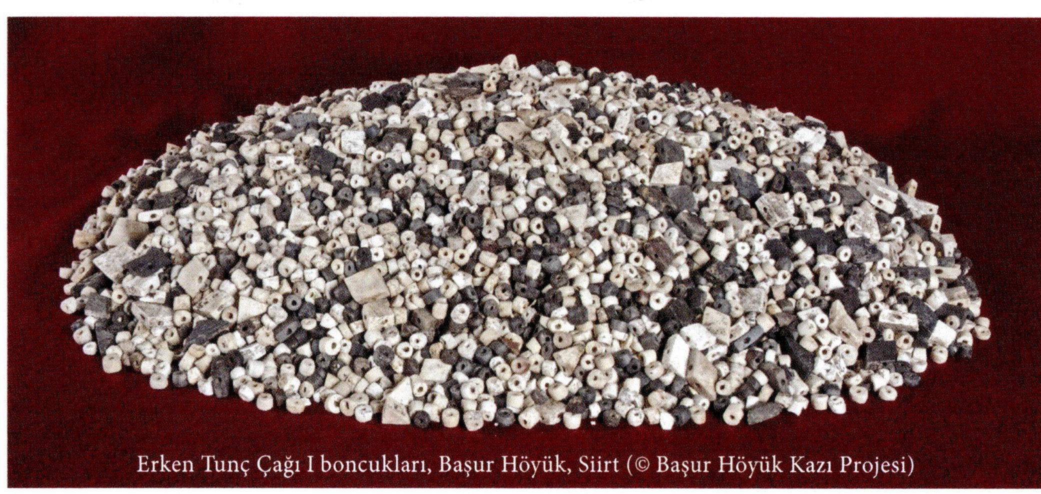

Erken Tunç Çağı I boncukları, Başur Höyük, Siirt (© Başur Höyük Kazı Projesi)

## Düzenleme Kurulu

Prof. Dr. Musa Doğan
FBE Arkeometri Anabilim Dalı /Biyolojik Bilimler Bölümü, ODTÜ
Prof. Dr. Gülay Ertaş
FBE Arkeometri Anabilim Dalı / Kimya Bölümü, ODTÜ
Prof. Dr. Asuman Günal Türkmenoğlu
FBE Arkeometri Anabilim Dalı / Jeoloji Mühendisliği Bölümü, ODTÜ
Prof. Dr. Şahinde Demirci
FBE Arkeometri Anabilim Dalı / Kimya Bölümü, ODTÜ
Prof. Dr. Ömür Bakırer
FBE Arkeometri Anabilim Dalı / FBE Kültürel Mirası Koruma Programı, ODTÜ
Prof. Dr. Burcu Erciyas
SBE Yerleşim Arkeolojisi Anabilim Dalı / Şehir ve Bölge Planlama Bölümü, ODTÜ
Doç. Dr. Kaan Sayıt
FBE Arkeometri Anabilim Dalı / Jeoloji Mühendisliği Bölümü, ODTÜ
Prof. Dr. Ümit Atalay
FBE Arkeometri Anabilim Dalı / Maden Mühendisliği Bölümü, ODTÜ
Prof. Dr. Kadriye Özçelik
DTCF Arkeoloji Bölümü, Ankara Üniversitesi
Dr. Bülent Şentürk
Ege Madencilik
Mehmet Bilgi Er
FBE Arkeometri Anabilim Dalı, ODTÜ
Pelin Ayter
FBE Arkeometri Anabilim Dalı, ODTÜ (Doktor Adayı)

## Bilim Kurulu

Doç. Dr. Ali Akın Akyol, Ankara Hacı Bayram Üniversitesi
Prof. Dr. Asuman Günal Türkmenoğlu, ODTÜ
Prof. Dr. Billur Tekkök Karaöz, Başkent Üniversitesi
Prof. Dr. Burcu Erciyas, ODTÜ
Doç. Dr. Emma L. Baysal, Ankara Üniversitesi
Prof. Dr. Gülay Ertaş, ODTÜ
Prof. Dr. Hayriye Yeter Göksu, Ankara Üniversitesi
Doç. Dr. Kaan Sayıt, ODTÜ
Melih Arslan, Ankara Hacı Bayram Üniversitesi
Prof. Dr. Musa Doğan, ODTÜ
Prof. Dr. Ömür Bakırer, ODTÜ
Prof. Dr.Şahinde Demirci, ODTÜ
Prof. Dr. Ümit Atalay, ODTÜ
Prof. Dr. Yavuz Ataman, ODTÜ

# İçindekiler | Contents

# Önsöz

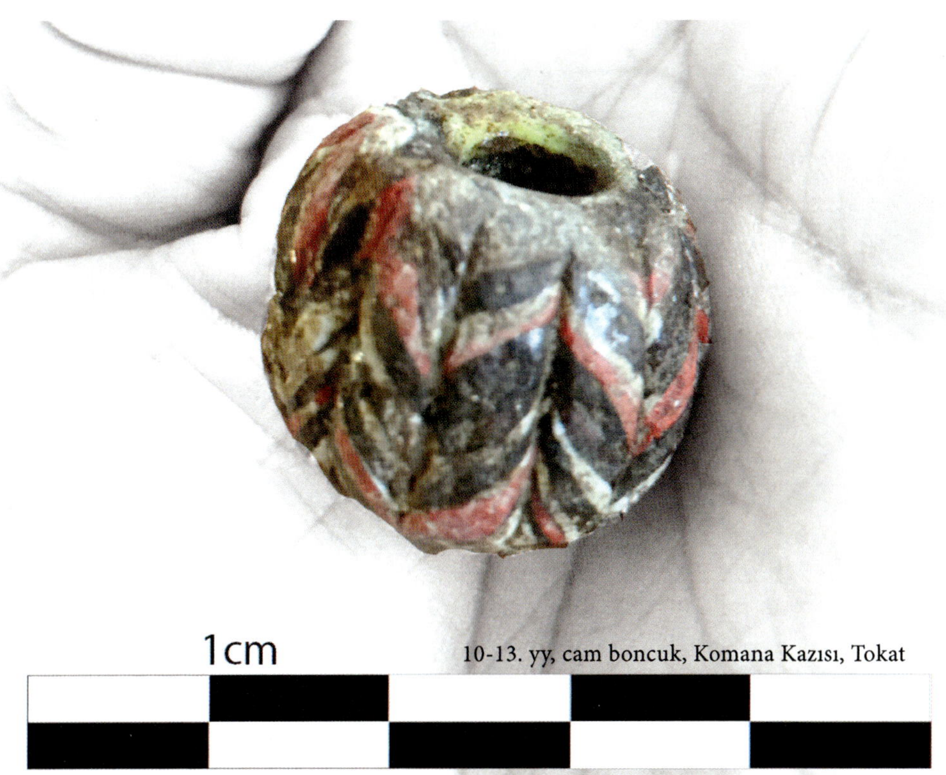


10-13. yy, cam boncuk, Komana Kazısı, Tokat

Arkeolojik ve antropolojik veriler, müzik ve süsleme sanatı ile ilgili çalışmaların başlangıcının Üst Paleolitik Çağ'a (30.000 yıl önceye) kadar uzandığını düşündürmektedir. Önceleri, insanların takıyı koruma ve bereket amaçlı olarak taşıdıkları, süsleme amaçlı olarak taşımadıkları sanılmaktadır.

Gerçek anlamda süs eşyaları insanların tarım ve hayvancılıkta üretici konumuna geçtikleri Neolitik Çağ'da yaratılmıştır. İlk süs eşyaları; statü belirleyen objeler, muskalar ve bunlarla birlikte kullanılan motifler gibi dini fonksiyonu olan objelerdir. Bunların bir kısmı günümüze kadar ulaşmıştır.

Erken Bronz Çağı'ndaki teknik başarılar, soy metallerle çalışma olanağı ile birleşince MÖ 3000'de kuyumculuk gelişmiştir. Bu uğraş, Mezopotamya ve Mısır'da sanat haline gelmiş, buralardan dünyanın diğer bölgelerine ulaşmıştır.

Kuyumcular ve kıymetli taş ustaları bilgi ve becerilerini yaratıcılık, maharet ve sabırla birleştirip gücün ve güçlünün sembollerini, ziynet eşyalarını, metal heykelleri, tapınaklar için dini objeleri ve diğer birçok eseri oluşturmuşlardır.

Uzun seneler boyunca bu sanat ürünleri, dini ve estetik değerleri ve bunları yaratan toplumun teknolojik ve ekonomik gelişimini yansıtmıştır. Aklımızda tutacağımız diğer bir husus da ticaret, göç ve istilaların, tarih öncesi dönemlerden beri toplumların karşılıklı iletişim ve etkileşimlerini sağlamış olduğudur. Yüzlerce ve hatta binlerce yıla yayılan tarihi devamlılık, insanlığın ortak kültürel mirasını oluşturmuştur. Özellikle Anadolu kültürü, en ilginç ve en eski kültürel örneklerden biridir. Anadolu'da farklı toplumlar ve kültürler birbirini takip etmiş ve tarihsel devamlılık içinde ahenkli bir sosyal doku yaratılmıştır.

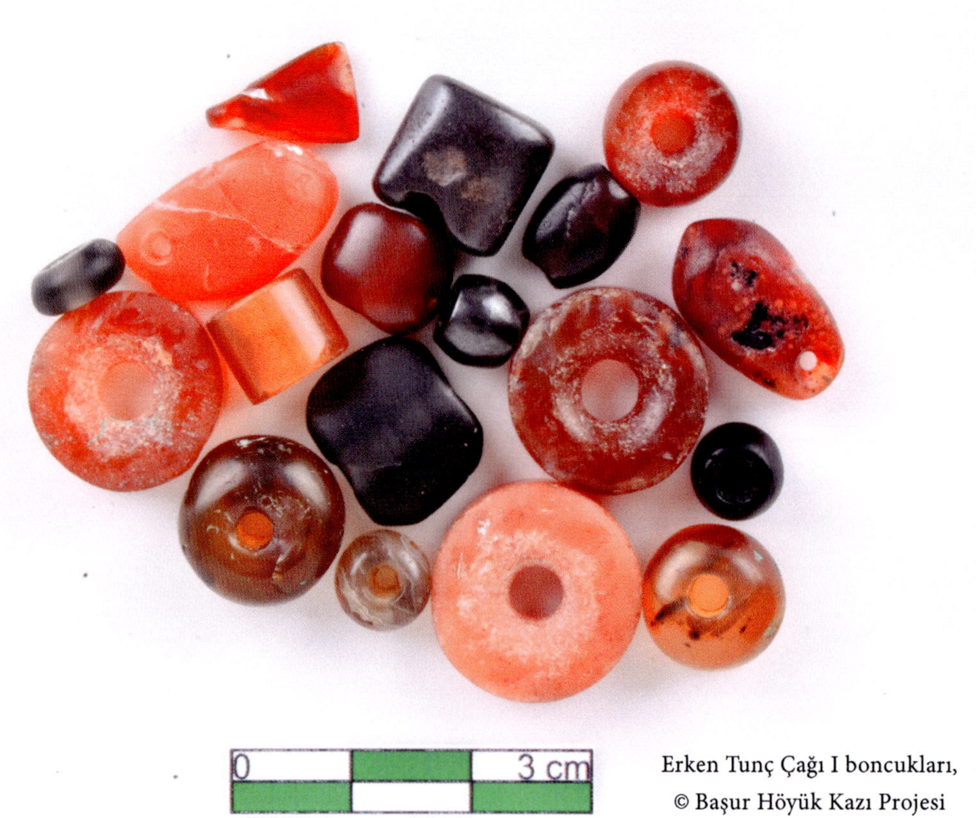


Erken Tunç Çağı I boncukları,
© Başur Höyük Kazı Projesi

İnsanın fiziksel formu ile ilişkili olarak ortaya çıkan yüzük, bilezik, gerdanlık, taç, boncuk, muska ve kemer gibi belli başlı ziynet eşyaları ve aksesuarlar, asırlar geçmesine rağmen işlevlerini aynen muhafaza ederek zamanımıza kadar ulaşmışlardır. Kullanım alanları çok çeşitli olan takı ve boncuklar, Arkeometri Anabilim Dalı tarafından V. ODTÜ Arkeometri Çalıştayı'nın konusu olarak belirlenmiştir.

Çeşitli temel bilimler ve mühendislik dallarının ortaya koyduğu bilimsel ölçüm ve analiz yöntemlerinin arkeolojiye uyarlanması olarak tanımlanabilecek olan arkeometri; geçmiş uygarlıkların yaşam biçimlerinin, ticari ilişkilerinin, ekonomilerinin, teknolojik gelişim süreçlerinin, sosyal ve kültürel evrelerin ve bunların düzeylerinin anlaşılmasında arkeolog, sanat tarihçi ve müzeologlara büyük katkılar sağlamaktadır.

Orta Doğu Teknik Üniversitesi Fen Bilimleri Enstitüsü Arkeometri Anabilim Dalı tarafınıdan "Türkiye Arkeolojisinde Takı ve Boncuk: Arkeolojik ve Arkeometrik Çalışmalar" konulu Çalıştay 14-16 Kasım 2019 tarihlerinde düzenlenmiştir. Bu çalıştayda Paleolitik Çağ'dan başlayarak Bizans Dönemi sonuna kadar olan zaman dilimi içinde kullanılan takı ve boncuklar üzerine yapılan araştırmalar ve elde edilen bulgulara ilişkin yorum ve değerlendirmelere yer verilmiştir.

Bu çalıştay ODTÜ Arkeometri Anabilim Dalının kurucuları arasında bulunan, Anabilim Dalının eğitim ve araştırmalarına, özellikle tarihlendirme konusunda verdiği dersler ve yayınlarıyla büyük katkısı olan, arkeometri alanında birçok Yüksek Lisans ve Doktora öğrencisi yetiştiren kıymetli hocamız Prof. Dr. Ay Melek Özer onuruna düzenlenmiştir.

TÜBİTAK desteği ile ODTÜ bünyesinde kurulan Arkeometri ünitesi ilk olarak 1980 yılında, yine TÜBİTAK desteği ile bilimsel toplantılarını başlatmıştır. Arkeometri ünitesi 1987 yılından itibaren yine TÜBİTAK desteği ile "Arkeolojik Kalıntıların Spektroskopik ve Analitik Yöntemlerle İncelenmesi, Ünitesi (AKSAY)" olarak çalışmalarına devam etmiştir. ODTÜ Anabilim Dalı 1994 yılında 29. Uluslararası Arkeometri Sempozyumu'nu yine TÜBİTAK desteği ile Ankara'da gerçekleştirmiş ve bildiriler kitabı TÜBİTAK tarafından yayımlanmıştır.

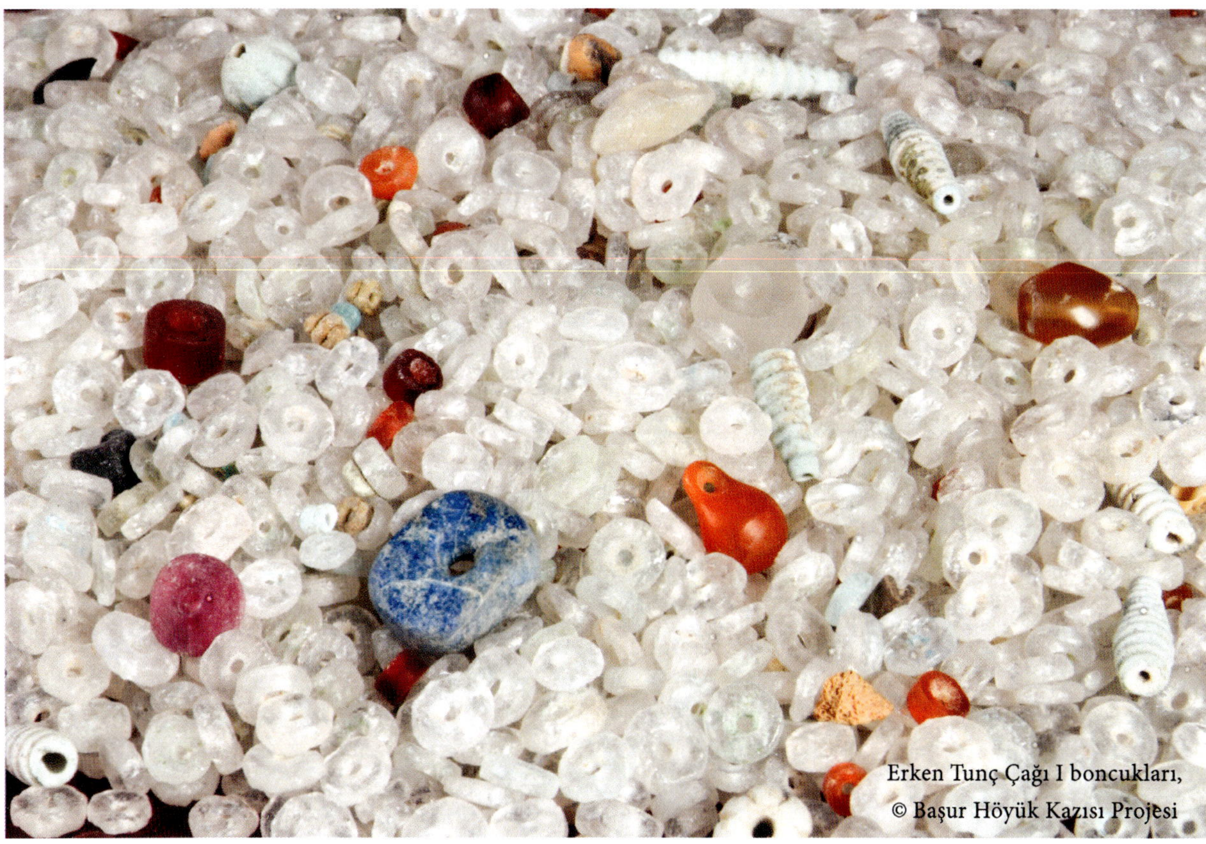

Erken Tunç Çağı I boncukları,
© Başur Höyük Kazısı Projesi

Bütün bu gelişmeler sonucunda, Türkiye'de arkeometri araştırma ve eğitiminin öncüsü olan ODTÜ Arkeometri Anabilim Dalı, 2009 yılından itibaren "ODTÜ Arkeometri Çalıştayı" başlığı altında çalıştaylar düzenlemeyi amaçlamıştır. Aynı yıl bunlardan ilki olan "Türkiye Arkeolojisinde Seramik: Arkeolojik ve Arkeometrik Çalışmalar" çalıştayı Doç. Dr. Olcay Birgül anısına gerçekleştirilmiştir. 2011 yılında yapılan ikinci çalıştayın konusu "Türkiye Arkeolojisinde Cam: Arkeolojik ve Arkeometrik Çalışmalar" olarak belirlenmiş ve çalıştay Prof. Dr. Ufuk Esin anısına gerçekleştirilmiştir. 2013 yılında yapılan üçüncü çalıştayın konusu ise "Türkiye Arkeolojisinde Metal: Arkeolojik ve Arkeometrik Çalışmalar" olarak belirlenmiş ve Prof. Dr. Halet Çambel onuruna yapılmıştır. Her üç çalıştayın bildiri kitapları TÜBİTAK'ın katkılarıyla yayımlanmıştır. 2015 yılında yapılan dördüncü çalıştayın konusu "Türkiye Arkeolojisinde Taş: Arkeolojik ve Arkeometrik Çalışmalar" olarak belirlenmiş ve bu çalıştay da Prof. Dr. Hayriye Yeter Göksu onuruna yapılmıştır.

TÜBİTAK desteği ile düzenlenmekte olan bu beşinci ODTÜ Arkeometri Çalıştay'ına katılanlara ve sunumları ile katkıda bulunanlara teşekkürlerimizi sunarız.

Düzenleme Kurulu

# ÇALIŞTAY PROGRAMI

14 KASIM 2019 PERŞEMBE

09:30 - 10:00 KAYIT - REGISTRATION

10:00 - 11:00 **AÇILIŞ KONUŞMALARI - OPENING REMARKS**
Prof. Dr. Musa DOĞAN, ODTÜ Arkeometri Anabilim Dalı Başkanı
Prof. Dr. Halil KALIPÇILAR, ODTÜ Fen Bilimleri Enstitüsü Müdürü
Prof. Dr. Mehmet TOMAK ve Prof. Dr. Şahinde DEMİRCİ:
"Prof. Dr. Ay Melek Özer Onuruna Sunum"

---

**I. OTURUM: Arkeometride Takı ve Boncuk Çalışmalarına Genel Bakış**
***SESSION I: A General View on the Archaeometrical Research on Ornaments and Beads***
Başkan - Chair: Ömür BAKIRER

---

11:00 - 11:40 **Çiğdem LÜLE**
Arkeogemoloji
*Archaeogemmology*

11:40 - 12:05 **T. Kemal TÜRELİ, Zeynep AYAN**
Türkiye'nin Süs Taşları ve Bunların Antik Dönemlerdeki Kullanımları
*Precious and Semi-precious Stones of Turkey and their Use in Ancient Ages*

12:05 - 12:30 **Murat HATİPOĞLU, Evrim ÇOBAN, Hakkı BABALIK, Volkan ÇİL, Elanur GÜNER**
Argemmaların (Arkeo-Gemolojiksel-Materyallerin) Envanterlenmesindeki Süstaşı Türlerinin Tespiti İçin Tahribatsız Konfokal Mikro-Raman ve FT-IR Yöntemlerinin Kullanımı ve Önemi
*The Usage and Importance of Non-destructive Confocal Micro-Raman and FT-IR Devices for Gemstone Identification in Inventoried of Argemma (Archaeo-Gemological-Materials)*

---

12:30 - 14:00 ÖĞLE YEMEĞİ – LUNCH

---

14:00 - 14:25 **Melih ARSLAN, Burçak DELİKAN**
Ankara ve Çevresinde Bulunmuş Olan Oktagonal Yüzük Taşları: İncelemeler ve Yorumlar
*Octagonal Gems Found in Ankara and the Surrounding Region: Reviews and Remarks*

14:25 - 14:50 **Melih ARSLAN, Burçak DELİKAN**
Mehmet Durmaz Kolleksiyonundaki Yüzük Taşları: İncelemeler ve Yorumlar
*Gems in the Mehmet Durmaz Collection: Reviews and Remarks*

---

14:50 - 15:10 ARA – BREAK

---

**II. OTURUM: Arkeolojik Takı ve Boncukların**
**Malzeme, Ticaret ve Sosyal Kültür Bakımından İncelenmesi**
***SESSION II: Investigations on the Archaeological Ornaments and Beads***
***Related with Material, Trade and Social culture***
Başkan - Chair: Burcu ERCİYAS

---

15:30 - 15:50 **Emma L. BAYSAL, Haluk SAĞLAMTİMUR**
Erken Tunç Çağda Teknoloji, Değer ve Ticaret: Başur Höyük'te Boncukların Üretimi ve Kullanımı
*Technology, Value and Trade in the Early Bronze Age: The Making and Use of Beads at Başur Höyük*

15:50 - 16:15 **Sera YELÖZER, Hala ALARASHI**
Yaşamda ve Ölümde – Erken Neolitik Dönem'de Boncuklar ve Kimlikler: Aşıklı Höyük Örneği
*In life and in Death - Beads and Identities During the Early Neolithic Period: The case of Aşıklı Höyük*

16:15 - 16:40 **Şerife ÇAKAR**
Anadolu'da Tunç Çağları Boyunca Takı ve Ticaret İlişkisi
*Jewellery and Trade in Anatolia During the Bronze Ages*

16:40 - 17:05 **Ulf-Dietrich SCHOOP**
Küçük Boncuklardan Büyük mesajlar: Enstatit Mikroboncuklar ve Geç Kalkolitik Dönem'de Anadolu ve Yakın Doğu'da Sosyal Değişim
*Small Beads, Big Messages: Enstatite Microbeads and Social Change in Late Chalcolithic Anatolia and the Near East*

---

17:05 - 18:30 KOKTEYL – COCKTAIL

---

15 KASIM 2019 CUMA

---

III. OTURUM: **Arkeolojik Takı ve Boncukların Malzeme ve Sosyal Kültür Bakımından İncelenmesi**
***SESSION III: Investigations on the Archaeological Ornaments and Beads Related with Material and Social Culture***
Başkan - Chair: Emma L. BAYSAL

---

09:30 - 10:10 **Mahmut SÜR**
Mahmut Sür'e UNESCO'nun "Yaşayan İnsan Hazinesi" Ödülünü Kazandıran Nazar Boncuğu Çalışmaları
*Mahmut Sür's Work on the Evil Eye Beads that Earned Him the "Living Human Treasure" Award by UNESCO*

10:00 - 10:35 **Elif KILIÇ, Zehra Semra KARAKAŞ, Çiğdem LÜLE, İ. Sönmez SAYILI**
Eskişehir-Sivrihisar Karaçam Köyü Kromlu Kalsedon Oluşumlarına Ait Jeolojik, Kimyasal ve Gemolojik İlk Veriler
*Preliminary Geological, Chemical and Gemmological Data on Chromium Chalcedony Occurrences at Karaçam Village of Sivrihisar Province-Eskişehir, Turkey*

---

10:35 – 10:55 ARA – BREAK

---

10:55 - 11:20 **Ersin ÇELİKBAŞ**
Parion'da Ortaya Çıkarılan Takılardaki Süslemelere ve Süsleme Tekniklerine Dair Değerlendirme
*Evaluation on Ornaments and Ornamentation Techniques on Jewelleries Discovered in Parion*

11:20 - 11:45 **Gülgün DERVİŞ, Şahinde DEMİRCİ, Atalay KARATAK**
Mezra Höyük (Birecik-Şanlıurfa) ve Yumuktepe Höyük'ten (Mersin) Elde Edilen Bazı Ortaçağ Cam Bilezikleri Üzerinde Arkeometrik İncelemeler
*Archaeometrical Investigations on Some Medieval Glass Bracelets Obtained from Mezra Höyük (Birecik Şanlıurfa) and Yumuktepe Höyük (Mersin)*

11:45 - 12:10 **Yasemin POLAT**
Antandros'ta Bir Çocuk Mezarı: Kolyeler ve Tılsım
*An Infant Grave in Antandros: Necklaces and Charm*

12:10 - 12:35 **Melih ARSLAN**
Kutsal Süvari Betimli İki Gem Amulet Işığında Geç Antik Çağ'da Büyü ve Büyücülük
*Magical Practices in Late Antiquity in the Light of two Magical Amulet Gems Depicting the Holy Rider*

12:35 - 14:00 ÖĞLE YEMEĞİ – LUNCH

14:00 - 14:25 **Zekiye UYSAL**
Arkeolojik Buluntulara Göre Anadolu'da İslami Dönem Cam Takıları
*Glass Jewelery of the Islamic Period in Anatolia According to Archaeological Findings*

14:25 - 14:50 **Ömür BAKIRER, D. Burcu ERCİYAS, Emine CANER-SALTIK, Nurdan YÜCEL**
Tokat Komana Kazısı Buluntularından Cam Boncukların Biçimsel ve Yapısal Özellikleri
*Shape and Structural Characteristics of Glass Beads From the Excavations at Komana, Tokat*

14:50 - 15:15 **Billur TEKKÖK KARAÖZ**
Gordion Helenistik ve Roma Dönemi cam boncuk örnekleri
*Hellenistic and Roman glass Bead Examples from Gordion*

15:15 - 15:40 **Durmuş ERSUN**
Roma Dönemi'nde Bulla Geleneği
*Bulla Tradition in the Roman Period*

15:40 - 16:00 ARA – BREAK

IV. OTURUM: Çalıştay Değerlendirme Paneli:
Arkeologların, Sanat Tarihçilerinin ve Arkeometri Alanında Çalışanların
Takı ve Boncuk Çalışmalarından Beklentileri ve Sorunları
***SESSION IV: Workshop Evaluation Panel:***
***Expectations of archaeologists, art historians and***
***archaeometrists from ornament and bead research, and their problems***

16:00 - 17:30 **Şahinde DEMİRCİ** (Başkan)
**Mahmut SÜR, Emma L. BAYSAL, Melih ARSLAN, Billur TEKKÖK KARAÖZ, Çiğdem LÜLE**
(Panelistler)

16 KASIM 2019 CUMARTESİ

09:00 - 18:00 **Teknik Gezi - Technical Excursion**
Ankara Anadolu Medeniyetleri Müzesi (Antik Takılar Koleksiyonu)
*Ankara Anatolian Civilizations Museum (Antique Ornaments Collection)*

Erimtan Arkeoloji ve Sanat Müzesi
*Erimtan Archaeology and Art Museum*

# Prof. Dr. Ay Melek Özer'in Yaşam Öyküsü

Mehmet TOMAK
ODTÜ Fen-Edebiyat Fakültesi, Fizik Bölümü, Ankara, tomak@metu.edu.tr
Şahinde DEMİRCİ
ODTÜ Fen Bilimleri Enstitüsü Arkeometri Anabilim Dalı, Ankara, sahinde@metu.edu.tr

15 Mayıs 1937'de Kalecik, Ankara'da doğmuştur. İlkokul ve ortaokulu Kırıkkale ve Ankara'da okuduktan sonra 1957 yılında Ankara Kız Lisesi'nden mezun olmuştur.1961 yılında Ankara Üniversitesi, Fen Fakültesi Fizik Mühendisliği Bölümünden mezuniyetini takiben, aynı yıl Orta Doğu Teknik Üniversitesi Fen-Edebiyat Fakültesi Fizik Bölümünde asistan olarak göreve başlamıştır. Ford Vakfı bursiyeri olarak İngiltere'de Hull Üniversitesi'nde *"Study of Paramagnetic Defects in Vitreous and Crysytalline Germanium Dioxide and Related Compounds Using Electron Spin Resonance Technique (ESR)"* konulu doktora tezini 1965-1969 yıllarında tamamlayarak Orta Doğu Teknik Üniversitesi Fizik Bölümü'nde görevine geri dönmüştür. Doktora sonrası çalışmalarını 1971-1972 yılları arasında AID bursu ile Princeton Ünivesitesinde,1987 yılında DAAD bursu ile Heidelberg Üniversitesinde yapmıştır. Katıhal Fiziği alanında Orta Doğu Teknik Üniversitesi Fizik Bölümünde 1987'de Doçent, 1990 yılında Profesör olmuştur.

Prof. Dr. Ay Melek Özer'in Uluslararası ve ulusal dergilerde yayımlanmış 21 makalesi; sempozyum bildiriler kitabında yayımlanmış 42 makalesi; kitapta yayımlanmış iki makalesi ve 22 adet teknik raporu bulunmaktadır. Kendisi ODTÜ Fizik ve Arkeometri Bölümlerinde vermiş olduğu eğitim ve öğretimi sırasında dersleri yanı sıra 17 Yüksek Lisans ve 4 Doktora tez danışmanlığı yapmış ve özellikle elektron çift rezonans tekniğinin fizik, arkeoloji

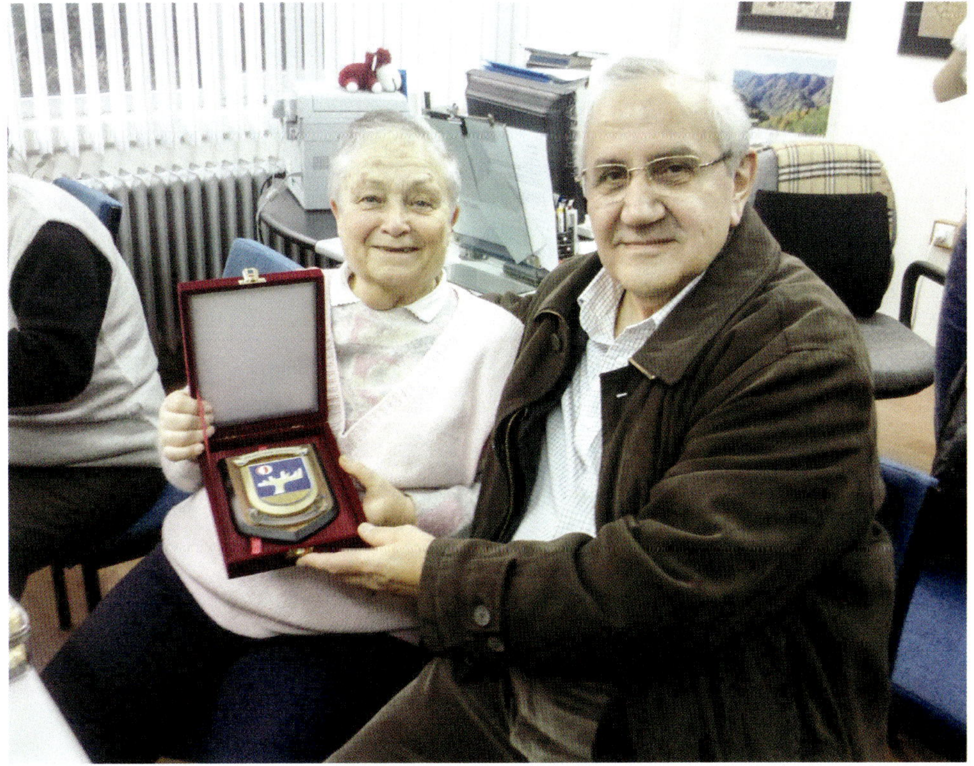

Arkeometri Ofisinde Öztaş Ayhan ile birlikte.

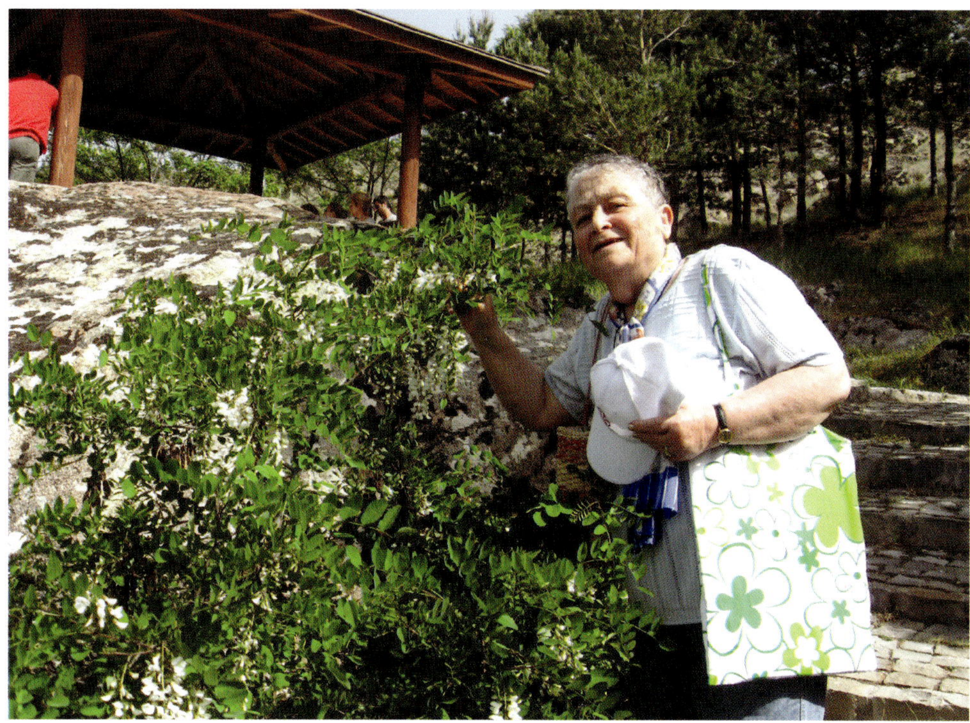

Arkeometri Anabilim Dalı'nın Kaman Kalehöyük gezisi.

ve jeoloji gibi disiplinlerarası araştırmalarda uygulanmasına yönelik konulardaki araştırmalara katkı koymuştur.

Prof. Dr. Ay Melek Özer Orta Doğu Teknik Üniversitesinde Arkeometri alanında disiplinlerarası araştırmaları yapacak olan akademisyenlerin ortak çalışmalarında öncü rol oynamış, TÜBİTAK bünyesinde oluşturulan Arkeometri ve AKSAY ünitelerinin kurulup 1992 yılına kadar faaliyetlerinin sürdürülmesinde etkin olmuştur. 1990 yılında kurulmuş olan ODTÜ Fen Bilimleri Enstitüsü Arkeometri Anabilim Dalının kuruluş çalışmalarında temel rol oynamış ve Bölüm Başkanı olarak da görev almıştır.

1994 yılında Ankara'da düzenlenen 29. Uluslararası Arkeometri Sempozyumunun düzenleme komitesinde yer almıştır. Ayrıca 2009-2015 yılları arasında her iki yılda bir muntazam olarak yapılan ODTÜ Arkeometri Çalıştaylarını düzenleme Kurullarında görev almıştır.

2004 yılında Orta Doğu Teknik Üniversitesinden emekli olmuştur.Bu tarihen itibaren 2019 yılına kadar ek görevli öğretim üyesi olarak Arkeometri Bölümü çalışmalarına katkılarını sürdürmüştür.

## Arkeometri'de Ay Melek Hoca ile Çalışmalarımız

ODTÜ Arkeometri Anabilim Dalı'na girişim Ay Melek hocamın anabilim dalı başkanlığı döneminde oldu Kolloid ve Yüzey çalışmalarımda kullanmak zorunda olduğum electron mikroskop vakum sorunu yaşadığından kullanamaz hale gelmiştim. Başka bir araştırma alanı bulmalıyım diye düşünürken hocam arkeometriye girmemi ve birlikte çalışmamızı önerdi. Bunun için bölüme bir dilekçe vermemi istedi. Böylece 1983 yılında Arkeometri çalışma grubuna dahil oldum. Grupta ODTÜ'nün çeşitli bölümlerinden ve ODTÜ dışından akademisyenler bulunmakta idi. Örneğin:

Fizik Bölümünden: Ay Melek Özer, Naif Türetken, Mustafa Özbakan, Tülay Öke

Kimya Bölümünden: Lemi Türker, Hale Göktürk, Sezer Aygün, Yavuz Ataman, Şahinde Demirci, Olcay Birgül.

Mimarlık Bölümünden: Ömür Bakırer, Emine Caner-Saltık

Biyoloji Bölümünden: İnci Togan, Aykut Kence, Musa Doğan

İstatistik Bölümünden: Öztaş Ayhan, Ali Uzun, Zeynep Kalaylıoğlu

Jeoloji Mühendisliği Bölümünden: Asuman Günal Türkmenoğlu, Tamer Topal, Arda Özacar, Vedat Toprak

Maden Mühendisliği Bölümünden: Ümit Atalay

Endüstriyel Tasarım Bölümünden: Hasan Saltık

Şehir ve Bölge Planlama Bölümünden: Numan Tuna

Metalurji ve Malzeme Mühendisliği Bölümünden: Macit Özenbaş

Felsefe Bölümünden Ahmet İnam

Arkeometri çalışma grubu, yapılan çalışmaları her sene düzenlediği Arkeometri kolokyumunda tartışmış, bildiriler kitaplar halinde TÜBİTAK tarafından yayımlanmıştır.

Arkeometri çalışma grubu çalışmalarını sürdürürken grup ODTÜ'nün birçok bölümünün (Fizik, Kimya, Mimarlık, Biyoloji, Jeoloji, İstatistik, Metalurji vb…) desteği ile 1990 yılında Fen Bilimleri Enstitüsüne bağlı olarak Arkeometri Anabilim Dalının oluşturulmasını sağlamıştır. Bu Anabilim Dalında Yüksek Lisans düzeyinde eğitim verilmekte iken, buna parallel olarak Doktora Programı da 2004 yılında başlatılmıştır. Her iki program kapsamında arkeolojik çalışmalarla ilgili alanlarda ihtiyaç duyulan uzman personel yetiştirilmekte ve ayrıca Türkiye'deki çeşitli arkeolojik kazılarla ortaklaşa arkeometrik araştırmalar yürütülmektedir. Anabilim Dalımızın yurt dışında uluslararası arkeometri sempozyumlarına katılması tüm dünyada tanınmasını sağlamış ve sonuçta 29. Arkeometri Sempozyumu'nu Anabilim Dalımızın yapması önerilmiştir. Üyelerimizin ve özellikle Ay Melek Özer hocamızın gayretleri ile bu sempozyum 14 Mayıs 1994 tarihinde TÜBİTAK salonlarında yapılmış ve bildiriler kitabı TÜBİTAK tarafından 1996 da yayımlanmıştır.

Üyelerimizin ve hocamızın gayretleri ile Anabilim Dalımız her akademik dönem çeşitli konularda seminerler düzenlemektedir. Ayrıca, 2009 yılından başlayarak iki senede bir "ODTÜ ARKEOMETRİ ÇALIŞTAYI" başlığı altında çalıştaylar düzenlemektedir. Bu seneki çalıştayımız Ay Melek Özer hocamızın onuruna düzenlenmektedir.

Anabilim Dalımızı çokta uzun olmayan bir süre içinde iyi bir konuma getirmek için gayret gösteren Prof. Dr. Ay Melek Özer'e teşekkürü bir borç biliriz.

# Açılış Konuşması

Prof. Dr. Halil KALIPÇILAR
Orta Doğu Teknik Üniversitesi, Fen Bilimleri Enstitüsü Müdürü, Ankara

Sayın Katılımcılar,

ODTÜ Fen Bilimleri Enstitümüzün disiplinlerarası anabilim dallarından biri olan Arkeometri Anabilim Dalı tarafından düzenlenen "Türkiye Arkeolojisi'nde Takı ve Boncuk: Arkeolojik ve Arkeometrik Çalışmalar" konulu beşinci ODTÜ Arkometri Çalıştayı'na katıldığınız için hepinize hoşgeldiniz diyor, yapacağınız katkılar için şimdiden teşekkür ediyorum.

ODTÜ'de Arkeoloji Bölümü bulunmamasına rağmen, kurulduğu ilk yıllardan başlayarak, arkeolojik çalışmalara önem verilmiş, kazılardan çıkan eserlerin korunması ve kurtarılması amacı ile çeşitli projeler (Keban ve Aşağı Fırat Havzaları kurtarma kazıları, Ilısu projeleri gibi) yürütülmüştür. Bu kapsamda arkeolojik eserlerin fen ve doğa bilimleri yöntemleri ile incelenmesi ve değerlendirilmesine, diğer bir deyişle, arkeometrik çalışmalara önem verilmiş, TÜBİTAK'ın desteği ile önce Arkeometri Ünitesi, sonra da AKSAY (Arkeolojik Kalıntılarınn Spektroskopik ve Analitik Yöntemlerle İncelenmesi) Ünitesi kurulmuştur. Tarihi belde ve yapıları ile çok zengin olan ülkemizde, arkeometri gibi bir bilim dalında araştırmaların yapılması ve geliştirilmesinin, elde edilen bulguların yayımlanmasının ve herşeyden önemlisi, bu konuda bilgili insanların yetişmesinin ülkemiz için çok önemli olduğu bilinci ile ODTÜ'de 1990 yılında Fen Bilimleri Enstitüsü'ne bağlı olarak Arkeometri Yüksek Lisans Programı ve 2004 yılında da Arkeometri Doktora Programı başlatılmıştır.

Mezunlarımız, üniversitelerimizde öğretim üyesi olarak, ayrıca çeşitli kurum ve kuruluşlarda başarı ile görev yapmaktadırlar. Bunun yanında Anabilim Dalımız yirmidokuz yıldır her akademik yılda haftada bir çeşitli konularda ilgi çekici seminerleri ve değerli konuşmacıları ile çok yoğun olarak akademik etkinliklerini sürdürmektedir.

ODTÜ Arkeometri Anabilim Dalı, akademik çalışmalarına ek olarak 1994 yılında 29. Uluslararası Arkeometri Sempozyumu'nu başarı ile düzenlemiştir. Bugün beşincisi için biraraya geldiğimiz ODTÜ Arkeometri Çalıştayları'nın ilki 2009 yılında "Türkiye Arkeolojisinde Seramik" olarak düzenlenmiş, bunu 2011 yılında düzenlenen "Cam", 2013 yılında düzenlenen "Metal" ve 2015 yılında düzenlenen "Taş" temalı çalıştaylar izlemiştir.

Arkeometri Anabilim Dalımız gerçekten disiplinlerarası karakterde olup; öğretim üyelerimiz Fizik, Kimya, Biyoloji, İstatistik, Mimarlık, Yerleşim Arkeolojisi Bölümleri ile Jeoloji, Maden, İnşaat, Metalurji ve Malzeme Mühendislikleri gibi çeşitli branşlara mensupturlar. Halen Yüksek Lisans Programına kayıtlı üç ve doktora programına kayıtlı olan onsekiz öğrencimiz de farklı bölümlerden mezundurlar. Arkeometri Anabilim Dalı bugüne kadar Yüksek lisans derecesi ile kırk doktora derecesi ile sekiz mezun vermiştir.

Bu Çalıştay, Türkiye'de Arkeometri çalışmalarını başlatan grubun elemanlarından ve aynı zamanda Türkiye'nin yetiştirdiği bilim insanlarından biri olan, ODTÜ Fizik Bölümü ve Anabilim Dalımız elemanlarından olan Prof. Dr. Ay Melek Özer onuruna yapılmaktadır.

Çalıştayın başarılı geçmesini ve bu vesile ile yeni bilgilerin üretilmesini ve paylaşılmasını dilerim.

Saygılarımla.

# Arkeogemoloji

## *Archaeogemology*

Çiğdem LÜLE
Kybele LLC, PO Box 6007, Buffalo Grove, IL 60089, USA, clule@kybelellc.com

## Özet

Bu bildirinin amacı arkeogemoloji olarak bilinen ancak oldukça az tanınan, çalışma alanı arkeolojik süstaşlarını disiplinler arası yaklaşımlar kullanarak tanımlamanın yanı sıra kökenlerini de araştırmak olan bilim dalıyla ilgili bir tartışma sunmak ve süregelen süstaşı terminolojisi tartışmalarına yeni bir bakış açısı getirmektir. Arkeogemoloji; gemoloji, arkeoloji ve jeoloji bilim dallarının ilgili yönlerini birleştirerek antik süstaşlarını tanımlayan, mineralojik ve coğrafi kökenlerini belirleyen bir bilim dalıdır. Disiplinin bu özelliği antik süstaşlarının kökenlerine dayanarak eski kültür ve uygarlıkların göç rotalarına, birbirleri arasındaki ticari bağlara ve toplumsal ilişkilere dair bilgi edinilmesine katkı sağlamaktadır.

Arkeogemolojik araştırmalarda ilk adım arkeolojik buluntuya ait süstaşını tanımlamaktır. Tanımlama hızlı, örneğe zarar vermeyen ve kazı alanından müzeye kadar her ortamda uygulanabilir gemolojik bir çalışmadır.

Gemoloji hemen her zaman mineraloji, fizik, kimya gibi diğer bilim dalları ile kesişen ve ortak çalışan bir alandır. Her ne kadar eğitimli bir gemolog herhangi bir süstaşını çoğu zaman tanımlayabilse de, iyileştirme işlemi görmüş ya da sentetik olarak üretilmiş süstaşlarını tanımlamak için gemoloji laboratuvarlarında ileri analiz tekniklerinin kullanılması gerekebilir. Bu ileri teknikler aynı zamanda arkeogemolojinin de temelini oluşturan köken belirleme çalışmalarında kullanılan tekniklerdir.

Arkeologlar süstaşlarının tanımlanmasında ve bu tanımların diğer disiplinlerde ifade edilmesinde zaman zaman kavram karmaşası yaşayabilmektedirler. Arkeogemoloji; bu noktada arkeologlara çözüm olabilecek pratik bir gemolojik terminoloji ve süstaşlarının sınıflandırılmasında bilimsel olarak kabul edilen bir sözlükçe sunmaktadır. Buna ek olarak ileri mineralojik ve jeokimyasal tanımlama yöntemleri antik süstaşlarının jeolojik ve coğrafik kökenlerini de belirlemeyi sağlamaktadır.

**Anahtar Kelimeler:** Arkeogemoloji, antik süstaşları, süstaşı köken çalışmaları, süstaşı terminolojisi

## Abstract

This paper aims to provide a brief discussion of the research field known as archaeogemology, a relatively unknown discipline that applies a multidisciplinary approach to investigate the identity and origin of gem artifacts of the ancient world and to offer a new solution to ongoing gem terminology issues. Archaeogemology combines aspects of gemology, archaeology and geology in order to identify ancient gems and determine their mineralogical and geographical origin. The relevance of the discipline is to contribute gem origin-based information to aid the investigation and knowledge of social patterns such as migration and the trade routes of ancient cultures and civilizations.

Gemological testing is the first step in the archaeogemological investigation of the material of an ancient gem. The initial gem testing provides a non-destructive and quick identification process which can be performed anywhere from an excavation site to a museum.

Gemology is almost always studied in conjunction with other scientific subjects such as mineralogy, physics and chemistry. Although any qualified gemologist should be able to identify the majority of gems; detecting treatments and separating natural stones from their synthetic counterparts might require further testing in an advanced gem-testing laboratory. The same advanced testing methods are used for origin investigation which is the essence of archaeogemological studies.

Archaeologists frequently have the challenge of identifying gem materials and interpreting the identifying terms used by other related disciplines. Archaeogemology offers several vital tools for archaeologists: these include a usable body of defined terminology and a lexicon of recognized scientific terminology for the classification of gem materials. Furthermore, the application of advanced mineralogical and geochemical identification methods will provide information on the geological and geographical origin of gem materials.

**Keywords:** Archaeogemology, ancient gems, gem origin studies, gem terminology

## Giriş

Arkeogemolojik çalışmalarda ilk adım, hızlı, örneğe zarar vermeyen ve kazı alanından müzeye kadar her ortamda uygulanabilen gemolojik tanımlamadır. Gemolojik tanımlama aletleri ucuz, kolay kullanılabilir ve taşınabilir boyutlardadır. Temel gemolojik aletler şu şekilde sayılabilir: standart 10 büyütmeli lup, alttan aydınlatmalı gemolojik mikroskop, refraktometre, polariskop, el spektroskobu, dikroskop ve ışık kaynağı. Süstaşlarının büyük bir çoğunluğu bu aletler kullanılarak zarar görmeksizin, bir mücevhere ya da başka bir objeye monte edilmiş olsun ya da olmasın kolaylıkla tanımlanabilmektedir (Lüle,2012).

Bir arkeogemoluğun rolü süstaşı araştırmalarının geçmişine bakıldığında daha da önem kazanmaktadır. Gemolojinin bilimsel tarihiyle ilgili elimizde var olan yazılı kaynaklar her ne kadar sınırlı olsa da değerli metal ve taşların binlerce yıldır bir çalışma konusu ve odağı olduğunu anlamamıza yeterli olmaktadırlar. Konuyla ilgili elimize ulaşan en eski yazılı eser Theophrastus'un MÖ 4. yy'da kaleme aldığı PeriLithon ( On Stones ), *Taşlar Üzerine*'dir. Bu eseri MS 1.yy'da yazılmış olan Pliny *Doğa Tarihi Serisinin* 37. cildi izlemektedir. Taşlara ve taş uygulamalarına ait bir başka tarihi eser ise Stockholm Papirüsü olarak da bilinen, Yunanca konuşulan Mısır'a ait, 4. yy kopyası elimize ulaşan Greacus Holmiensis Papirüsüdür (Lagercrantz,1913).

## Terminoloji-Kavram Tartışması

Süstaşı materyalleriyle ilgili terminolojide arkeologlar, gemologlar ve mineraloglar arasında tutarsızlık bulunmaktadır. Artık kullanılmayan "değerli taş" ve "yarı değerli taş" terimlerinin halen arkeoloji alanında kullanıldığını görmek oldukça ilginçtir. Süstaşlarının büyük çoğunluğu nadir ve doğal minerallerdir. Geçmişte nadir bulunmaları sebebiyle "değerli taş" ifadesi kullanılmıştır. Kültür ve ülkeye göre değişiklik göstermekle birlikte bu ifade tipik olarak elmas, yakut, zümrüt ve safir için kullanılmaktaydı. Adı geçen süstaşları içinde sadece çok iyi bazı örnekler yüksek fiyatlandırılmaktadır ve geri kalanlar "değerli" ifadesini hak etmeyecek kadar düşük değerli olabilmektedir. "Yarı değerli" ifadesi birçok durumda anlamsız kaldığı için, gemologlar kullanmaktan kaçınmaktadırlar. Bunun en tipik örneklerinden biri ametisttir. Ametist Brezilya'da bulunan zengin kaynaklar nedeniyle, son iki yüzyıldır kolaylıkla elde edilebilmektedir. Bu yüzden, mor şeffaf bir kuvars olan ametist "yarı-değerli" olarak isimlendirilmiştir. Ancak ametist, Brezilya'daki büyük madenlerinin keşfinden önce çok nadir bulunan bir taştı ve antik dünyada hemen hemen hiç kullanılmamaktaydı. Halen arkeologların antik çağlara ait ametistten "yarı değerli" olarak bahsetmesi yaygın olarak görülebilmektedir (Lüle, 2017).

Kuvars grubu süstaşları terminoloji tartışmasına bir başka örnektir. Bu taşların hemen her yerde bulunabilmesi, dayanıklılığı, renk ve şeffaflıklarındaki çeşitlilik, onları, daha sert ve nadir bir taş olan koranduma kıyasla, oymacılık için daha uygun hale getirmektedir. Bu nedenle kuvars ve kalsedon türü taşlar binlerce yıl boyunca yaygın olarak kullanılmıştır ve arkeologlar bu taşları antik eserlerde görmeye daha aşinadırlar. Ancak, kuvars grubu süstaşlarının çeşitliğine bağlı olarak türlerini tanımlamaktaki zorluklar arkeoloji alanında çalışan bilim insanlarının tutarlı bir terminoloji kullanmalarını engellemektedir. Arkeologlar yarı saydam yeşil kalsedon ve yeşil jasper için çok da belirleyici olmayan "praz - prase" terimini kullanmaktadırlar. Fakat mineralojik olarak bu iki taş kuvars ailesinin iki farklı türüdür. Aynı durum oniks, sardoniks ve agat (akik) taşların ayırt edilme sürecinde de görülmektedir. Bu konu geçmişte araştırmacılar tarafından hem arkeolojik hem de gemolojik bakış açılarıyla ele alınmış ama yaygın olarak kullanılabilecek bir çözüme ulaşılmamıştır (Sax, 1996).

Süregelen bu kavram karmaşası, gemolog bakış açısıyla mikrokristalin (kalsedonda olduğu gibi sadece büyüteç altında görülebilen kuvars tanecikleri) ve tek kristalli kuvars (dağ kristali, ametist, sitrin) arasındaki farkı tanımlayarak kolaylıkla çözülebilmektedir. Bir sonraki adım ise örnekleri şeffaflık ve renklerine göre gruplandırmaktır. Örnek olarak jasper opaktır (hiç ışık geçirmez) ama kalsedon yarı şeffaftır.

## Antik Süstaşı İyileştirme İşlemleri

Süstaşları antik dünyada yüksek olasılıkla bugün anladığımızdan çok farklı anlamlar taşıyordu. Antik dünyanın insanları kemiklerden çakıl taşlarına kadar ulaşılabildikleri tüm materyalleri değerlendirmiş, hatta onları ticaret aracı olarak da kullanmışlardır. İstedikleri materyalleri bulamadıklarında da onların yerini tutacak çok benzerlerini üretmişlerdir. Tarih öncesi arkeolojik kazı alanlarında sıklıkla karşılaştığımız cam ve frit nesneler doğayı taklit etme fikrini açıkça ortaya koymaktadır. Günümüzde karşılaşılan süstaşı iyileştirme işlemleri de antik çağlarda keşfedilmiş, uygulanmış ve belgelenmiştir. Aslında düşük kaliteli taşları değiştirme ve iyileştirme uygulamaları gemoloji biliminin yazılı kaynaklarından da önceye uzanmaktadır. Antik uygulamalar arasında ısıtma, boyama, yağlama, çatlak doldurma sayılabilir. Bu işlemler sıradan materyalleri kullanarak değerli süstaşlarını taklit etme ya da iyileştirme tarifleri olarak kayıt altına alınmıştır.

Antik taşların hiç işlem görmediğine dair olan inancın tersini ispatlayacak pek çok bilgiye ulaşılmıştır. Antik Yunan, Antik Roma ve Ortaçağ İslam kaynaklarına dayanarak yapılan modern deneyler yayımlanmıştır (Lüle, 2011).

## Sonuç

Arkeogemoloji geleneksel (klasik) bilimlere yeni bir bakış açısı getirilmesine katkıda bulunan çok disiplinli bir alandır. Arkeogemoloji sayesinde arkeologlar süstaşlarını tanımlamada daha bilimsel ve geçerli bilgiye ulaşma imkânı bulacaklardır. Oldukça yeni bir alan olan arkeogemolojinin amacı süstaşı materyallerinin kökenini, coğrafi menşeini tanımlamayı amaçlamaktadır. Zor bir süreç olmakla beraber sonuçlar, arkeologlara güvenilir ve çok önemli bilgiler sağlamaktadır. Pratik gemolojik testler ve mineralojik analizler sayesinde bir arkeogemolog ticaret yollarının belirlenmesi gibi paha biçilmez bilgilerin netleştirilmesine katkıda bulunmaktadır.

## Kaynaklar

**Lagercrantz, O. (1913).** *Papyrus Graecus Holmiensis (translation).* Uppsala, Sweden.

**Lüle, Ç. (2011).** Experiments on ancient gem treatment techniques. *Gemological Research Conference, GIA Symposium (150).* Carlsbad, California.

**Lüle, Ç. (2012).** Non-destructive gemmological tests for the identification of ancient gems. C. Entwistle, N. Adams (Eds.*), Gems of Heaven: Recent Research on Engraved Gemstones in Late Antiquity, AD. 200-600 (1-3).* British Museum Press, Research Publication. London, UK.

**Lüle, Ç. (2017).** Gemological Terminology Issues; An Ongoing Battle. *35th International Gemmological Conference* (124-125). Namibia.

**Pliny,** Naturalis Historia, ed and trans. H. Rackham, W. H. S. Jones and D. E. Eichholz), 10 vols, London: Loeb Classical Library, Cambridge, 1938- 62.

**Sax, M. (1996).** The recognition and nomenclature of quartz materials with specific reference to engraved gemstones. *Jewellery Studies* 7,63–72.

**Theophrastus,** Peri Lithon-On Stones (trans. E. R. Caley and J. F. C. Richards), Colombus, Ohio, 1956.

# Türkiye'nin Süs Taşları ve Bunların Antik Dönemlerdeki Kullanımları

## *Precious and Semi-Precious Stones of Turkey and their Use in Ancient Ages*

T. Kemal TÜRELİ
Argetest Cevher Zenginleştirme, Ar-Ge ve Analiz Hizmetleri, Ankara, ktureli@gmail.com
Zeynep AYAN
MTA Genel Müdürlüğü Maden Analizleri ve Teknolojisi Dairesi, Ankara, ayan.zeynep@yahoo.com

## Özet

Değerli ve yarı değerli taşlar (süs taşları) tarih öncesi çağlardan beri estetiğin zenginliğin ve statünün sembolü olarak kabul edilmişlerdir. Yüzük, mühür ve çeşitli süs eşyalarının yapımında kullanılan bu taşlara duyulan ilgi uzun bir geçmişe dayanır. Ancak yakın zamana kadar bunların incelenmesinde, bulundukları çevre ve bunları kullanan toplumlar pek düşünülmemiş, sadece taşların üzerine oyulmuş şekillerle ilgilenilmiştir. Son yıllarda özellikle yüzük taşlarının arkeolojik buluntular olarak kabul edilmesi bu alandaki çabaları arttırmıştır. Bir mineralin değerli veya yarı değerli taş olarak kabul edilebilmesi için dayanıklı, güzel, çekici ve nadir olması gerekir. Dünyada elmas, zümrüt, yakut ve safir değerli taş sınıfında, bunların dışında kalanlar ise yarı değerli taş sınıfında yer almaktadır. Süs taşlarının, birçok medeniyetin beşiği olan Anadolu'da kullanımı yaklaşık 6000 yıl öncesine uzanır. Anadolu'daki bazı yerleşim yerleri, süs taşlarının mineralojik adlarına kaynaklık etmiştir. Antik dönemlerde süs taşlarına, yüzük taşı, küpe, kolye, mühür ve başka objeler üzerine süs olarak işlenmiş şekillerde rastlanmaktadır. Ayrıca süs taşlarının iyileştirici, koruyucu ve şifa verici etkilerine inanıldığı için muska olarak da kullanılmışlardı. Türkiye'de elde mevcut verilere göre değerli taş kalitesinde elmas, zümrüt, yakut ve safir bulunmamaktadır. Türkiye'de diaspor, turmalin, akuvamarin, lületaşı, oltutaşı, jadeit, opal, kalsedon, agat, kuvars, ametist, jasper, krizopras, kemmererit, granat, nefrit, rodonit, rodokrosit ve obsidiyen gibi yarı değerli taşlar bulunmaktadır.

**Anahtar Kelimeler:** Türkiye'nin süs taşları, antik dönemler

## Abstract

The precious and semi-precious stones (gem stones) were accepted as the symbols of aesthetics, wealth and power since ancient ages. The interest in these stones which were used in producing rings, necklaces, sealings and various ornaments date back to old times. But until recent times, their study has been confined to the devices engraved on them. The environments in which they have been found or the society in which they were used were not taken into consideration. Over the past few years, especially after acception of ring stones as archaeological finds, there has been a greater attempt to understand them and the studies increased on this subject. A mineral, should be durable, beautiful, attractive and rare in order to be accepted as a precious or a semi-precious stone. Diamond, emerald, ruby and sapphire are classified as precious stones in the world and the rest as semi-precious stones. The use of gemstones in Anatolia, which has served as a cradle to many civilizations, has a history of nearly 6000 years. Anatolia have been the origin of some mineralogical names of gemstones. These gemstones are found as rings, earrings, necklaces, seals or engraved on other objects, in ancient ages. It was believed that gemstones have healing and protecting affects so they were also used as amulets. Precious stone quality diamond, emerald, ruby and sapphire are not present in Turkey. Turkey's gemstones include; diaspore, tourmaline, aquamarine, meerschaum, oltu stone, jadeite, opal, chalcedony, agate, quartz, amethyst, jasper, chrysoprase, kammererite, garnet, nephrite, rhodonite, rhodochrosite and obsidian.

**Keywords:** Turkey's gemstones, ancient ages

## Giriş

Değerli ve yarı değerli taşlar (süs taşları) tarih öncesi çağlardan beri estetiğin, zenginliğin ve statünün göstergesi olarak bilinmektedirler. İnsanların bu taşlara olan ilgisi, hayat standartlarının yükselmesi ve tüketici taleplerinin de artması nedeniyle devamlı olarak çoğalmaktadır. Değerli ve yarı değerli taşlar koleksiyon, sergileme ve dekoratif amaçlarla, meraklıları tarafından satın alınmaktadır. Ayrıca günümüzde değerli ve yarı değerli taşların endüstriyel alanlarda kullanımları da bu taşlara olan talebin artmasına neden olmuştur.

Tarih öncesi dönemlerde, süs eşyası, kişiye ait mühür ve dekoratif olarak kullanılan bu taşlar günümüzde eski dönemlerdeki yaşamlara, kültürlere, ekonomik ve politik süreçlere ışık tuttuğundan arkeolojik açıdan da büyük anlama sahiptir. Bu sanatsal yapıtların zenginliği bakımından, tarihte çok çeşitli medeniyetlerin doğup geliştiği Anadolu'muzun, dünyada çok önemli bir yeri vardır. Bir mineralin değerli veya yarı değerli taş olarak kabul edilebilmesi için bazı temel kriterler vardır. Bunlar dayanıklılık, güzellik-çekicilik ve ender bulunmalarıdır.

Dayanıklılık; sertlik, kırılganlık derecesi, darbelere ve dış etkenlere dayanma gibi özelliklerdir. Güzellik; göreceli bir kavram olmakla birlikte, taşın temiz, şeffaf, çekici renkli ve işlenebilir olması gibi bazı özelliklerle belirlenir. Ender olmaları; çok nadir ve az bulunmaları ile ilgilidir. Örneğin binlerce karatlık elmas üretimi içinde sadece birkaç yüz karatını pembe elmas oluşturmaktadır. Bu nedenle pembe elmas, sıradan bir elmastan çok daha değerlidir.

Bu temel ölçütlerin yanı sıra taşınabilme, kesilebilme, parlatılabilme, ışığı yansıtma, renk oyunları, safsızlıklar içerme gibi özellikler de taşların değerlerini belirleyen ve arttıran diğer faktörlerdir.

Değerli taş ve yarı değerli taş ayırımı için kesin bir tanımlama yoktur. Eski dönemlerden beri süre gelen tanımlamaya uyarak, dünyada elmas, zümrüt, yakut ve safir değerli taş, geri kalanlar ise yarı değerli taş sınıfında yer almaktadır. Dünya kıymetli taş piyasasının değer olarak %80'den fazlasını tek başına elmas oluşturmaktadır. Bu nedenle süs taşı piyasasında elmas ve elmas dışı renkli taşlar kavramı yaygın olarak kullanılmaktadır.

Genellikle, süs taşları denildiğinde doğal olarak oluşmuş olan taşlar kastedilse de, mercan, kehribar, inci gibi bazı organik materyaller ve teknolojinin sonucu olarak, sentetik ve imitasyonlar da bu gurup içinde yer alabilmektedir.

Süs taşlarına çok istek olması ve ekonomik değer oluşturması insanlar tarafından taklitlerinin, yani sentetik ve imitasyonlarının yapılmasına neden olmuştur. Sentetikler taklit edildikleri taşın kimyasal ve fiziksel olarak birebir kopyasıdır. Cam ve plastik kullanılarak yapılan imitasyonlar ise sadece görünüş olarak orijinallerine benzerler.

Gemoloji, yani süs taşı bilimi mineralojinin yeni bir alt dalıdır. Bahsedilen bütün bu taşların incelenmesi, tanımlanması ve sınıflandırılması gemoloji'nin konularını oluşturmaktadır. Ayrıca taşların kesimi, tıraşlanması ve mücevher yapımı (kuyumculuk), gemoloji ile iç içedir.

## Türkiye'nin Süs Taşları

Çeşitli araştırmacılara göre, Türkiye'de bulunan süs taşları aşağıdaki şekilde sıralanabilir:

**Diaspor:** Türkiye'den başka dünyanın hiçbir yerinde bulunmayan iri, şeffaf, kristal diasporların, AlO(OH), ülkemizin süs taşları arasında büyük bir önemi vardır (Şekil 1). Menderes masifinin örtü birimlerini oluşturan Menteşe formasyonu içinde yer alan, Bafa gölünün güneyindeki Küçükçamlıktepe ocağı metaboksit yatakları, süs taşı kalitesinde diaspor kristalleri içermektedir. Gemolojik açıdan diaspor yarı değerli taşlar sınıfına girmektedir. Çok iyi gelişmiş tek yönlü dilinimi, kesimi için zorluk yaratsa da renk değişimi özelliklerinden ötürü aranan süs taşlarıdır. Günümüzde mücevher yapımında kullanılan diasporlara, ticari olarak sultanit–zultanit gibi isimler de verilmiştir.

**Opal:** Opal sulu bir silisyum dioksittir. Eskişehir-Sivrihisar, Çankırı-Şabanözü, Kütahya-Dereyalak, Malatya-Arguvan gibi daha Türkiye'nin birçok yerinde mostraları vardır. Ancak bunların süstaşı kalitesinde olabilmeleri için renk oyunları göstermeleri, çatlaksız olmaları gerekmektedir. Bu özellikler Türkiye opallerinde çok fazla gözlenememektedir.

**Ateş Opal:** Ateş opal Uşak-Simav- Karamancı ve Gediz- Şaphane beldelerinde görülmektedir. Şaphane yöresinde Pliyosen yaşlı riyolitik kayaçların gaz boşluklarında sarı, turuncu, kırmızı-ateş renginde şeffaf opal oluşumları izlenmiştir (Şekil 2). Turuncu-kırmızıdan kırmızıya kadar değişen renk oyunları gösterirler. Sadece Kütahya ateş opali süs taşı kalitesindedir.

**Kuvars çeşitleri:** Kuvarslar iri taneli (kristalin) ve küçük taneli (kriptokristalin) kuvarslar olmak üzere iki ana gruba ayrılır. Türkiye'nin yarı değerli taş niteliğindeki kuvars çeşitlerine pek çok yerde rastlanır.

**İri taneli kuvarslar:** Bu grup kuvarslardan ülkemizde sadece kristal kuvars (kaya/dağ kristali), dumanlı kuvars ve ametist bulunmaktadır. Kristal kuvars, iri taneli bir kuvars çeşididir. Şeffaf olan kristal kuvars halk arasında necef taşı olarak bilinir. Dumanlı kuvars, açık kahverengiden koyu siyaha kadar değişebilen tonlarda bulunur. Koyu siyah renkli olanlar morion türüdür. Ametist, eflatun rengi ile karakteristiktir (Şekil 3). Açık eflatundan koyu mora kadar değişen tonlarda bulunur ve rengi koyulaştıkça değeri artar. İri taneli kuvars grubuna giren pembe kuvars, genellikle masif ve kirli görünümde olup, nadiren temiz ve iri kristallidir.

**Küçük taneli (kriptokristalin) kuvarslar:** Kimyasal bileşimleri ve kristal yapıları iri tanelilerle tamamen aynı olan bu kuvarslar kristalin bir görünümde değillerdir. Bu grubun üyelerinden, ülkemizde kalsedon, agat, jasper ve krizopras bulunmaktadır. Kalsedon, mikroskopik kriptokristalen kuvars kristallerinden oluşmuştur. Kalsedonlar pek çok değişik renklerde (gri, beyaz, mavi, krem rengi, kırmızı, koyu kırmızı) bulunurlar. Altın sarısından, koyu kırmızıya kadar değişen çeşidine karnelyan, sarımsı kahverengimsi renkte olanlarına da sard denir. Eskişehir Sarıcakaya yöresindeki mavi kalsedonlar bu türün en önemli örneklerindendir (Şekil 4).

Agat, kalsedonun farklı renklerde bant veya konsantrik zonlarla karakteristik olan çeşidine verilen addır. Bu bantların renkleri beyazdan gri ve siyaha kadar değişebilir. Kırmızı, kahverengi, nadiren de mavi, yeşil veya lavanta renginde olabilirler. Anadolu da akik olarak bilinen agatın paralel bantlı haline oniks denir (Şekil 5). Jasper, ince taneli kuvarsın kırmızı renklisidir. Krizopras, ince taneli kuvarsın yeşil renklisine verilen isimdir. Bu renk parlak elma yeşilinden soluk yeşilimsi sarıya kadar değişiklik gösterebilir.

**Pembe turmalin:** Turmalin karışık kimyasal formüllü, bor içeren alüminyumlu bir silikat grubunun adıdır. Pembe turmalin (Şekil 6), Yozgat ilinin 35 km. doğusunda, pegmatitik birimler içinde bulunur. Pembe turmalinlerin renkleri her ne kadar çekici olsa da, çatlaklı yapıları ve düşük transparanlıkları nedeniyle düşük kaliteli oldukları söylenebilir.

**Akuvamarin:** Mavimsi yeşil renkli bünyesinde beril içeren bir alüminyum silikat olan akuvamarin kristalleri Manisa - Gördes ve Ankara - Beypazarı - Oymaağaç civarında bulunmaktadır. Bunlar genellikle opak ve endüstriyel tipte olup, süs taşı kalitesinde olanlara çok nadir rastlanmaktadır.

**Lületaşı:** Lületaşı (sepiolit) beyaz renkli, masif, magnezyumca zengin bir kil mineralidir. Mükemmel bir beyazlığa ve saflığa sahiptir ve kolaylıkla işlenebilir. Eskişehir yöresine özgü olan bu taş, Eskişehir'in yaklaşık 12 km. güney doğusunda Sepetçi ve Nemli yörelerinde yaygın olarak gözlenir (Sarıiz ve Işık, 1995).

*Oltutaşı:* Siyah kehribar olarak da bilinen oltutaşı, siyah renkli, parlak, yoğun ve homojen bir linyit çeşididir (Şekil 7). Oltu taşı Erzurum ili, Oltu ilçesinin yaklaşık 12 km. kuzey doğusunda Dutludağ çevresinde bulunur. Oltu taşı adıyla bilinen bu kömür, çoğunlukla santimetre kalınlığında ve küçük mercekler şeklinde oluşmuştur. Oltu taşından yüzük, tespih, kolye, küpe ağızlık, pipo gibi objeler üretilmektedir.

**Mor-leylak renkli jadeit:** Sodyumlu alüminyum silikat bileşimli bir piroksen türüdür. Jadeitin mor-leylak renkli olanları Bursa ilinin 60 km. güneyinde, Harmancık ilçesi, Bektaşlar köyü civarında gözlenmiştir (Şekil 8). Bu yöredeki jadeitler saf olmamaları nedeniyle süstaşı kalitesinde değillerdir. Bunlar ancak parlatılarak dekoratif amaçlarla kullanılabilmektedirler.

**Kemererit:** Mor menekşe renkli bir krom mikası olan kemererit (Şekil 9), Erzurum Erzincan civarındaki Keşiş ve Kop dağlarında krom yataklarıyla ilişkili olarak bulunur. Türkiye'ye özgü nadir taşlardan biridir. Dekoratif ve koleksiyon amaçlı olarak ilgi görmektedir.

**Granat:** Kalsiyum, demir veya magnezyumlu alüminyum silikat olan granatların şeffaf, güzel renklere sahip, işlenebilecek irilikteki kristalleri süs taşı olarak değer bulmaktadır. Kimyasına bağlı olarak pirop, almandin ve spessartit koyu kırmızı, kahverengi ve siyaha yakın; uvarovit yeşil: grossular kahverengi, mat yeşil; andradit sarı renklidir. Türkiye'deki göreceli kaliteli granatlar Ege bölgesi Menderes masifi metamorfiklerinde bulunmaktadır.

**Obsidiyen:** Bir çeşit volkan camı olan obsidiyenler volkanik lavların hızlı soğuması sonucunda oluşurlar. Siyah ve kahverenkli olanların süstaşı olarak bir değeri yoktur. Ancak yeşil renkli olan obsidiyenler dünyada oldukça nadir bulunur. Türkiye'de Doğu Anadolu'da Nemrut krateri içinde bunlara rastlanmıştır (Türeli ve diğ., 2000 ; Ayan ve Türeli, 2003).

Bu güne kadar yapılan araştırmalara göre, Türkiye'de bulunan tüm süs taşları yarı değerli taşlar sınıfına girmektedir.

## Antik Dönemlerde Anadoluda Süs Taşlarının Kullanımı

Süs taşlarının birçok medeniyete beşiklik etmiş olan Anadolu'da kullanımı yaklaşık 6000 yıl öncesine yani Kalkolitik dönemin başına kadar uzanır.

Anadolu'nun değişik bölgelerinde yapılmış olan arkeolojik kazılarda, Hacılar ve Tilkitepe'de Kalkolitik, Alacahöyük ve Horoztepe'de Erken Bronz, Patnos'da Urartu, Acemhöyük Sarıkaya'da Asur dönemlerine ait agat ve kalsedon ağırlıklı silisli süs taşlarından yapılmış pek çok yüzük, kolye, küpe ve vazo bulunmuştur (Şekil 10 ve 11). Bunların birçoğu Ankara'daki Anadolu Medeniyetleri Müzesi'nde sergilenmektedir.

Geç Yunan ve Roma döneminde süs taşı olarak, kalsedon, agat, sard, karnelyan, sardoniks, jasper, kristal kuvars, ametist, lapis lazuli ve granat kullanıldığı bilinmektedir Bunlardan lapis lazuli dışındakilere Anadolu'da rastlanır. Antik dönemde estetik çekiciliğe sahip, güzel obje ve süs eşyası olarak kullanılan bu taşlar oyma veya kabartma şekiller içermektedir (Şekil 12, 13 ve 14). Ayrıca bu taşların bazıları mülkiyet ve yetkiyi belirtmek için mühür olarak da kullanılmışlardır.

Ayrıca bazı taşların iyileştirici ve koruyucu güçleri olduğuna inanılmıştır. Örneğin, ametistin sarhoşluktan koruduğuna inanılması gibi, Ametist takanın, içki sonrası etkilerden korunduğu şeklindeki inanca dayanan ismi Yunanca "sarhoş değil" anlamına gelen kelimeden türemiştir.

Bugün dünya literatüründe kullanılan süstaşlarının bir kısmının ismi Anadolu'da bulundukları veya ilişkili oldukları yerlerin Antik dönemlerdeki adlarından türemiştir. Bunlara örnek verecek olursak;

Kalsedonun yarı şeffaf, kahverengi bir çeşidi olan sard, ismini, Manisa yakınlarında yer alan Antik Lidya uygarlığındaki Sardis şehrinden almıştır.

Eskişehir Sarıcakaya bölgesinde bulunan mavi kalsedon, ocaklardan Romalılar tarafından çıkarılmıştır. Daha sonra Kalkedon (İstanbul-Kadıköy) limanına getirilip, buradan deniz yoluyla diğer Roma kentlerine gönderilmiştir. Bu nedenle isminin Kalkedon (Kadıköy) limanından geldiği kabul edilmiştir (Cipriani ve Borelli, 1988).

Granatın bir çeşidi olan almandin, genellikle koyu kırmızı renkte bulunur. Kalbi koruyup güçlendirdiğine ve bedensel zayıflıktan kurtardığına inanılır. Anadolu'da Kayra uygarlığı yerleşimlerinden olan Alabandina ve Orthosia (Aydın ve Muğla) civarında kristal kuvars ve granatların bulunduğundan bahsedilmektedir. Almandinin ismi de bulunduğu yer olan Alabandina'dan (Muğla civarı) gelmektedir. Daha çok Roma döneminde yüzük taşı olarak kullanılmıştır (Şekil 15).

Osmanlı döneminde, daha önce Yunan, Roma ve Bizans imparatorlukları zamanından beri bilinen kalsedon, agat ve opal çeşitleri, zaman zaman işletilmiş ve sarayın çeşitli ihtiyaçları karşılanmıştır. Osmanlı İmparatorluğunun üç kıtada hüküm sürdüğü dönemlerde dünyanın pek çok yerinden zümrüt, elmas, yakut, safir gibi değerli ve yeşim, turkuaz (firuze), zebercet (peridot), neceftaşı (şeffaf kristal kuvars), akik (agat), opal gibi yarı değerli taşlardan yapılmış birçok eşya Osmanlı padişahlarına hediye edilmiştir. Bu tür değerli ve yarı değerli taşlarla bezenmiş taht, hançer, kaftan, sorguç, askılık, kolye, yüzük, vazo ve daha birçok eşya İstanbul Topkapı Sarayı Hazine Dairesi'nde sergilenmektedir (Şekil 16, 17, 18). Roma imparatorluğu döneminden beri bilinen lületaşı ise, 18. yüzyıldan itibaren işletilmeye başlanmış ve Avusturya, Macaristan ve Almanya'ya ihraç edilmiştir. Hatta 18. ve 19. Yüzyılda Avrupa pazarlarında Eskişehir'e özgü lületaşı Viyana taşı olarak işlem görmüştür (Şekil 19).

## Sonuçlar

Süs taşları, süs eşyası olarak kullanılmalarının yanı sıra, mülkiyet ve yetkiyi belirtmek için mühür olarak da kullanılmışlardır.

Bazı süs taşlarının iyileştirici ve koruyucu güçleri olduğuna inanılmıştır.

Dünya literatüründe kullanılan bazı süstaşı mineral isimleri (sard, kalsedon, almandin gibi) Anadolu kökenlidir.

Türkiye'de diaspor, turmalin, akuvamarin, lületaşı, oltutaşı, jadeit, opal, kalsedon, agat, kuvars, ametist, jasper, krizopras, kemmererit, granat, nefrit, rodonit, rodokrosit ve obsidiyen gibi yarı değerli taşlar bulunmaktadır. Osmanlı İmparatorluğunun güçlü olduğu dönemlerde dünyanın çok çeşitli yerlerinden elmas, zümrüt, yakut ve safir gibi değerli taşlar da İstanbul'a getirilmiştir.

## Kaynaklar

**Ayan, Z. ve Türeli, K. (2003).** Precious and semi-precious stone potential of Turkey and the importance of MTA Natural History Museum, *International Symposium of Industrial Minerals and Building Stones*, 2003, 879-885.

**Cipriani, C., Borelli, A. (1988).** *The Mac Donald encyclopedia of precious Stones,* Mac Donald and Co. Ltd. London, p 384.

**Hatipoğlu, M., Dora, Ö. (1999).** Anadolu'da kullanılmış süs taşı hammaddeleri olan Ankara agatları ve Eskişehir kalsedonlarının gemolojik incelenmesi, *1. Batı Anadolu Hammadde Kaynakları Sempozyumu Bildirileri*, 462-468.

**Konuk, K. ve Arslan, M. (2000).** Anadolu antik yüzük taşları ve yüzükleri, *Yüksel Erimtan Kolleksiyonu,* Duduman Ltd.,292.

**Sarıiz, K., Işık, İ. (1995).** Meerschaum from Eskişehir Province, Turkey, *Gems and Gemology*, 31(1), 42-51.

**Topkapı Sarayı (2000).** *Akbank kültür sanat kitapları,* No: 68, yayıncı kodu: 92-34-Y.0230.2, ISBN 975-7880-17-5, İstanbul, s 479.

**Türeli, K., Sayılı, S., Teşrekli, R., Lüle, Ç., Çelebioğlu, N., Atakay, E., Bektur, Z., Kadiroğlu, T., Besbelli, A., Özcan, H., Esat, K., (2000).** *Türkiyenin kıymetli ve yarıkıymetli taşlarının araştırılması projesi*, MTA, Ankara, s. 62.

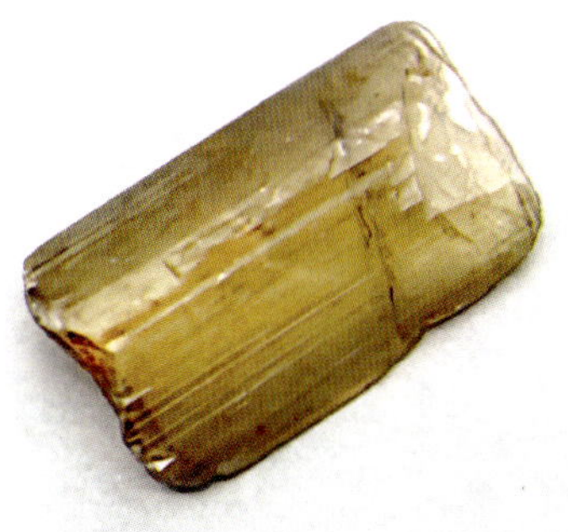

**Şekil 1.** Diaspor kristali.

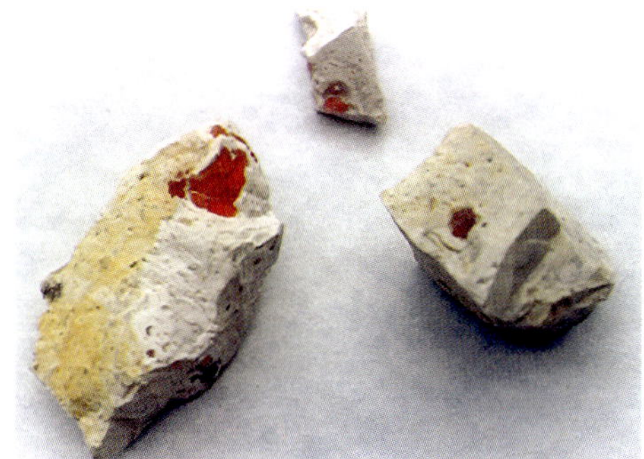

**Şekil 2.** Ateş Opali.

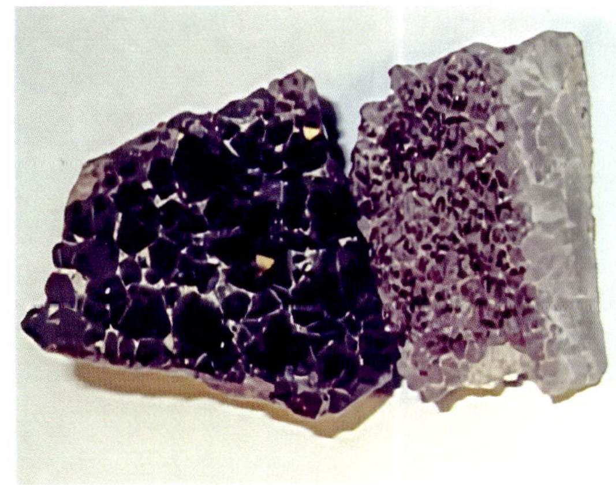

**Şekil 3.** Ametist.

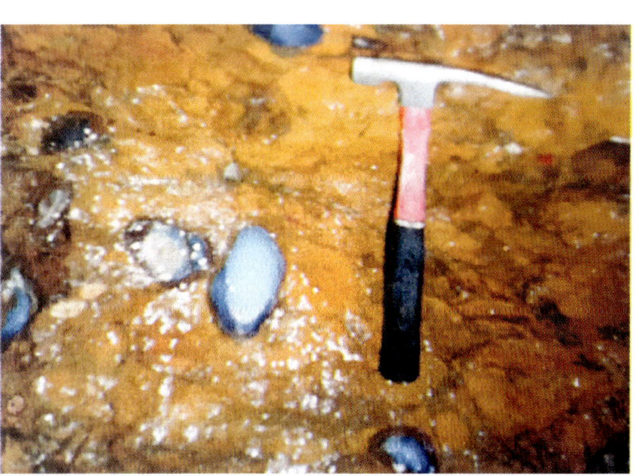

**Şekil 4.** Mavi kalsedon.

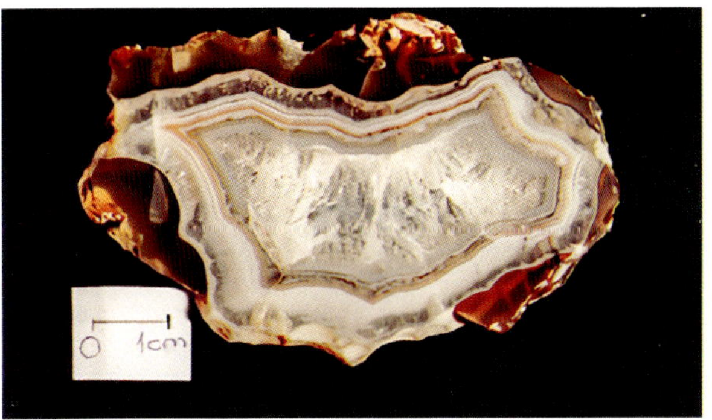


**Şekil 5:** Konsantrik bantlı agat (Hatipoğlu ve Dora,1999).

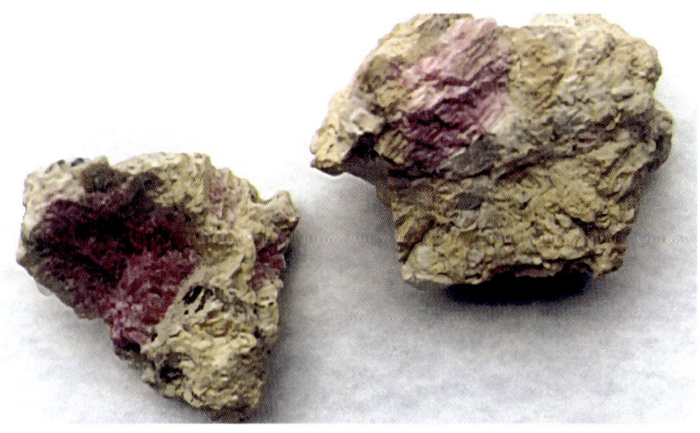

**Şekil 6.** Pembe turmalin.

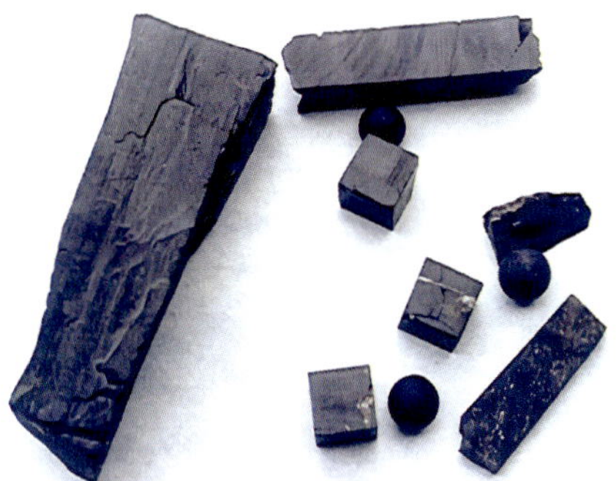

**Şekil 7.** Ham ve kesilmiş halde oltu taşları.

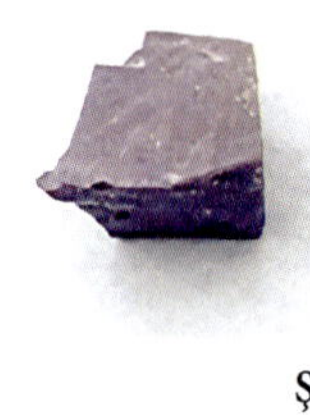

**Şekil 8.** Mor/leylak renkli jadeit.

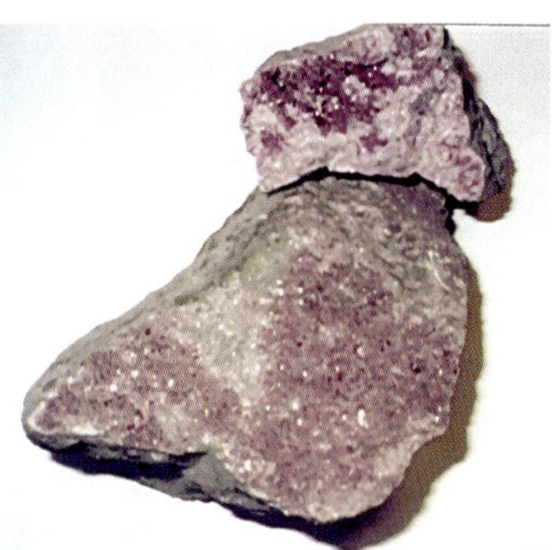

**Şekil 9.** Kemererit.

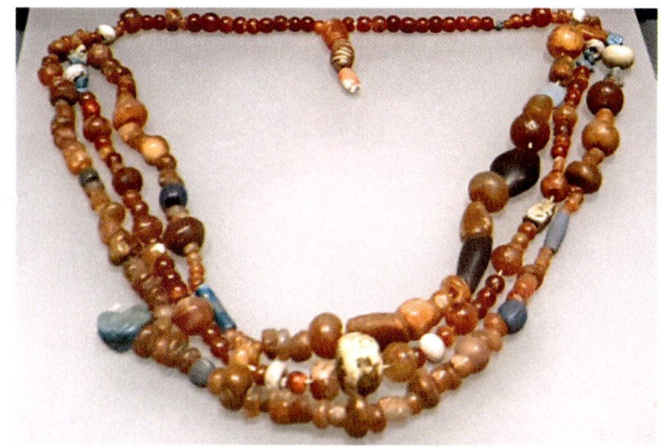

**Şekil 10.** Anadolu da bulunan silisli süstaşlarından yapılmış kolye (Urartu Dönemi).

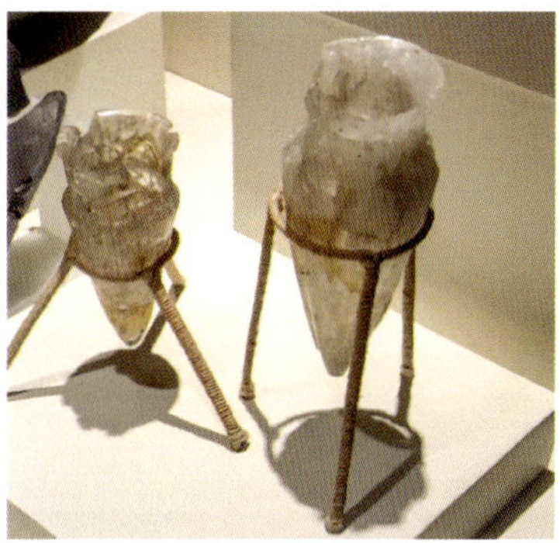

**Şekil 11.** Dağ kuvarsı, şeffaf kuvars veya necef gibi değişik isimlerle bilinen kristal kuvarstan yapılmış vazolar (Asur dönemi).

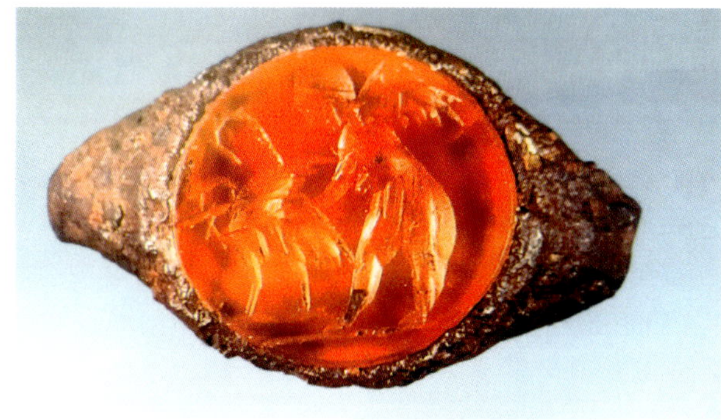

**Şekil 12.** Sard taşlı kırık demir yüzük. MS Erken 1. Yüzyıl (Konuk ve Arslan 2000).

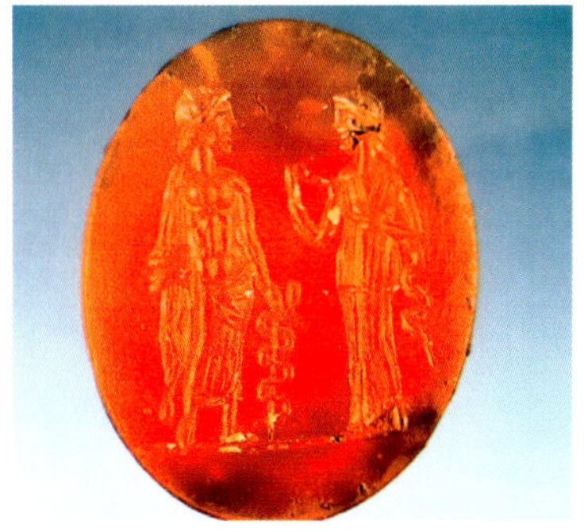

**Şekil 13.** Sard taşı üzerine işlenmiş insan figürleri MS 1 veya 2. Yüzyıl (Konuk ve Arslan 2000).

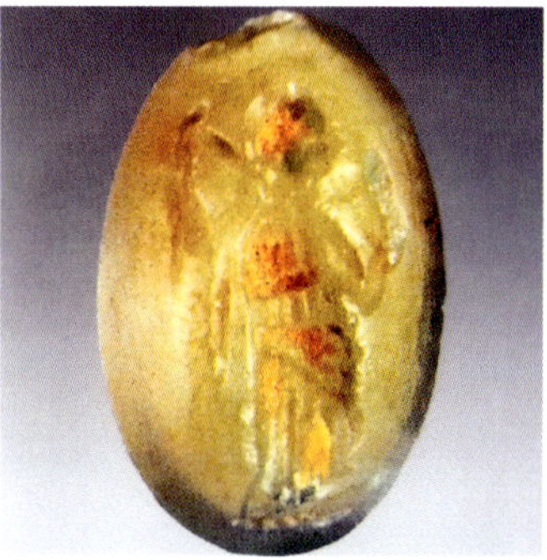

**Şekil 14.** Kenarları mavi olan kalsedona işlenmiş figür MS 1. Yüzyıl (Konuk ve Arslan 2000).

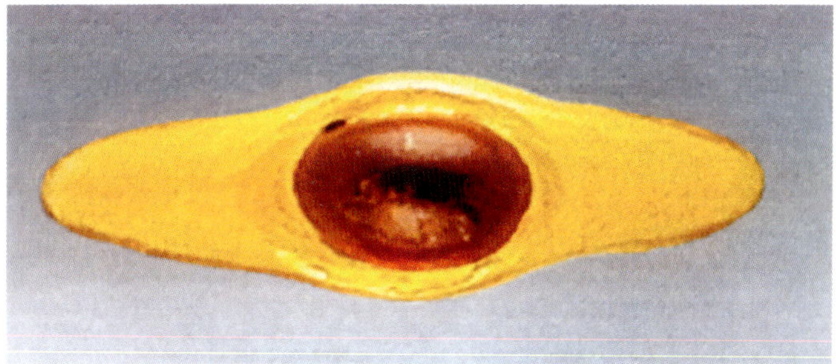

**Şekil 15.** Kırmızı granat taşlı altın yüzük MS 2. Yüzyıl (Konuk ve Arslan 2000).

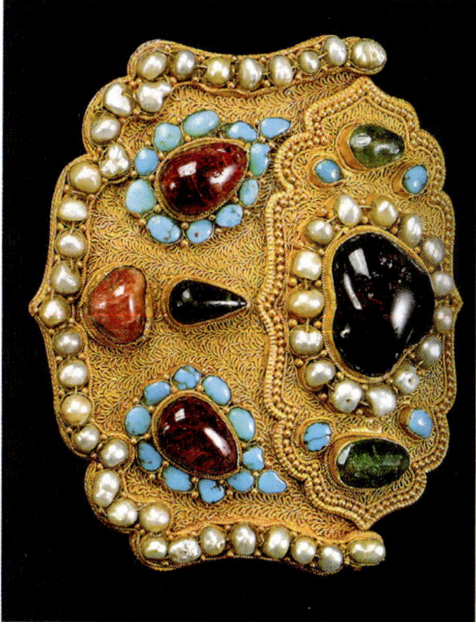

**Şekil 16:** Çeşitli kıymetli taşlarla süslenmiş kemer tokası (Topkapı Sarayı, 2000).

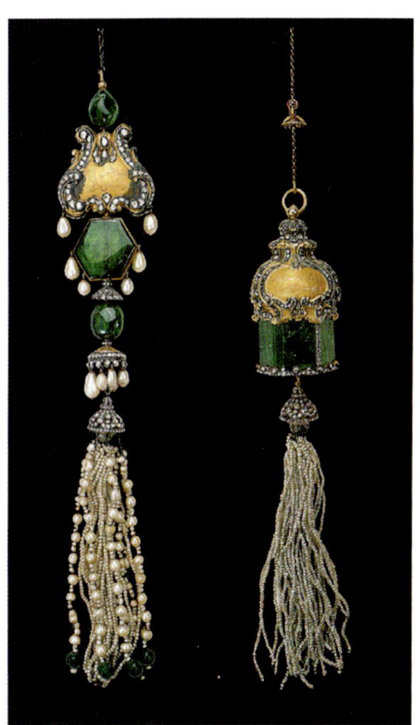

**Şekil 17.** Zümrüt askılıklar (Topkapı Sarayı, 2000).

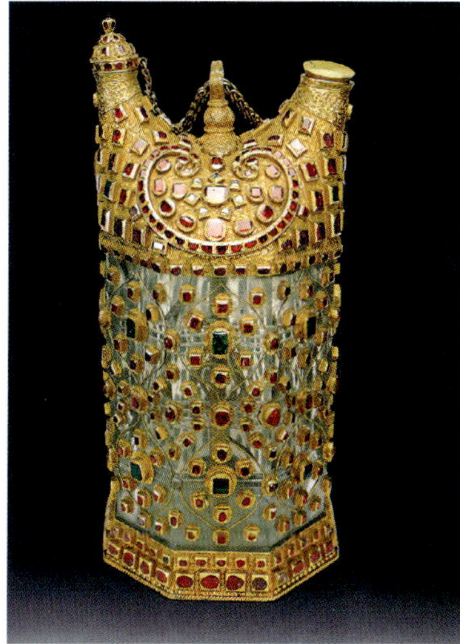

**Şekil 18.** Çeşitli kıymetli taşlarla süslenmiş necef tören matarası (Topkapı Sarayı, 2000).

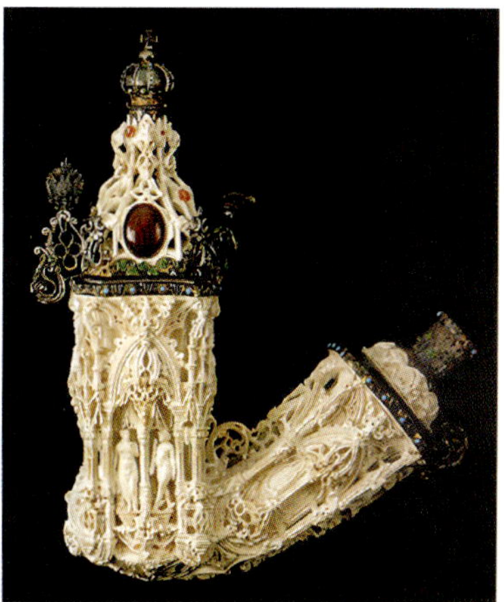

**Şekil 19.** Lületaşı pipo (Viyana Tütün Müzesi).

# Argemmaların (Arkeo-Gemolojiksel-Materyallerin) Envanterlenmesinde Süstaşı Türlerinin Tespiti için, Tahribatsız Konfokal Mikro-Raman ve FT-IR Cihazlarının Kullanımı ve Önemi

## *The Usage and Importance of Non-Destructive Confocal Micro-Raman and FT-IR Devices for Gemstone Identification in Inventoried of Argemma (Archaeo-Gemmological-Materials)*

Murat HATİPOĞLU
Dokuz Eylül Üniversitesi, Kuyumculuk ve Takı Tasarımı Programı Buca, İzmir, murat.hatipoglu@deu.edu.tr

Evrim ÇOBAN
Muğla Sıtkı Koçman Üniversitesi, Kuyumculuk ve Takı Tasarımı Programı, Milas, Muğla, evrimcoban08@gmail.com -

Hakkı BABALIK
Adnan Menderes Üniversitesi, Kuyumculuk ve Takı Tasarımı Programı, Karacasu, Aydın, hbabalik@gmail.com

Volkan ÇİL
Atatürk Üniversitesi, Kuyumculuk ve Takı Tasarımı Programı, Oltu, Erzurum, Evcil@atauni.edu.tr

Elanur GÜNER
Arel Üniversitesi, Kuyumculuk ve Takı Tasarımı Programı, Beylikdüzü, İstanbul, elanurguner@hotmail.com

### Özet

Kütlesel ve kristal görünüşlü süstaşlarının özgün mineralojik fenomenleri yanında, işlenebilir özellikte olabilmeleri ve ender bulunmaları da onlara özel bir önem kazandırmaktadır. Antik dönemlerde kullanılmış süstaşları, genel anlamda, AR-GEM-MA (Arkeo-Gemolojiksel Materyaller) olarak adlandırılabilirler. Yaygın işleniş şekilleri bakımından kabaşon-gliptik (yarım yuvarlak altı düz, üstü düz veya kubbemsi şekilli) ve boncuk-bead (yuvarlak ve silindirik şekilli, içi delinmiş) olarak adlandırılan bu antik dönemlere ait ham ya da işlenmiş haldeki argemmaların (artifektlerin) üzerleri düz olabileceği gibi, kabartmalı (kameo) veya çökertmeli (intaglio) motiflerle de süslenebilir.

Böylece, argemmaların işlendiği dönemlerin ve özelliklerinin bilimsel yöntemler kullanılarak ortaya çıkartılması sonucu, gerek arkeolojik kazılarda bulunan gerekse de müzelere bağışlanmak için teslim edilen mıhlı ve/veya mıhsız ayrık süstaşlarının ve mücevherlerin, işlenişlerinin, tarihlendirilmelerinin ve gerçek değerlerinin tespit edilebilmesi mümkün olabilecektir. Ancak, argemmaların hem materyal tespiti hem de yenileme ve koruma işlemlerinde, bunların gemolojik özellikleri dikkate alınmadığı takdirde, birçok argemma gliptikilerinin yorumlanmasının ve envanterleşmesinin hatalı yapıldığı görülmektedir.

Gemolojik uygulanmaya ayarlanmış ve tahribatsız çalışma özelliğine sahip "saçınımsal konfokal mikro-Raman (DCμRS) ve Fourier Transform Infrared (FT-IR) cihazları, ham ya da işlenmiş haldeki argemmaları oluşturan "mineral-kayaç-taşlaşmış organik oluşum kökenli süstaşlarının" tahripsiz tanınmasında, çok önemli bilimsel spektroskopik veriler sağlamaktadır. Bu çalışmada, bu cihazların kullanılmasına yönelik bazı örnekler verilecektir. Ayrıca, gerek müzeler gerekse kazı evlerindeki argemmaların envanterleme sistematiğinde uyulması gerekenler, yedi başlık altında sunulacaktır.

**Anahtar Kelimeler:** Ar-Gem-Ma, Konfokal mikro-Raman, FT-IR, arkeo-gemolojiksel envanterleme.

## Abstract

Gemstones with massive and crystalline-appearance have unique colors and formal textures because of the mineralogical phenomena, and their cuttable and rarity provide them special importance. Gemstones used in ancient times, in general, can be called AR-GEM-MA (Archaeo-Gemological Materials). In terms of general forms of lapidary, cabochon-glyptic (half-round, bottom-straight, flat or domed-shaped) and sphere-, cylinder-bead (round and cylindrical shaped, internally punctured), the rough or cut-polished argemmas' (artifects), belonging to the ancient periods, can be flat, as well as with embossment (cameo) or collapsible (intaglio) motifs can also be adorned.

Thus, as a result of the assigning of the lapidaried periods and characteristics of the argemmas' using scientific methods. it will be possible to determine the actual values and the dating of their operations of the mounted and/or loose gems and jewelleries found in archaeological excavations and delivered to museums for donation. However, in both material identification and restoration and conservation processes of argemmas', unless the gemmological properties of them are taken into account, it is seen that the interpretation and inventory of many argemma glyptics are made incorrectly.
Dispersive (green laser) confocal micro-Raman (DCμRS) and Fourier Transform Infrared (FT-IR) devices, which are adapted to the gemmological application and have non-destructive operation, are non-destructive the rough and/or cut-polished argemmas' of in origin of the mineral-rock-petrified organic formation originating. In the recognition, it provides very important scientific spectroscopic data. In this study, examples of using these devices will be given. In addition, the information to be followed in the inventory system of the argemmas' both in museums and in the excavation houses will be presented under the seven headings.

**Keywords:** Argemma, Confocal micro-Raman, FT-IR, archaeo-gemmological inventory.

## Giriş

Tanımsal olarak gemoloji bir bilim dalı olarak, süstaşı özelliği taşıyan her türlü malzemenin, yeryuvarında oluşumundan, tüketicinin beğeni ve kullanımına kadar geçen süreçteki her yöntem ve işlemi konu alan bir bilimsel ve ticari uğraşıdır (Read, 2005). Süstaşları da, özgün fiziko-kimyasal özelliklerinden kaynaklanan güzellik ve albenilik, ender bulunma ve iri kristal olma ve de şekillendirmeye uygunluk olarak ifade edilebilecek nedenler sonucu özel değer kazanmış mineraller (cevherler), kayaçlar ve taşlaşmış organik malzemeler için geçerli genel bir tanımlamadır. Günümüzde, tanımlanan ve piyasada ticareti yapılan yaklaşık 300 süstaşı bulunmaktadır (Arem, 1987; Hatipoğlu ve Savaşçın, 1987). Bunların en azından bir kısmı, muhtemelen antik dönemlerde de kullanılmıştır (Caley ve Richards, 1956; Bostock ve Riley, 1968). Tüm bunların yanı sıra süstaşları, ilgili fiziksel, psikolojik ve hatta batıl yönleri ile geniş bir etki sahası oluştur, reklam ve pazarlama sektörünün etkin elemanlarından biri olarak da varlık gösterirler. Süstaşlarının insanlarla buluşması yaklaşık 35.000 yıl evveline veya daha öncesine kadar gidebilmiştir (Dubin, 1995; Rapp, 2009). Bu yüzden, antik dönemlerde kullanılmış süstaşlarına, arkeolojik anlamda genel bir ifadeyle, AR-GEM-MA (Arkeo-Gemolojiksel Materyaller) ismi verilebilmektedir (Şekil 1). Antik dönemlerde işlenmiş ayrık süstaşı ürünlerinin (gliptiklerin) ve/veya süstaşı mıhlanmış mücevherlerin (artifektlerin); 1. Tanımlanması, 2. Restorasyonu, 3. Konservasyonu, 4. Envanterlemesi ve 5. Teşhiri günümüzde vazgeçilmez bir öneme sahiptir (Pretola, 2001; Güney ve Hatipoğlu, 2016). Genellikle kristal ve mikrokristal yapılı kuvars ($SiO_2$) türlerinden (Back ve Mandarino, 2008) işlenen bu argemmalar, insanlık tarihinin ilk dönemlerinden bu yana kutsama (korunma), tanınma (kendini ispatlama) ve takı-dekorasyon (süslenme) göstergesi olarak kullanılmışlardır (Branson, 1976; Zienkiewicz, 1987; Collon, 1989; Dubin, 1995; Bingöl, 1999; Hatipoğlu ve Dora, 1999; Hatipoğlu, 2000; Konuk ve Arslan, 2000; Pretola, 2001; Gilg vd. 2008; Hatipoğlu ve Güney, 2013; Çoban vd. 2014; Hatipoğlu vd. 2015) (Şekil 2). Kutsamada (korunmada), argemmalara büyüsel anlamlar atfedilerek, kötü güçlerin yaklaşmalarını engelleyen alternatif birer 'pasif savaş aracı' ve şifa, huzur, mutluluk, bereket gibi 'olumlu olgulara manipüle aracı' olarak kullanılmışlardır. Tanınmada; argemmalar imza, mühür ve sosyal statü göstergesi (zenginlik ifadesi, hediye, imtiyaz göstergesi) olarak kullanılmışlardır. Süslenmede ise, başta kadınsı duyguların temel göstergesi süslenme amaçlı ve işlevsel fonksiyonlu alet ve edevatlar olarak kullanılmışlardır.

Bandlı yapıdaki mikrokristalin kuvars ($SiO_2$) türlerinden (agatlar, kalsedonlar, karnelyen, oniks, sardoniks vb.) kameo argemmalara (gliptikler) Anadolu uygarlıklarında oldukça sık rastlanılmaktadır (Akurgal, 1987; Bingöl, 1999) (Şekil 3). Ayrıca gene bandlı yapıdaki iki önemli mineral malakit [$Cu_2CO_3(OH)_2$] ve rodokrozit ($MnCO_3$) de kameo argemma olarak ender de olsa kullanılmıştır (Dubin, 1995; Rapp, 2009). Arkeo-gemolojiksel olarak, bu bandlı yapılı argemmaların (gliptiklerin) antik uygarlıklarda yaygınca kullanılmasının altında yatan iki temel neden bulunmaktadır; Birincisi: bandlı yapı bir nevi göz yapısını temsil eder. Bu göz yapısı hemen her toplumda tılsım, büyü ve nazarlardan korunmak için ortak bir semboldür (Akurgal, 1987; Zienkiewicz, 1987; Konuk ve Arslan, 2000). İkincisi de, bandlı yapıdaki süstaşları kontrast renkler içerdiklerinden, bu taşlardan çok güzel kameo ve intaglio işlemeleri yapılmaktadır (Şekil 4). Motiflerin belirginleşmesi için ilave boya gerektirmeyen bu bandlı yapılı süstaşları, oyma sanatçıları tarafından tercih edilmişlerdir. Bu tür süstaşlarında bulunan konsantrik ve/veya yatay renk bantlarının kademeler halinde oyularak biçimlendirilmesiyle çok renkli portre veya mitolojik argemma kompozisyonlar elde edilmiştir.

Bununla beraber akla gelebilecek her tür süstaşından [mineral türü (örneğin, elmas, yakut, topaz, almandin, turkuvaz, kuvarslar (jasper, ametist, dağ kristali) vb.), kayaç türü (örneğin, lapis lazulli, jade, obsidyen, bazalt, serpantinit vb.) ve taşlaşmış organik malzeme (örneğin, inci, mercan, kehribar, fildişi vb) türü] oyma yapma mümkündür ve argemma (gliptik) olarak örnekleri bulunmaktadır (Şekil 1). Özellikle intagliolarda bandlı yapılı süstaşları yerine tek renkli süstaşları özellikle granat mineralleri (Yener, 2000; Gilg vd., 2008; Rapp, 2009, Hatipoğlu, 2013a), turkuvaz (Branson, 1976; Lüle, 2006) ve kuvars (Quick, 1974; Pretola, 2001) daha yaygın kullanılmıştır.

Bu çalışmada üç amaç güdülmüştür; birinci amaç, gemolojik aplikasyona göre uyarlanmış ve tahribatsız çalışma özelliğine sahip Dokuz Eylül Üniversitesi, İzmir Meslek Yüksekokulu, Gemoloji Test Laboratuvarında (DGL) bulunan "saçınımsal (yeşil lazer) konfokal mikro-Raman (DCμRS)" ve "Fourier Transform Infrared (FT-IR)" cihazları kullanılarak bazı önemli süstaşlarından elde edilmiş spektroskopik verileri sunmaktır. Böylece, bu verilerin aynı zamanda Türkiye'de bulunan yaklaşık 145 arkeoloji müzesi depolarında sergilenen ve saklanan ayrıca Türkiye çapında yüzlerce ören yerindeki kazı evlerinde depolanan ham ya da işlenmiş haldeki argemmaların (artifektlerin) da tahripsiz materyal tespitlerinde, çok önemli ve kesin sonuca yönelik bilimsel spektroskopik veriler sağlayabileceğini gösterebilmektir. İkinci amaç, bu sayede henüz çok azı hariç büyük kısmının henüz envanterleştirilmemiş her tür argemmalar için de Kültür ve Turizm Bakanlığı nezdinde bir farkındalık yaratma isteğidir. Üçüncü amaç olarak da, gerek müzeler gerekse kazı evlerindeki argemmaların kaydedilmesinde düzensiz ve yetersiz olan envanterleme sistematiğinde bir örneklik yaratmak için verilmesi gereken bilgileri yedi başlık altında toplayarak ilgililere bir öneri sunabilmektir.

## Materyaller ve Metotlar

Argemmaların (artifektlerin) bilimsel verilerinin toplanabilmesi oldukça zordur. Çünkü, bunların antik dönem ürünü olmaları ve bir eşinin daha olmaması yüzünden, tahripsiz arkeometrik fiziko-kimyasal yöntemler kullanılarak yapılmak zorundadır (Collon, 1989; Pretola, 2001; Rapp, 2009; Çoban vd. 2014; Hatipoğlu, 2013b, 2015a ve 2015b). Zaten 2863 sayılı Kültür ve Tabiat Varlıklarını Koruma Kanunu da bunu gerektirmektedir ve amir hüküm taşımaktadır. Arkeo-gemolojik inceleme için kullanılan yöntemler üç grupta toplanabilir (Şekil 5); Bunlar, spektroskopik, mikroskopik ve mekanik-ışıksal yöntemlerdir.

Bu çalışmada, bunlar arasında en güvenilir veri sağlayacısı olduğu düşünülen titreşimsel spektroskopi yöntemi kullanılmıştır. Titreşimsel spektroskopinin uygulamasında, elektromanyetik spektrumun infrared (700-300.000 $cm^{-1}$) bölgesinin NIR denilen yakın infrared (700-300 $cm^{-1}$) bölgesinin tamamı ile MIR denilen orta infrared (3.000-30.000 $cm^{-1}$) bölgesinin bir kısmı içerisinde oluşan moleküler titreşime bağlı olarak ışığın absorplanması ya da saçılması incelenir (Dean, 1999; Handerson ve Imbusch, 2006).

Titreşimsel spektroskopi yönteminin verilerinin en iyi alındığı bilinen iki cihaz konfokal mikro-Raman ve Fourier dönüşümlü infraredtir. Mikro-Raman cihazının hem ham hem de işlenmiş materyallerin tanımlanmasında çok daha hassas ve çok daha belirleyici olmasına karşın, Fourier dönüşümlü infrared cihazı ise biraz daha düşük duyarlıkta olmasına karşın, gene de oldukça kullanışlıdır. Her iki cihazın da hem sabit hem de kolayca taşınabilir olan versiyonları bulunmaktadır (Şekil 6 ).

Bu çalışmada materyal tespiti için argemma araştırmalarına örnek teşkil etmesi bakımından öncelikle elmas, yakut, mavi topaz, inci gibi dünya çapında herkesçe bilinen süstaşlarının mikro-Raman ve FT-IR grafikleri ve bunların spektral karakteristikleri ile gem diaspor, kammererit, mor jade, almandin, krizopras ve yeşil kuvars gibi Türkiye'de çıkartılan bazı önemli süstaşlarının (Hatipoğlu ve İnaner, 2010; Hatipoğlu, 2011a ve 2011b) grafikleri kıyaslamalı olarak verilmiştir. Kullanılan mikro-Raman cihazı, Horiba XploRa markalı olup gemolojik aplikasyon aparatlarıyla donatılmış saçınımsal (yeşil lazer) konfokal mikro-Raman (DCμRS)'dır. Kullanılan Fourier dönüşümlü kızılötesi spektroskopisi (FT-IR) cihazı ise, Bruker markalı olup gemolojik uygulamaya göre ayarlanmış Alpha-A241/DV ve Drift modüler parçalarına sahiptir.

## Bulgular

Arkeo-gemolojik incelemelerde "materyal tespitinin" esasının, tahribatsız cihazlarla yapılan fiziko-kimyasal yöntemler olduğu iyi bilinmektedir (Collon, 1989; Rapp, 2009; Hatipoğlu, 2013b; Hatipoğlu, 2015a ve 2015b). Bunlar arasında en yaygın olanı titreşimsel spektroskopi esasına dayalı, saçınımsal görünür bölge mikro-Raman (Hanni vd. 1997; Bersani ve Lottice, 2010) ve Fourier dönüşümlü infrared (Taylor vd. 1970; Stockton ve Fritsch, 1987) cihazlarıdır.

### Konfokal Mikro-Raman Cihazı ve Gemolojik Uygulamaları

Raman reaksiyonu ilk kez, 1928 yılında, Sir Chandrasekhara Venkata Raman tarafından keşfedilmiştir (Raman ve Krishnan, 1928). Raman cihazı ile aslında jeoloji, biyoloji, mineraloji (gemoloji) gibi alanlarda yapılan örnek analizleri ile kimyasal ve moleküler yapı tanımlandırılmasında ve örneklerin sınıflandırılmasında olumlu sonuçlar alınabilmektedir (Deckert vd. 2008). Bu lazer ışımasını kullanan cihaz sayesinde, kimyasal ve moleküler yapı analizleriyle her cins argemma örneklerinin kimliklendirilmesi (materyal cins tespiti), diğer materyal örnekleriyle karşılaştırılması ve sınıflandırılması yapılabilir (Hanni vd. 1997; Bersani ve Lottice, 2010).

Dünya çapında herkesçe iyi bilinen ve en değerli olarak kabul edilen elmas (Şekil 7,8), yakut (Şekil 9), mavi topaz (Şekil 10) ve inci (Şekil 11) cinsi süstaşlarının Horiba XploRa markalı saçınımsal (yeşil lazer) konfokal mikro-Raman (DCμRS) ile çekilen grafikleri ve bunların spektral karakteristikleri verilmiştir. Materyallerin moleküler yapılarının titreştirilmesi ile elde edilen bu grafiklerde özellikle elmas tiplerinin belirlenmesi sağlanabilmektedir (Şekil 8). Özellikle elmasların tayininde 1332 $cm^{-1}$'de çok belirgin çıkan absorbsiyon piki çok karakteristiktir (Şekil 7,8). Korundum-yakut cinsi süstaşındaki mikro-Raman absorbsiyon pikleri ise çok belirgin bir yüksekliklerde olmamakla birlikte, gene de karakteristiktir. Ancak hem topazlarda hem de incilerdeki mikro-Raman grafiklerindeki absorbsiyon pikleri çok belirgin ve tanımlayıcıdır.

Buradan çıkan sonuç şudur; mikro-Raman spektroskopisnin çalışma esası, bir materyalin özellikle mineralin moleküllerini titreşimsel özelliklerine dayanmaktadır. Burada öne çıkan diğer husus da, Raman'a karşı bazı moleküller çok hassas olup belirgin absorbsiyon pikleri verirken bazı moleküller daha az hassas olup, çok ayırt edici absorbsiyon pikleri göstermezler. $(AlO)_4$ molekülü, Raman ışımasına karşın çok hassas olmadığı için korundum-yakut çok belirgin absorbsiyon piklerine sahip mikro-Raman spektrumu verememektedir. Buna karşılık, (C), $(SiO)_4$, $(CaO)_3$ molekülleri ise, Raman ışımasına karşın çok hassas oldukları için elmas, topaz ve aragonit çok belirgin absorbsiyon piklerine sahip mikro-Raman spektraları verebilmektedir.

İkinci olarak Türkiye'nin Dünya çapında oldukça meşhur olmuş iki önemli süstaşı olan gem diaspore (Şekil 12) ve kammererit (Şekil 13) örneklerinin mikro-Raman grafikleri verilmiştir. Görüldüğü üzere, yukarda bahsedilen $(AlO)_4$ molekülü yerine gem diasporun (AlOH) molekülü ile kammereritin $(SiO)_4$ molekülü, Raman ışımasına karşın çok hassas oldukları için hem gem diaspor hem de kammereritin mikro-Raman absorbsiyon piklerinin çok belirginleştiği grafikler elde edilebilmektedir.

Üçüncü olarak, granat-almandin (Şekil 14), mor jade (Şekil 15) ve krizopras (Şekil 16) örneklerinin mikro-Raman grafikleri verilmiştir. Görüldüğü üzere, granat-almandinin $(SiO)_4$ molekülü, tek bir mineral olmamakla beraber neredeyse tüm bileşen mineralleri silikat grubundan olduğu için mor jade kayacının $(SiO)_4$ molekülleri ve krizopras $(SiO)_4$ molekülü, hepsi ayrı ayrı Raman ışımalarına karşın çok hassas oldukları için, her üç süstaşının da mikro-Raman absorbsiyon piklerinin çok belirginleştiği grafikleri elde edilebilmektedir.

Son olarak kıyaslamayı belirginleştirdiği için hem yeşil renkli mikrokristalin yapılı krizoprasın ve kristalin yeşil kuvarsın birlikte sunulduğu süstaşlarının, mikro-Raman (DCμRS) ile çekilen grafikleri ve bunların spektral karakteristikleri Şekil 17'de verilmiştir. Yukarıda olduğu gibi mikrokristalin yapılı daima yeşil renkli olan krizopras $(SiO)_4$ ile kristal yapılı ve özellikle yeşil renkli olan kuvarsın $(SiO)_4$ molekülleri, genel bahsedilen çerçevedeki kurala uygun olarak Raman ışımalarına karşın çok hassas oldukları için, her iki süstaşının da mikro-Raman absorbsiyon piklerinin çok belirginleştiği grafikleri elde edilebilmektedir. Bununla beraber, aslında mikrokristal ve kristal yapının, mikro-Raman absorbsiyon piklerinde ufak da olsa farklılıklar doğurduğundan bu iki süstaşının ayırt edilmesinde çok güvenilir bir veri olarak değerlendirilebilmektedir.

## Fourier Transform Infrared Cihazı ve Gemolojiksel Uygulamaları

Infrared (kızıl ötesi) cihazı aslında elektromanyetik spektrumda farklı dalga boyuna veya enerjiye sahip ışınların, madde ile etkileşimi sonunda, maddede birtakım değişikliklere neden olması prensibine dayanmaktadır (Dean, 1999; Handerson ve Imbusch, 2006). Bu enerjinin, molekülün titreşmesine neden olduğu bölgeye infrared (IR) bölgesi (kırmızı/kızıl ötesi) denmektedir. IR bölgesine karşılık gelen elektromanyetik ışının enerjisi, bileşiklerin atomları arasındaki bağ uzunluklarının ve konumlarının değişmelerine (titreşim) ve olası dönmelere neden olmaktadır. Verilerin düzeltilmiş hali anlamına gelen FT-IR (Fourier Transform Infrared Spectroscopy) bir tür titreşim spektroskopisidir; kızılötesi ışınları molekülün titreşim hareketleri tarafından soğurulmaktadır. Güncel süstaşlarının ve aynı zamanda argemmaların materyal tespit analizi için geleneksel FT-IR teknolojisi hem güncel süstaşlarının hem de argemmaların materyal analizi için çok daha elverişli bir yöntemdir (Taylor vd. 1970; Stockton ve Fritsch, 1987). Aslında "difuse reflectance" metodu süstaşlarının analizi için en evrensel ve en kolay yöntem olarak görülmektedir. FT-IR spektroskopisi gemolojideki diğer alanlarda da kullanılabilir; Örneğin, sentetik zümrüt veya kurşun camını ayırt etmek, renk iyileştirmesi yapılan doğal yakutları tedavisiz doğal yakutlardan ayırma gibi.

İki önemli süstaşı olan elmas ve yakutun Fourier dönüşümlü infrared (FT-IR) ile çekilen grafikleri ve bunların spektral karakteristikleri gemolojik incelemelerde çok önemli bilimsel veriler sunarlar. Şekil 18'de bir elmas taşının tipik FT-IR grafiği verilmiştir. Aynı zamanda elmasların oluşum tipleri olan "Tip I" ve "Tip II" nin ayırt edilmesi böylece doğal ve yapay kökenli elmasların tahribatsız kolayca belirlenmesini sağlamaktadır.

Elmas takliti süstaşlarının da belirgin bir şekilde ayırt edilmesinde FT-IR grafikleri çok yardımcı olmaktadır. Özellikle kübik zirkonia (CZ) ve moissanit türü yapay malzemelerin doğal elmas materyaliyle birlikte FT-IR grafiği Şekil 19'da verilmiştir. Görüldüğü üzere yapay kristallerin düşük değerlerdeki elementel titreşimleri belirsiz bir spektrum vermektedir.

Şekil 20'de bir yakut taşının tipiksel Fourier dönüşümlü infrared grafiği verilmiştir. Bu tür elementel yapının titreşimsel grafiklerinde doğal ve yapay oluşumlar ile renk verici iz elementler de belirlenebilmektedir.

Sonuçta görüldüğü üzere hem mikro-Raman hem de Fourier dönüşümlü infrared grafiklerinin spektroskopik görünümleri farklıdır. Bunun başlıca nedeni her iki cihazın da bir materyaldeki moleküler ve elementel yapının farklı açılarda uyarılması sonucu ortaya çıkan titreşimlerin elde edilmesidir. Her iki spektrumda da yatay eksen, 1/cm veya $cm^{-1}$ birimindedir. Bu duruma güzel bir örnek olarak yakut süstaşının hem mikro-Raman (Şekil 9) hem de Fourier dönüşümlü infrared grafiklerinin (Şekil 20) spektroskopik görünümlerinin birlikte incelendiğinde, gayet net ortaya çıkmaktadır.

## ArGemMa için Arkeo-Gemolojiksel Envanterleme Sistematiği

Halen Anadolu topraklarının birçok yerinde devam etmekte olan arkeolojik ve define amaçlı kazılarda bulunan, ayrıca sayıları yaklaşık 145 olan arkeoloji müzelerinde sergilenmekte ve depolanmakta olan ancak hem envanterlenmesi hem de konservasyonunu tam yapılmayan çok sayıda arkeogemolojik malzemelerin varlığı bilinmektedir. Aslında, arkeo-gemoloji (ya da arkeo-mineraloji), antik dönemde işlenmiş gemolojik materyallerin (ayrık bulunan süstaşlarının ve mücevherlerinin) fiziksel ve kimyasal olarak zarar görmeden incelenmesini, tanımlanmasını sağlayan gemolojinin bir alt dalı olduğu bilinmektedir (Hatipoğlu, 2005; Rapp, 2009). Arkeogemolojik inceleme, süstaşlarının işlendiği dönemlerin ve özelliklerinin ortaya çıkartılmasına büyük ışık tutmuştur. Hem dini, hem de dünyevi amaçlarla için süstaşlarının işlemeciliği ve süstaşlı mücevherlerin yapımı, önceleri din, tılsım, büyü ve uğur gibi kavramların etkisi ile başlamış, zaman içerisinde bu anlamlarının yanı sıra ölü hediyesi, tanrılara sunu, imtiyaz göstergesi, zenginlik ifadesi, hediye ve güzelleşmek gibi amaçları da kapsamıştır. Buna göre, arkeogemolojinin genel uğraşı alanları;

- Antik dönemlerde takı taşları, törensel taşlar, şifa taşları ve mühür taşları olarak kullanılacak bazı minerallerden, bazı kayalardan ve bazı taşlaşmış organik malzemelerden oluşmuş süstaşlarının madenciliği, işlemeciliği, materyal tanımlaması ve ticareti ile,
- Bunların zamanla değiştirilmeyecek şekilde envanterlenmesi işlemleri olarak gösterilebilir.

Buradan hareketle, antik dönem süstaşlarının ve süstaşlı mücevherlerin konservasyon ve restorasyon işlemleri, bu tür ürünlerin gemolojik özellikleri dikkate alınmadığı takdirde, birçok objenin yorumlanmasının hatalı yapılmasına neden olmaktadır. Bu nedenle, antik dönem imalatı süstaşı ürünlerin işlendiği dönemlerin ve özelliklerinin ortaya çıkartılması ile gerek Arkeolojik kazılarda bulunan gerekse de müzelere verilmek üzere getirilen mücevherlerin üretiminin tarihlendirilmesi, gemolojik bilimsel verilere göre envantere kaydedilmesi ve gerçek değerlerinin tespit edilebilmesi mümkün olabilecektir (Hatipoğlu ve Güney, 2013). Bu argemmaların her birinin bir sanat ve zanaat eseri olmaları yüzünden, doğru tanımlanmaları, envanterlenmeleri ve yorumlanmaları, aynı zamanda sanat tarihi açısından da önem taşır.

Buna göre ArGemMa'ların bilimsel ve açıklayıcı nitelikte bir envanterleme sistematiği için aşağıdaki sırayı önermekteyiz;

1) Argemma artifektlerin (gliptiklerin) materyal cinslerinin spektroskopik, mikroskopik ve mekanik-ışıksal cihazlarla taşların gemolojiksel-tahripsiz olarak arkeometrik tesbiti ve bunların çeşitli gruplarda sınıflamaları aşağıdaki gibi yapılabilir:
   - Kimyasal sınıflaması
   - Renklere göre değersel sınıflaması
   - Kökensel sınıflaması
     - Doğal Materyaller
       - Mineral türü argemmalar
       - Kayaç türü argemmalar
       - Taşlaşmış organik malzeme türü argemmalar
     - Yapay-Taklit Materyaller
       - Cam türü argemmalar
       - Seramik türü argemmalar
2) Argemmaların işlenmesi (lapidary) yönünden sınıflaması
   Genel işleniş (kabaşon-gliptik-kubbe, boncuk-yuvarlak-silindirik, artifekt-takoz),
   şekli ve modelinin (düz veya oymalı-kameo-intaglio),
3) Argemmaların boyutlarının ve ağırlığının tespiti,
4) Argemmaların Anadolu süstaşı potansiyeli içerisinde hangi bölgelerden çıkartılmış olabileceğinin tespiti (yöresel ve/veya dış bölge kaynaklı),
5) Argemmaların materyal cinsleri ve işlenti formları göz önüne alınarak sınıflandırılması;
   İbadetsel, inançsal, korunganlık, kutsama, şifa ve terapi
   İmza, mühür, sosyal statü
   Takı-süslenme, fonksiyonel gereçler, olarak yapım amacının tespiti,
6) Argemmalar üzerindeki şekillerin, motiflerin ve yazıların belirlenmesi veya oyulan-kesilen formların arkeolojik tespiti,
7) Argemmalar (gliptikler ve boncuklar) üzerlerine işlenmiş bu formların ve üzerlerindeki şekil ve yazıların arkeolojik ve sanat tarihi açısından neyi ifade edebildiğinin yorumlanması.

## Sonuçlar

Anadolu'da arkeo-gemolojinin başlangıcı ve süreçsel gelişimi, antik dönem gemolojisi ve metalürjisi, Anadolu antik medeniyetlerin mücevher yapımındaki özgünlükleri, günümüzde arkeo-gemoloji öğretisinin başlangıcı ve süreçsel gelişimine ışık tutacaktır. Arkeo-gemolojik incelemelerde argemma (süstaşı) materyal tespitinin esasını, tahripsiz fiziko-kimyasal yöntemler oluşturmaktadır.

Gemolojik uygulamaya göre uyarlanmış "Saçınımsal (yeşil lazer) konfokal mikro-Raman (DCμRS)" ve "Fourier Transform Infrared (FT-IR)" cihazları; Ham halde ya da işlenmiş argemmaların tahripsiz olarak incelenerek materyal tespitlerinde yani süstaşı cins ve türlerinin tanımlanmasında, çok kesin bilimsel anlamlı spektroskopik veriler sağlar. Bu veriler aynı zamanda 2863 sayılı Kültür ve Tabiat Varlıklarını Koruma Kanununa uygun adli gemolojik delilleri de oluşturabildiğinden, antik eser kaçakçılık davalarında adaletin tecellisinde önemlidirler.

Argemmaların işlendiği dönemlerin ve özelliklerinin ortaya çıkartılması ile gerek arkeolojik kazılarda bulunan gerekse müzelerde depolanan süstaşlarının ve/veya süstaşlı mücevherlerin özgünlüklerinin tespit edilebilmesi mümkün olmaktadır.

Bu argemmaların her birinin bir sanat ve zanaat eseri olmaları yüzünden, doğru tanımlanmaları ve yorumlanmaları, aynı zamanda sanat tarihi açısından da büyük önem taşımaktadır. Çünkü antik dönem süstaşlarının ve süstaşlı mücevherlerin gerek materyal tespiti gerekse de restorasyon ve konservasyon işlemleri, bunların gemolojik özellikleri dikkate alınmadığı takdirde, birçok objenin yorumlanmasının ve envanterleşmesinin hatalı yapılmasını sonuçlayabilmektedir.

Böylece, arkeo-gemolojik verilerin değerlendirilmesinin antik dönem lapidary zenaatının anlaşılmasına, ilaveten günümüz bilgileri ışığında yorumlanmasıyla da Anadolu'nun kültürel mirasına büyük ışık tutacağı kesindir.

## Kaynaklar


**Akurgal, E. (1987).** Anadolu Uygarlıkları, *Net Turistik Yayınları*, İstanbul.

**Arem, J. E. (1987).** Color Encyclopaedia of Gemstones. 2nd Ed., *Van Nostrand Reinhold Co.*, New York, USA.

**Back, M., Mandarino, J. (2008).** Fleischer's Glossary of Mineral Species. 10th Ed., *The Mineral Record Inc.*, Tucson, USA.

**Bersani, D., Lottici, P. P. (2010).** Application of Raman spectroscopy to gemology. *Analytical and Bioanalytical Chemistry*, 397, 2631-2646.

**Bingöl, I. (1999).** Anadolu Medeniyetleri Müzesi; Antik Takılar, *T.C. Kültür Bakanlığı Anıtlar ve Müzeler Gen. Müd.*, Ankara, Türkiye.

**Branson, O. T. (1976).** Turquoise (the Gem of the Centuries). *Walsworth Press Co., Marceline*, MO, USA.

**Bostock, J., Riley, H. T. (Trans. and Ed.) (1968).** *The Natural History of Pliny with Copious Notes and Illustrations.* London, England. Citation URL: http://data.perseus.org/citations/urn:cts:latinLit:phi0978.phi001.perseus-eng1:37

**Caley, E. R., Richards, J.C. (1956).** Theophrastus on Stones. *The Ohio State University*, Ohio, USA.

**Collon, D. (1989).** Materials and techniques of ancient near eastern cylinder seals. In: Hackens, T., Moucharte, G., (Eds) technology and analysis of ancient gemstones. *PACT*, Strasbourg, France.

**Çoban, E., Helvacı, C., Hatipoğlu, M. (2014).** Mineralogical and gemmological investigations on ancient gemstones in the Caria region (Muğla) and their relations with rocks and minerals outcropping in the region. *Abstract Book of the 8th International Symposium on Eastern Mediterranean Geology*, 13-17 October, Muğla Sıtkı Koçman University, Muğla, Turkey, 76.

**Dean, J. A. (1999).** Lange's Handbook of Chemistry. 15th ed. *Mc-Graw-Hill, Inc.* New York, 743-772.

**Deckert, V., George, M.W., Umapathy, S. (2008).** Raman spectroscopy at the beginning of the twenty-first century *II. Journal of Raman Spectroscopy*. 39, 1508–1511.

**Dubin, L. S. (1995).** The History of Beads. Tames and Hudson-London, Japan.

**Gilg, H. A., Kile, D., Liebetrau, K., Modreski, P., Neumeier, G., Staebler, G. (Eds.). (2008). Garnet** (Great Balls of Fire). **Lithographie,** *LLC, East Hampton*, **Connecticut, USA.**

**Güney, H., Hatipoğlu, M. (2016).** Gemologlar için müze uzmanlık branşlarında arkeo-gemoloji eğitiminin önemi [The importance of archaeo-gemology education in museum specialists for gemologists]. *1st International Academic Research Congress (3-5 November), Abstract Book,* Side/Antalya, 37-38. www.inescongress.com.

**Handerson, B., Imbusch, G. F. (2006).** Optical Spectroscopy. *Oxford University Press*, London, GB, 672.

**Hanni, H., Kiefert, L., Chalain, J. P. (1997).** Raman spectroscopic applications to gemmology. *Journal of Gemmology*. 25, 394-407.

**Hatipoğlu, M., Savaşçın, M. Y. (1987).** Süstaşları [Gemstones]. *Sas Ajans Matbaası*, İzmir.

**Hatipoğlu, M., Dora, O. Ö. (1999).** Anadolu'da kullanılmış en eski süstaşı hammaddeleri olan Ankara agatları ve Eskişehir kalsedonlarının gemolojik incelemesi *[The gemmological investigation of Ankara agates and Eskişehir chalcedonies, the oldest gemstones used in Anatolia]*. 1. Batı Anadolu Hammadde Kaynakları Sempozyumu (8-14 Mart), İzmir, 462-468.

**Hatipoğlu, M. (2000).** Dünyada en eski süstaşı olarak bilinen agatın gemolojik tarihçesi *[Gemmological evolution of the agate that* *is known as the most ancient gemstone in the world].* Türkiye Taş Dünyası Dergisi, 13, 106-112.

**Hatipoğlu, M., (2005).** Anadolu'dan iki antik süstaşı: Eskişehir kalsedonu ve Ankara agatı (akiği) *[Two antique gems from Anatolia: Eskişehir's chalcedony and Ankara's agate].* Sapphire Dergisi, 9, 72-77.

**Hatipoğlu, M., İnaner, H. (2010).** Dünya'da Türkiye'ye özgün süstaşı kalitesindeki diaspor (zultanit), kemmererit (kromlu klinoklor) ve morjadeit (klinopiroksen) mineral cinslerinin jeolojik miras olarak duyurulması ve korunması [Announcement and conservation as geological heritage of gem-quality diaspore (zultanite), kammererite (chromium clinochlore), and purple jadeite (clinopyroxen) mineral species, which they are unique to Turkey in the world]. *Abstracts of 1st International Geo-Conservation Symposium and Southeastern Europe Countries Pro-Geo Group Meeting,* 15-19 September, Elazığ, Turkey, 58-59.

**Hatipoğlu, M. (2011a).** Unique gemstones of Turkey. International Gemological Symposium-2011 *Advancing the Science and Business of Gems,* 29-31 May, Carslbad, California, USA, 45.

**Hatipoğlu, M. (2011b).** Unique Turkish gems of the Anatolian geological heritage. *Proceedings of 5th International Congress Science and Technology for the Safeguard of Cultural Heritage of the Mediterranean Basin,* 22-25 December, İstanbul, Turkey, 205.

**Hatipoğlu, M., Güney, H. (2013).** Archaeo-gemmological investigation of gemstone glyptics (seal stones and ceremonial stones) and ancient jewelleries mounted gemstones in Izmir Archaeological Museum (Turkey). *Journal of Cultural Heritage,*14/3S, e165-e168.

**Hatipoğlu, M. (2013a).** Archaeo-gemological importance of the ancient Caria city; Alabanda (Doğanyurt, Çine-Aydın, Western Turkey). *Proceedings of 6th International Congress Science and Technology for the Safeguard of Cultural Heritage of the Mediterranean Basin,* 22-25 October, Athens, Greece, Vol. 2, Session B, B6.015.

**Hatipoğlu, M. (2013b).** Archaeo-gemmological ageing of ancient microcrystalline materials according to the electrical feature; in the case of unbanded blue chalcedony glyptics in İzmir Archaeological Museum. *Proceedings of 6th International Congress Science and Technology for the Safeguard of Cultural Heritage of the Mediterranean Basin,* 22-25 October, Athens, Greece, Vol. 2, Session B, B6.088.

**Hatipoğlu, M. (2015a).** Archaeometry in gemstone glyptics for Ionia. *1st International Workshop for Archaeometry in Archaeology and the History of Art,* 29-30 May, Torbalı-İzmir, 15-16.

**Hatipoğlu, M. (2015b).** Batı Anadolu'da antik çağlarda kullanılmış mavi kalsedonların arkeo-gemolojiksel yaşlama çalışması [Archaeo-gemmological ageing study of blue chalcedony glyptics used in ancient times in the Western Anatolia]. *Lidya "Altın Ülke" Uluslararası Katılımlı Altın, Gemoloji ve Kuyumculuk Sempozyumu,* 09-11 Ekim, Salihli-Manisa, 312-318.

**Hatipoğlu, M., Türe, M. A., Kibici, Y. (2015).** Antik çağlardan (Lidya dönemi) günümüze Batı Anadolu'da süstaşı mühür sanatının uygulaması [Application of glyptic art in Western Anatolia from the ancient times (Lydia period) to the present day]. *Lidya "Altın Ülke" Uluslararası Katılımlı Altın, Gemoloji ve Kuyumculuk Sempozyumu,* 09-11 Ekim, Salihli-Manisa, 296-301.

**Konuk, K., Arslan, M. (2000).** Anadolu Antik Yüzük Taşları ve Yüzükleri. *Duduman Ltd.* Ankara, Türkiye.

**Lüle, Ç. (2006).** İzmir-Cumaovası-Görece köyü civarı volkanitleri ve menderes masifi metamorfitleri içindeki bazı granatların mineralojik-petrografik ve jeokimyasal incelenmesi ve olası arkeogemolojik bağlantıları. *Hacettepe Üniversitesi, Fen Bilimleri Enstitüsü, (Doktora tezi),* Ankara, 154s.

**Pretola, J. P. (2001).** A feasibility study using silica polymorph ratios for sourcing chert and chalcedony lithic materials. *Journal of Archaeological Science,* 28, 721-739.

**Quick, L. (1974).** The Book of Agates and Other Gems. 3th ed. *Chilton Book Co.,* Pennsylvania, USA.

**Raman, C. V., Krishnan, K. S. (1928).** A new type of secondary radiation. *Nature.* 121, 501.

**Rapp, G. (2009).** Archaeomineralogy. 2nd Ed., (Editors; Herrmann, B., Wagner, G. A.), *Springer-Verlag Berlin Heidelberg,* Berlin, Germany.

**Read, P. G. (2005).** Gemmology. 3rd Ed., *Elsevier,* London, GB.

**Stockton, C. M., Fritsch, E. (1987).** Infrared spectroscopy in gem identification. *Gems and Gemology,* 23, 18-26.

**Taylor, D. G., Nenadic. C. M., Crable. J.V. (1970).** Infrared spectra for mineral identification. *American Industrial Hygiene Association Journal,* 31,100-108.

**Yener, E. (2000).** Alabanda Antik Kenti, T.C. Kültür Bakanlığı Anıtlar ve Müzeler Genel Müdürlüğü, *Aydın Müze Müdürlüğü Broşürü.*

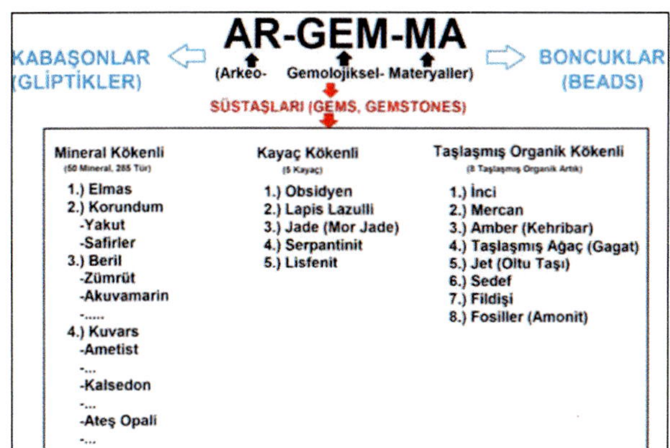


**Şekil 1.** Ar-Gem-Ma (Arkeo-Gemolojiksel-Materyaller) tanımı içerisine girebilecek süstaşı gruplaması.

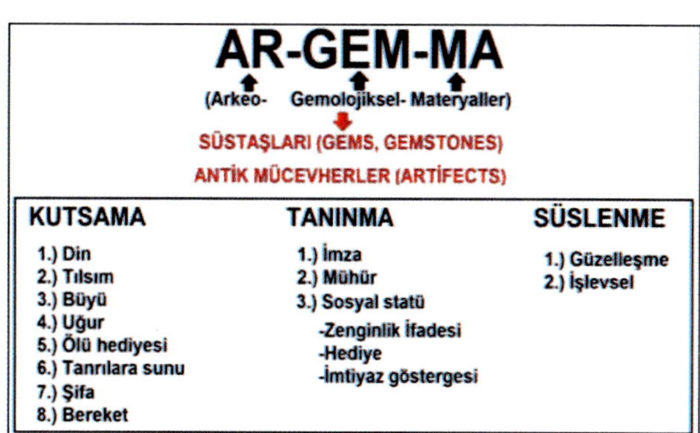


**Şekil 2.** Ar-Gem-Ma (Arkeo-Gemolojiksel-Materyaller), insanlık tarihin ilk dönemlerinden bu yana kutsama (korunma), tanınma (kendini ispatlama) ve takı-dekorasyon (süslenme) göstergesi olarak kullanılmışlardır.

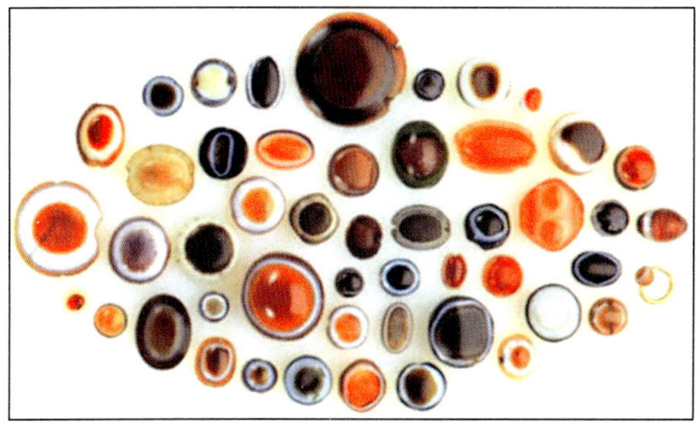

**Şekil 3.** Günümüz araştırmaları göstermektedir ki; süstaşları arasında kuvars mineralinin mikrokristalin yapılı ve yumrusal şekilli türlerinden bazıları bandlı yapı göstermektedir ve özellikle antik uygarlıkların en popüler mikrokristalin yapılı ve yumrusal şekilli kuvars ($SiO_2$) yüzük taşlarından olmuşlardır (Dubin, 1995'den). Bunlar; * Agatlar (çok renkli bandlardan oluşmuştur), * Bantlı Kalsedon (mavi ve beyazımsı mavi renkli bandlardan oluşmuştur), * Karnelyen (kahverengi ve kiremit renkli bandlardan oluşmuştur), * Oniks (siyah ve beyaz renkli bandlardan oluşmuştur), * Sardoniks (sarı, kırmızı ve beyazımsı bandlardan oluşmuştur).

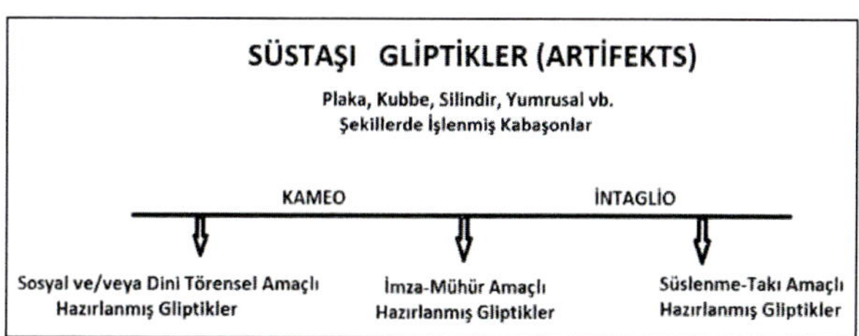


**Şekil 4.** Bandlı yapıdaki süstaşları kontrast renkler içerdiklerinden, bu taşlardan çok güzel kameo ve intaglio işlemeleri yapılmaktadır. Motiflerin belirginleşmesi için ilave boya gerektirmeyen bu bandlı yapılı süstaşları, oyma sanatçıları tarafından tercih edilmişlerdir. Bu tür süstaşlarında bulunan konsantrik ve/veya yatay renk bantlarının kademeler halinde oyularak biçimlendirilmesiyle çok renkli portre veya mitolojik argemma kompozisyonlar elde edilebilmektedir.

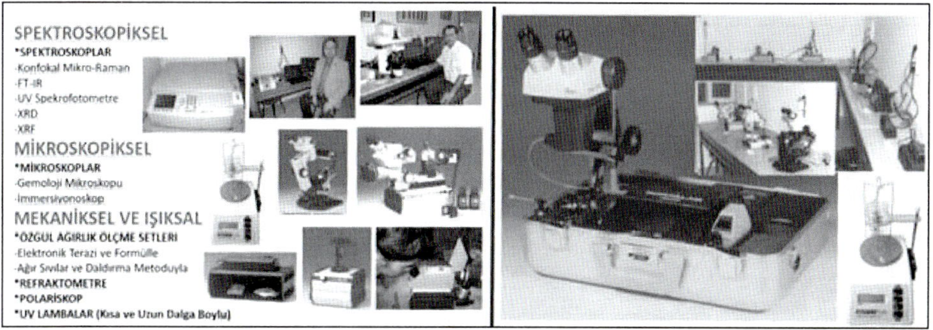


**Şekil 5.** Argemmaların (artifektlerin) materyal tespitinde, arkeo-gemolojiksel inceleme için kullanılması önerilen temel yöntemler ve cihazlar (Dokuz Eylül Üniversitesi, İMYO, DGL-Gemoloji Test Laboratuvarından).

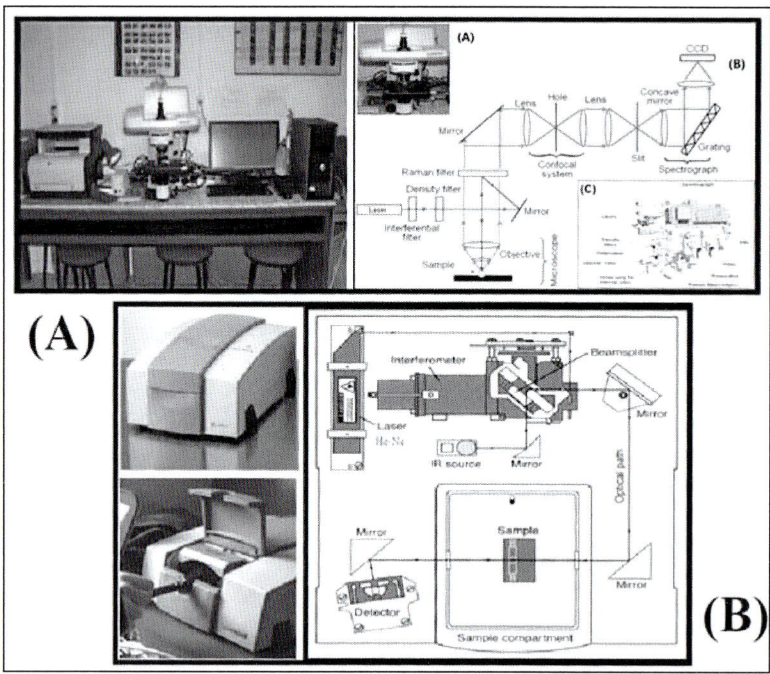


**Şekil 6.** Titreşimsel spektroskopi yönteminin verilerinin en iyi alındığı bilinen iki cihaz, mikro-Raman ve Fourier dönüşümlü infrared'dir. Horiba XploRa markalı saçınımsal (yeşil lazer) konfokal mikro-Raman (DCµRS) cihazının görünüşü ve çalışma prensibi (A), Bruker marka Alpha ve Drift gemolojiksel aplikasyon parçalarına sahip olan FT-IR cihazının görünüşü ve çalışma prensibi (B).

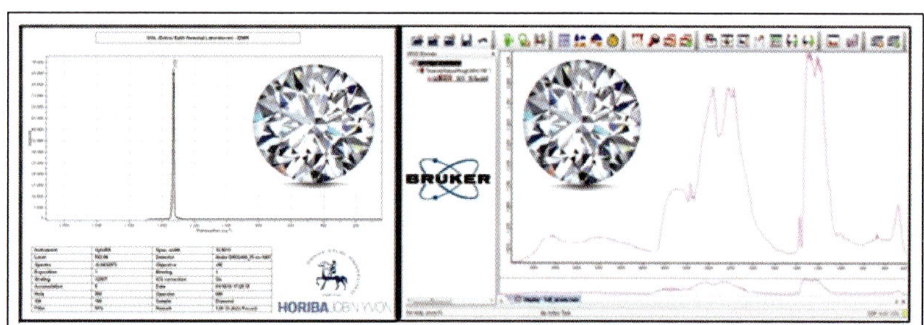


**Şekil 7.** Elmas süstaşının hem mikro-Raman (solda), hem de Fourier dönüşümlü infrared (sağda) grafiklerinin kıyaslamalı spektroskopik görünümleri.

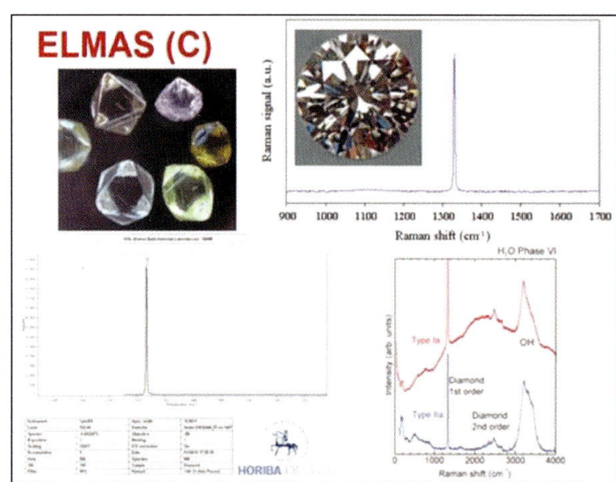


**Şekil 8.** Elmas süstaşının (ham halde ve işlenmiş olarak) elde edilen mikro-Raman (DCµRS) spektrumları.

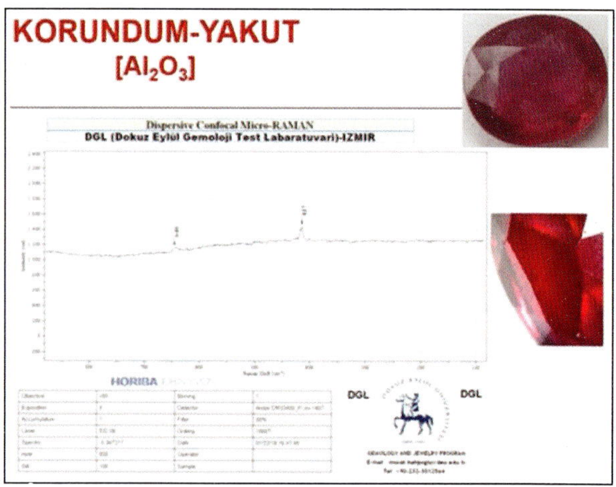


**Şekil 9.** Yakut süstaşının (işlenmiş olarak) mikro-Raman (DCµRS) spektrumu

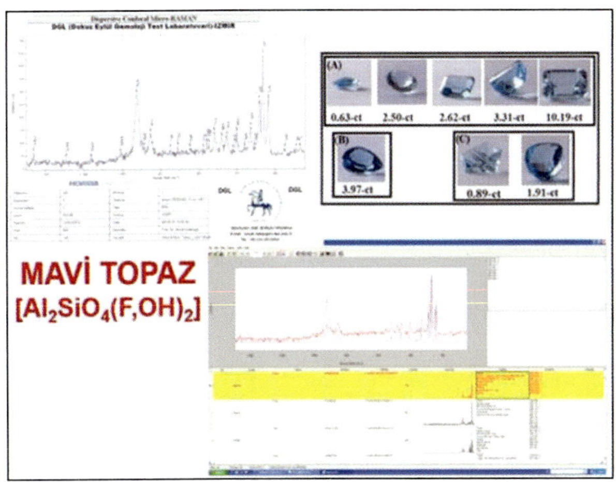


**Şekil 10.** Mavi topaz süstaşının (işlenmiş olarak) mikro-Raman (DCμRS) spektrumları.

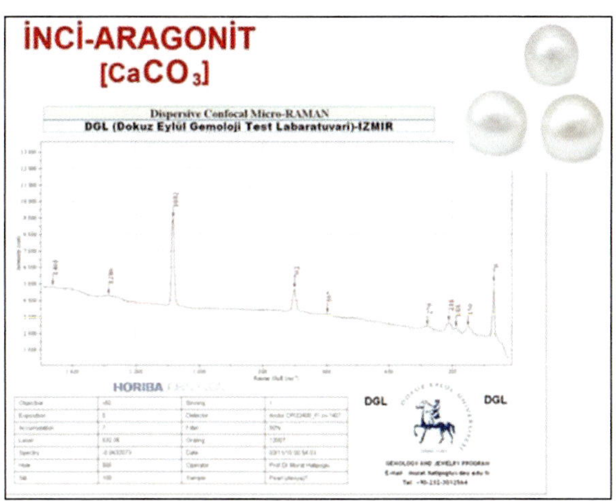


**Şekil 11.** İnci süstaşının (doğal halde) mikro-Raman (DCμRS) spektrumu.

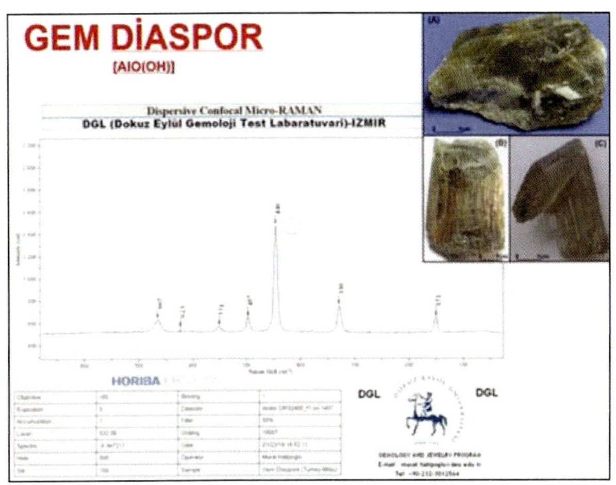


**Şekil 12.** Gem diaspor süstaşının (ham halde) mikro-Raman (DCμRS) spektrumu.

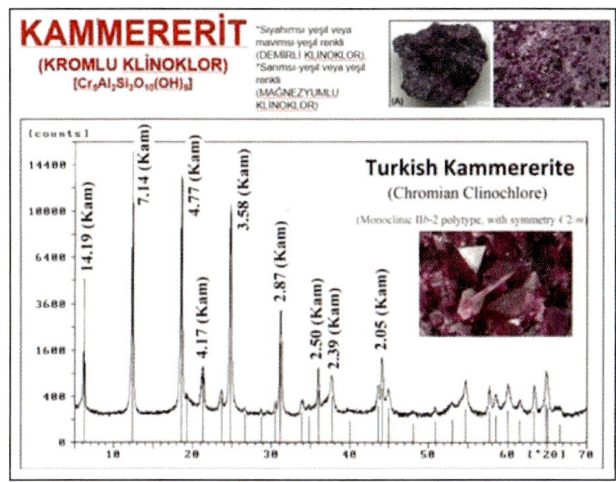


**Şekil 13.** Kammererit süstaşının (ham halde) mikro-Raman (DCμRS) spektrumları.

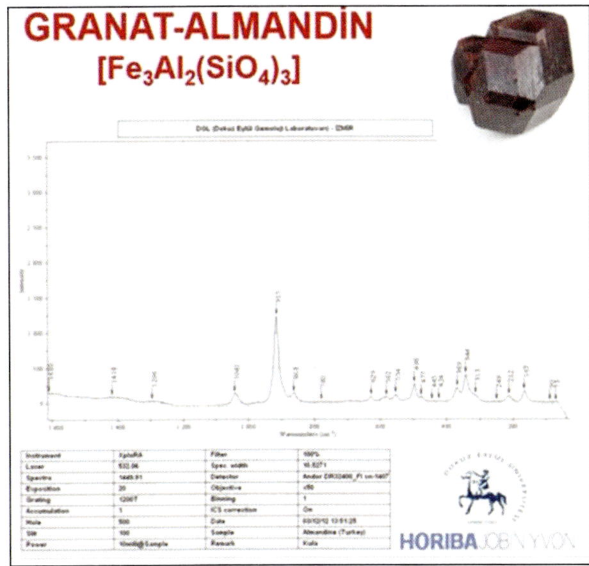


**Şekil 14.** Granat-almandin süstaşının (ham halde) mikro-Raman (DCμRS) spektrumu.

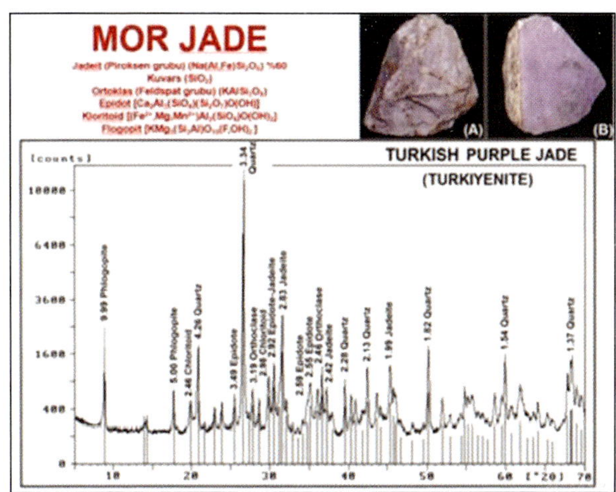


**Şekil 15.** Mor jade süstaşının (ham halde) mikro-Raman (DCμRS) spektrumu.

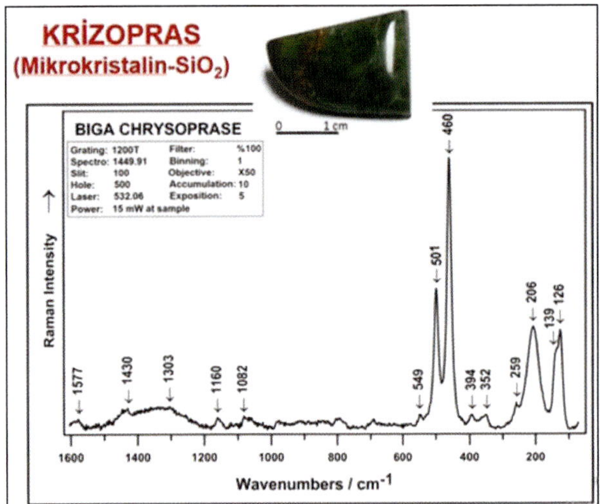


**Şekil 16.** Krizopras süstaşının (işlenmiş halde) mikro-Raman (DCμRS) spektrumu.

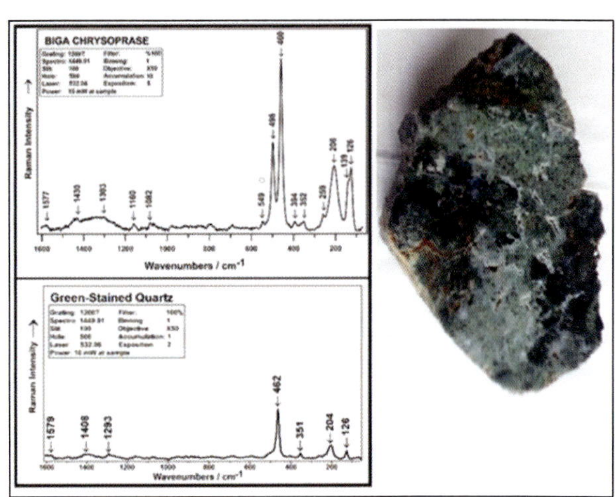


**Şekil 17.** Hem yeşil renkli mikrokristalin yapılı krizoprasın ve kristalin yeşil kuvarsın birlikte sunulduğu süstaşlarının mikro-Raman (DCμRS) spektrumları.

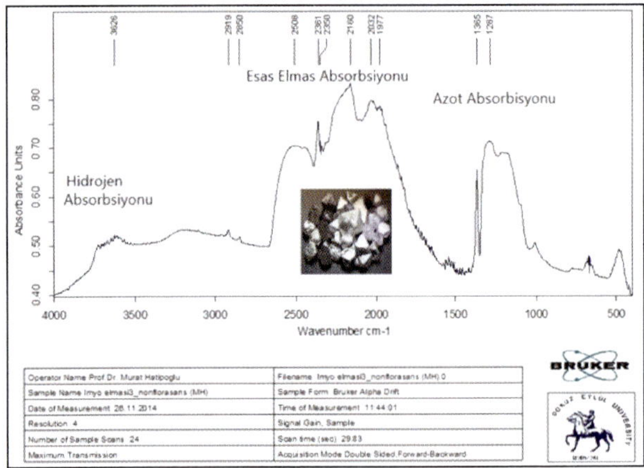


**Şekil 18.** Elmas süstaşının Fourier dönüşümlü infrared (FT-IR) ile çekilen grafiği. 1500 cm-1'den küçük bölge floresans rengini veren azot elementin varlığı ile 3500 cm-1'den büyük bölge hidrojen moleküllerinin varlığı ile ve nihayet 1700-2700 cm-1 arası karbon atomunun varlığı ile elması belirginleştirir.

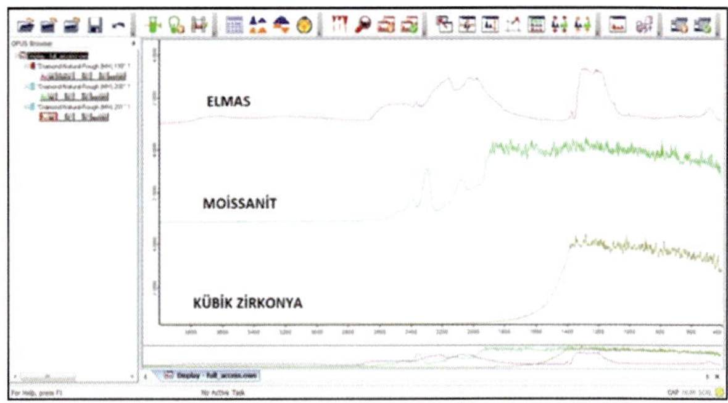


**Şekil 19.** Elmas ve takliti olarak kullanılan kübik zirkonia ve moissanit taşlarının kıyaslamalı Fourier dönüşümlü infrared (FT-IR) spektrumu.

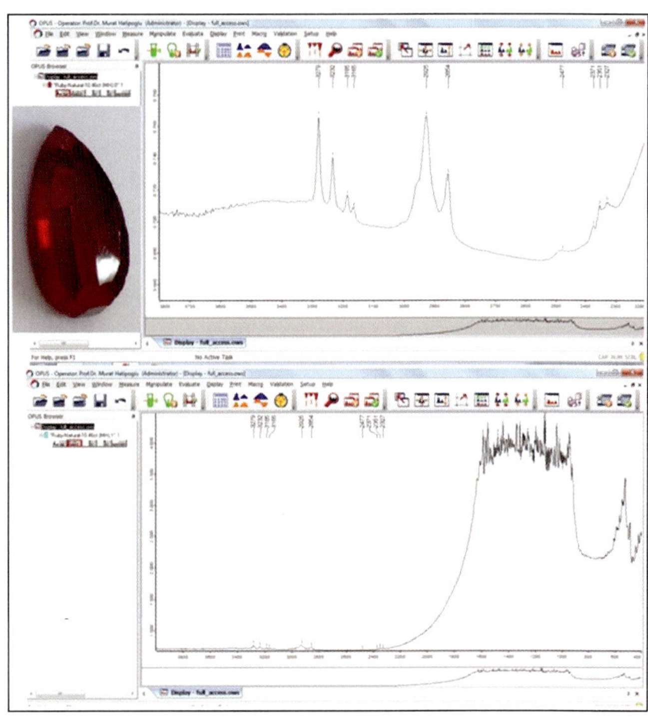

**Şekil 20.** Yakut süstaşının Fourier dönüşümlü infrared (FT-IR) ile çekilen spektrumu.

# Ankara ve Çevresinde Bulunmuş Olan Oktagonal Yüzük Taşları: İncelemeler ve Yorumlar

## *Octagonal Gems Found in Ankara and the Surrounding Region: Reviews and Remarks*

Melih ARSLAN
Ankara Hacı Bayram Veli Üniversitesi, Arkeoloji Bölümü, Ankara, arslanmelih06@hotmail.com

Burçak DELİKAN
British Institute at Ankara, Atatürk Bulvarı No: 154/1, Ankara, resource.manager@biaa.ac.uk

### Özet

Roma İmparatorluk dönemi oktagonal (sekizgen) kesilmiş yüzük taşlarının kazı buluntuları ve müze koleksiyonlarındaki dağılımı incelendiğinde, bu tür takıların genellikle Orta Anadolu ve civarından geldiği gözlenmektedir. Genelde mühür olarak kullanılan bu sekizgen kesimli taşların kökeni, Pers dönemi oktagon-piramidal damga mühürlere dayanmaktadır. Sekizgen formlu yüzük taşlarının Roma Döneminde Orta Anadolu'da çok görülmesinin nedeni bize göre, Kappadokia bölgesinin uzun süre Pers hakimiyetinde kalması ve önemli bir satraplık merkezi olmasıdır. Özellikle, Anadolu'daki önemli satraplık merkezleri olan Sardes ve Daskyleion'da bulunmuş olan piramidal kalsedon damga mühürlerin çoğunun oktagonal şekilli mühür yüzeylerinin olduğu görülmüştür. Pers İmparatorluğu Dönemi'ne ait bu Akhaimenid gelenek, Roma Döneminde de devam etmiş görünüyor. Roma Dönemi oktagonal gemlerin ise Anadolu'ya kıyasla, Avrupa ve Amerika'daki devlet müzeleri ve özel koleksiyonlarda çok az sayıda olduğu görülmüştür. Roma dünyasında bu özel gem tipinin kullanımının popüler olduğu zaman, MS 2. yüzyıl ile 5. yüzyıllar arasıdır. Bu çalışmada, sekizgen şeklin Orta Anadolu'daki askerler ve erken Hıristiyan topluluklar arasında da sayısal ve sembolik önemi olduğu görülmüştür. Oktagonal şekilli yüzük taşlarının, muhtemelen Galatia'nın metropolü Ankyra ve Kappadokia'nın metropolü Kaisareia'da kalıcı bir atolye tarafından imal edilmiş olduğu düşüncesine açıklık getirilmeye çalışılacaktır. Bu çalışmada, Ankara civarındaki kazılardan bulunmuş olan 6 adet, Ankara'daki iki ayrı müzenin koleksiyonlarından 15 adet, Burdur Arkeoloji Müzesi'nden 5 adet, Kütahya Arkeoloji Müzesi'nden 2 adet, Konya Arkeoloji Müzesi'nden 1 adet, Gaziantep Müzesi'ne bağlı Dinçer Uğurluer koleksiyonundan 1 adet ve Çorum Arkeoloji Müzesi'nden 1 adet kameo (kabartma) olmak üzere, toplam 31 adet oktagonal yüzük taşı tanıtılmaktadır. İncelemiş olduğumuz 30 taşın üzerlerinde oyma (intaglio) olarak, 1 tanesinde ise kameo (kabartma) olarak yapılmış betimlemeler yer almaktadır. Bu betimlemeler öncelikle kişisel mühür olarak kullanılmakla birlikte, yüzüğü takan kişinin inanışını da göstermektedir.

**Anahtar Kelimeler:** Akhaimenid, Ankyra, Kaisareia, oyma taşlar, Pers oktagon-piramidal mühür.

### Abstract

When we examine the distribution of Roman imperial period octagonal shaped gems from excavations and museum collections, we observe that these gems usually come from within, and in close proximity to, Central Anatolia. The origin of these octagonal cut stones, which are commonly used as seals, is based on Persian octagonal pyramidal stamp seals. The likely reason for why these octagonal gems began to occur more commonly in Central Anatolia during the Roman period was that the Cappadocia region remained under Persian rule for a long time and Cappadocia was an important satrapy center. In particular, most of the pyramidal chalcedony stamp seals found at Sardis and Daskyleion, other important satrapy centers in Anatolia, were also found to have octagonal shaped seal surfaces. This Achaemenid tradition of the Persian Empire, therefore, seems to have continued into the Roman period. However, Roman octagonal gems were found to be very few in state museums and private collections in Europe and America compared to Anatolia. In the Roman world, the use of this particular type of gem was popular in the 2nd-5th centuries AD. In this study, it is observed that the octagonal shape had a numerical and symbolic importance between the Roman soldiers in Central Anatolia and early Christian communities. An attempt will be made to clarify the idea that the octagonal shaped stones were produced by a permanent workshop serving to varied groups of customers in the main metropoles such as Ancyra and Caisareia. In this study, there are 6 pieces from excavations in Ankara and the surrounding region, 15 in the collections of two different museums in Ankara, 5 in the Burdur Archaeological Museum, 2 in the Kütahya Archaeological Museum, 1 in the Konya Archaeological Museum, 1 in Dinçer Uğurluer Collection affiliated to Gaziantep Museum and 1 in the Çorum Archaeological Museum which will be examined. There are intaglio (carved) depictions on 30 gems, and cameo (relief) depiction on 1 gem examined. These depictions are used primarily as a personal seal, but also indicate the belief of the person wearing the ring.

**Keywords:** Akhaimenid, Ancyra, Caisareia, Intaglio, Persian octagon-pyramidal stamp.

## Giriş

Roma Döneminde oktagonal (sekizgen) kesilmiş yüzük taşları hem sayıca az bulunduklarından, hem de şekil olarak muhtemelen sembolik bir anlam taşıdıklarından dolayı ayrı bir öneme sahiptir. Avrupa ve Amerika'daki müzeler ve özel koleksiyonlarda oktagonal gemlerin çok az olduğu, buna karşılık özellikle Orta Anadolu'da nispeten fazla sayıda bulunduğu belirtilmektedir (Goldman, 2014: 163-164). Bu özel gem tipinin özellikle MS 2.-5. yüzyıllar arasında popüler olduğu görülmektedir.

Gordion kazılarında bulunmuş olan üç adet oktagonal yüzük taşından hareketle yazdığı makalede, A. Goldman'ın da belirttiği üzere (Goldman, 2014: 180-185), bu özel şekilli taşların Orta Anadolu'daki askerler ve erken Hıristiyan topluluklar arasında sayısal ve sembolik önemi olması muhtemeldir. Ayrıca bu taşların Orta Anadolu'da, muhtemelen Galatia'nın başkenti Ankyra'da veya Kappadokia'nın başkenti Kaisarea'daki kalıcı bir atölye tarafından üretilmiş olması fikri (Goldman, 2002: 3-4; Goldman, 2014: 185), tarafımızca büyük ölçüde desteklenmekle beraber, bu sekizgen yüzeyli yüzük taşı mühür geleneğinin bir Pers geleneği olduğunu düşünmekteyiz. Perslerin MÖ 546 yılından sonra Lydia Krallığı'nın merkezi Sardes'i ele geçirdikten sonra, Anadolu'da kurmuş oldukları beş satraplık merkezinden en büyüğü ve en önemlisi, Aşağı Phrygia-Sparda (Sardes) Satraplığı olmuştur. 1950-1955 yıllarındaki Sardes nekropol kazılarında çok önemli takı buluntularının yanında, 200 adet piramidal formlu kalsedon taşından yapılmış mühür bulunmuştur (Meriçboyu, 2001: 87). Bu Pers mühürlerinin çoğunluğu oktagonal yüzeyli, piramidal gövdeli olup, MÖ 5. yüzyıla tarihlenmektedir (Meriçboyu, 2001: 88, 124). İstanbul Arkeoloji Müzesi'nde bulunan 200 mühürden biri Sardes'te bir erkek mezarından ele geçmiştir. Kalsedon taşından yapılmış bu sarkaç mührün, piramidal gövdesini, uçları ördek başları şeklinde sonlanan bir altın çerçeve sarmakta ve tepesinde bir askı halka ile sonlanmaktadır (Şekil 31). Akhaimenid Pers sanatının şaheseri olan sekizgen mühür üzerinde, tek boynuzlu, kanatlı ve aslan vücutlu bir figür kazınmıştır (Meriçboyu, 2001: 124-125, Res. 3).

Orta Anadolu müzelerinde ve kazılarında bulunan, Roma Dönemi oktagonal formlu mühür yüzük taşlarının, Perslerin Anadolu'daki beş satraplık merkezinden biri olan Katpatuka (Kappadokia) Satraplığı toprakları içinde çok sayıda bulunması, bölgedeki Pers etkisinin Roma Dönemi'nde de sürdüğünün bir göstergesidir. Doğu ve Batı kültürlerinin bir arada görüldüğü 1. Darius Dönemi, Greko-Pers olarak adlandırılır. MÖ 6. yüzyılın 2. yarısında başlayıp, MÖ 5. yüzyılda gelişmiş şekilleri ortaya çıkan Pers kültür etkisi, Hellenistik Dönem içinde, Pers kökenli hanedanlarca yönetilen Kappadokia ve Pontus Krallığı içinde, Phrygia'da, Lydia'da birçok yerde görülmüştür. Roma İmparatorluğu Dönemi'nde, bazı kent sikkeleri üzerinde, Pers orijinli tanrı ve tanrıça figürlerinin görülmesinin yanında, sekizgen kesilmiş yüzük taşı mühür geleneği, Anadolu'da uzun bir aradan sonra tekrardan görülmektedir.

Bu çalışmada, Ankara ve çevresinde bulunmuş olan, çeşitli müzelerde ve özel koleksiyonlarda yer alan 31 adet Roma Dönemi oktagonal yüzük taşı incelenmektedir. Bu taşlardan 22 tanesi daha önce yayımlanmamıştır. Diğer taşlar ise genelde oktagonal olarak ayırt edilmeden sadece yüzük taşı olarak yayımlarda belirtilmiştir. Bu çalışmada,

Ankara, Nallıhan İlçesi, Çayırhan Beldesi, Juliopolis Nekropolü 2009-2012 yılı kazılarında bulunmuş olan 5 adet, Ankara, Akyurt İlçesi, Kalaba Tümülüsü kazısından 1 adet, Ankara Anadolu Medeniyetleri Müzesi koleksiyonundan 6 adet, Erimtan Arkeoloji ve Sanat Müzesi koleksiyonundan 9 adet, ayrıca Burdur Arkeoloji Müzesi'nden 5 adet, Kütahya Arkeoloji Müzesi'nden 2 adet, Konya Arkeoloji Müzesi'nden 1 adet, Çorum Arkeoloji Müzesi'nden 1 adet ve Dinçer Uğurluer koleksiyonundan 1 adet olmak üzere, toplam 31 oktagonal yüzük taşı tanıtılmaktadır.

Ayrıca, İzmir Arkeoloji Müzesi koleksiyonundaki 131 adet yüzük taşı yayımlanmış olup, bunların içinden biri oktagonal formludur. Sekiz köşeli, bu karnelyan yüzük taşı üzerinde, sola doğru koşan bir tavşan betimlenmiştir (Laflı 2012: no. 31). Yine yakın zamanda yayımlanmış, Haluk Perk Müzesi Koleksiyonu'ndan, 62 adet yüzük taşı arasından 5 adeti, oktagonal formludur (Gülbay, 2017: no. 17, 22, 38, 42, ve 44). Bunlardan 22 numaralı yüzük taşı ise, Gülbay tarafından oktagonal olarak belirtilmemiştir.

Haluk Perk Müzesi koleksiyonundaki 5 sekizgen formlu yüzük taşından, 17 numaralı oktagonal jasper yüzük taşı üzerinde iki harften oluşan bir isim kısaltması bulunmaktadır. 22 numaralı karnelyan yüzük taşı üzerinde, ayakta duran figür (Gülbay, 2017: kat. no. 22) olarak tanımlanmış tip, bize göre, üç başı, yukarı kalkık üç kolu, kısa chiton giymiş üç bacağı ve sağ yandan görünen iki vücut şeklinden dolayı Hekate olarak tanımlandırılmalıdır. 38 numaralı oktagonal karnelyan yüzük taşı üzerindeki tahtta oturan figür olarak tanımlanmış tip ise, sağ kolunda tuttuğu bereket boynuzu ve uzun kadın giysisinden dolayı tarafımızca Tykhe olarak tanımlanması daha uygundur. 42 numaralı oktagonal yüzük taşı üzerinde sola dönük erkek büstü yer almaktadır. 44 numaralı oktagonal cam yüzük taşı üzerindeki figür, Mars olarak tanımlanmış olup, bize göre bu figürün uzun giysili olması ve elinde tuttuğu mızrak ve kalkanı tutuş biçiminden dolayı, Mars değil, Athena olması gerekmektedir.

Gaziantep çevresinde bulunmuş olan ve Dinçer Uğurluer koleksiyonunda 292 envanter numarasıyla yer alan (Şekil 35), Roma İmparatorluk Dönemine ait, bir altın yüzüğün yeşil kalsedon(?) oktagonal taşı üzerinde yine kazıma tekniğiyle yapılmış keçi sağan çoban tasviri bulunmaktadır (Uğurluer, 2016: 15).

Müze ve özel koleksiyonların kataloglarındaki yüzük taşları genelde arkeolojik kontekst dahilinde bulunmadığından, çoğunlukla geniş bir tarih aralığı verilmekte ve buluntu yerleri de genelde belli olmamaktadır. Bu bakımdan, burada yayımlamış olduğumuz, Juliopolis buluntuları çok önemlidir. Ankara'nın Nallıhan ilçesi, Çayırhan Beldesi, Juliopolis Nekropolü'nde 2009-2012 yılları kazılarında bulunan yüzük taşları, mezar hediyesi olduğu için, arkeolojik kontekst dahilinde ve çoğu durumda yanlarında *kharon* sikkeleriyle birlikte bulunduğundan dolayı, bize kesin bir tarihleme yapabilme olanağı sunmaktadır.

Yüzük taşı mühürlerin tanımlamalarını, kalıp baskılarına göre yapmak daha uygun olsa da, bir kısım yüzük taşının kalıpları elimizde mevcut olmadığından dolayı, figür tarifleri burada orijinal taş üzerinden yapılmıştır.

## Oyma Yüzük Taşlarının İşlevleri ve Tarihçesi

### Roma Dönemi Oyma Yüzük Taşlarının İşlevleri

Oyma yüzük taşları, estetik çekiciliğe sahip güzel obje ve süs eşyası olmanın ötesinde, asıl işlevleri, mühür olarak kullanılmalarıdır. Bunlar, birilerinin mülkünü işaretlemek, yetkisini belirtmek ve bazı objelerin kişiye özel olmasını sağlamak için çok yaygın olarak kullanılırlardı. Mülkiyet veya yetkiyi belirtmek için, oyma yüzük taşı veya metal yüzük, bir parça kil veya balmumu üzerine bastırılırdı. Bu tür mühürler, bir mektubun veya objenin güvenilirliği için kullanılırdı. Süs taşlarının, ayrıca batıl inançlarla ilgili olarak kullanıldıklarına dair pek çok kanıt vardır. Bunların bazılarının, iyileştirici ve koruyucu güçleri olduğuna da inanılırdı (Konuk ve Arslan, 2000: 11-13).

### Oktagonal (Sekizgen) Şekilli Taş Mühürlerin Tarihçesi

Sekizgen şekilli taş mühürlerin, en eski kullanımının Pers İmparatorluğu Dönemi'nde ortaya çıkmış olduğu görülmektedir (Kaptan, 2017; Dusinberre, 2010a, Dusinberre, 2010b, Garrison ve Root, 1996; Boardman, 1970). MÖ 546 yılında, Akhaimenidler, Lidya'nın krallık merkezi Sardes'i ele geçirdikten sonra, MÖ 334 yılına kadar, tüm Anadolu topraklarının sahibi oldular. Persler, Anadolu'daki halkların yaşadıkları bölgelerin her birini, Pers soylularından olan ve adına Satrap denilen valilerce yönetmişlerdir. Akhaimenidler yönetiminde, Pers satraplık merkezleri içinde Kappadokia Satraplığı önemli bir yere sahiptir. Kappadokia'nın Akhaimenid İmparatorluğu'na bir satraplık olarak katılmasının, özellikle Pers isimlerinin ve inanç sisteminin bölgedeki yaygınlığının da ortaya koyduğu gibi, ülkenin kültürel idari gelişimi üzerinde büyük ölçüde ve uzun süreli bir etkisi oldu (Mitchell, 2007: 151-171). Hatta, Hellenistik Ariarathes Hanedanı'na mensup Kappadokia hükümdarları, 2. Kiros'un soyundan geldiklerini dahi iddia ettiler. İran kökenli olmalarına rağmen, Kappadokia kralları idari kimliklerini çağdaş Hellen liderlerine öykünerek biçimlendirdiler ve Eusebes, Philopator, Philometor Ktistes gibi tipik Hellenistik unvanlar aldılar. Sarayın dili Hellence olmasına rağmen halk Aramice başta olmak üzere yerel dilleri kullanmaktaydı. Kappadokia Krallığı Dönemi'nde Hellenizasyon kayda değer bir düzeye ulaşsa da bu etki ülkenin yapısını ve kültürünü tamamen değiştirmedi. Aramice ve Kappadokia dilleri konuşulmaya devam etti ve bu dillerin yazıtlarda kullanımı, Roma İmparatorluğu Dönemi'nin ortalarına kadar sürdü. Anadolu ve Akhaimenid dini uygulamaları da sürmekteydi. Bu sürekliliğin en çarpıcı göstergesi, Komana "Tapınak Devleti"nin Anadolu kadim savaşçı Tanrıça Ma'ya adanmış bölgedeki son derece etkili bir tapınak olmasıdır (Speidel, 2019: 119-120).

Kappadokia soylularından, olasılıkla Makedon kökenli Arkhelaos, Kappadokia'nın son kralı oldu (MÖ 36-MS 17). Bu kral, mineraller ve değerli taşlar üzerine bir coğrafya eserinin yanı sıra, ülkesinin diğer ileri gelenleri gibi tarım ve hayvancılık konusundaki ilgisini ortaya koyan bir eser yazmıştır (Speidel, 2019: 128).

Aynı şekilde, Karadeniz'in güney kıyısında yer alan Pontus Krallığı, Pers kökenli Mithradates Hanedanlığı tarafından yönetilmiş ve MÖ 3.-1. yüzyıllar arasında gelişmiştir. Pontus, farklı kökenlerden insanların ve kültürlerin bir araya geldiği, kültürel çeşitliliğe sahip bir bölgeydi. Bu çeşitliliğin yansımaları ülkenin nüfusunu oluşturan halklarda da görülür. Bu çeşitlilik, krallık bünyesindeki halkların birçok kültürel özelliğinde ve dini uygulamalarında da karşımıza çıkar. Pontus'ta bir yandan Hellen kültleri ve Pers tanrılarına tapınım bir arada sürerken, aynı zamanda, domuz eti yeme yasağı ve sünnet gibi Hitit Dönemi'ne ve hatta Assur'un etkilerine dayanan eski gelenekler de sürdürülmekteydi. Hellenler özellikle, örneğin Hekate gibi, yer altı dünyasına ait tanrılarla ilgili kültler yarattılar. Ayrıca, halk arasında Mithras ve Anahita gibi Pers tanrılarına tapınım Roma Dönemi ortalarına kadar sürdürüldü. Dahası, Anadolu tanrıları Ma ve Men için olduğu gibi, oluşturulan bir başka kült, sonraları Hellenler tarafından Athena ile bağdaştırılan bir Ana Tanrıça olan Komana tanrıçası kültüydü (Pastor, 2019: 105). Mithradates sülalesinin Pontus Krallığı, MÖ 63 yılında 6. Mithradates'in Romalı Büyük Pompeius'a yenilmesiyle son bulmuştur. Mithradates'lerin Pontus Krallığı süresince de, bölgede Pers dini inanışları devam etmiş ve bu durum bölgede Roma Çağı'nda da sürmüştür. Pers orijinli gizemli tanrıça Ma'nın, Pontus Komana'sında ve Kappadokia Komana'sında bir tapınağının olması, aynı şekilde Pers kökenli tanrıça Anaitis'in de, Pontus'un Zela şehrinde tapınağının ve kült merkezinin bulunması ve bu tanrıçaların figürlerinin sikkeler üzerinde gösterilmesi, Pers dini inanışlarının her iki bölgede devamını göstermesi açısından önemlidir. Ayrıca Roma Dönemi Trapezos sikkelerinde Pers kökenli Ahura Mazda inancının bir devamı olan, göksel ve gizemli tanrı Mithras betimlemelerine sıklıkla yer verilmiştir (Arslan, 2008: 712-13). Ma'nın büst ve figürlerinin yüzük taşı mühürler ve amuletler üzerinde görülmesi (Arslan, 2018: 69-88), Kappadokia'da Pers inanç ve geleneğinin Roma İmparatorluğu sürecinde devam ettiğinin bir göstergesidir.

Roma İmparatorluk Dönemi'ne tarihlenen, süs eşyası, tılsım ve kişisel mühür olarak kullanılan burada incelemiş olduğumuz yüzük taşlarının, sekizgen olarak işlenmesinin asıl kaynağını, Akhaimenid Pers İmparatorluğu zamanında karşımıza çıkan, oktagon-piramidal damga mühürlerde görmekteyiz (Şekil 32-34). Genellikle beyaz kalsedon taşından olan, Pers damga mühürlerinin tutamağı piramidal olup, tutamak kısmının üst kısmından veya ortasından iple boyna asılması için bir delik açılmış ve bu deliğe bronz veya altın bir halka iliştirilerek kolye ve gerdanlık olarak kullanılmışlardır (Kaptan, 2017: 256, Res. 1). Mührün damga kısmının kenarları sekizgen kesilmiş ve Pers ikonografisinin sevilen figürleri oyulmuş olan bu kalsedon mühürler, kazısı yapılan Pers Satraplık merkezleri Sardes (Greenewalt, 2010: 240, Res. 16; Dusinberre, 2010a, Dusinberre, 2010b: 324-327; Dusinberre 2003: 270-277; Curtis, 1925: Pl. X, XI; Butler, 1922: 87, 121) ve Daskyleion'da (Kaptan, 2002: 189, 192, pl. 148-150, 169), ayrıca Gordion'da (Dusinberre, 2010b: 327-330; Dusinberre, 2005: fig. 56-58, 60) ve Uylupınar'da (Kaptan, 2017: 258, Res. 3 a-b) ele geçmiştir. Ayrıca birçok kazı yerinde ve müze koleksiyonlarında, oktagon-piramidal formlu kalsedon taşından Pers mühürlerinin varlığını yayımlardan bilmekteyiz (Laflı, 2012: Res. 1a-1b; Yağcı, 2000: Lev. 4, no. 1-2). Perslerin krali başkenti Persepolis arşivinde bulunan kil tabletler üzerine basılmış birçok oktagonal mühür baskılarını tanımaktayız (Garrison ve Root, 2001: Pl. 101 c, d, Pl. 126 c, d, Pl. 127 c, d; Garrison ve Root, 1996: fig. 1a-1b). Persepolis arşivindeki çiviyazılı bir kil tablet üzerinde oktagonal bir mührün üç adet baskısı bulunmaktadır (Şekil 33). Daskyleion kazı buluntuları arasında ele geçmiş olan Pers kil mühür baskılarında (*bulla*) da oktagonal olanların fazlalığı dikkat çekmektedir (Kaptan, 2002: 189, no. 149-150, 192, no. 169).

## Ankara Çevresindeki Kazılarda Bulunmuş Olan Oktagonal Yüzük Taşları

### Juliopolis Nekropolü Kazılarında Bulunan Oktagonal Yüzük Taşları

Birinci örneğimiz, Juliopolis Nekropolü, 2 numaralı mezarda bulunmuş olan karnelyan taşlı altın yüzüktür (Şekil 1). Kırmızı renkli yarı saydam karnelyan yüzük taşı, Anadolu Medeniyetleri Müzesinin 64-01-10 envanter numarasında kayıtlı ve 6.5 x 5 mm ölçülerinde, F2 formundadır. Sekizgen formlu ve düz yüzeyli taşın üzerinde, horoz betimlenmiştir. Horoz, ayakta, sola dönük, başının önünde tam olarak anlaşılamayan solucan veya çekirge gibi bir hayvanı gagalamaktadır. Zemin çizgisi mevcuttur (Şekil 1a). Aynı mezardan bu yüzük taşı ile birlikte İmparator Hadrian'a (MS 117-138) ait gümüş denarius sikke bulunduğu için kesin tarihleme yapabilmekteyiz (Arslan ve diğ., 2011: 275, Res. 2; Arslan (Ed.) 2013: 114, horoz betimi benzerleri için bkz. Spier, 1992: no. 302 agat, no. 326 karnelyan; Henig ve MacGregor, 2004: no. 9.111-114 benzer). MS 2. Yüzyıl.

İkinci örneğimiz, 365 numaralı mezarda bulunmuş, karnelyan taşlı gümüş yüzüktür (Şekil 2). 47-22-12 envanter numaralı ve 12.2 x 11 x 3 mm ölçülerindeki taş F2 formundadır. Mat kırmızı karnelyan taş; oktagonal kesilmiş, taşın alt kısmı geniş, üstü dar ve düzdür (Şekil 2a). Taş üzerine devekuşu, maymun ve silenos başı kombinasyonu (Hippalektryon tip) kazınmıştır. Devekuşunun gövdesi silenos başı şeklinde olup, gövdenin üzerine tırmanmış maymun, devekuşunu boynundan tutmaktadır (devekuşunu sürmektedir). Zemin çizgisi mevcuttur. Bu mezardan yüzük taşı ile birlikte Marcus Aurelius (MS 161-180) dönemi, Juliopolis darbı bronz bir sikke ve ayrıca MS 2. yüzyıla ait bronz bir şehir sikkesi bulunmuştur (Arslan, 2013: 115; Henig ve MacGregor, 2004: no. 10.91 benzer). MS 2. Yüzyıl.

Üçüncü örneğimiz, 138 numaralı mezardan ele geçmiş, karnelyan taşlı gümüş yüzüktür (Şekil 3). 12-67-11 envanter numaralı ve 8.4 x 5.7 mm ölçülerindeki mat kırmızı karnelyan taş; sekizgen köşeli olup F2 formundadır (Şekil 3a). Alt kısmı geniş, üst kısmı dar ve düz olan taş üzerinde koşan tavşan betimlenmiştir (benzeri için bkz. Henig ve MacGregor, 2004: no. 9.33-34). Mezarda bu yüzük taşının yanında bir adet gümüş denarius Julia Domna (MS 193-211) sikkesi bulunmuştur. MS 2.-3. yüzyıl.

Dördüncü örneğimiz, 130 numaralı mezarda bulunan, açık kırmızı karnelyan yüzük taşı, sekiz köşeli ve F2 formundadır. Alt kısmı geniş, üst kısmı dar ve düz olan taş üzerine koşan tavşan betimi oyulmuştur (Şekil 4). Zemin çizgisi mevcuttur. 12-74-11 envanter numaralı ve 7.5 x 6.4 x 2.9 mm ölçülerindedir (Arslan, 2013: 118; benzerleri için bkz. Henig ve MacGregor, 2004: 9.32-34). Mezarda bir adet gümüş denarius Commodus (MS 177-192) sikkesi bulunmuştur. MS 2. Yüzyıl.

Beşinci örneğimiz, 11 numaralı mezardan ele geçmiştir. Sekiz köşeli mat kırmızı jasper yüzük taşı, 64-40-11 envanter numaralı ve 10.3 x 8.7 x 3 mm ölçülerinde olup, F2 formundadır. Alt kısmı geniş, üst kısmı dar ve düz olan taş üzerinde, üç satır yazıt pozitif kazınmıştır (Şekil 5). Yazıtta; ΤΡΟΦΙΜ-ΕΖΗC-ΕC (=Trofimezos çok yaşa) ibaresi okunmaktadır (Arslan ve diğ., 2011: 292, Res. 4). Taş üzerinde yazıt pozitif oyulduğu için okunabilmektedir, fakat kalıbında yazıt ters çıktığından, bu yüzüğün mühür olarak kullanılmadığı anlaşılmaktadır (Şekil 5a). Mezarda Lucius Verus (MS 161-169) dönemine ait bir adet gümüş denarius sikke bulunmuştur. MS 2. Yüzyıl.

### Akyurt-Kalaba Tümülüsü Kazısında Bulunan Yüzük Taşı

Anadolu Medeniyetleri Müzesi koleksiyonundaki, 1-3-13 envanter numaralı ve 14.1 x 9 x 11.5 mm ölçülerindeki jasper taşlı demir yüzük (Şekil 6), 2012 yılı Akyurt-Kalaba Tümülüs kazısında ele geçmiştir. Halkasının bir kısmı kırık olarak ele geçirilen yüzük, mat kırmızı renkli jasper taşlıdır. Sekizgen formlu olarak kesilmiş, fakat üst kısımda üç kenar tamamlanmış, bir nedenle diğer beş kenar bitirilmemiştir. Alt kısmı geniş ve üst kısmı dar olan taş, F2 formunda olup, üzerinde sola yürüyen aslan ve üstte yıldız sembolü bulunmaktadır (Şekil 6a-b). Zemin çizgisi mevcuttur (Arslan ve Metin 2014: 154; aslan ve ay-yıldızlı yüzük taşları için bkz. Konuk ve Arslan, 2000: no. 105-113). Aslan ve yıldız sembollü gemler genellikle kozmik sihir ve büyü için kullanılmaktadır (classics.mfab.hu/talismans/cbd/1421; benzerleri için bkz. Spier, 1992: no. 389 karnelyan; Henig ve MacGregor, 2004: no. 3.13, 9.19,

12.4-5). İsrail'de, MS 2.-4. yüzyıllarda faaliyet göstermiş olan Beit Shearim Yahudi mezarlığında bulunan demir bir yüzük üzerinde yine aslan ve üstünde yıldız betimlemesi mevcuttur (Amorai-Stark ve Hershkovitz, 2011: 107, Pl. 13). Tümülüs'ün mezar odasından, biri Claudius'a (MS 41-54), diğeri Traianus'a (MS 98-117) ait, iki adet altın aureus sikkesi ele geçmiştir. Claudius sikkesi, 46-47 yılında, Traianus sikkesi ise, 114-117 yıllarında darp edilmiştir (Arslan ve Metin, 2014: 159). Bu durumda yüzük taşımız, MS 1. yüzyıl sonu, 2. yüzyıl başından olmalıdır.

## Ankara'daki Müze Koleksiyonlarında Bulunan Oktagonal Taşlar

### Anadolu Medeniyetleri Müzesi Teşhirinde Bulunan Oktagonal Taşlar

Anadolu Medeniyetleri Müzesi teşhirinde bulunan birinci örnek; mat kırmızı renkli jasper taş; sekizgen formlu ve düz bir yüzeye sahiptir. 150-16-70 envanter numaralı ve 9.1 x 7.3 x 2.8 mm ölçülerindeki taş, F2 formundadır. Alt kısmı geniş ve üst kısmı dardır. Taşın üzerinde, tavşanı kovalayan tazı betimi bulunmaktadır (Şekil 7). Roma Dönemi'nde tavşanı kovalayan tazı sahnesi popüler bir sahne olup, yüzük taşları gibi küçük eserlerde, mozaiklerde, heykellerde ve mezar taşları üzerinde kullanılmıştır. Özellikle mezar taşları üzerinde, taşıdığı sembolik anlam 'ölümden kaçılamayacağı' şeklindedir. Buna kanıt olarak, MS 3. yüzyıla tarihlenen, sardonyx bir kameo üzerinde, tavşanı kovalayan tazı ile beraber yer alan Grekçe yazıt ΕΛΑΒΕC 'Yakalandın' şeklinde okunmaktadır (Molesworth ve Henig, 2011: 182, Pl. 16a, 16b). Ayrıca, Ankara, Gölbaşı, Boyalık Nekropolü'nde bulunmuş, sekizgen olmayan karnelyan taşlı bir bronz yüzük üzerinde de, tavşanı kovalayan tazı betimi görülmektedir (Çetin ve Kaya, 2010: 79, Res. 9). Anadolu Medeniyetleri Müzesi teşhirinde bulunan bu oktagonal yüzük taşı, MS 2.-3. yüzyıllara ait olmalıdır.

Anadolu Medeniyetleri Müzesi teşhirinde bulunan ikinci örneğimiz, 80-1-73 envanter numaralı kırmızı jasper taşlı gümüş yüzüktür (Şekil 8). Taş, 10.6 x 9.8 mm ölçülerinde, sekizgen ve F2 formundadır. Alt kısmı geniş ve üst kısmı dar olan taşın üzerinde keçi sağan çoban betimlemesi bulunmaktadır (Şekil 8a). Giyimli bir çoban, üst üste konulmuş iki yuvarlak taş üzerinde sola doğru oturuyor, önündeki keçiden elinde tuttuğu çömleğe süt sağıyor; sağ kenarda, dik olarak duran *pedum* (ucu kıvrık çoban değneği) bulunmaktadır. Zemin çizgisi mevcuttur (keçi sağan çoban figürünün benzerleri için bkz. Meriçboyu, 2001: 236, no. 1; Guiraud, 1988: 279, 281; Henig ve diğ.,1994: 341 karnelyan; Konuk ve Arslan, 2000: no. 104; Amorai-Stark ve Hershkovitz, 2011: 112, Pl. 33; Henig ve MacGregor, 2004: no. 7.9; Vollenweider, 1984: no. 204 ve 474, Uğurluer, 2016: 15 benzer). MS 2.-3. Yüzyıl.

Anadolu Medeniyetleri Müzesi teşhirinde bulunan üçüncü örneğimiz, 176-9-80 envanter numaralı, kırmızı karnelyan taşlı gümüş yüzüktür (Şekil 9). Taş, 12.6 x 10.5 mm ölçülerinde olup, sekizgen ve F2 formundadır (Şekil 9a). Alt kısmı geniş ve üst kısmı dar olan taşın üzerinde, çıplak Hermes ayakta sola doğru, sağ elinde para kesesi ve sol kolunda *kerykeion* tutuyor. Ayrıca sol kolundan pelerini sarkıyor. Ayaklarında kanatlı çizmeler bulunmaktadır. Zemin çizgisi mevcuttur (benzerleri için bkz. Spier 1992: no. 256 bandlı agat; Henig ve MacGregor, 2004: no. 1.63). MS 2.-3. Yüzyıl.

Anadolu Medeniyetleri Müzesi teşhirindeki dördüncü örnek, açık turuncu ve gri renklerde yarı saydam kalsedon yüzük taşıdır (Şekil 10). 45-11-76 envanter numaralı taş, sekizgen kesimli, 12 x 9.2 x 2.2 mm ölçülerinde ve F5 formundadır. Taşın üzerinde miğferli ve sakallı Ares başı sola dönük, omuzunda mızrak ile betimlenmiştir. Saç ve yüz detayları belirgindir. MS 3.-4. Yüzyıl.

Anadolu Medeniyetleri Müzesi teşhirindeki beşinci örnek, kırmızı saydam karnelyan yüzük taşıdır. 29-3-09 envanter numaralı sekizgen taş, 11 x 8.7 x 3 mm ölçülerinde ve F2 formludur (Şekil 11). Alt kısmı geniş, üst kısmı dar ve düz olan taş üzerinde, sola doğru yüzen yunus balığı ve başının üzerinde ona yapışık mürekkepbalığı betimlenmiştir (yunus balığı için bkz. Henig ve MacGregor, 2004: no. 9.2, mürekkepbalığı için, no. 9.124). MS 2.-3. Yüzyıl.

Anadolu Medeniyetleri Müzesi teşhirindeki altıncı örnek, yarı saydam karnelyan yüzük taşıdır. Sekizgen taş, 14-108-69 envanter numaralı, 8.8 x 6.4 x 3 mm ölçülerinde ve F2 formundadır (Şekil 12). Alt kısmı geniş, üst kısmı dar ve düz olan taş üzerindeki papağan, bir dal üzerinde sola dönük duruyor. Bu yüzük taşındaki papağan tasvirinin çok yakın bir benzeri, Erimtan koleksiyonundaki sekizgen olmayan bir yüzük taşında görülmektedir (Konuk ve Arslan 2000: no. 130-131 sard taşı). Ankara'da iki farklı koleksiyonda bulunan, papağan tasvirli yüzük taşının, aynı oymacının elinden çıkmış olması kuvvetle muhtemeldir. MS 2.-3. Yüzyıl.

## Erimtan Arkeoloji ve Sanat Müzesi'nde Bulunan Oktagonal Taşlar

Erimtan Arkeoloji ve Sanat Müzesi koleksiyonundaki ilk örneğimiz, karnelyan taşlı gümüş yüzüktür (Şekil 13). 1318 envanter numaralı ve 10 x 7 mm ölçülerindeki sekiz köşeli taş, F2 formundadır. Alt kısmı geniş ve üst kısmı dar olan taşın üzerinde, tavşanı kovalayan tazı betimi bulunmaktadır (Şekil 13a). Bu yüzük taşındaki aynı ikonografi, yukarıdaki Anadolu Medeniyetleri Müzesi teşhirinde yer alan, 150-16-70 envanter numaralı (burada Şekil 7) yüzük taşı ile çok benzerdir (benzer sahneler için bkz. Molesworth ve Henig, 2011: 182, Pl. 16a, 16b). Aynı sahneli her iki sekizgen yüzük taşının Ankara'da bulunuyor olması ve yine aynı sahneyi konu alan, fakat sekizgen olmayan başka bir yüzük taşının, Ankara, Gölbaşı Boyalık Köyü, nekropol kazısında bulunmuş olması (Çetin ve Kaya, 2010: 79, Res. 9), bu tür, tavşanı kovalayan köpekli sahnelerin taş oymacısının Galatia Bölgesinden, büyük ihtimalle de Ankyra'dan olması gerektiğini düşündürmektedir. MS 2.-3. Yüzyıl.

Erimtan Arkeoloji ve Sanat Müzesi koleksiyonundaki ikinci örneğimiz, gümüş yüzük üzerindeki mat kırmızı renkli jasper taştır (Şekil 14). 158 envanter numaralı, 12.2 x 9.5 mm ölçülerindeki sekizgen taş, F2 formunda olup, düz bir yüzeye sahiptir. Alt kısmı geniş ve üst kısmı dardır. Taşın üzerinde sola doğru yürüyen aslan betimlenmiştir (Şekil 14a). Çevresinde, bir özel isim olan I-OYΛIA-NOY (=Julianos'un) ifadesi yer almaktadır. Taş üzerindeki yazıt negatif yazılmış olup, baskısında pozitif olarak okunmaktadır (Şekil 14b). Zemin çizgisi mevcuttur (Konuk ve Arslan, 2000: no. 113; üzerinde bir aslan ve bir özel isim olan sekizgen jasper taş için bkz. Brandt ve diğ., 1972: no. 2417; Gercke, 1970: no. 612). MS 2.-3. Yüzyıl.

Erimtan Arkeoloji ve Sanat Müzesi koleksiyonundaki üçüncü örneğimiz, yeşil renkli kromlu kalsedon yüzük taşıdır (Şekil 15). Sekizgen taş, 1253 envanter numaralı, 9 x 8 x 3 mm ölçülerinde ve F2 formundadır. Anadolu'da ilk kez karşılaştığımız bu taşın içinde siyah krom lekeleri olmasından dolayı, Gemolog Dr. Çiğdem Lüle tarafından kromlu kalsedon olarak tanımlanmıştır. Ayrıca Eskişehir, Sivrihisar ilçe sınırları içinde kromlu kalsedon yatağı tespit edilmiştir (Lüle 2011: 2-3). Taşın üzerinde, sola doğru yürüyen aslan bulunmaktadır. Zemin çizgisi mevcuttur (aslan figürü için bkz. Konuk ve Arslan, 2000: no. 108 karnelyan, 112 jasper, 113 sekizgen jasper; Gercke, 1970: no. 613; Henig ve MacGregor, 2004: no. 3.13, 9.5-19, 12.4-5; Spier, 1992: no. 387-390). Antik Çağ mücevher taşları içinde çok nadir görülen kromlu kalsedon yüzük taşını, MS 2.-3. yüzyıllara tarihlemeyi öneriyoruz.

Erimtan Arkeoloji ve Sanat Müzesi koleksiyonundaki dördüncü eserimiz, kırmızı jasper taşlı altın yüzüktür (Şekil 16). 1103 envanter numaralı sekizgen taş, 9.5 x 6.5 mm ölçülerinde ve F2 formludur. Taşın üzerinde, sola doğru yürüyen aslan betimlemesi yer almaktadır (Şekil 16a). Zemin çizgisi mevcuttur (aslanlı taşlar için bkz. Konuk ve Arslan, 2000: no. 108 karnelyan, 112 jasper, 113 sekizgen jasper; Gercke, 1970: no. 613; Henig ve MacGregor, 2004: no. 3.13, 9.5-19, 12.4-5; Spier, 1992: no. 387-390). MS 2.-3. Yüzyıl.

Erimtan Arkeoloji ve Sanat Müzesi koleksiyonundaki beşinci örneğimiz, mat kırmızı renkli jasper taşlı gümüş yüzüktür (Şekil 17). 945 envanter numaralı sekizgen taş, 10.6 x 9.8 mm ölçülerinde, F2 formundadır. Alt kısmı geniş ve üst kısmı dar olan taşın üzerinde keçi sağan çoban betimlemesi bulunmaktadır (Şekil 17a,b). Bir çoban, kaya üzerinde sola dönük oturmakta ve önündeki keçiyi sağmaktadır (Konuk ve Arslan, 2000: no. 104; benzerleri için; Meriçboyu, 2001: 236, no. 1; Guiraud, 1988: 279, 281; Henig ve diğ., 1994: 341 karnelyan; Amorai-Stark ve Hershkovitz, 2011: 112, Pl. 33; Henig ve MacGregor, 2004: no. 7.9; Uğurluer, 2016: 15). Keçi sağan çoban sahnesinin çok yakın bir örneği yukarıda, Anadolu Medeniyetleri Müzesi'nin 80-1-73 envanter numaralı yüzük taşı üzerinde bulunmaktadır (burada Şekil 8). MS 2.-3. Yüzyıl.

Erimtan Arkeoloji ve Sanat Müzesi koleksiyonundaki altıncı örneğimiz, kırmızı renkli jasper taşlı altın yüzüktür (Şekil 18). Sekizgen taş, 1108 envanter numaralı, 10.5 x 8.5 mm ölçülerinde ve F3 formundadır. Alt kısmı geniş ve üst kısmı dar olan taşın üzerinde, İsis-Tykhe ayakta sola dönük, başında kalathos, sağ elinde dümen ve sol kolunda bereket boynuzu tutmaktadır (Şekil 18a). Şehrin kaderini elinde tutan tanrıçanın çevresinde, sağdan sola "ACKΛ-H-ΠΙΟΔΟ - [C ?]" (=Asklepiodos'un) ifadesi yer almaktadır. Yazıt, taş üzerinde negatif, baskısında pozitif okunur (Şekil 18b). Zemin çizgisi mevcuttur (Tykhe'li taşlar için bkz. Konuk ve Arslan, 2000: no. 77-86). Birinci sınıf oyma işçiliği gösteren bu yüzük taşı, MS 2. yüzyıla ait olmalıdır.

Erimtan Arkeoloji ve Sanat Müzesi koleksiyonundaki yedinci örneğimiz, koyu kırmızı sard taşlı altın yüzüktür (Şekil 19). Sekizgen taş, 248 envanter numaralı, 8.5 x 5.8 mm ölçülerinde ve F5 formludur (Şekil 19a,b). Taş üzerinde, sola doğru otlayan at betimlenmiştir (Konuk ve Arslan 2000: no. 119; otlayan at benzerleri için bkz. Vollenweider, 1984: no. 220-222; Henig ve MacGregor, 2004: no. 9.74). MS 2. Yüzyıl.

Erimtan Arkeoloji ve Sanat Müzesi koleksiyonundaki sekizinci örneğimiz, koyu kırmızı jasper taşlı gümüş yüzüktür (Şekil 20). Sekizgen taş, 159 envanter numaralı, 10.2 x 8.7 mm ölçülerinde ve F3 formludur (Şekil 20 a,b). Alt kısmı geniş, üst kısmı dar ve düz olan taşın üzerinde, kanatları kapalı kartal, yuvarlak bir sunak üzerinde sola doğru ve başını geriye çevirmiştir (Konuk ve Arslan, 2000: no. 123; Henig ve MacGregor, 2004: no. 9.94). MS 2.-3. Yüzyıl.

Erimtan Arkeoloji ve Sanat Müzesi koleksiyonundaki dokuzuncu ve son örneğimiz, kırmızı jasper taşlı gümüş yüzüktür (Şekil 21). Sekizgen taş, 245 envanter numaralı, 10.7 x 8.8 mm ölçülerinde ve F3 formundadır. Alt kısmı geniş, üst kısmı dar ve düz olan taş üzerinde, 6 kollu Hıristogram ve haç kollarının ucunda monogram olarak IXΘYC yazıtı bulunmaktadır (Şekil 21a). Yazıt, yüzük taşında negatif, baskısında pozitif okunmaktadır (Şekil 21b). Yunanca yazıt, bir Hıristiyanlık sembolü olan "balık" anlamına gelir. Yunanca *ichthus* (balık) sözcüğü, İsa Mesih, Tanrının Oğlu, Kurtarıcı anlamına gelen, *Iesous Christos Theou Uios Soter* sözcüğünün baş harflerinden alınmıştır (Konuk ve Arslan, 2000: no. 165; benzer motifler için bkz. Spier 2011: 196, Pl. 21-25). Hıristiyan inancına inanan kişilerce, kendilerini kötülüklerden korumak için takılan bu tür yazıtlı yüzük taşları, MS 3.-4. yüzyıllarda yaygınlaşmaya başlar.

## Diğer Müzelerde Bulunan Oktagonal Taşlar

### Konya Arkeoloji Müzesi'nde Bulunan Oktagonal Yüzük Taşı

Konya Arkeoloji Müzesi'nde bulunan mat kırmızı renkli jasper yüzük taşı, 1482.4.4 envanter numaralı, 11 x 8 x 4 mm ölçülerinde ve F3 formundadır. Sekizgen kesimli ve düz yüzeyli taşın, alt kısmı geniş ve üst kısmı dar olup, taşın üzerinde, Hermes ayakta sola durmaktadır (Şekil 22); sağ elinde para kesesi ve sol kolunda *kerykeion* ve pelerin tutuyor (Şekil 22a). Ayaklarında kanatlı çizmeleri mevcuttur (Spier, 1992: no. 256 Hermes, bandlı agat); Henig ve MacGregor, 2004: no. 1.63). MS 2.-3. Yüzyıl.

### Burdur Arkeoloji Müzesi'nde Bulunan Oktagonal Yüzük Taşları

Burdur Arkeoloji Müzesi koleksiyonunda bulunan birinci örneğimiz, açık kahverengi karnelyan yüzük taşı, 626-50-73 envanter numaralı, 12 x 7 x 4 mm ölçülerinde ve F3 formundadır. Sekizgen formlu ve düz bir yüzeye sahiptir. Alt kısmı geniş ve üst kısmı dar olan taşın üzerinde, ayakta sola duran Athena betimlenmiştir (Şekil 23); Athena'nın başında miğfer, vücudu cepheden, başı sola dönük, sağ eliyle mızrağına, sol eliyle geride dik duran kalkana dayanmaktadır (Şekil. 23a). Taşın ortasının altında boydan çapraz bir şekilde çatlaklık ve yüzey döküntüsü mevcuttur (oktagonal benzer için, Goldman 2014: 171, Fig. 5; Athena için bkz. Konuk ve Arslan, 2000: 27-28) (MS 2.-3. Yüzyıl).

Burdur Arkeoloji Müzesi koleksiyonunda yer alan ikinci oktagonal yüzük taşı, açık kırmızı renkli karnelyan taştır. 9268 envanter numaralı, 10 x 8 x 4 mm ölçülerinde ve F3 formundadır. Sekizgen formlu ve düz bir yüzeye sahiptir. Alt kısmı geniş, üst kısmı dar ve düz olan taşın üzerinde, sola doğru duran at ve atın gerisinde ayakta bir insan, atın yularından tutmuştur (Şekil 24, 24a). Zemin çizgisi mevcuttur. MS 2.-3. Yüzyıl.

Burdur Arkeoloji Müzesi koleksiyonundaki üçüncü örnek, açık kahverengi karnelyan yüzük taşıdır. 318-23-73 envanter numaralı, 9 x 6 x 5 mm ölçülerinde ve F3 formundadır. Sekizgen formlu ve düz bir yüzeye sahiptir (Şekil 25). Alt kısmı geniş, üst kısmı dar ve düz olan taşın üzerinde, sola doğru koşan at üzerinde binicisi bulunmaktadır (Şekil 25a). Taşın üst yarısı kırık ve noksan olduğundan, yalnızca binicinin aşağıya sarkan ayakları görülmektedir. MS 2.-3. Yüzyıl.

Burdur Arkeoloji Müzesi koleksiyonundaki dördüncü örneğimiz, uçuk renkli, yarı saydam karnelyan yüzük taşıdır. 9266 envanter numaralı, 10 x 8 x 3 mm ölçülerindeki taş, F2 formundadır. Sekizgen köşeli, düz bir yüzeye sahiptir (Şekil 26); taş üzerinde, sola duran ve başını geriye çevirmiş, karaca veya dişi geyik betimlenmiştir (Şekil 26a) (geyik için bkz. Konuk ve Arslan 2000: no. 114 jasper).

Burdur Arkeoloji Müzesi'ndeki beşinci örnek, koyu kırmızı, gözlü agat taşlı gümüş yüzüktür (Şekil 27). 48.28.75 envanter numaralı ve F3 formundadır. Sekizgen kesilmiş taş üzerinde sola doğru yürüyen aslan betimlenmiştir (Şekil 27a). Zemin çizgisi mevcuttur (Ekinci ve diğ., 2007: no. 204; aslan figürü için bkz. Konuk ve Arslan 2000: no. 108 karnelyan, 112 jasper ve 113 sekizgen jasper; Gercke 1970: no. 613; Henig ve MacGregor 2004: no. 3.13, 9.5-19, 12.4-5; Spier 1992: no. 387-390; burada Şekil 14-16). MS 2. Yüzyıl.

## Kütahya Arkeoloji Müzesi'nde Bulunan Oktagonal Yüzük Taşları

Kütahya Arkeoloji Müzesi teşhirinde yer alan birinci örnek, mat turuncu jasper taşlı gümüş yüzüktür (Şekil 28) Köşeleri sekizgen kesilmiş, düz bir yüzeye sahip olan taş, F2 formundadır. Yüzük taşının üzerinde Tykhe ayakta sağa durmaktadır uzun bir khiton ve himation giymiştir, sağ elinde yere dayalı şekilde dümen ve sol kolunda bereket boynuzu tutuyor (Şekil 28a). (Benzer Tykhe örnekleri için bkz. Konuk ve Arslan 2000: no. 82; Henig ve MacGregor 2004: no. 4.54; Spier 1992: no. 315). MS. 2.-3. Yüzyıl.

Kütahya Arkeoloji Müzesi teşhirinde bulunan ikinci örneğimiz, mat turuncu karnelyan yüzük taşı; köşeleri sekizgen kesilmiş olup, kare formunda ve düz bir yüzeye sahiptir. F2 formundaki taşın üzerinde sola dönük bir erkek büstü betimlenmiştir (Şekil 29). Erkek büstü betimli benzer bir oktagonal örnek, Haluk Perk Müzesi koleksiyonunda bulunmaktadır (Gülbay 2017: no. 42 oktagonal karnelyan benzer). MS 2.-3. Yüzyıl.

## Çorum Arkeoloji Müzesi'nde Bulunan Oktagonal Yüzük Taşı

Çorum Arkeoloji Müzesi'nde bulunan örnek, oktagonal kameo bir yüzük taşıdır. Sardoniks taş üzerine kameo (kabartma) olarak çıplak Dionysos betimi işlenmiştir. 2739 envanter numaralı, 15 x 11 x ? mm ölçülerindeki taş, F5 formundadır. Köşeleri sekizgen kesilmiş, düz bir yüzeye sahip olan taşta zemin siyah olup, taşın beyaz olan kısmına kabartma olarak işlenmiş çıplak Dionysos betimi ayakta, vücudu cepheden ve başını sola çevirmiştir (Şekil 30). Uzun saçları omuzlarına dökülmektedir. Sağ ayağı sol ayağının önünde çapraz durmakta, vücut ağırlığını sol bacağa vermektedir. Sağ eliyle *thyrsos*'a dayanıyor, sol eliyle *kantharos*'dan şarap döküyor (İbiş 2020: Res. 50, yayın aşamasında). MS 2. Yüzyıl.

## Dinçer Uğurluer Koleksiyonunda Bulunan Oktagonal Yüzük Taşı

Gaziantep çevresinde bulunmuş olan ve Dinçer Uğurluer koleksiyonunda 292 envanter numaralı altın yüzüğün yeşil kalsedon(?) taşı yine oktagonal kesilmiştir (Şekil 35). 9 x 7.5 mm ölçülerinde, alt kısmı geniş ve üst kısmı dar olan taşın üzerinde keçi sağan çoban betimlemesi bulunmaktadır (Şekil 35). Giyimli bir çoban, üst üste konulmuş iki yuvarlak taş üzerinde sola doğru oturuyor, önündeki keçiden elinde tuttuğu çömleğe süt sağıyor; sağ kenarda, dik olarak duran pedum (ucu kıvrık çoban değneği) bulunmaktadır. Zemin çizgisi mevcuttur (Bu yüzüğe "Osmanlı Dönemi Gaziantep Kuyumculuğu" kitabında görsel olarak yer verilmiştir: Uğurluer, 2016: 15). Keçi sağan çoban sahnesinin çok yakın örnekleri yukarıda, Anadolu Medeniyetleri Müzesi'nin 80-1-73 envanter numaralı yüzük taşı üzerinde (burada Şekil 8) ve Erimtan Arkeoloji ve Sanat Müzesi'nin 945 envanter numaralı yüzük taşı üzerinde (burada Şekil 17) bulunmaktadır. Özellikle de Anadolu Medeniyetleri Müzesi'nde bulunan yüzük taşı ile ikonografik açıdan çok benzer olduğundan dolayı, bu iki yüzük taşının Kappadokia atölyesinden aynı taş oymacısının elinden çıkmış olması muhtemeldir (keçi sağan çoban figürünün benzerleri için bkz. Meriçboyu, 2001: 236, no. 1; Guiraud, 1988: 279, 281; Henig ve diğ.,1994: 341 karnelyan; Konuk ve Arslan, 2000: no. 104; Amorai-Stark ve Hershkovitz, 2011: 112, Pl. 33; Henig ve MacGregor, 2004: no. 7.9; Vollenweider, 1984: no. 204 ve 474 benzer). MS. 2.-3. Yüzyıl.

# Sonuç

Roma Dönemi oktagonal yüzük taşlarının kesim şekli, Anadolu-Pers dönemi oktagon-piramidal damga mühür geleneğinin bir devamıdır. Bu yüzük taşlarının Kappadokia ve Galatia Bölgeleri'nde çok bulunmasının nedeni, Kappadokia bölgesinin, Pers Dönemi'nde önemli bir satraplık merkezi olmasının yanında, Hellenistik Dönem'den itibaren de, Kappadokia Krallığı'nı yöneten kralların Pers kökenli olmasıdır. Kappadokia Krallığı, Ariarathes Hanedanlığı hakimiyetinde, Pers gelenek ve inanışlarını sürdürmüştür. Bu durumun Roma Dönemi'nde de devam etmiş olduğunu, bölgede Pers kökenli Anahita (Anaitis), Ma ve Mithras tapınak ve kültlerinin sürdürülmesinden bilmekteyiz (Arslan 2018; Merkelbach 1984: 45-46; Popko 1995: 169-170; Aytaş 2002; Çapar 1995; Mutlu 2016).

Genellikle mühür olarak kullanılan Roma Dönemi yüzük taşlarındaki sekizgen kesimin kökeni, oktagon-piramidal formlu, Pers İmparatorluğu damga mühürlerine dayanmaktadır (Dusinberre 2010a; Dusinberre 2010b).

MÖ 4. yüzyıldan, Roma İmparatorluk Dönemi başına kadar görülmeyen bu sekizgen kesim, Roma Dönemi'nde Anadolu'da tekrardan popüler olmuştur.

Pers Dönemi'nde Anadolu'daki en önemli satraplık merkezi olan Sardes, Lydia Dönemi'nde olduğu gibi, önemli bir kuyumculuk merkezi olarak faaliyetini sürdürmüştür. Sardes Nekropolü kazılarında ele geçmiş ve İstanbul Arkeoloji Müzesi'nde bulunan, kalsedon taşından 200 Pers mührü içerisinde, oktagon-piramidal formdakiler en popülerleri olup, 15 adettir (Dusinberre, 2010a: 177).

Oktagon-piramidal mühürler ve bullaları, Sardes Satraplık merkezinde, Daskyleion Satraplık merkezinde (Kaptan 2002; Kaptan 2017: 256), ayrıca Gordion'da (Dusinberre, 2005: 26, Cat. No. 50) ve Uylupınar'da (Kaptan, 2017: 258, Res. 3 a-b) ele geçmiştir. Birçok kazı yerinde ve müze koleksiyonlarında, oktagon-piramidal formlu kalsedon taşından Pers mühürlerinin varlığını yayımlardan tanımaktayız (Laflı, 2012: Res. 1a-1b; Yağcı, 2000: Lev. 4, no. 1-2; Boardman, 1970). Perslerin krali başkenti Persepolis arşivinde bulunan kil tabletler üzerine basılmış, birçok oktagonal mühür baskılarını görmekteyiz (Garrison ve Root, 2001: Pl. 101 c, d, Pl. 126 c, d, Pl. 127 c, d; Garrison ve Root, 1996: fig. 1a-1b). Daskyleion kazı buluntuları arasında ele geçmiş olan Pers kil mühür baskılarında da oktagonal olanlar mevcuttur (Kaptan, 2002: 189, no. 148-150, 192, no. 169-170).

Roma Dönemi oktagonal yüzük taşlarının çoğunluğunun Ankyra çevresinde bulunmuş olması, bu bölgenin geçmişte Kappadokia Satraplığı içinde yer almasından kaynaklanmış olmalıdır. Burdur Arkeoloji Müzesi'nde bulunan 5 adet Roma Dönemi oktagonal yüzük taşı, aynı müzede Uylupınar'dan bulunmuş bir adet oktagon-piramidal Pers mührüyle muhtemelen aynı geleneğin izini taşımaktadır.

İzmir Arkeoloji Müzesi'nde (Laflı, 2012: no. 31), Haluk Perk Müzesi koleksiyonunda (Gülbay, 2017: no. 17, 22, 38, 42, ve 44), Kütahya Arkeoloji Müzesi'nde ve Laodikeia kazısında bulunan (Şimşek, 2011: no. 1147), oktagonal yüzük taşları da, büyük ihtimalle Sardes Satraplığı topraklarından gelen bir geleneğin izlerini yansıtmaktadır.

Anadolu Coğrafyası'nın dışında, başka bölgelerde, çok az rastlanan bu yerel stil, sekizgen kesimli yüzük taşları, Roma İmparatorluğu Dönemi'nde, özellikle Orta Anadolu'da çok popüler olmuş görünmektedir. Müşteriler bu tarzı ve orijinal şekli sevmişler, estetik çekiciliğine kapılmışlardır. Oktagonal şekilli taşlar, muhtemelen Ankyra ve Kaisareia gibi metropollerde, karışık müşteri gruplarına hizmet eden kalıcı bir atölye tarafından üretilmiş olmalıdır. Anadolu'da, belirgin üç zirveli silüeti ile Erciyes Dağı'nın birçok süs taşı üzerinde görülmesi (Spier, 1992: no. 395), Kappadokia eyaletinin metropolü olan, yakınlardaki Kaisareia'nın (Kayseri) muhtemel taş kesim merkezlerinden biri olduğu fikrini akla getirmektedir (Goldman, 2014: 185-186). Oktagonal taşlarda sıklıkla görülen aslan, tavşan, tavşanı kovalayan tazı köpeği ve keçi sağan çoban betimlemeleri, bu yüzük taşlarının Ankyra'daki bir atölyenin üretimi olabileceğini de bize düşündürmektedir.

Akhaimenid mühür sanatında boyna asılarak taşınan, aynı zamanda süs eşyası olarak da kullanılan sekizgen kesimli taş mühürler, Roma Dönemi'nde süs eşyası ve kişisel mühür olarak yüzük taşlarında kullanılmışlardır. Pers taş mühürlerde Akhaimenid sanatının sevilen konuları, Roma Dönemi yüzük taşlarında da, devrin inanç ve zevkleri hakim olmuştur. Oktagonal (sekizgen) şeklin, Roma askerleri ve erken Hıristiyan topluluklar arasında sayısal ve sembolik bir önemi vardır. Sekiz sayısının Roma lejyonerleri ve yedek askerleri için özel bir anlamı olabileceği öne sürülmektedir. Buluntu yerleri bilinen oktagonal taşların çoğunun, askeri yerleşimlerin yakınında bulunduğu ve bu buluntularda bariz bir askeri sembolizm (örneğin Athena, lejyon kartalı, Ares, vs.) olduğu görülmüştür. İmparatorluk döneminde Roma lejyonlarının ve yedek askerlerin temel birliği, sekiz askerden oluşan bir manga (*contubernium*) idi. Daha büyük birlikler ise yine sekizin katlarını yansıtmaktadır. O halde, Roma lejyonerleri ve yedek askerleri, sekizgen formlu taşların Roma İmparatorluğu boyunca dağılmasında önemli bir etken olmuş olabilir (Goldman, 2014: 182).

Bu oktagonal taşların en azından bazıları, erken Hıristiyan toplulukların öğretileri ve mimarileri ile bağlantılı bir sayısal sembolizme sahiptir. Erken Hıristiyanlar sıklıkla İncil'de ve liturjide geçen rakamlara sembolizm yüklemişlerdir ve bazı erken Hıristiyan metinlerinde, sekiz sayısı doğrudan İsa'nın dirilişi ile ilgilidir.

Sekizgen şekil, Hıristiyan anıtsal mimarisinin başladığı MS erken 4. yüzyılda, kiliselerde, martyriumlarda (şehitlik) ve vaftizhanelerde görülmektedir. En dikkat çekeni ise, İmparator I. Constantinus'un (MS 307-337), Doğu ve Batı'daki önemli bazı Hıristiyan ibadet merkezlerinde yaptırdığı büyük dini yapılarda sekizgen planın uygulanmasıdır. Antakya'da şehrin en önemli kiliselerinden biri, I. Constantinus'un yaptırdığı, imparatorluk sarayının yakınında, muhtemelen şehrin katedrali olarak hizmet veren 'Altın Sekizgen' idi. Bu sayısal sembolizme dayanarak, erken Hıristiyan müşterilerin kişisel diriliş ve yeniden doğuş inançlarını yansıtmak için, sekizgen taşları seçtiklerini varsaymak mümkündür. Özellikle MS 3. yüzyılda Hıristiyan içerikli taşlar ortaya çıktığında, bunlar üzerinde sınırlı sayıda motif, yani balık/çapa, chi-ro, İyi Çoban (İsa'yı sembolize eder) tasvirleri görülüyordu ve hepsi de oktagonal taşlar üzerinde yer alıyordu (Goldman, 2014: 182-185).

Roma Dönemi oktagonal yüzük taşları, Gordion Nekropolü'nde (Goldman 2014), Ankyra yakınlarında; Juliopolis Nekropolü'nde (Arslan ve diğ., 2011; Arslan, 2013), Akyurt-Kalaba Tümülüsü'nde (Arslan ve Metin, 2014), Pessinus'ta (Devreker ve diğ., 2003: 178, no. 7), ayrıca Laodikeia Nekropolü'nde (Şimşek, 2011: no. 1147) bulunmuştur. Burada incelemiş olduğumuz oktagonal yüzük taşları; Ankara Anadolu Medeniyetleri Müzesi, Ankara Erimtan Arkeoloji ve Sanat Müzesi, Konya, Kütahya, Burdur ve Çorum Arkeoloji Müzeleri ve Dinçer Uğurluer koleksiyonundandır. Ayrıca, İzmir Arkeoloji Müzesi ve İstanbul Haluk Perk Müzesi koleksiyonlarında bulunan yayımlanmış örneklerden de bahsedilmiştir.

Bu çalışmada, oktagonal formlu yüzük taşlarının literatürde yer almayan yenileri eklenmiştir. Ayrıca bu özel kesimli taşların, özellikle Kappadokia ve Sardes Satraplığı bölgelerinde yoğunlaştığı görülmüş ve bu örnekler burada tanıtılmıştır. Taşların üzerindeki betimlemelerin konularından hareketle, benzer figürlü taşların aynı bölgedeki bir atölyenin üretimi olabileceği düşüncesi kuvvetlenmiştir. Örneğin, aslan ve tavşanı kovalayan tazı köpeği tasvirli taşların, Gölbaşı Boyalık Nekropolü'nde, Anadolu Medeniyetleri Müzesi ile Erimtan Arkeoloji ve Sanat Müzesi koleksiyonunda olmaları, bu tip taşların Ankyra'lı bir taş ustası tarafından üretilmiş olmasını akla getirmektedir. Tavşan betimlemeli taşların ise, Juliopolis Nekropolü'nde ve Anadolu Medeniyetleri Müzesi'nde oldukça çok sayıda olması, Angora Tavşanı diye isimlendirilen tavşanın, Roma Dönemi'nde de popüler olduğunun varlığını bize göstermektedir. Aslan betimli taşların, Juliopolis nekropolü'nden ve Akyurt tümülüs kazısından, hem de Ankara'daki iki müzenin koleksiyonunda çok sayıda bulunmuş olması, bu geleneğin Anadolu'da bulunmuş Pers taş mühürlerinden kaynaklandığını göstermesi açısından önemlidir. Hellenistik Dönemin son çeyreğinde, Galatia'nın son kralı Amyntas'ın bronz sikkelerinde de aslan motifi sıklıkla kullanılmıştır (Levante, 1994: no. 2354-2364, 2377-2382, 2387). Ayrıca, Roma Dönemi Ankyra şehir sikkelerinde, Augustus Döneminde (Levante, 1994: 2391) ve daha sonraki dönemlerde (Levante, 1994: 2486) aslan motifi kullanılmıştır. Galatların Tolistobogi boyunun oturduğu Pessinus'un sikkelerinde, aslan motifi daha sık görülmektedir. Bunun sebebi de, Pessinus'un, Ana Tanrıça Kybele tapınımının Anadolu'daki tapınım merkezi olması ve Kybele'nin kutsal hayvanının da aslan olmasıdır. Pessinus sikkelerinde, MÖ 1. yüzyıldan, MS 3. yüzyıl ortalarına kadar, aslan motifi hatırı sayılır çoklukta kullanılmıştır (Levante, 1994: 2563-68, 2596, 2605, 2627). Dolayısıyla, Galatia'da ele geçen aslan betimli yüzük taşlarını kullanan kişiler, Ana Tanrıça Kybele inanışına sahip bireyler olmalıydı. Roma lejyon askerlerince de, aslan figürlü yüzük taşlarının kullanılması, güç ve taşıyanı koruyacağına inanılmasından dolayı sevilen bir sembol olmuştur. Keçi sağan çoban figürlü yüzük taşlarının, Ankara'daki iki müzede olması ise, Ankara ile özdeşleşen Angora Tiftik Keçisi ile ilgili olabileceği gibi, Hıristiyanlıkta sevilen sembol, iyi çoban İsa mitolojisiyle ilgili olabilir.

Sonuç olarak, Goldman'ın makalesinde belirttiği (Goldman, 2014: 177, Res. 14), Türkiye kökenli 35 adet oktagonal yüzük taşına, bu çalışmada yeni örnekler eklenerek sayı 55'e çıkmıştır.

## Teşekkür

Erimtan Arkeoloji ve Sanat Müzesi'nden Sn. Yüksel Erimtan ve Selma Ünal'a, Kütahya Arkeoloji Müzesi Müdürü Serdar Ünan'a, Çorum Arkeoloji Müzesi Müdürü Metin Çakar'a ve Resul İbiş'e destekleri için teşekkürlerimizi sunarız. Makalenin neredeyse basım aşamasında farkedip kataloğumuza eklediğimiz, Gaziantep Müzesi'ne bağlı Dinçer Uğurluer koleksiyonunda bulunan oktagonal yüzük taşına yayınımızda yer vermemize izin veren ve yardımlarını esirgemeyen Sn. Dinçer Uğurluer'e çok teşekkür ederiz. Ayrıca katkıları için, Çiğdem Lüle'ye, Dolunay Tüzün'e ve resim levhalarının düzenlenmesine olan katkılarından dolayı Arkeolog Mesut Dilaver'e teşekkürü bir borç biliriz.

## Kaynaklar

**Amorai-Stark, S., Hershkovitz, M. (2011).** Selected Antique Gems from Israel: Excavated Glyptics from Roman-Byzantine Tombs, C. Entwistle, N. Adams (Ed.), *'Gems of Heaven': Recent Research on Engraved Gemstones in Late Antiquity c. AD 200-600, British Museum Research Publication, Number 177* (1-3). London: British Museum Press.

**Arslan, M. (2008).** Trapezus Sikke Darpları. *Belleten* 265, Aralık 2008, 707-747.

**Arslan, M., Metin, M., Cinemre, O., Çelik, T., Devecioğlu, Ü. (2011).** Juliopolis Nekropolü 2009 Yılı Kurtarma Kazısı. *19. Müze Çalışmaları ve Kurtarma Kazıları Sempozyumu* (271-304). Ankara.

**Arslan, M. (Ed.) (2013).** *The Museum of Anatolian Civilizations: A Guide to Ankara Throughout the Ages.* Ankara.

**Arslan, M., Metin, M. (2014).** 2012 Yılı Akyurt – Kalaba Tümülüsü Kurtarma Kazısı. *Anadolu/Anatolia*, 40, 145-178.

**Arslan, M. (2018).** Roma Dönemi Yüzük Taşları Üzerinde Tanrıça Ma Betimlemeleri ve Yayımlanmış Bazı Eserlerdeki Ma İkonografisi İçin Yeni Öneri ve Değerlendirmeler. *Colloquium Anatolicum,* 17, 707-747.

**Aytaş, M. (2002).** A Priest of the Goddess Ma at Komana (An Inscription in the Aksaray Museum). *Epigraphica Anatolica,* 34, 23, 27.

**Bingöl, F. R. I. (1999).** *Anadolu Medeniyetleri Müzesi, Antik Takılar.* Ankara.

**Boardman, J. (1970).** Pyramidal Stamp Seals in the Persian Empire. *Iran,* 8, 19-45.

**Brandt, E., Krug, A., Gercke, W., Schmidt, E. (1972).** *Antike Gemmen in Deutschen Sammlungen. Bd. 1: Staatliche Münzsammlung München. Teil 3: Gemmen und Glaspasten der römischen Kaiserzeit sowie Nachträge.* München: Prestel Verlag.

**Butler, H. C. (1922).** *Sardis Vol. I: The Excavations, Part 1: 1910-1914.* Leiden: Brill.

**Campbell Bonner Magical Gems Database (2010-),** developed at the Museum of Fine Arts, Budapest, editor-in-chief: Á. M. Nagy. classics.mfab.hu/talismans/

**Curtis, C. D. (1925).** *Sardis Vol. XIII: Jewelry and Gold Work, Part 1: 1910-1914.* Rome.

**Çapar, Ö. (1995).** Yerli Bir Anadolu Tanrıçası: Ma. *DTCFD,* XXXVII (1-2), 583-598.

**Çetin, N., Kaya, V. (2010).** Boyalık Nekropolü 2008 Yılı Kazı Çalışmaları. *18. Müze Çalışmaları ve Kurtarma Kazıları Sempozyumu* (79-90). Ankara.

**Devreker, J., Theon, H., Vermeulen, F. (2003).** *Excavations in Pessinus: The So-called Acropolis from Hellenistic and Roman Cemetery to Byzantine Castle.* Ghent: Academia Press.

**Dusinberre, E. R. M. (2003).** *Aspects of Empire in Achaemenid Sardis.* Cambridge: Cambridge University Press.

**Dusinberre, E. R. M. (2005).** *Gordion Seals and Sealings: Individuals and Society, Gordion Special Studies III.* Philadelphia: University of Pennsylvania Museum.

**Dusinberre, E. R. M. (2010a).** Sardeis'ten Lidya-Pers Mühürleri / Lydo-Persian Seals from Sardis, N.D. Cahill (Ed.), *Lydialılar ve Dünyaları / The Lydians and Their World* (177-190). İstanbul: Yapı Kredi Yayınları.

**Dusinberre, E. R. M. (2010b).** Anatolian Crossroads: Achaemenid Seals from Sardis and Gordion. J. Curtis, St. J. Simpson (Ed.), *The World of Achaemenid Persia: History, Art and Society in Iran and the Ancient Near East* (323-335). London: I.B. Tauris.

**Ekinci, H. A., Erbay, M. O., Çankaya, A., Gülseven, G., Özsait, M., Özme, A. (2007).** *Burdur Museums and Sites / Burdur Müzeleri ve Ören Yerleri.* İstanbul: Yapı Kredi Yayınları.

**Garrison, M. B., Root, M.C. (1996).** *Achaemenid History IX: Persepolis Seal Studies.* Leiden: Nederlands Instituut voor het Nabije Oosten.

**Garrison, M. B., Root, M. C. (2001).** *Seals on the Persepolis Fortification Tablets. Vol. 1: Images of Heroic Encounter. OIP 117.* Chicago: Oriental Institute Press at the University of Chicago.

**Gercke, P. (1970).** Die Gemmensamlung im Archäologischen Institut der Universität Göttingen. P. Zazoff et al. (Ed.), *Antike Gemmen in Deutschen Sammlungen 3* (63-176). München: Prestel Verlag.

**Goldman, A. L. (2002).** A Rare Roman Trio: Octagonal Gemstones Excavated at Gordion. *Expedition Magazine*, 44/3, 3-4.

**Goldman, A. L. (2014).** The Octagonal Gemstones from Gordion: observations and interpretations. *Anatolian Studies*, 64, 163-197.

**Greenewalt, Jr., C. H. (2010).** Lidya Tanrıları / The Gods of Lydia. N.D. Cahill (Ed.), *Lydialılar ve Dünyaları / The Lydians and Their World* (233-246). İstanbul: Yapı Kredi Yayınları.

**Guiraud, H. (1988).** *Intailles et camées de l'époque romaine en Gaule.* Paris: CNRS.

**Gülbay, O. (2017).** Haluk Perk Arşivi İntaglio ve Cameo (Yüzük Taşları) Koleksiyonu. *Arkeoloji ve Sanat,* 156, 199-210.

**Henig, M., Whiting, M., Scarisbrick, D. (1994).** *Classical Gems: Ancient and Modern Intaglios and Cameos in the Fitzwilliam Museum, Cambridge*. Cambridge: Cambridge University Press.

**Henig, M., MacGregor, A. (2004).** *Catalogue of the Engraved Gems and Finger Rings in the Ashmolean Museum II. Roman*. Oxford Archaeopress.

**İbiş, R. (2020).** Çorum Müzesi'nden Bazı Pers, Hellenistik, Roma Dönemi Eserleri ve Düşündürdükleri. A. Schachner, E. Sökmen (Ed.), *Understanding Transformations: Exploring the Black Sea Region and Northern Central Anatolia in Antiquity (c. 4th / 3rd Century BCE – 4th / 5th Century CE), BYZAS* (yayın aşamasında). İstanbul: Ege Yayınları.

**Kaptan, D. (2002).** *Achaemenid History XII: The Daskyleion Bullae: Seal Images from the Western Achaemenid Empire*. Leiden:Nederlands Instituut voor het Nabije Oosten.

**Kaptan, D. (2017).** Anadolu'da Pers Dönemi Mühürleri / Seals from Achaemenid Anatolia. K. İren, Ç. Karaöz, Ö. Kasar (Ed.), *Persler: Anadolu'da Kudret ve Görkem / The Persians: Power and Glory in Anatolia* (254-267). İstanbul: Yapı Kredi Yayınları.

**Konuk, K., Arslan, M. (2000).** *Ancient Gems and Finger Rings from Asia Minor: The Yüksel Erimtan Collection/Anadolu Antik Yüzük Taşları ve Yüzükleri: Yüksel Erimtan Koleksiyonu*, Ankara.

**Laflı, E. (2012).** İzmir Müzesi'ndeki Intaglio ve Cameo Örnekleri: Ön Değerlendirmeler.*Arkeoloji ve Sanat*, 140, 133-154.

**Levante, E. (1994).** *Sylloge Nummorum Graecorum, France 3, Cabinet des Médailles,Pamphylie, Pisidie, Lycaonie, Galatie*. Paris.

**Lüle, Ç. (2011).** Non-destructive Gemmological Tests for the Identification of Ancient Gems. C. Entwistle, N. Adams (Ed.), *'Gems of Heaven': Recent Research on Engraved Gemstones in Late Antiquity c. AD 200-600, British Museum Research Publication, Number 177* (1-3). London: British Museum Press.

**Meriçboyu, Y. A. (2001).** *Antikçağda Anadolu Takıları*. İstanbul: Akbank Kültür ve Sanat Kitapları: 69.

**Merkelbach, R. (1984).** *Mithras*. Königstein: Hain.

**Mitchell, S. (2007).** Iranians and the Presence of Persians in the Religious Sanctuaries of Asia Minor. E. Matthews (Ed.), *Old and New Worlds in Greek Onomastics* (151-171). Oxford: Oxford University Press.

**Molesworth, H., Henig, M. (2011).** Love and Passion: Personal Cameos in Late Antiquity from the Content Collection. C. Entwistle, N. Adams (Ed.), *'Gems of Heaven': Recent Research on Engraved Gemstones in Late Antiquity c. AD 200-600, British Museum Research Publication, Number 177* (179-185). London: British Museum Press.

**Mutlu, S. (2016).** Tanrıça Ma (Mã) ve Kappadokia Komana'sı. *Phaselis*, II, 311-322.

**Pastor L. B. (2019).** Pontos Krallığı / The Kingdom of Pontos. O. Tekin (Ed.), *Hellenistik ve Roma Dönemlerinde Anadolu. Krallar, İmparatorlar, Kent Devletleri /Hellenistic and Roman Anatolia. Kings, Emperors, City States.* (104-117). İstanbul:Yapı Kredi Yayınları.

**Popko, M. (1995).** *Religions of Asia Minor*. Warsaw: Academic Publications Dialog.

**Speidel, M. A. (2019).** Hellenistik Kappadokia Krallığı / The Hellenistic Kingdom of Cappadokia. O. Tekin (Ed.) *Hellenistik ve Roma Dönemlerinde Anadolu. Krallar, İmparatorlar, Kent Devletleri /Hellenistic and Roman Anatolia. Kings, Emperors, City States.* (118-133). İstanbul: Yapı Kredi Yayınları.

**Spier, J. (1992).** *Ancient Gems and Finger Rings: Catalogue of the Collections of the J. Paul Getty Museum*. Malibu, California: J. Paul Getty Museum.

**Spier, J. (2011).** Late Antique and Early Christian Gems: Some Unpublished Examples. C. Entwistle, N. Adams (Ed.), *'Gems of Heaven': Recent Research on Engraved Gemstones in Late Antiquity c. AD 200-600, British Museum Research Publication, Number 177* (193-207). London: British Museum Press.

**Şimşek, C. (Ed.) (2011).** *Laodikeia Nekropolü (2004-2010 Yılları) (2 vols.)*. İstanbul: Ege Yayınları.

**Uğurluer, M. (2016).** *Osmanlı Dönemi Gaziantep Kuy*umculuğu. Gaziantep Büyükşehir Belediyesi.

**Vollenweider, M.-L. (1984).** *Deliciae Leonis: Antike geschnittene Steine und Ringe aus einer Privatsammlung*. Mainz: Verlag von Zabern.

**Yağcı, R. (2000).** Anadolu Medeniyetleri Müzesi Koleksiyonundaki "Greko-Pers" Damga Mühür Grubu. *Olba*, 3, 1-18.

## Levha 1

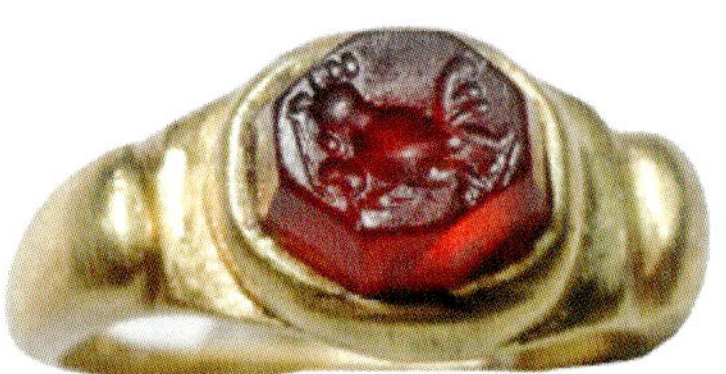

**Şekil 1.** Juliopolis Nekropolü Env. No. 64-01-10: Horoz betimli, yarı saydam kırmızı karnelyan taşlı altın yüzük.

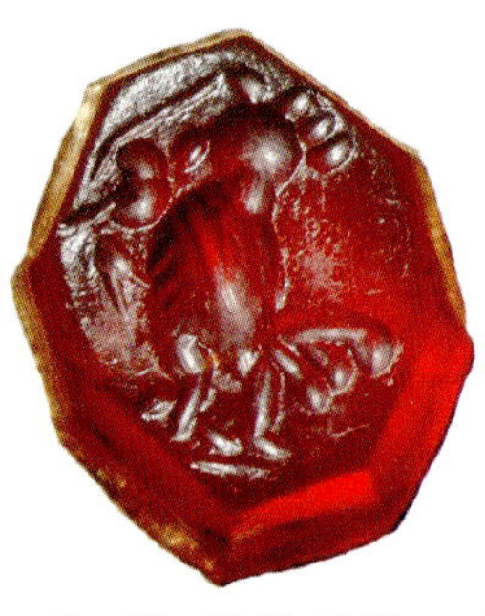

**Şekil 1a.** Env. No. 64-01-10: Horoz betimli, yarı saydam kırmızı karnelyan yüzük taşı.

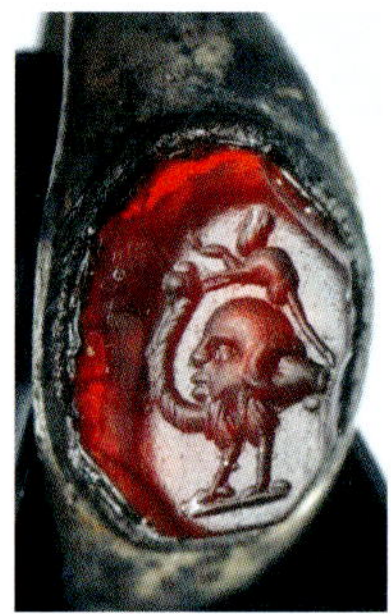

**Şekil 2.** Juliopolis Nekropolü Env. No. 47-22-12: Devekuşu, maymun ve silenos başı kombinasyonu (Hippalektryon tip) betimli, mat kırmızı karnelyan taşlı gümüş yüzük.

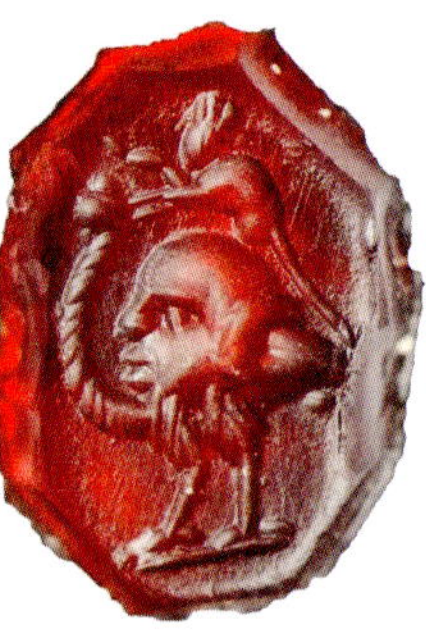

**Şekil 2a.** Env. No. 47-22-12: Devekuşu, maymun ve silenos başı kombinasyonu (Hippalektryon tip) betimli, mat kırmızı karnelyan yüzük taşı.

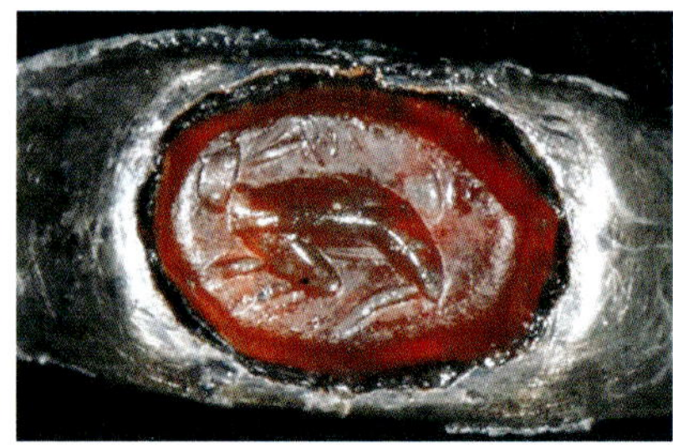

**Şekil 3.** Juliopolis Nekropolü Env. No. 12-67-11: Koşan tavşan betimli, mat kırmızı karnelyan taşlı gümüş yüzük.

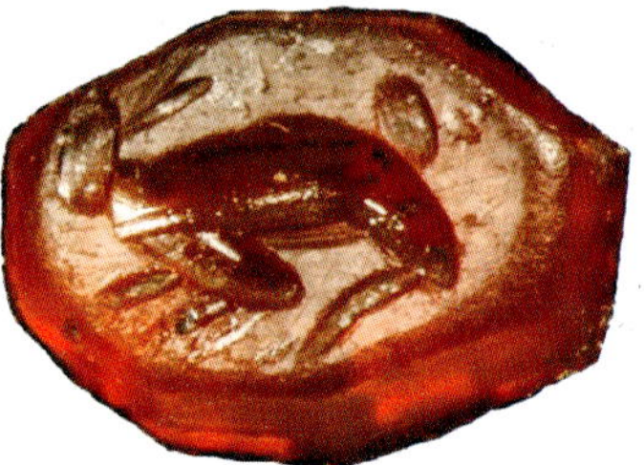

**Şekil 3a.** Env. No. 12-67-11: Koşan tavşan betimli, mat kırmızı karnelyan yüzük taşı.

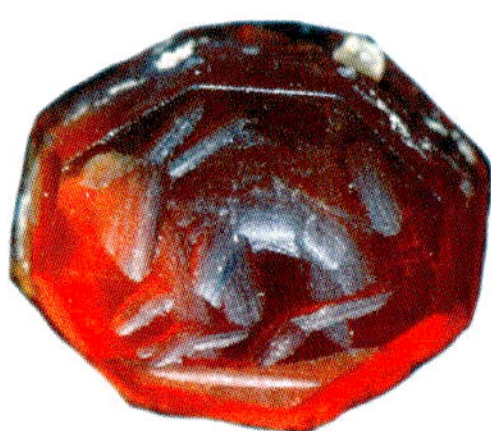

**Şekil 4.** Juliopolis Nekropolü Env. No. 12-74-11: Koşan tavşan betimli, açık kırmızı karnelyan yüzük taşı.

# Levha 2

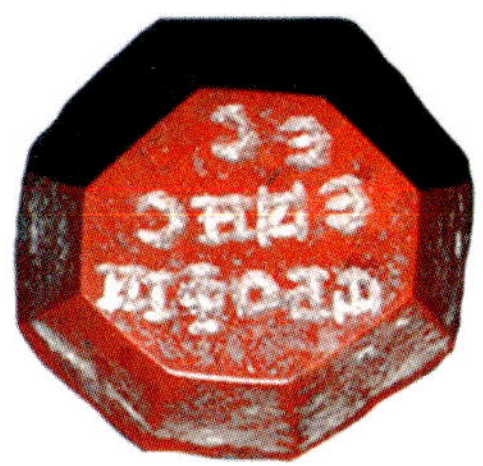

**Şekil 5.** Juliopolis Nekropolü Env. No. 64-40-11: Üç satır halinde ΤΡΟΦΙΜ-ΕΖΗC-EC (=Trofimezos çok yaşa) yazıtlı, mat kırmızı jasper yüzük taşı.

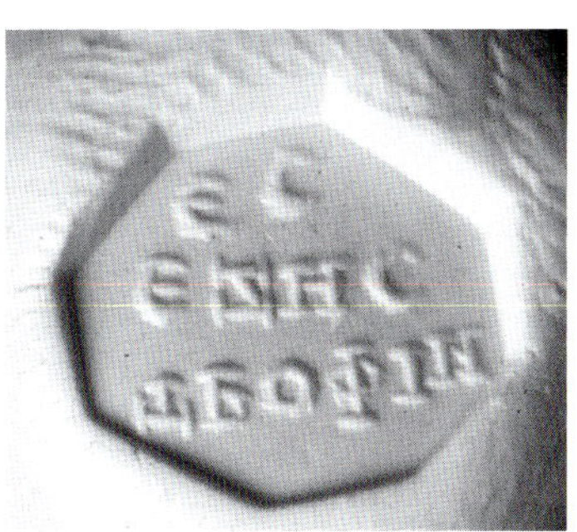

**Şekil 5a.** Env. No. 64-40-11: Üç satır halinde ΤΡΟΦΙΜ-ΕΖΗC-EC yazıtlı, mat kırmızı jasper yüzük taşının negatif mühür baskısı.

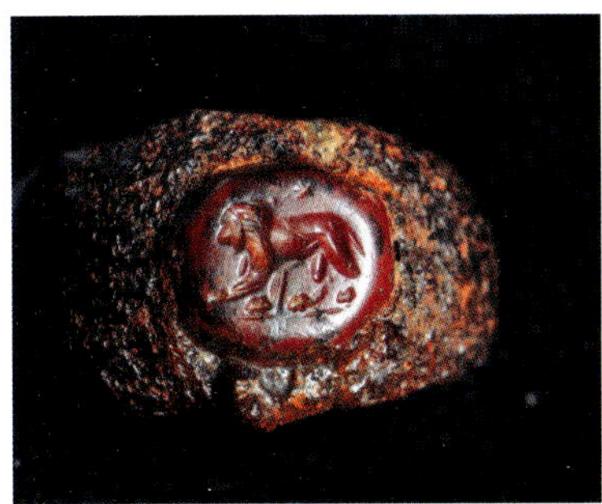

**Şekil 6.** Akyurt-Kalaba Tümülüsü'nden. Anadolu Medeniyetleri Müzesi, Env. No. 1-3-13: Aslan ve üstte yıldız betimli, mat kırmızı jasper taşlı demir yüzük.

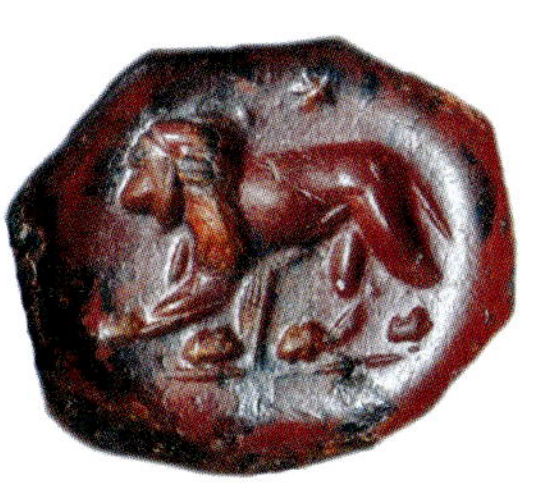

**Şekil 6a.** Env. No. 1-3-13: Aslan ve üstte yıldız betimli, mat kırmızı jasper yüzük taşı.

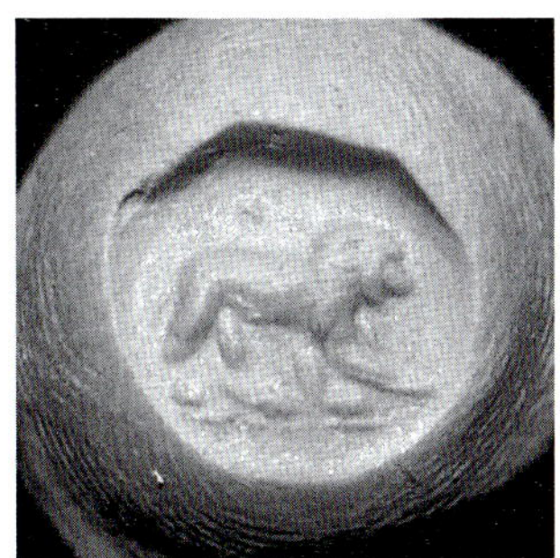

**Şekil 6b.** Env. No. 1-3-13: Aslan ve üstte yıldız betimli, mat kırmızı jasper yüzük taşının mühür baskısı.

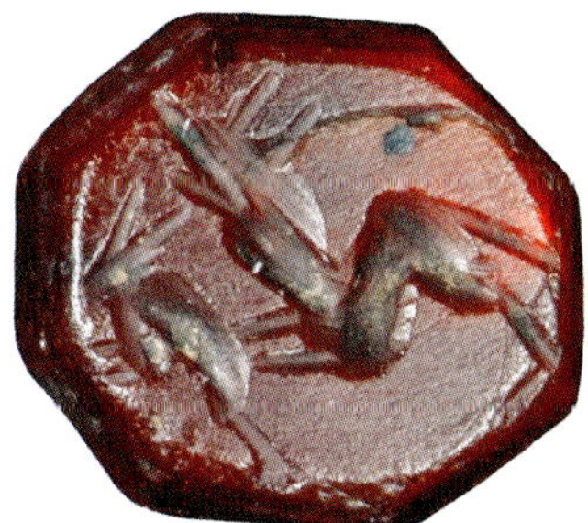

**Şekil 7.** Anadolu Medeniyetleri Müzesi, Env. No. 150-16-70: Tavşanı kovalayan tazı betimli, mat kırmızı jasper yüzük taşı.

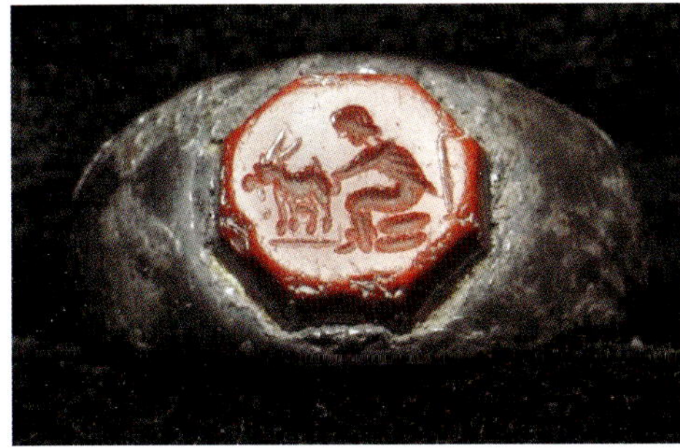

**Şekil 8.** Anadolu Medeniyetleri Müzesi, Env. No. 80-1-73: Keçi sağan çoban betimli, kırmızı jasper taşlı gümüş yüzük.

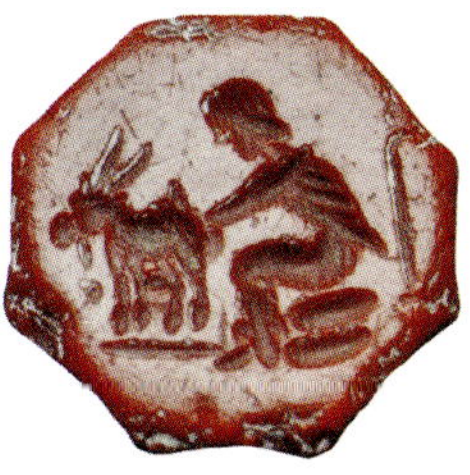

**Şekil 8a.** Env. No. 80-1-73: Keçi sağan çoban betimli, kırmızı jasper yüzük taşı.

## Levha 3

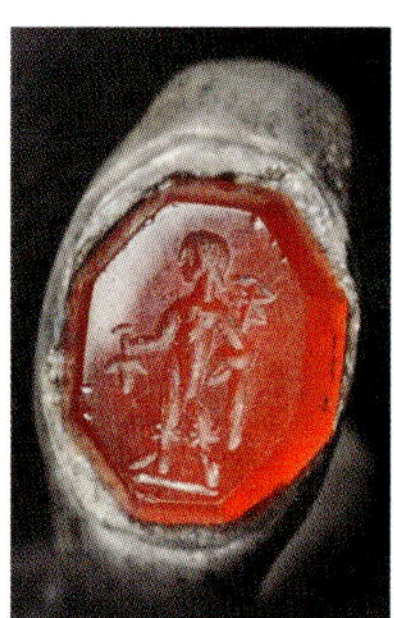

**Şekil 9.** Anadolu Medeniyetleri Müzesi, Env. No. 176-9-80: Hermes betimli, kırmızı karnelyan taşlı gümüş yüzük.

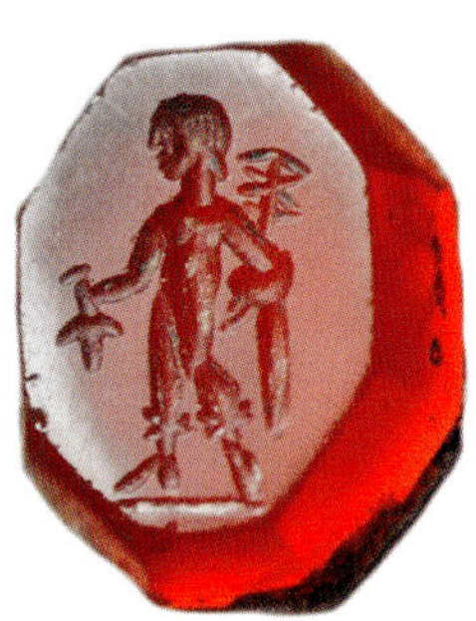

**Şekil 9a.** Env. No. 176-9-80: Hermes betimli, kırmızı karnelyan yüzük taşı.

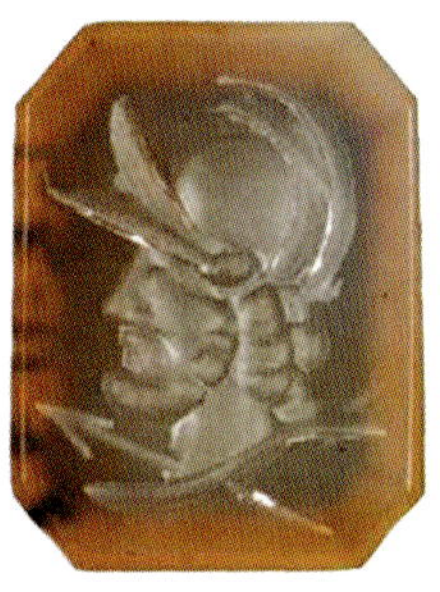

**Şekil 10:** Anadolu Medeniyetleri Müzesi, Env. No. 45-11-76: Ares başı betimli, açık turuncu ve gri yarı saydam kalsedon yüzük taşı.

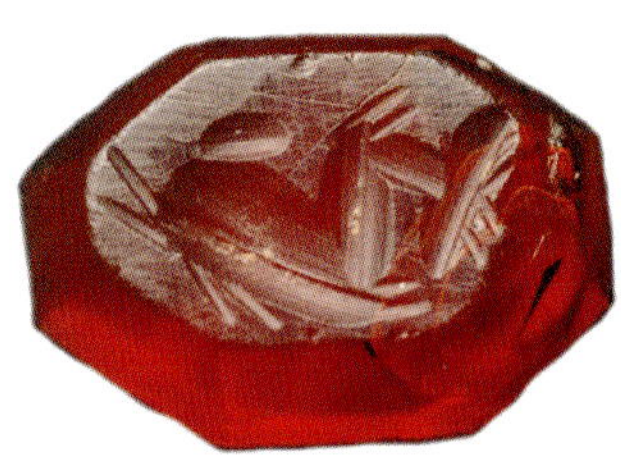

**Şekil 11.** Anadolu Medeniyetleri Müzesi, Env. No. 29-3-09: Yunus ve mürekkepbalığı betimli, kırmızı saydam karnelyan yüzük taşı.

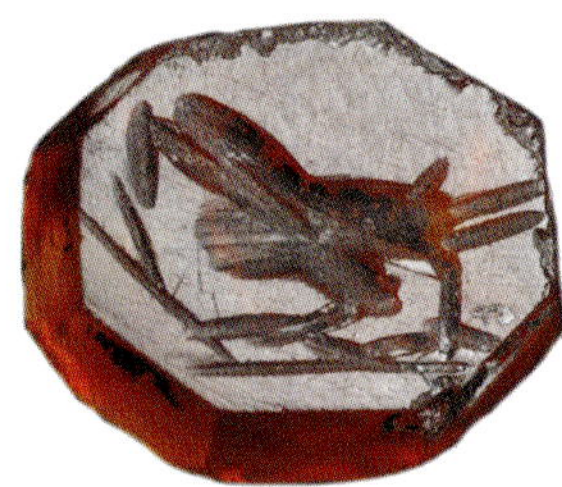

**Şekil 12.** Anadolu Medeniyetleri Müzesi, Env. No. 14-108-69: Papağan betimli, yarı saydam kırmızı karnelyan yüzük taşı.

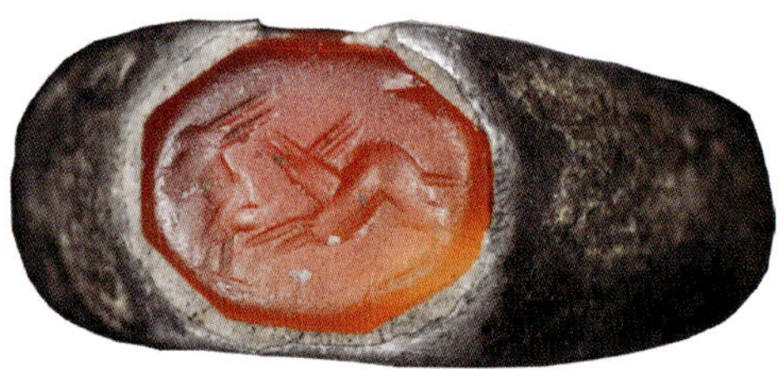

**Şekil 13.** Erimtan Arkeoloji ve Sanat Müzesi, Env. No. 1318: Tavşanı kovalayan tazı betimli, kırmızı karnelyan taşlı gümüş yüzük.

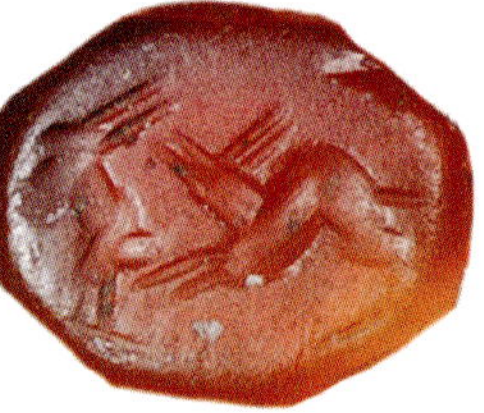

**Şekil 13a.** Env. No. 1318: Tavşanı kovalayan tazı betimli, kırmızı karnelyan yüzük taşı.

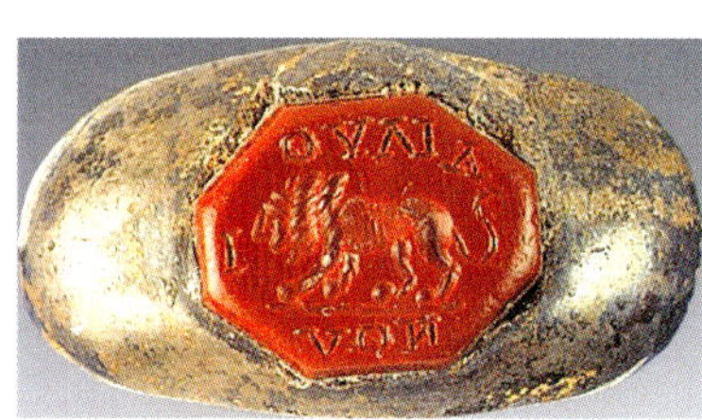

**Şekil 14.** Erimtan Arkeoloji ve Sanat Müzesi, Env. No. 158: Aslan betimli ve I-ΟΥΛΙΑ-ΝΟΥ (=Julianos'un) yazıtlı, mat kırmızı jasper taşlı gümüş yüzük.

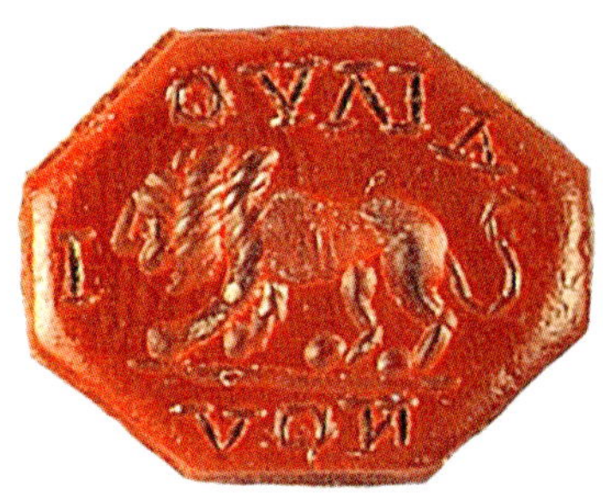

**Şekil 14a.** Env. No. 158: Aslan betimli ve I-ΟΥΛΙΑ-ΝΟΥ yazıtlı, mat kırmızı jasper yüzük taşı.

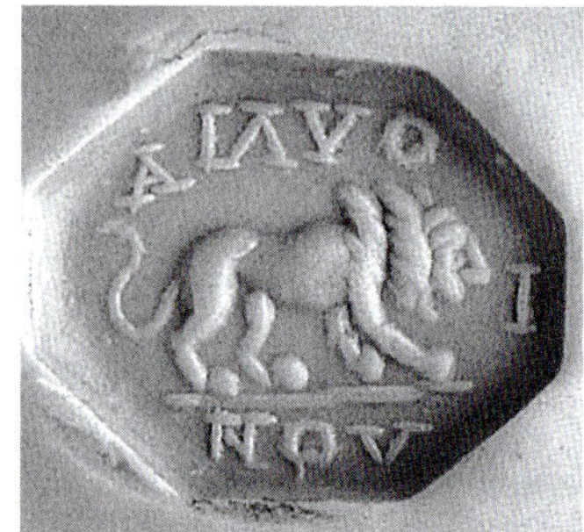

**Şekil 14b.** Env. No. 158: Aslan betimli ve I-ΟΥΛΙΑ-ΝΟΥ yazıtlı, mat kırmızı jasper yüzük taşının pozitif mühür baskısı.

# Levha 4

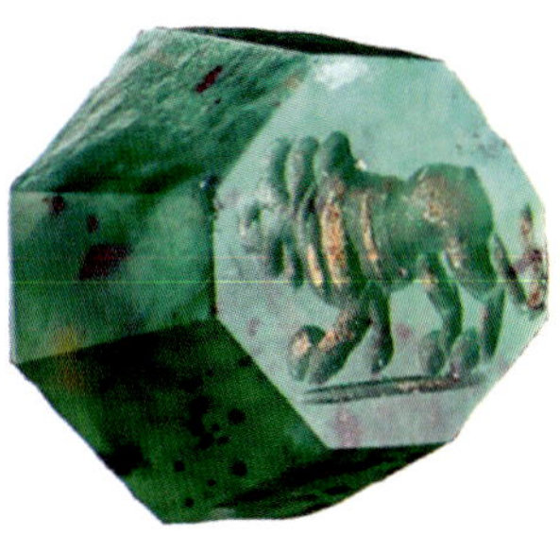

**Şekil 15.** Erimtan Arkeoloji ve Sanat Müzesi, Env. No. 1253: Aslan betimli, yeşil renkli kromlu kalsedon yüzük taşı.

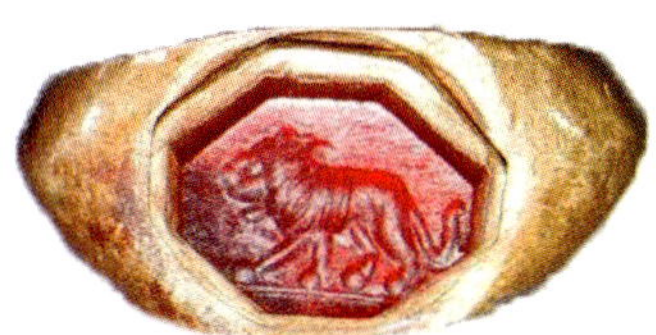

**Şekil 16.** Erimtan Arkeoloji ve Sanat Müzesi, Env. No. 1103: Aslan betimli, kırmızı jasper taşlı altın yüzük.

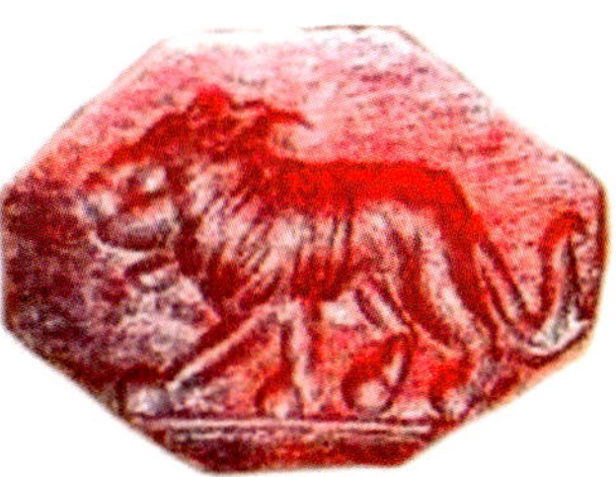

**Şekil 16a.** Env. No. 1103: Aslan betimli, kırmızı jasper yüzük taşı.

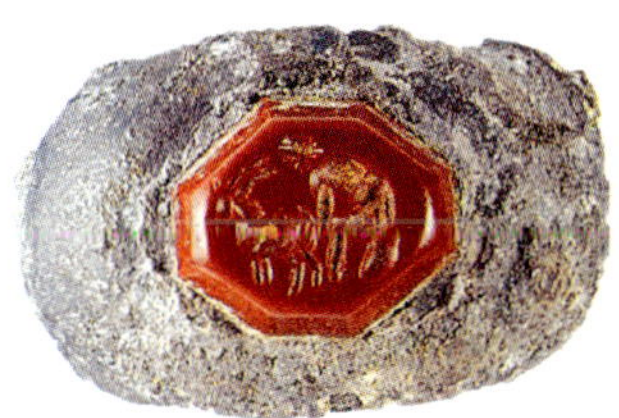

**Şekil 17.** Erimtan Arkeoloji ve Sanat Müzesi, Env. No. 945: Keçi sağan çoban betimli, mat kırmızı jasper taşlı gümüş yüzük.

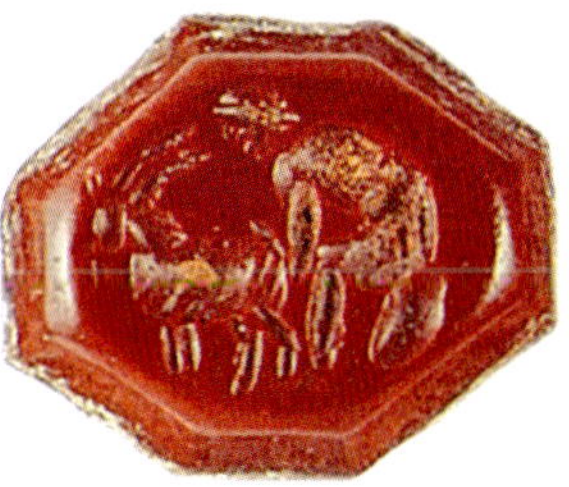

**Şekil 17a.** Env. No. 945: Keçi sağan çoban betimli, mat kırmızı jasper yüzük taşı.

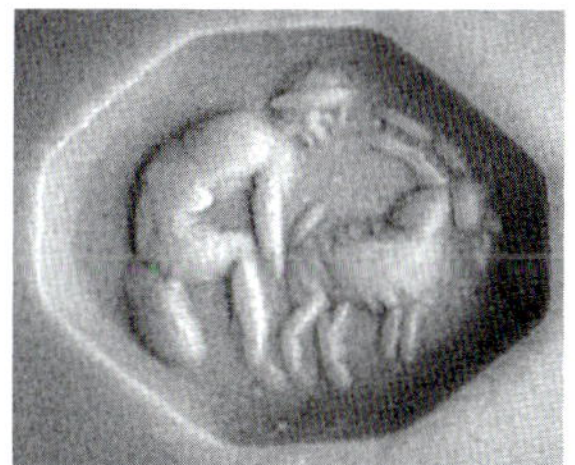

**Şekil 17b.** Env. No. 945: Keçi sağan çoban betimli, mat kırmızı jasper yüzük taşının mühür baskısı.

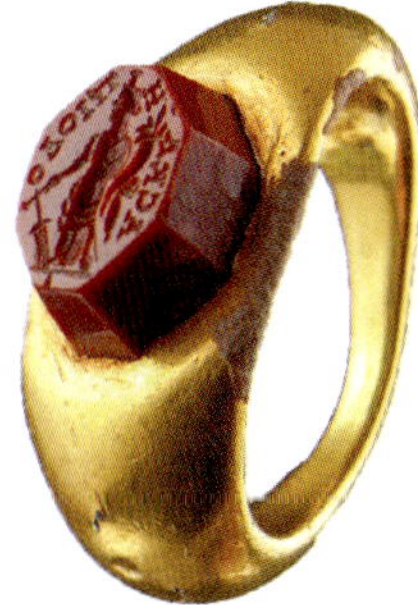

**Şekil 18.** Erimtan Arkeoloji ve Sanat Müzesi, Env. No. 1108: İsis-Tykhe betimli ve "ACKΛ-H-ΠΙΟΔΟ – [C ?]" (=Asklepiodos'un) yazıtlı, kırmızı jasper taşlı altın yüzük.

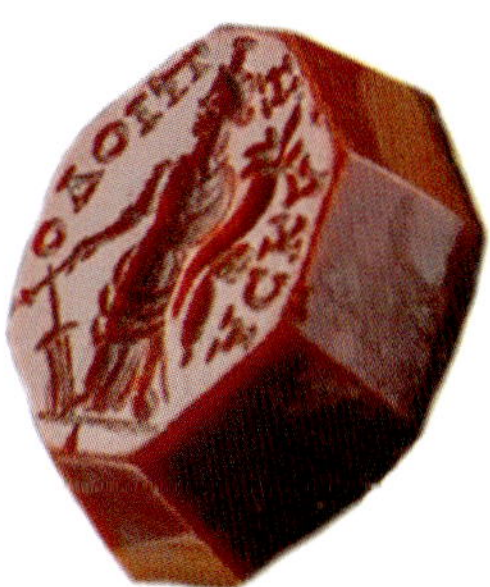

**Şekil 18a.** Env. No. 1108: İsis-Tykhe betimli ve "ACKΛ-H-ΠΙΟΔΟ – [C ?]" yazıtlı, kırmızı jasper yüzük taşı.

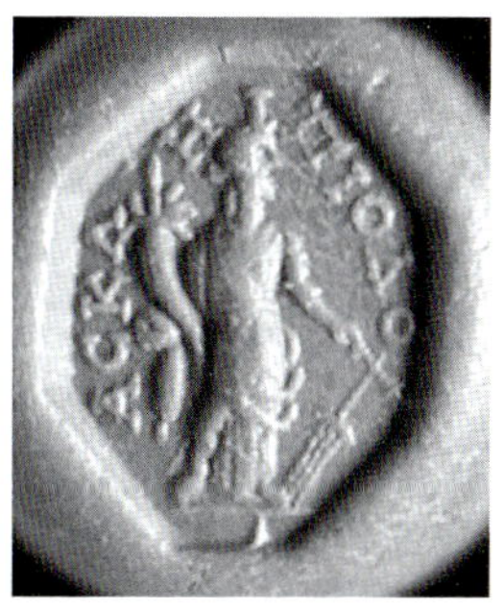

**Şekil 18b.** Env. No. 1108: İsis-Tykhe betimli ve "ACKΛ-H-ΠΙΟΔΟ – [C ?]" yazıtlı, kırmızı jasper yüzük taşının pozitif mühür baskısı.

## Levha 5

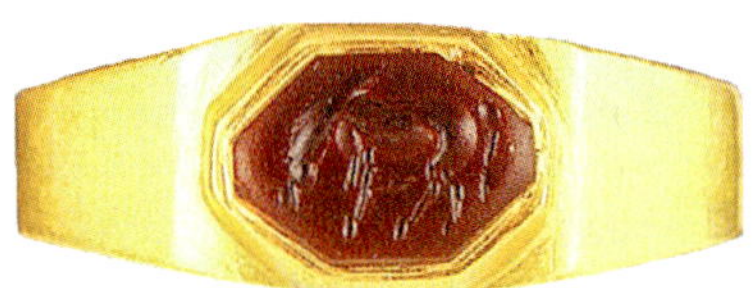

**Şekil 19.** Erimtan Arkeoloji ve Sanat Müzesi, Env. No. 248: Otlayan at betimli, koyu kırmızı sard taşlı altın yüzük.

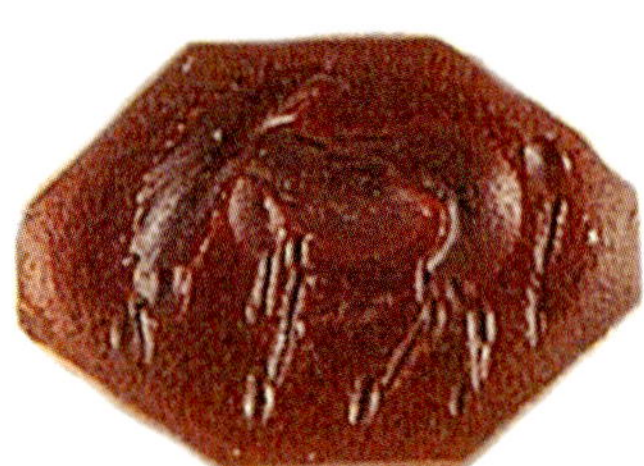

**Şekil 19a.** Env. No. 248: Otlayan at betimli, koyu kırmızı sard yüzük taşı.

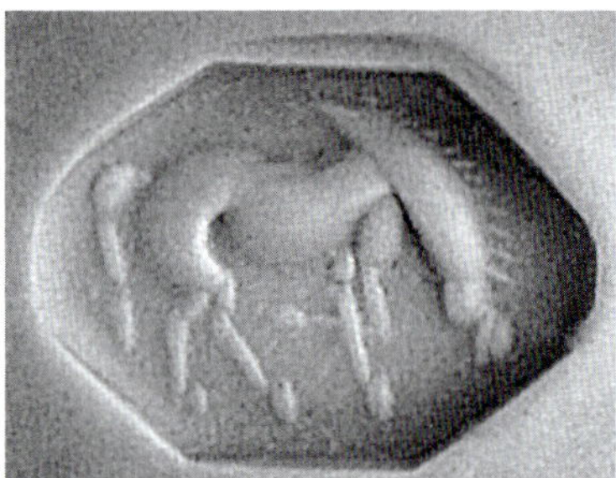

**Şekil 19b.** Env. No. 248: Otlayan at betimli, koyu kırmızı sard yüzük taşının mühür baskısı.

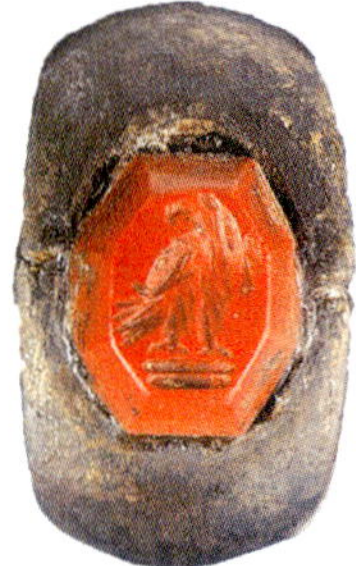

**Şekil 20.** Erimtan Arkeoloji ve Sanat Müzesi, Env. No. 159: Sunak üzerinde kartal betimli, koyu kırmızı jasper taşlı gümüş yüzük.

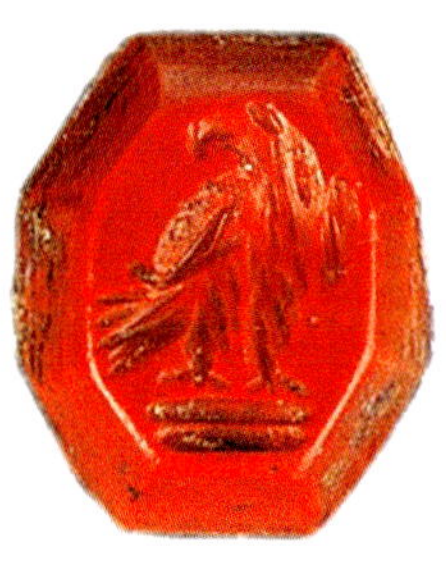

**Şekil 20a.** Env. No. 159: Sunak üzerinde kartal betimli, koyu kırmızı jasper yüzük taşı.

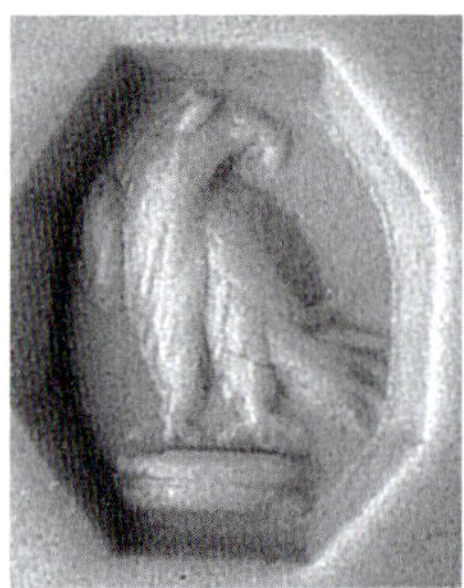

**Şekil 20b.** Env. No. 159: Sunak üzerinde kartal betimli, koyu kırmızı jasper yüzük taşının mühür baskısı.

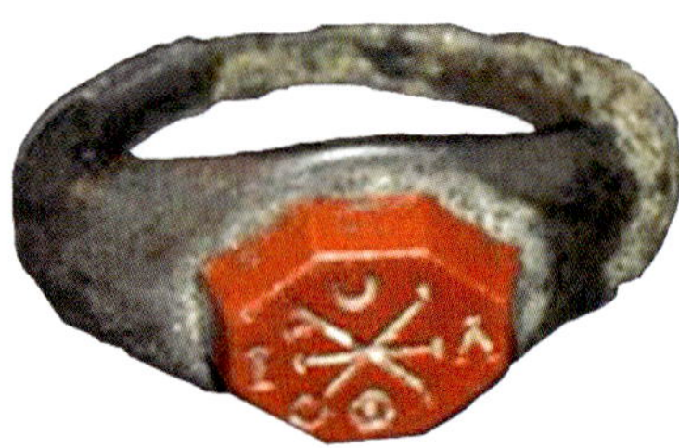

**Şekil 21.** Erimtan Arkeoloji ve Sanat Müzesi, Env. No. 245: 6 kollu Hıristogram ve haç kollarının ucunda monogram olarak IXΘYC yazıtlı, kırmızı jasper taşlı gümüş yüzük.

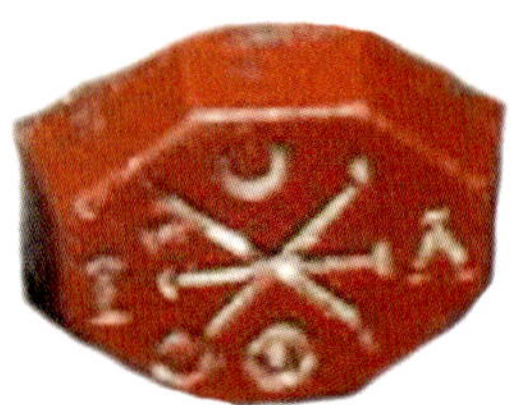

**Şekil 21a.** Env. No. 245: 6 kollu Hıristogram ve haç kollarının ucunda monogram olarak IXΘYC yazıtlı, kırmızı jasper yüzük taşı.

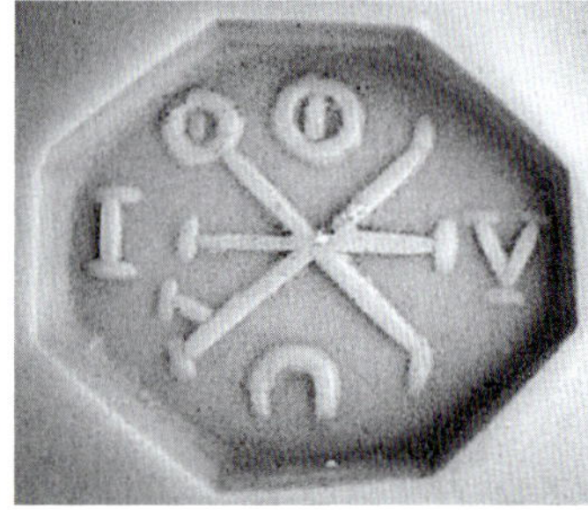

**Şekil 21b.** Env. No. 245: 6 kollu Hıristogram ve haç kollarının ucunda monogram olarak IXΘYC yazıtlı, kırmızı jasper yüzük taşının mühür baskısı.

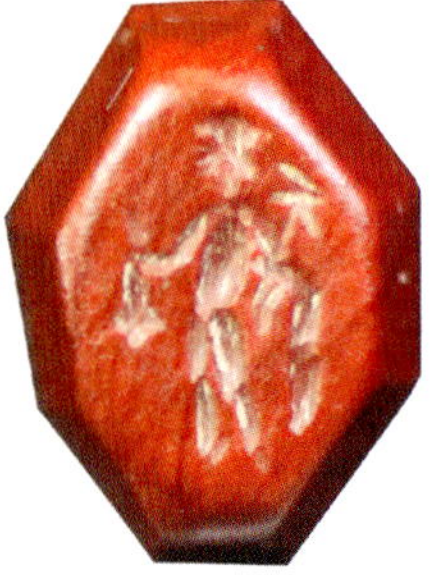

**Şekil 22.** Konya Arkeoloji Müzesi, Env. No. 1482.4.4: Hermes betimli, mat kırmızı jasper yüzük taşı.

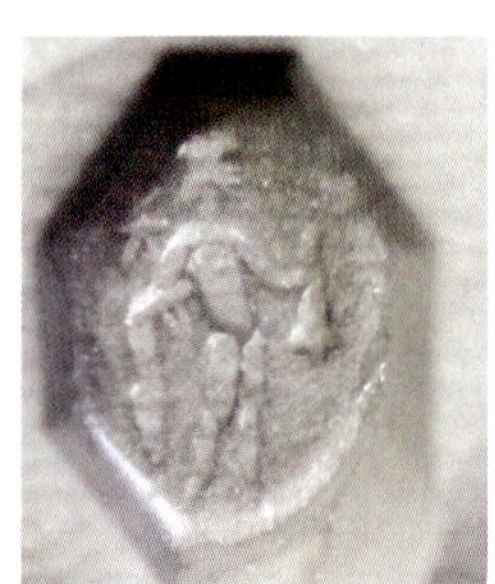

**Şekil 22a.** Env. No. 1482.4.4: Hermes betimli, mat kırmızı jasper yüzük taşının mühür baskısı.

# Levha 6

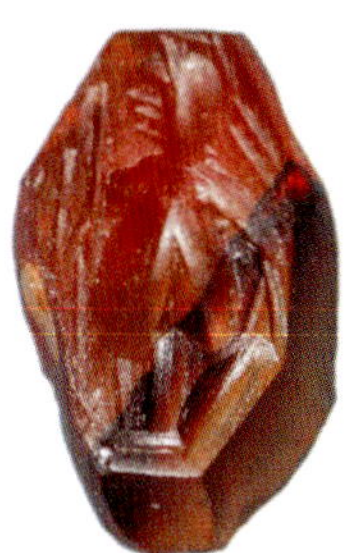

**Şekil 23.** Burdur Arkeoloji Müzesi, Env. No. 626-50-73: Athena betimli, açık kahverengi karnelyan yüzük taşı.

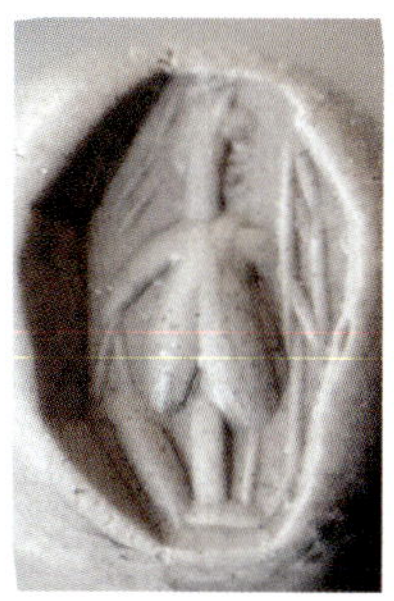

**Şekil 23a.** Env. No. 626-50-73: Athena betimli, açık kahverengi karnelyan yüzük taşının mühür baskısı.

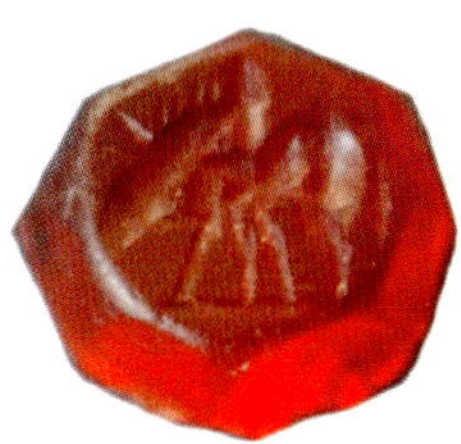

**Şekil 24.** Burdur Arkeoloji Müzesi, Env. No. 9268: At ve atın gerisinde ayakta bir insan betimli, açık kırmızı karnelyan yüzük taşı

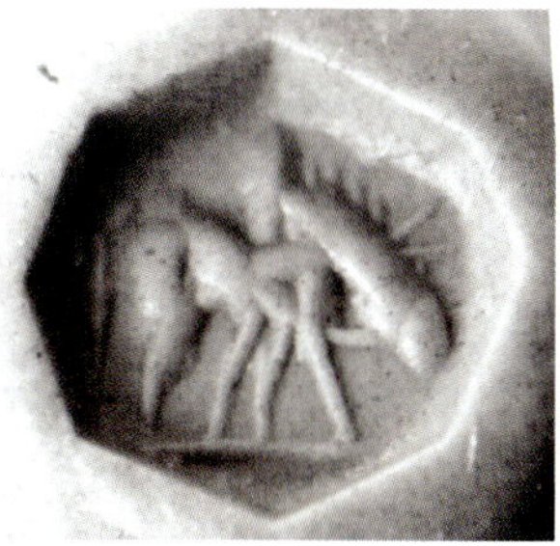

**Şekil 24a.** Env. No. 9268: At ve atın gerisinde ayakta bir insan betimli, açık kırmızı karnelyan yüzük taşının mühür baskısı.

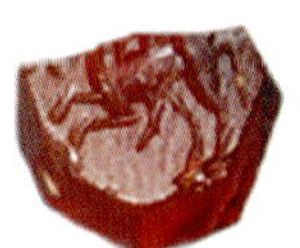

**Şekil 25.** Burdur Arkeoloji Müzesi, Env. No. 318-23-73: At üzerinde binicisi betimli, açık kahverengi karnelyan yüzük taşı.

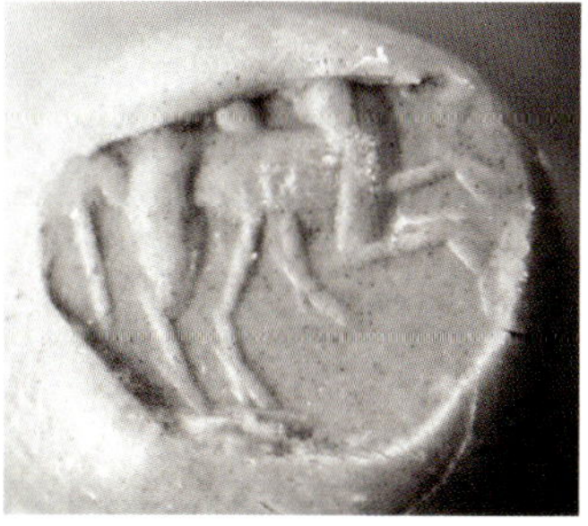

**Şekil 25a.** Burdur Arkeoloji Müzesi, Env. No. 318-23-73: At üzerinde binicisi betimli, açık kahverengi karnelyan yüzük taşının mühür baskısı.

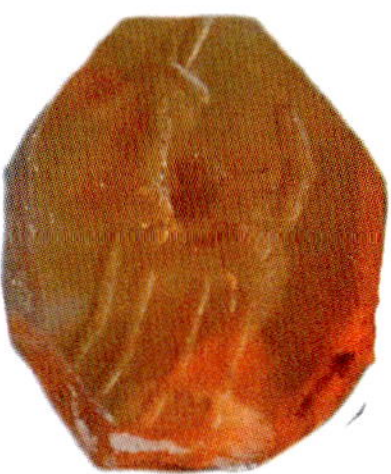

**Şekil 26.** Burdur Arkeoloji Müzesi, Env. No. 9266: Karaca veya dişi geyik betimli, uçuk renkli, yarı saydam karnelyan yüzük taşı.

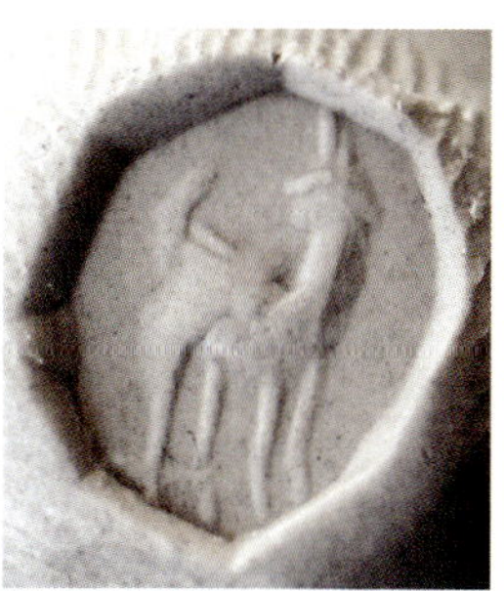

**Şekil 26a.** Env. No. 9266: Karaca veya dişi geyik betimli, uçuk renkli, yarı saydam karnelyan yüzük taşının mühür baskısı.

# Levha 7

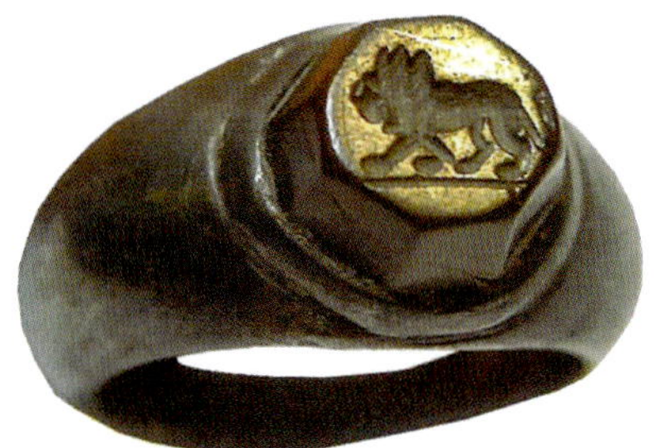

**Şekil 27.** Burdur Arkeoloji Müzesi, Env. No. 48.28.75: Aslan betimli, gözlü agat taşlı gümüş yüzük (Ekinci vd. 2007: 180, no. 204).

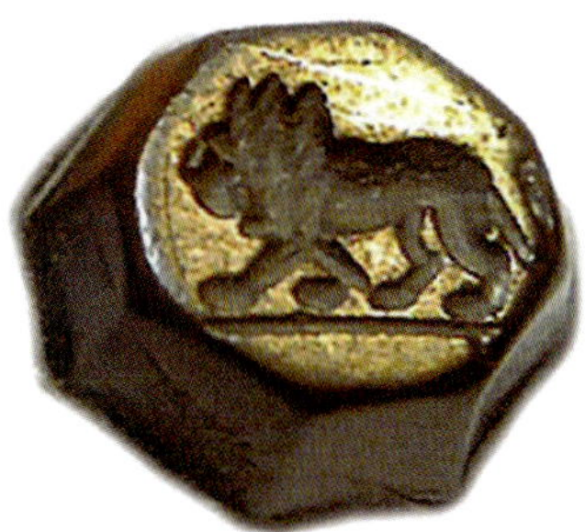

**Şekil 27a.** Env. No. 48.28.75: Aslan betimli, gözlü agat yüzük taşı.

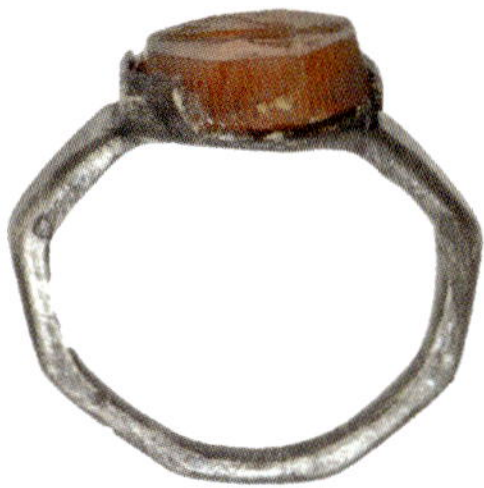

**Şekil 28.** Kütahya Arkeoloji Müzesi. Tykhe betimli, mat turuncu jasper taşlı gümüş yüzük.

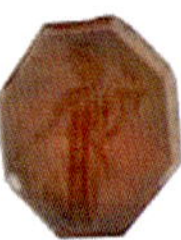

**Şekil 28a.** Kütahya Arkeoloji Müzesi. Tykhe betimli, mat turuncu jasper yüzük taşı.

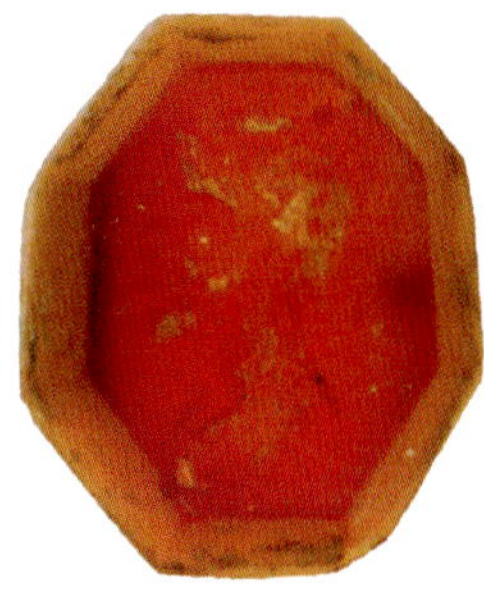

**Şekil 29.** Kütahya Arkeoloji Müzesi. Erkek büstü betimli, mat turuncu karnelyan yüzük taşı.

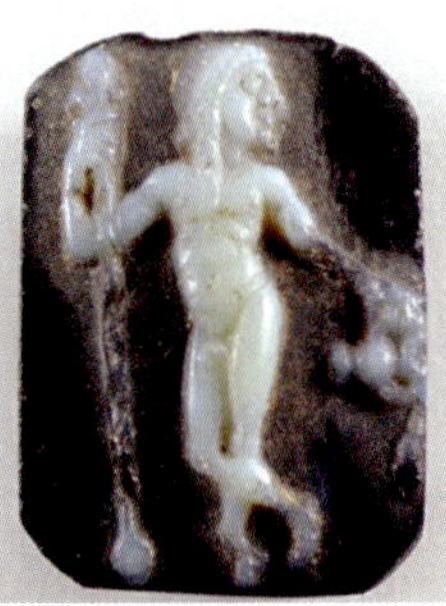

**Şekil 30.** Çorum Arkeoloji Müzesi. Env. No. 2739. Dionysos betimli sardoniks, kameo yüzük taşı.

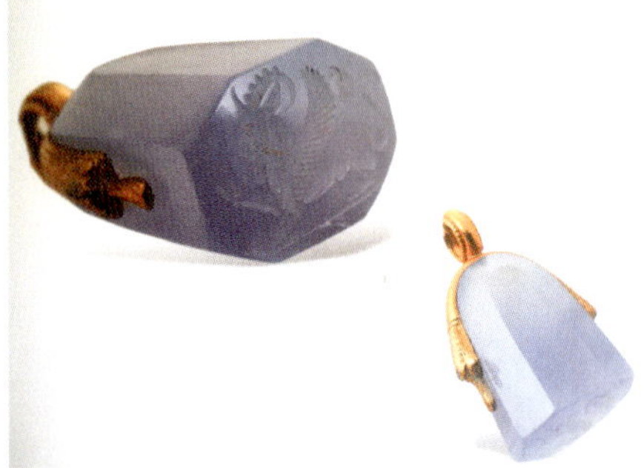

**Şekil 31.** Sardes'den. İstanbul Arkeoloji Müzesi, Env. No. 4641. Oktagon-piramidal, kalsedon taşından sarkaç mühür üzerinde, tek boynuzlu, kanatlı ve aslan vücutlu figür betimi (Meriçboyu 2001: 124, Res. 3).

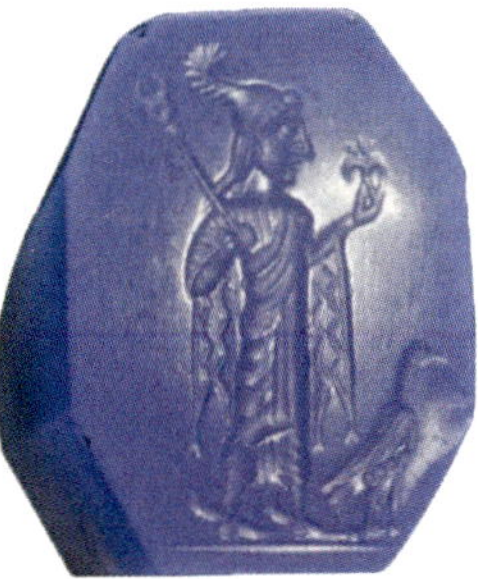

**Şekil 32.** Metropolitan Sanat Müzesi, Env. No. 81.6.3. Mavi kalsedon taşından piramidal baskı mühür üzerinde, Hermes'i caduceus ve bir çiçek tutarken, yanında bir kuş ile gösteren betimleme (Greenewalt 2010: 240, Res. 16).

# Levha 8

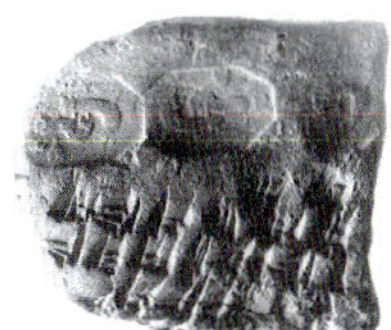

**Şekil 33.** Persepolis'den. PFS 1532s. Persepolis arşivindeki çiviyazılı bir kil tablet üzerinde oktagonal bir mührün üç adet baskısı. Mührün üzerinde boğaya saldıran aslan ve uçan bir kuş betimi (Garrison ve Root 1996: Fig. 1b).

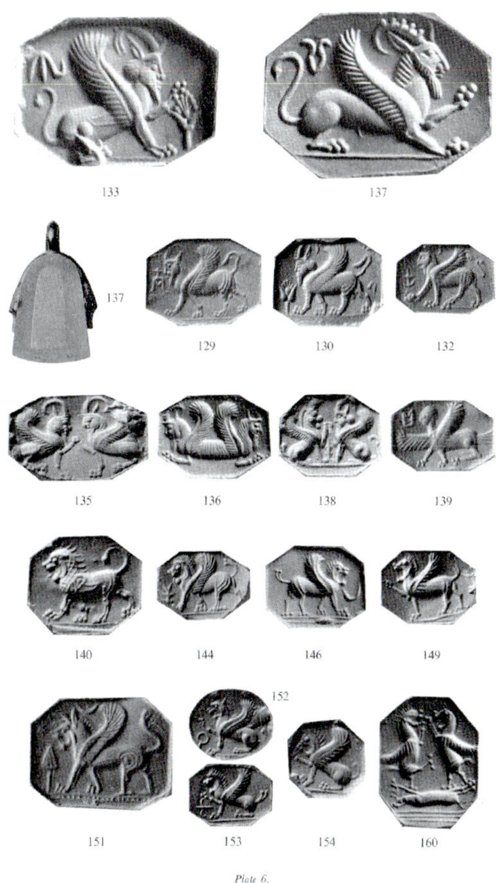


**Şekil 34.** Çeşitli oktagon-piramidal Pers damga mühürlerin baskı örnekleri (Boardman 1970: Plate 6).

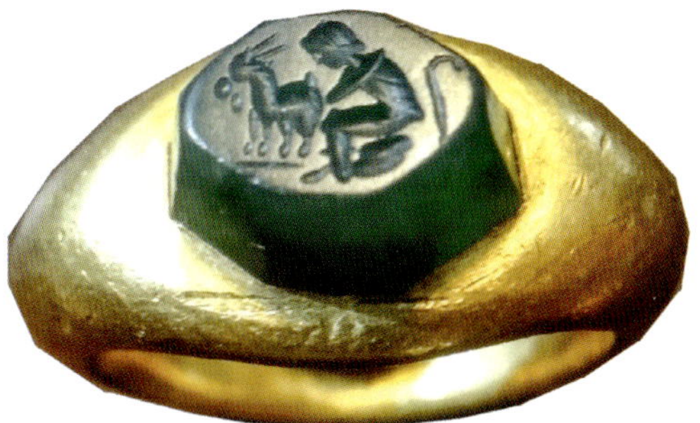

**Şekil 35.** Gaziantep Müzesi'ne bağlı, Dinçer Uğurluer Koleksiyonu, Env. No. 292: Keçi sağan çoban betimli, yeşil kalsedon(?) taşlı altın yüzük.

# Mehmet Durmaz Koleksiyonundaki Yüzük Taşları: İncelemeler ve Yorumlar

## *Gems in the Mehmet Durmaz Collection: Reviews and Remarks*

Melih ARSLAN
Ankara Hacı Bayram Veli Üniversitesi, Arkeoloji Bölümü, Ankara, arslanmelih06@hotmail.com

Burçak DELİKAN
British Institute at Ankara, Atatürk Bulvarı No: 154/1, Ankara, resource.manager@biaa.ac.uk

## Özet

Ankara Anadolu Medeniyetleri Müzesi nezdinde taşınır kültür varlığı koleksiyoneri olan Mehmet Durmaz'ın koleksiyonunda 11 adet yüzük taşı bulunmaktadır. Koleksiyondaki yüzük taşlarının bir kısmı sadece taş olarak, bir kısmı da orijinal yüzük halkası ile birlikte sergilenmektedir. Yüzük taşlarının kesim şekli ve üzerinde kazıma ile yapılmış figürlerin stil kritik açıdan incelenmesinden anlaşılacağı üzere, Durmaz koleksiyonundaki taşların çoğunluğunun Roma Dönemi'nden olduğu söylenebilir. Yalnızca, altın bir yüzük kaşının taşı üzerindeki portre Geç Hellenistik Döneme tarihlenmektedir. Durmaz koleksiyonundaki yüzük taşlarından bir tanesi, taş taklidi olarak camdan yapılmıştır. Taş cinsleri olarak da, karnelyan, sard taşı, kırmızı, sarı ve yeşil jasper en dikkat çekenlerdir. İncelemiş olduğumuz yüzük taşlarından bir tanesi, cam olup, kalıba döküm oyma taş taklidi şeklinde üretilmiştir. Geri kalan 10 yüzük taşı üzerinde, oyma *(intaglio)* olarak kazınmış her biri farklı olan betimlemeler yer almaktadır. Bu betimlemeler, tanrı, tanrıça, hayvan figürleri ve tanrı sembollerinden oluşmaktadır. Koleksiyon küçük olmasına rağmen, koleksiyonda bulunan birkaç taşın ikonografik bakımdan benzerlerine, yayımlanmış gem kataloglarının hiçbirinde rastlanmamaktadır. Bu küçük ama değerli koleksiyonda yer alan şua taçlı kadın büstü tasvirli iki taş çok önemlidir. Bu iki taş üzerindeki kadın tiplerini Komana Pontika veya Komana Kappadokia şehirlerinin gizemli tanrıçası Ma olarak tanımlamayı önermekteyiz. Durmaz koleksiyonundaki yüzük taşlarından biri üzerinde mitolojiden bilinen Antiope-Satyros sahnesi yer almaktadır ki, bu sahne Zeugma'da bulunan iki ayrı mozaikte de görülmektedir. Bir diğer yüzük taşı üzerinde ise, İskit atlılarına benzer tarzda, at üzerinde geriye doğru ok atan bir figür yer almaktadır ki, bu motife yüzük taşları üzerinde ilk kez rastlanmaktadır. Yüzük taşları, estetik çekiciliğe sahip güzel obje ve süs eşyası olmanın ötesinde, oyma yüzük taşlarının asıl işlevi, taşıyanın kişisel mührü olarak kullanılmalarıdır. Bu nedenle yüzük taşları üzerindeki betimlemeler, yüzüğü takan kişinin hangi inanca meyilli olduğunu bize gösterir. Ayrıca bazı taş cinslerinin koruyucu ve iyileştirici güçleri olduğuna inanılırdı. Durmaz koleksiyonundaki yüzük taşları ile, Anadolu gem sanatı hakkında ve taşların üzerine oyulmuş betimlemelerin ikonografik çözümlemeleri üzerinden de, antik dünyanın inanç çeşitliliğine katkıda bulunulması amaçlanmaktadır.

**Anahtar Kelimeler:** Antiope ve Satyros, Apollon, İskit süvarisi, jasper, karnelyan, Ma.

## Abstract

Mehmet Durmaz, who is a collector of movable cultural assets under the control of the Museum of Anatolian Civilizations in Ankara, has 11 gems in his collection. Some of the gems in Durmaz's collection are exhibited as the ring stone only and some of them are exhibited together with the original ring. After examination of the cutting style of the gems and the figures engraved on them, it can be said that the majority of the gems in the Durmaz collection are from the Roman Period. Only the portrait on one gold ring's gem is dated to the Late Hellenistic Period. One of the rings in the Durmaz collection is made of glass, and is a stone imitation. Carnelian, sardine, red, yellow, and green jasper are the most remarkable stones. One of the rings we have examined is glass and was as an imitation of carved stone. On the remaining 10 rings there are depictions, each of which is engraved as intaglio. These depictions are composed of gods, goddesses, animal figures, and symbols of gods. Although the collection is small, the iconographic similarities of several gems in the collection are not found in any of the published gem catalogs. In this small but precious collection, two gems depicting the bust of a woman with the radiate crown are very important. We propose to define the types of women on these two gems as Ma, the mysterious goddess of the cities of Pontic Comana or Cappadocian Comana. On one of the gems in Durmaz's collection, there is the Antiope-Satyros scene known from mythology, which can be seen in two separate mosaics in Zeugma. On another gem, there is a figure similar to the Scythian horsemen, with the arrow pointing backwards on the horse, the motif being first seen on the gems. Ring stones, besides being beautiful objects and ornaments with aesthetic appeal, have their main function in that they were used as the personal seal of the bearer. For this reason, the depictions on the rings also show us the faith of the wearer. It was also believed that some stones had protective and healing powers. Thanks to the gems in the Durmaz collection, we aim to contribute to the Anatolian gem art knowledge pool, and further understand the diversity of faith in the ancient world through the iconographic analysis of the depictions engraved on gems.

**Keywords:** Antiope and Satyros, Apollon, carnelian, jasper, Ma, Scythian horseman.

## Giriş

Bu çalışma, Ankara Anadolu Medeniyetleri Müzesi denetiminde, taşınır kültür varlığı koleksiyonerliği yapan, Sn. Mehmet Durmaz'ın koleksiyonunda bulunan 11 adet yüzük taşını konu almaktadır. Burada tanıtacağımız, 11 yüzük taşından, 10 adeti çeşitli süs taşlarından, bir adeti de camdan yapılmıştır. Yüzük taşlarının 4'ü yüzük üzerinde, diğer 7'si bağımsız taş olarak bulunmaktadır. Dört yüzüğün halkasından 3'ü altın, biri ise bronzdur. Durmaz koleksiyonundaki yüzük taşlarının yorumlarından önce, antik dönemde üretilmiş süs taşları (yüzük taşları, kolyeler, pandantifler ve amuletler) konusunun tarihsel geçmişinden, üretim nedenlerinden ve işlevlerinden söz edilecektir.

## Antik Dönemde Üretilmiş Süs Taşları

### Klasik ve Roma Dönemi Oyma Yüzük Taşları

Gem (Latince'de *gemma*) oyulmuş, parlatılmış ve genellikle mücevherat veya başka objeler üzerine (örneğin: dini inanışa ait heykellere, duvarlara, müzik aletlerine, mobilyaya ve hatta Caligula ve Elagabalus gibi imparatorların ayakkabılarına) işlenmiş taş parçası olarak tanımlanabilir (antik çağlarda, günümüzde olduğu gibi, taşlarda değer ayırımı yapılmazdı). Bu taşların pek çoğu bir aletle, ya negatif (*intaglio*-oyma) veya pozitif (*kameo*-kabartma) şekilde işlenmiştir. Çoğunlukla yüzük kaşlarına monte edilmiş olan oyma taşlar, bazen hiç bir yere monte edilmeden veya kolye olarak monte edilen ve daha büyük olan kabartma taşlarda (*kameo*'lar) daha sık görülür. Cam ise daha pahalı taşların taklidinde kullanılmıştır. Oyma taşların, resmi ve kişisel mühür olarak kullanılma gibi pratik bir amacı vardı. Bu işlevin yanı sıra, oyma taşlar süs eşyası olarak ve bazıları da şifa verici ve koruyucu olduğuna inanılan muskalar olarak kullanılırdı.

Birçok antik yazar, yüzük taşlarından bahsetmiştir, fakat yazdıkları metinler ya eksiktir, ya da günümüze ulaşamamıştır. Bunların en önemlileri, MÖ 4. yüzyıl filozofu olan Theophrastos *(On Stones* - "Taşlar Üzerine") ve MS 1. yüzyılda Yaşlı Plinius *(Naturalis Historia* – "Doğa Tarihi") tarafından yazılmıştır. Buna karşılık, bugün sahip olunan veriler, yüzük taşlarının kendilerinin incelenmesinden elde edilmiştir (Konuk ve Arslan 2000: 11).

## Oyma Yüzük Taşlarının İşlevleri

Estetik çekiciliğe sahip güzel obje ve süs eşyası olmanın ötesinde, oyma yüzük taşlarının asıl işlevi, mühür olarak kullanılmalarıdır. Bunlar, birilerinin mülkünü işaretlemek, yetkisini belirtmek ve bazı objelerin kişiye özel olmasını sağlamak için çok yaygın olarak kullanılırlardı. Mülkiyet veya yetkiyi belirtmek için, oyma yüzük taşı veya metal yüzük, bir parça kil veya balmumu üzerine bastırılırdı. Bu tür mühürler, bir mektubun veya objenin güvenliği için kullanıldığı zaman kolayca kırılabilirlerdi, ama kırıldıkları hemen belli olurdu. Bazı antik çağ yazarları bu mühür yüzüklerinin mühür olarak kullanıldığına atıfta bulunurlar. Aristophanes'in komedilerinden birinde, kadınlar kocalarının mühürleri yüzünden yiyecek, yağ ve şarap depolarının haddinden fazla korunduğundan yakınırlar. Mühürlerin bir diğer önemli kullanım alanı da ticaret sırasında, değerli paketlerin korunmasıdır. Bithynia Bölge Valisi olan Genç Plinius, MS 112'de Traianus'a yazdığı mektupta (Pliny, *Epistles X*: 74), Nikomedia'dan bir altın külçesi gönderirken, "dört atlı çift tekerlekli araba şekilli yüzüğüm ile mühürlenmiş" ifadesini kullanmıştır. Günümüz deyimiyle anlatılırsa mektup üzerindeki bir mühür, bir imza veya damgalanmış bir zarfa eşdeğerdedir ve eğer bir objeye veya kapı üzerine bastırılmışsa asma kilide eşittir. Antik zamanlarda insanların pek çoğu okuma yazma bilmiyordu ve bu nedenle kimlik işareti olarak kişisel bir mührün kullanımı çok elverişliydi. Günümüzde damga pek kullanılmadığından ve mühür ender olarak kazıldığı ve kullanıldığı için antik çağlarda onlara verilen önemi anlayabilmek pek kolay değildir.

Antik dönem boyunca, yüzüğe monte edilmiş oyma yüzük taşları ile basılmış pek çok kil mühür baskısı, günümüze ulaşmıştır. Bunlar bir zamanlar rulolanmış ve mühürlenmiş papirüs dokümanlar içeren, Yunan ve Roma arşivlerinin sağlam kalan tek kalıntılarıdır. Bu kil mühür baskılarının günümüze ulaşmalarının nedeni, arşivler yandığı sırada kilin pişerek zaman geçtikçe dayanıklılık kazanmasıdır. Bu arşivlerin birkaçı, Düllük Tepe civarındaki Kommagene şehri olan Doliche örneğinde olduğu gibi, olasılıkla MÖ Geç 2. yüzyıldan MS. Erken 3. yüzyıla kadar olan bir kaç yüzyılı kapsayan mühür baskılarını içerirler. Bu arşivlerin bazılarında 20.000'in üzerinde mühür baskısı bulunmuştur. Aynı şekilde, Zeugma kazılarından da, 100.000'in üzerinde kil mühür baskıları toplu halde ele geçmiştir (Önal, 2007: 2-6). Kil mühür baskıları, resmi veya özel dokümanlarda mühür olarak kullanılmış yüzük taşlarının, çok canlı örneklerini sunarlar. Çoğu zaman bu kil mühür baskılarının arka yüzlerinde, sicim ve üzerine iliştirildiği papirüsün çizgi izlerinin kaldığı gözlenebilir. Bazen de mühür baskısını uygulayan kişinin parmak izleri, kil mühür baskısının arkasında görülmektedir.

Roma İmparatorluğu'nun her yanındaki lejyoner kamplarındaki buluntular, birçok askerin, taşları işlenmiş yüzüklere sahip olduğunu göstermektedir (Peleg-Barkat ve Tepper 2011: 99). İlginç olan, bu tür kıymetli objelerin, sık sık, kazaen kayboldukları halk hamamlarının kanallarında bulunmuş olmasıdır. Roma yüzük taşlarını tutturabilmek için, bir çeşit doğal yapıştırıcı olan reçine veya zift kullanıldığından, bu yüzük taşları hamamın sıcak ve nemli ortamında düşüyorlardı. Romalılar, yüzüklerinin kıymetli taşlarının bu tür ortamlarda kaybolma tehlikesini bildikleri halde, belki de zararlı doğaüstü etkilere karşı çıplakken daha savunmasız olduklarını ve kıymetli taşlarının onları koruyabileceğini düşündükleri için, onları takmaya devam ederlerdi. Değerli taşların, batıl inançlarla ilgili olarak kullanıldıklarına dair pek çok kanıt vardır. Bunların bazılarının, iyileştirici ve koruyucu güçleri olduğuna inanılırdı. Plinius, taşların büyülü özelliklerini uzun uzun anlatır. *Magi* denilen Persli büyücülerin batıl inanışlarla ilgili iddialarına, Plinius genellikle eleştirel yaklaşır. Örneğin, bir çeşit agat taşının örümcek ısırmalarına ve akrep sokmalarına karşı yararlı olduğu söylenirdi. Hematitin ise, gözlere, mideye ve karaciğere iyi geldiği, krala yollanan dilekçelerin olumlu yorumlanmasına yol açtığı ve davalarda yararlı olduğu, nar suyuyla karıştırıldığında kan kusan kişileri tedavi ettiği söylenirdi. Gerçekten de yüzük taşlarının iyileştirici özelliklerine olan talep çok fazlaydı. St. Petersburg'daki bir hematit taşın üzerindeki *stomachou* (mide için) ibaresi, bu işlevi çok açık bir şekilde ortaya koymaktadır. Roma döneminde, değerli taşların tılsım amacıyla kullanılmasında belirgin bir artış görüyoruz. Mısır'da, özel bir cins yüzük taşı, değişik inançları temsil eden tanrılar ve büyülü yazılarla işlenmiştir. Bunlar, mühür taşı olarak kullanılmayacaklarından, taş üzerindeki kesme işlemi genellikle pozitif olarak gerçekleştirilirdi. Bazen ilgisiz bir sevgilinin dikkatini çekmek, bazen de aldatan bir eşten intikam almak için bu değerli oyma taşlarla aşk büyüsü de yapılırdı (Konuk ve Arslan, 2000: 11-13; Ogden 2015: 152).

## Durmaz Koleksiyonu'ndaki Yüzük Taşlarının Katalog ve İncelenmesi

Durmaz koleksiyonundaki 11 adet taşın tümü satın alma yoluyla kazanılmış olup, muhtemelen Orta Anadolu ve İç Karadeniz Bölgelerinden gelmektedir. Bunlardan 4'ü yüzük üzerinde, 7'si yüzük taşı olarak bulunmaktadır. Koleksiyon küçük olmasına rağmen, koleksiyonda bulunan birkaç taşın ikonografik bakımdan benzerlerine, yayımlanmış gem kataloglarının hiçbirinde rastlanmamaktadır. Bu küçük ama değerli koleksiyonda yer alan şua taçlı kadın büstü tasvirli iki taş çok önemlidir. Bu iki taş üzerindeki kadın tiplerini Komana Pontika veya Komana Kappadokia şehirlerinin gizemli tanrıçası Ma olarak tanımlamayı önermekteyiz (Arslan, 2018: 71-90). Ayrıca, at üzerinde, geriye dönmüş ok atan süvari tasvirli savaşçı figürü, yüzük taşları üzerinde ilk defa burada karşımıza çıkmaktadır. Aşağıda inceleyeceğimiz yüzük taşlarının büyük çoğunluğu, ait oldukları çağda mühür olarak kullanılmış oldukları için, burada her bir taşın mühür baskıları da yanlarında gösterilmiştir. Tanımlamaları kalıp baskılarına göre yapmak daha uygun olsa da, bazı taşlar sadece süs eşyası veya iyi şans getirsin diye kullanılmış olabilecekleri için, figür tarifleri orijinal taş üzerinden yapılmıştır.

İlk inceleyeceğimiz taş, Apollon büstü betimli, karnelyan taşlı, altın yüzük üzerinde bulunmaktadır (Şekil 1). Koleksiyonda 235 envanter numarasıyla kayıtlı olan yüzük, 14.75 gram ağırlıktadır. F1 formundaki yüzük taşı, 22 x 16.5 mm ölçülerinde, kırmızı renkli karnelyandır. Oval kesilmiş taş üzerinde, sola bakan Apollon büstü betimlenmiştir (Şekil 1a); drapeli ve defne taçlı portredeki Apollon'un yüz hatları klasik sanatta rastlanan tasvirlerdeki gibi idealize edilmiş olup, taşın işçiliği mükemmeldir. Saçlar tepede toplanmış ve ön tarafta kalın örgü bukleler halinde omuza dökülmektedir. Kısa kollu *khiton* elbise omuzda kalın bir bükülme yaparak kol kenarını oluşturmuş ve elbisenin önü V şeklinde gösterilmiştir (Şekil 1a, 1b). Buradaki Apollon büstünün benzerleri British Museum gem kataloglarındaki dört sard taşı üzerinde görülmektedir (Walters, 1926: 1318-1320, 1322). Önünde lir olan 1322 numaralı sard taşı üzerindeki Apollon büstü portre olarak çok daha yakın bir benzerdir. Bu taş üzerindeki Apollon'un klasik çağdaki tanrı betimlemelerindeki idealize tasvir şeklinden, taşın kesim şeklinden ve yüzük halkasının profilinden bu taşı Erken İmparatorluk Klasik Gemleri içinde değerlendirmekteyiz. Bu durumda orijinal yüzük halkasıyla beraber bulunmuş olan Apollon betimli taş, MÖ 1. yüzyılın 3. çeyreğine, yani Augustus'un imparatorluğunun başlarına tarihli olmalıdır. Gerek yüzük halkası biçimi, gerekse de taşın kesiminin profili, Getty Museum'da bulunan iki altın yüzükle benzeşmektedir (Spier, 1992: 220-221). Ayrıca Geç Hellenistik, Erken İmparatorluk Apollon tasvirleri için British Museum'dan üç taş ikonografik açıdan benzerlik göstermektedir (Walters, 1926: 1317-18, 1322). Yine, Getty Museum'da bulunan ametist taş üzerindeki kadın figürü (Spier, 1992: 222) ile British Museum kataloğundaki 1322 numaralı Apollon figürü benzerdir. Bu iki taşın aynı oymacı ustasının elinden çıktığını düşünmekteyiz. Bu durumda burada incelediğimiz taşı, Erken İmparatorluk Klasik Gemleri içerisinde değerlendirmekteyiz.

İkinci yüzük taşı, 71 envanter numaralı ve 13 x 11 x 2.5 mm ölçüsünde ve F5 formundadır (Şekil 2). Mat kırmızı karnelyan taş, oval kesilmiş, her iki yüzeyi düz olup, üzerinde, yuvarlak bir kalkan üzerine uzanmış yarı çıplak bir kadın (Nereid, Nymphe Antiope veya Thetis?) ve arkasında ayakta duran Satyros, kadına gizlice yaklaşmakta ve eğilmiş, kadının belinden aşağısını örten ince tülü kaldırmaya çalışmakta iken tasvir edilmiştir. Zemin çizgisi mevcuttur. Taşın sağ ve sol kenarlarında kırıklar ve noksanlıklar vardır (Şekil 2-2a). Benzer ikonografi birçok yüzük taşı kataloğunda görülmektedir (Furtwängler, 1900: no. 7417; Richter 1956: no. 328; Zwierlein-Diehl, 1973: no. 239; Vollenweider, 1984: 53-54, fig. 74 karnelyan; Willers ve Raselli-Nydegger, 2003: no. 56). Ayrıca benzer sahnelere, Gaziantep Müzesi tarafından Zeugma antik kentinde yapılan 2000 yılı kurtarma kazıları sırasında, Poseidon Evi'nin iki ayrı odasında bulunan mozaiklerde de rastlanmıştır. Bu mozaikler şu anda Zeugma Mozaik Müzesi'nde sergilenmektedir. Poseidon Evi'nin doğu konut biriminin kaya odasının tabanında, Antiope ve Satyros mozaiği (Görkay, 2015: 112-113; Ergeç, 2006: 130-131; Uysal ve Bulgan, 2016: 92-93) (Şekil 12) ve batı konut biriminde dinlenme odasının tabanında yine Antiope ve Satyros mozaiği (Görkay, 2015: 119; Ergeç, 2006: 144-145; Uysal ve Bulgan, 2016: 89-90) bulunmuştur (Şekil 13). Bu mozaikler üzerinde figürlerin isimleri de belirtilmiştir. Mitolojiye göre nehir tanrısı Asopos veya Thebai kralı Nykteus'un kızı olan Antiope, çok güzel olduğu için Zeus ona aşık olup bir Satyr biçiminde yanaşır (Grimal, 1996: 45). Vollenweider, 74 numaralı karnelyan yüzük taşı üzerinde, Satyros kılığında olan Zeus, yüzüne bir satyr maskesi takmış şekilde gösterilmiştir. Kadın figürünün, üzerine dayanıp uzandığı kalkandan dolayı, bu kadının Nereus kızlarından biri olan, Akhilleus'un annesi Thetis olabileceği görüşü hakimdir (Zwierlein-Diehl, 1973; Wien I, no. 237 ve Wien II, no. 1403). Vollenweider, 74 numaralı portakal renkli karnelyan yüzük taşını, MÖ. 1. yüzyılın ortalarına tarihlemiştir (Şekil 14). Durmaz koleksiyonundaki Nereid ve Satyros betimli kırmızı karnelyan yüzük taşını ise, Augustus Dönemi içine tarihlemeyi önermekteyiz.

Üçüncü eser, Zeus ve Nike betimli jasper taşlı altın yüzüktür (Şekil 3). 192 envanter numaralı, F2 formundaki taş, 14 x 10 mm ölçülerinde, oval kesilmiştir. Alt ve üst yüzeyi düz olan taşın üstünde, Zeus ve Nike figürleri bulunmaktadır; Zeus sağa doğru oturmakta, sağ eliyle uzun asasına dayanmış ve sol elinde *phiale* tutmakta, karşısında duran Nike, sağ omzunda palmiye dalı taşımakta ve sol elindeki çelenkle de Zeus'u taçlandırmaktadır. Yerde, ortalarında, kanatları yarı açık lejyon kartalı ve zemin çizgisi mevcuttur (Şekil 3a, 3b). Hem buradaki Zeus ve Nike ikonografisine, hem de mat koyu yeşil jasper taşa az rastlanmaktadır. Kişisel mühür olarak kullanıldığını düşündüğümüz bu yüzük taşını, Zeus, Nike ve lejyon kartalı betimlemelerinden dolayı, MS. 2. yüzyılda bir askerin kullanmış olduğunu düşünmekteyiz.

Dördüncü eserimiz, karnelyan taşlı, Ma büstü betimli bronz yüzüktür (Şekil. 4). Koleksiyonda 136 envanter numarasıyla kayıtlı olan, F2 formundaki taşın ölçüleri, 13 x 11 mm olup, koyu kırmızı karnelyan taş; oval biçimlidir. Alt kısmı geniş, üst kısmı dar ve düz olan taş üzerinde, başında 5 ışınlı taç olan bir kadın büstü kazınmıştır (Şekil 4a,4b). Sola bakan ışın taçlı ve drapeli bu kadını, Pontus veya Kappadokia Komana'sının gizemli tanrıçası Ma olarak tanımlamakta (Arslan, 2018, 80, fig. 5) ve MS 2. yüzyıla tarihlemekteyiz.

Beşinci eser, şua taçlı kadın büstü ve bereket boynuzu betimli karnelyan yüzük taşıdır (Şekil 5). 139 envanter numaralı, F2 formlu, 9.5 x 7 x 3.2 mm ölçülerindeki oval kesimli taşın alt yüzeyi geniş ve üst yüzeyi dardır; taş üzerinde, sola bakan şua taçlı ve drapeli bir büst ve önünde bereket boynuzu betimlenmiştir (Şekil 5, 5a). 6 kollu ışın taçlı ve drapeli giyinmiş bu kadın figürünü, bir önceki yüzük taşındaki figür gibi, Pontus veya Kappadokia'nın gizemli tanrıçası Ma olarak tanımlamaktayız. Her iki Komana şehrinde de baş tanrıça olarak tapınım gören bu tanrıçanın, aynı zamanda şehrin kaderini elinde tutan tanrıça olarak da kabul görmesinden dolayı, Tykhe'nin elinde tuttuğu bereket boynuzu sembolü ile betimlenmiş olması, bu düşüncemizi pekiştirmektedir. Bu yüzük taşı, Pontus veya Kappadokia Komana'sında, çok saygı duyulan gizemli tanrıça Ma inananlarınca, MS 2. yüzyılda kullanılmış olmalıdır.

Altıncı eser, Asklepios betimli jasper yüzük taşıdır (Şekil 6). 103 envanter numaralı F5 formunda, 11 x 10 x 2 mm ölçülerinde mat kırmızı jasper taş yuvarlak kesimli olup, taşın alt ve üst yüzeyi düzdür. Taş üzerinde, Asklepios başını sağa döndürmüş, ayakta cepheden, belden yukarısı çıplak, sağ kolunda belinden aşağısını örten peplos'un drapesi sarkmakta ve sol eliyle yere dayadığı asasını tutmaktadır. Zemin çizgisi mevcuttur (Şekil 6, 6a). Bu tasvir, yüzük taşları ve sikkeler üzerinde çok tanınan bir tiptir. MÖ 5. yüzyıl kült heykelinden alınmış örnekleri bilinmektedir. Bu tipin Roma örnekleri, Anadolu kökenli yüzük taşlarında çok sevilerek kullanılmış olup, en yakın benzeri Erimtan koleksiyonundan turuncu karnelyan yüzük taşıdır (Konuk ve Arslan 2000, no. 15). Juliopolis nekropol buluntuları içinde de örneklerine rastlanmıştır. Taşıyanı hastalıklardan koruması için yapılmış bu Asklepios tasvirli gemler, aynı zamanda büyü için de kullanılmışlardır.

Yedinci eser, Pan betimli jasper yüzük taşıdır (Şekil 7). 137 envanter numaralı F1 formunda, 12 x 10 x 2.4 mm ölçülerinde sarı jasper taş; yuvarlak kesimli, alt ve üst yüzeyi düz olup, taş üzerinde, sola doğru yürüyen çıplak Pan betimlenmiştir. Pan'ın alnının üstünde iki keçi boynuzu olup, sağ elinde üzüm salkımı, sol kolunda *Pedum* (ucu kıvrık çoban değneği) tutmaktadır ve sağ yanında onunla yürüyen bir av köpeği de betimlenmiştir. Zemin çizgisi mevcuttur (Şekil 7, 7a). Dionysos inancının müridleri tarafından sevilerek kullanılan Pan betimli yüzük taşları, Roma Dönemi Anadolu'sunda yoğun şekilde ele geçmiştir. Ankara Juliopolis Nekropolü kazılarında bulunmuş üç adet bilinmektedir (Arslan, 2013: 113). Buradaki tipin yakın bir benzeri, Erimtan koleksiyonundaki karnelyan yüzük taşıdır (Konuk ve Arslan, 2000: no. 42). Pan betimli bu yüzük taşını, MS 1.-2. yüzyıl aralığına tarihlemekteyiz.

Sekizinci eser, Nemesis betimli kırmızı karnelyan yüzük taşıdır (Şekil 8, 8a). 138 envanter numaralı F2 formunda, 11 x 8 x 3 mm ölçülerinde kırmızı karnelyan taş, oval kesilmiş, alt yüzeyi geniş ve düz, üst yüzeyi dar ve düz olup, taş üzerinde, ayakta sağa dönük duran Nemesis betimlenmiştir. Giyimli Nemesis sol eliyle giysisinin drapelerini kaldırmış ve sağ eliyle de arşın (ölçü aleti) tutuyor; solda bacağına dayalı, araba tekeri vardır. Zemin çizgisi mevcuttur. Birçok gem kataloğunda bu tipin benzerlerine rastlanmaktadır (Spier, 1992, no. 269 ametist).

Öç tanrıçası olan, aynı zamanda insanlarda ölçüsüzlüğü, kendine ve talihine aşırılığı cezalandıran Nemesis'in bu tip tasvirli yüzük taşlarını, insanların kendini tanıması ve gurura kapılarak aşırılık yapmamaları için üzerlerinde taşıdığına inanılırdı. Attika Marathon'a yakın küçük bir şehirde tapınağı olan Nemesis, Roma Döneminde, Anadolu kentlerinin bazılarında sikkeler üzerinde de tasvir edilmektedir. Bu kentlerden birisi de, Ankara civarındaki Juliopolis kentidir. Juliopolis nekropol kazılarında farklı imparatorlara ait Juliopolis kent darbı olan Nemesisli sikkeler bulunmuştur (Devecioğlu, 2014: 222, Tab. I). Septimius Severus, Julia Domna, Elagabalus, Severus Alexander, Maximus Caesar'a ait olan bu sikkeler bize gösteriyor ki, Juliopolis kentinde Nemesis'in bir kültünün veya tapınağının olması muhtemeldir. 2009-2012 yılları Juliopolis Nekropolü kazılarında, biri altın, diğeri bronz iki yüzük üzerinde bulunan Nemesis tasvirli iki adet yüzük taşının bulunmuş olması da bu düşüncemizi desteklemektedir. Yine Ankara Anadolu Medeniyetleri Müzesi ve Erimtan Müzesi koleksiyonlarında Nemesis betimli yüzük taşları bulunmaktadır (Konuk ve Arslan, 2000: no. 61). Nemesis tasvirli bu yüzük taşı, MS 2. yüzyılda büyü için ve insanları kendi kibrinden koruması için hatırlatıcı olarak kullanılmış olmalıdır.

Dokuzuncu eser, at üzerinde ok atan savaşçı betimli karnelyan yüzük taşıdır (Şekil 9). 104 envanter numaralı A3 formunda, 11 x 9 x 4 mm ölçülerindeki kırmızı karnelyan yüzük taşı; oval kesimli, bombeli yüzeyli olup, üzerinde dörtnala sola koşan at üzerindeki savaşçı, geriye dönük vaziyette, yayını germiş ok fırlatırken betimlenmiştir (Şekil 9, 9a). Süvarinin giyiminden doğulu, yani Kuzey Karadenizli (Kırım) bir kişi olduğu anlaşılmaktadır. Başında sivri külahlı deri bir başlık, uzun sivri sakalı, belinde kuşak sarılı ve pantolon giymiş oluşu bunun kanıtıdır. Zemin çizgisi mevcuttur (Şekil 9, 9a). Bu taş üzerindeki betimleme tipinin bir benzerini hiçbir gem kataloğunda göremediğimizi belirtmek isteriz. At üzerindeki bozkır savaşçı figüründen dolayı bu taşın, Kuzey Karadeniz (Kırım) dolaylarından geldiğini düşünmekteyiz. Benzer ikonografinin İskit tasvir sanatında sevilerek kullanılmış olduğu bilinmektedir (Şekil 15). Bombeli yüzeyli yüzük taşları, Hellenistik dönemde daha popüler olmasına karşılık, Roma dünyasında seyrek kullanım sahası bulmuşlardır. Ulaşabildiğimiz gem kataloglarında bu ikonografik konuya rastlayamadığımızdan dolayı bu yüzük taşı önem arz etmektedir. Bu taşın, MÖ 1. yüzyılda, Pontus Kralı 6. Mithridates Eupator tarafından Roma ile yapılan savaşlar sırasında, Mithridates'in ordusunda yer alan İskit veya Sarmat paralı askerlerinden biri tarafından Anadolu'ya getirilmiş olabileceğini düşünüyoruz (McGing, 1986: 61, 80). Ordu kenti, Kurul Kalesi kazılarında bu İskit veya Sarmat askerleriyle bağlantılı olabileceği öne sürülen ok uçları ele geçmiştir (Şenyurt ve Zoroğlu, 2018: 193). Bombeli bu taşın benzer örnekleri genellikle MÖ 2. yüzyıl sonu-1. yüzyıl başına verilmektedir (Spier, 1992: no. 171-175).

Onuncu yüzük taşı, altın yüzük üzerinde bulunan kuş betimli (Toy Kuşu?) karnelyan taştır (Şekil 10,10a). 193 envanter numaralı, A3 formlu taş, 9 x 6 mm ölçülerinde kırmızı karnelyandır; oval kesimli, bombeli yüzeyli olup, taş üzerinde, ayakta sola doğru duran büyük bir kuş (muhtemelen Toy kuşu) betimlenmiştir. Zemin çizgisi mevcuttur (Şekil 10a,10b). Bu bombeli ve kuş betimli karnelyan taşın benzer bir örneği Getty Müzesi kataloğunda olup, MÖ 2. yüzyıl sonu-1. yüzyıl başına tarihlenmiştir (Spier, 1992: no. 175).

Koleksiyondaki onbirinci ve son eser, Apollon büstü betimli cam yüzük taşıdır (Şekil 11, 11a). 140 envanter numaralı, F2 formunda, 8 x 6.5 x 1.5 mm ölçülerinde, sarı-yeşil şeffaf cam yüzük taşı, oval şekilli ve düz yüzeylidir. Kalıba döküm şeklinde yapılmış olan camın üzerinde, Apollon'un sola dönük drapeli büstü betimlenmiştir. Roma Çağı'nda, taş taklidi olarak sıklıkla yapılmış cam yüzük taşlarını literatürden bilmekteyiz (Henig ve MacGregor, 2004: no. 1.11). Apollon büstü betimli, Geç Hellenistik bir cam örneği Erimtan koleksiyonundan tanımaktayız (Konuk ve Arslan, 2000: no. 4). Durmaz koleksiyonundaki cam yüzük taşı ise, daha geç tarihli olup, MS. 2.-3. yüzyıllara ait olmalıdır.

## Sonuç ve Değerlendirmeler

Durmaz koleksiyonunda az sayıda bulunan figürlü gemler bu çalışmada incelenmiştir. Sonuç olarak, koleksiyondaki gem sayısının az olmasına karşın, gem ikonografisinde, şimdiye kadar bilinmeyen veya yanlış tanımlanmış bazı figürlerin olduğunu göstermesi açısından bu çalışma önem taşımaktadır.

Yukarıda katalog tanımları ve bilgileri verilmiş olan bu taşlardan, Apollon büstü betimli karnelyan yüzük taşındaki, Apollon'un saç biçimi ve realist portresi bilinen benzerlerinden çok farklı işlenmiştir (Şekil 1,1b). Satyros ve Antiope betimli kırmızı karnelyan taş üzerindeki mitolojik konu, burada gem oymacısı tarafından farklı bir kompozisyonla değerlendirilmiştir (Şekil 2). Zeus ve Nike betimli mat yeşil yüzük taşındaki sahne, Roma sikkelerinden tanınmasına karşılık yüzük taşlarında pek görülmemektedir (Şekil 3,3b). Şua taçlı kadın büstü betimli karnelyan taş üzerindeki figür (Şekil 4,4b) tarafımızdan daha önce Komana şehrinin gizemli tanrıçası Ma olarak tanımlanmıştı (Arslan, 2018: 80, fig. 5). Yine bir başka şua taçlı kadın büstü ve bereket boynuzu tasvirli karnelyan yüzük taşı üzerindeki betim de Ma olarak tanımlanmıştır (Şekil 5). Ma büstü olarak tanımladığımız iki yüzük taşının, gem ikonografisinde yeni olup, buradan hareketle yüzük taşları başta olmak üzere, başka mücevher taşları üzerinde de bu tipin tanınmasına yol açacağını umuyoruz. Çünkü birçok gem kataloğunda görülen şua taçlı, drapeli ve saç şekli itibarıyla kadın olan tipler, çoğunlukla Helios olarak tanımlanmışlardır. Oysa burada görüldüğü gibi, bu şua taçlı iki büst, saç şekli, yüz hatları ve giyiniş şeklinden dolayı bir kadındır (Şekil 4, 5). Asklepios ve Pan betimli yüzük taşları gem kataloglarında en çok rastlanan ve bilinenlerdendir (Şekil 6, 7). 8 numaralı yüzük taşımız üzerinde yer alan Nemesis tiplemesi yine çok tanınan bir figürdür.

Dörtnala koşan at sırtında, geriye dönük ok fırlatan figür ise, Anadolu'da ilk defa burada ortaya çıkmaktadır (Şekil 9). Bombeli yüzeyli karnelyan yüzük taşı üzerindeki Asyalı Savaşçı tipinin benzerlerine, Anadolu gem kataloglarında rastlanamamıştır. Bu taşın muhtemelen MÖ 1. yüzyılda, 6. Mithridates'in Roma ile savaşları sırasında, ordusunda yer alan İskit (Kırımlı) bir asker tarafından Anadolu'ya getirilmiş olabileceğini düşünmekteyiz. Durmaz koleksiyonu küçük olmasına rağmen, bu taşın varlığı onu önemli kılmaya yeterlidir.

Yine bombeli yüzeyli karnelyan yüzük taşı üzerinde bulunan, muhtemelen toy kuşu olarak tanımladığımız figürün ikonografik olarak benzerine, yayımlanmış gem kataloglarında rastlanmamıştır (Şekil 10, 10b). Cam yüzük taşı ise (Şekil 11), Roma dünyasında camın, taş taklidi olarak gemlerde kullanımının yaygınlığına bir kanıt oluşturması açısından önemlidir. Bu örneklerden dolayı, Durmaz koleksiyonu küçük boyutuna rağmen çok önemli sonuçlar vermektedir.

## Teşekkür

Koleksiyonundaki yüzük taşlarını çalışmamız için verdiği izinden dolayı Sayın Mehmet Durmaz'a, ayrıca resim levhalarının düzenlenmesine olan katkılarından dolayı, Mesut Dilaver'e teşekkürlerimizi sunarız.

## Kaynaklar

Arslan, M. (Ed.) (2013). *The Museum of Anatolian Civilizations: A Guide to Ankara Throughout the Ages*. Ankara: Alter Yay.

Arslan, M. (2018). Roma Dönemi Yüzük Taşları Üzerinde Tanrıça Ma Betimlemeleri ve Yayımlanmış Bazı Eserlerdeki Ma İkonografisi İçin Yeni Öneri ve Değerlendirmeler, *Colloquium Anatolicum* 17: 71-90.

Devecioğlu, Ü. (2014). Roma İmparatorluğu Dönemi'nde Iuliopolis Sikkeleri, K. Dörtlük - O. Tekin - R. B. Seyhan (Ed.), *Birinci Uluslararası Anadolu Para Tarihi ve Numismatik Kongresi Bildiriler, 25-28 Şubat 2013 Antalya*, (219-230). Antalya.

Ergeç, R. (Ed). (2006). *Belkıs- Zeugma ve Mozaikleri*. Gaziantep: SANKO/Gaziantep Müzesi.

Furtwängler, A. (1900). *Die antiken Gemmen: Geshichte der Steinschneidekunst im klassischen Altertum, vols. 1-3*. Leipzig: Giesecke & Devrient.

Görkay, K. (2015). *Geçmişten Günümüze Bir Geçit: Zeugma*. İstanbul: Türkiye İş Bankası Kültür Yayınları.

Grimal, P. (1996). *The Dictionary of Classical Mythology*. Oxford: Blackwell.

Henig, M., MacGregor, A. (2004). *Catalogue of the Engraved Gems and Finger Rings in the Ashmolean Museum II. Roman*. Oxford: Archaeopress.

Konuk, K., Arslan, M. (2000). *Ancient Gems and Finger Rings from Asia Minor: The Yüksel Erimtan Collection/Anadolu Antik Yüzük Taşları ve Yüzükleri: Yüksel Erimtan Koleksiyonu*, Ankara: EMT A.Ş.

McGing, B. C. (1986). *The Foreign Policy of Mithridates VI Eupator King of Pontus*. Leiden: E. J. Brill.

Ogden, D. (2015). *Eski Yunan ve Roma'da Büyü ve Büyücülük, Bölüm 1: Bağlama Büyüleri Yunan ve Roma Dünyasında Beddua Levhaları ve Voodoo Bebekleri*, B. Ankarloo, S. Clark (Ed.), Türkçeye çev. Ç. Dürüşken - E. Çoraklı. İstanbul: Arkeoloji ve Sanat Yayınları.

Önal, M. (2007). *Clay Seal Impressions of Zeugma/Zeugma Kil Mühür Baskıları*. Gaziantep: Gaziantep Museum.

Peleg-Barkat, O., Tepper, Y. (2011). Engraved Gems from Sites with a Military Presence in Roman Palestine: the Cases of Legio and Aelia Capitolina, C. Entwistle, N. Adams (Ed.), *'Gems of Heaven': Recent Research on Engraved Gemstones in Late Antiquity c. AD 200-600, British Museum Research Publication, Number 177* (99-104). London: British Museum Press.

Pliny, *Epistles X. Pliny the Younger, Correspondence with Trajan from Bithynia* (*Epistles X*), Williams, W. (Ed.) 1990. Wiltshire : Aris & Phillips.

Richter, G. M. A. (1956). *Catalogue of Engraved Gems: Greek, Etruscan and Roman.* New York: The Metropolitan Museum of Art.

Spier, J. (1992). *Ancient Gems and Finger Rings: Catalogue of the Collections of the J. Paul Getty Museum.* Malibu, California: J. Paul Getty Museum.

Şenyurt, S. Y., Zoroğlu, U. (2018). Kurul Kalesi Hellenistik Dönem Metal Silahları Üzerine Bir Ön Değerlendirme, *Cedrus* 6: 181-196.

Uysal, T., Bulgan, F. (2016). *The Gaziantep Zeugma Mosaic Museum/Mozaik Müzesi.* Gaziantep: Gaziantep Zeugma Mozaik Müzesi.

Vollenweider, M.-L. (1984). *Deliciae Leonis: Antike geschnittene Steine und Ringe aus einer Privatsammlung.* Mainz: Verlag von Zabern.

Walters, H. B. (1926). *Catalogue of the Engraved Gems and Cameos in the British Museum: Greek, Etruscan and Roman.* London: British Museum.

Willers, D., Raselli-Nydegger L. (2003). *Im Glanz der Götter und Heroen. Meisterwerke antiker Glyptik aus der Stiftung Leo Merz,* Mainz: Zabern Verlag.

Zwierlein-Diehl E. (1973). *Die antiken Gemmen des Kunsthistorischen Museums in Wien. I. Die Gemmen von der Minoischen Zeit bis zur frühen römischen Kaizerzeit, II. Die Glasgemmen / Die Glaskameen / Nachträge zu Bd I / Die Gemmen der späteren römischen Kaizerzeit, Teil I: Götter.* München: Prestel.

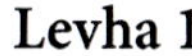

# Levha 1

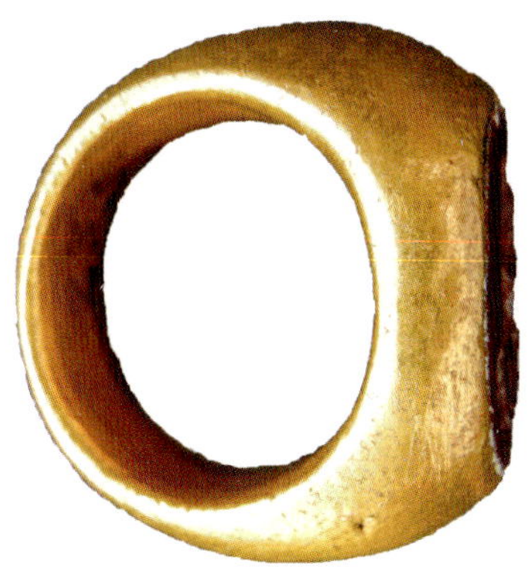

Şekil 1

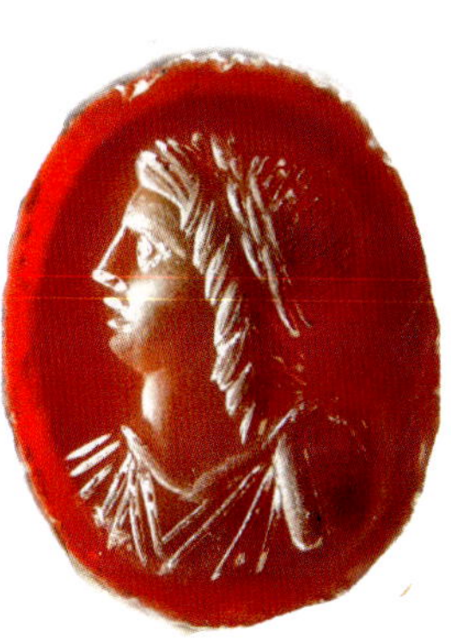

Şekil 1a

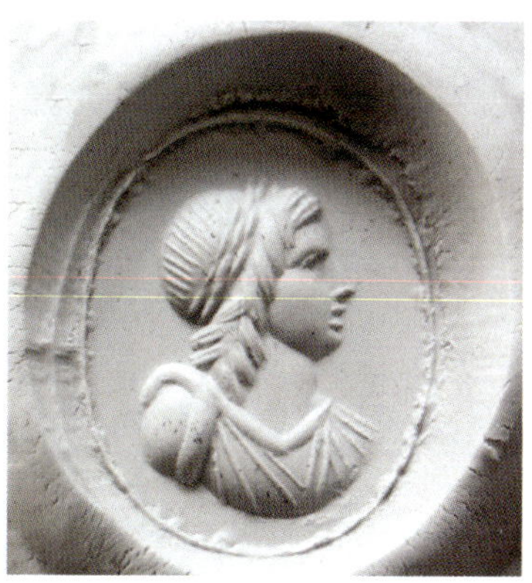

Şekil 1b

**Şekil 1.** Durmaz Koleksiyonu Env. No. 235: Apollon büstü betimli, kırmızı karnelyan taşlı, altın yüzük.

**Şekil 1a.** Env. No. 235: Apollon büstü betimli, kırmızı karnelyan yüzük taşı.

**Şekil 1b.** Env. No. 235: Apollon büstü betimli, yüzük taşının mühür baskısı.

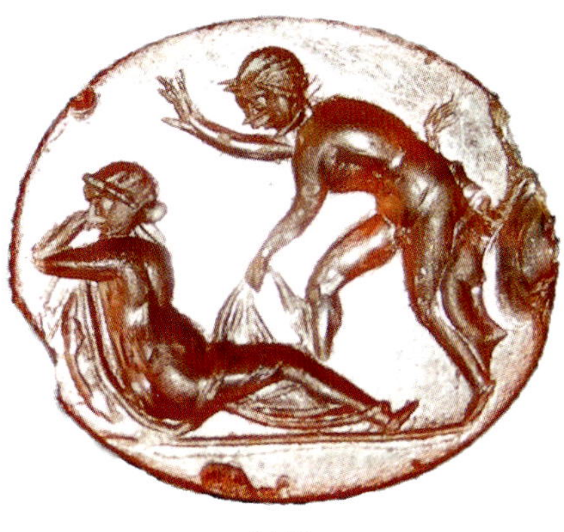

Şekil 2

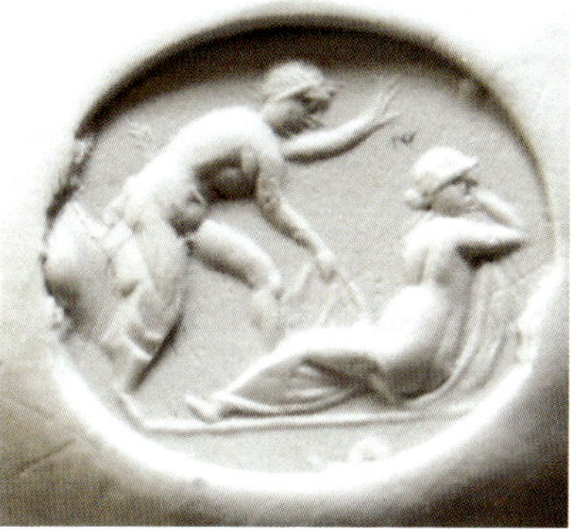

Şekil 2a

**Şekil 2.** Durmaz Koleksiyonu Env. No. 71: Antiope ve Satyros tasvirli, kırmızı karnelyan yüzük taşı.

**Şekil 2a.** Env. No. 71: Antiope ve Satyros betimli, yüzük taşının mühür baskısı.

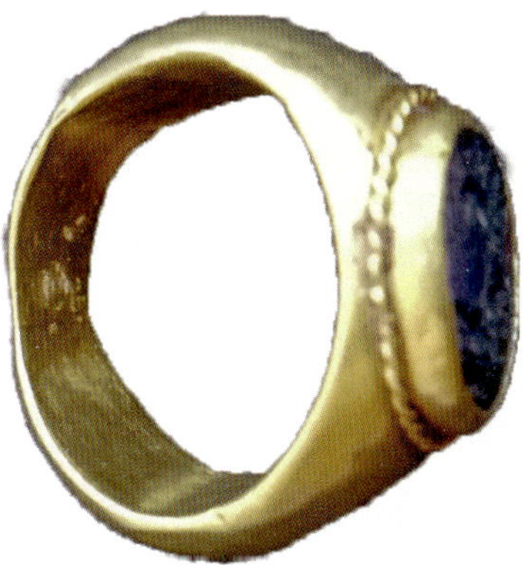

Şekil 3

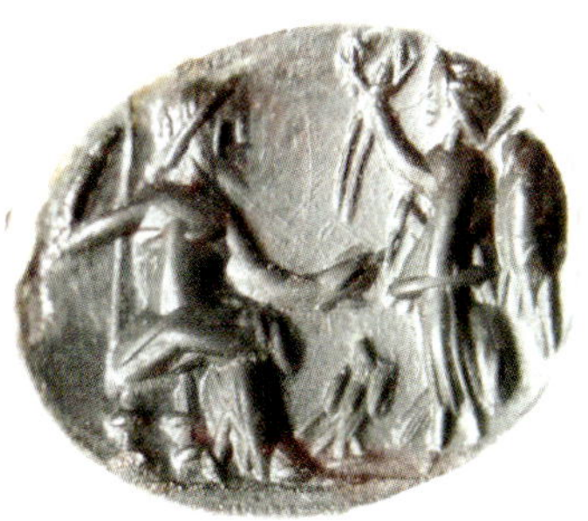

Şekil 3a

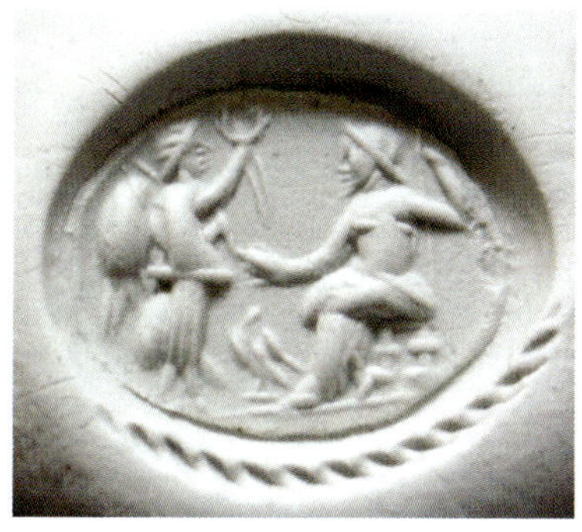

Şekil 3b

**Şekil 3.** Durmaz Koleksiyonu Env. No. 192: Zeus ve Nike betimli, yeşil jasper taşlı, altın yüzük.

**Şekil 3a.** Env. No. 192: Zeus ve Nike betimli, yeşil jasper yüzük taşı.

**Şekil 3b.** Env. No. 192: Zeus ve Nike betimli, yüzük taşının mühür baskısı.

## Levha 2

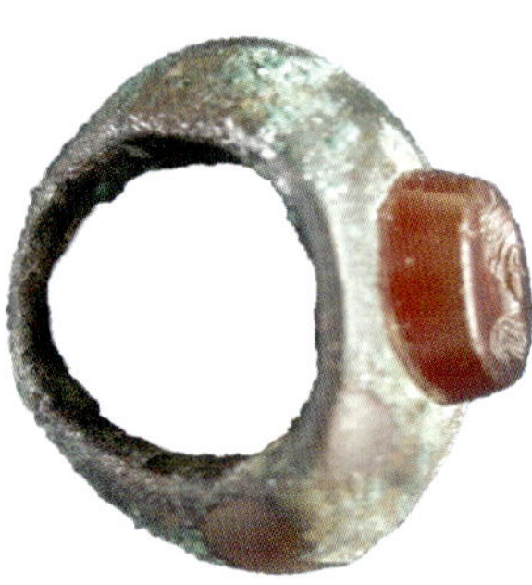
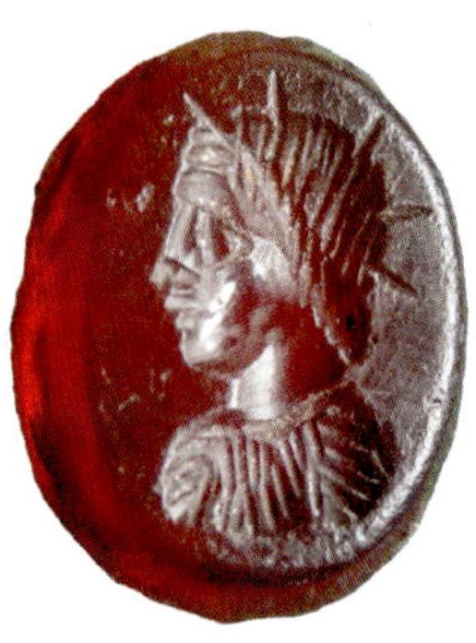
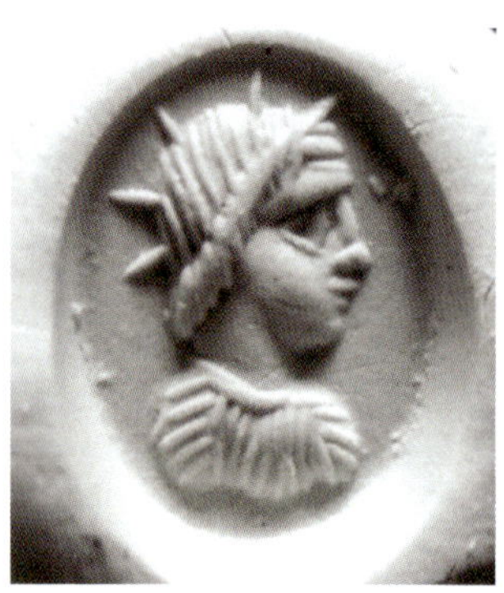

Şekil 4 Şekil 4a Şekil 4b

**Şekil 4.** Durmaz Koleksiyonu Env. No. 136: Ma betimli, kırmızı karnelyan taşlı, bronz yüzük.
**Şekil 4a.** Env. No. 136: Ma betimli, kırmızı karnelyan yüzük taşı.
**Şekil 4b.** Env. No. 136: Ma betimli, kırmızı karnelyan yüzük taşının mühür baskısı.

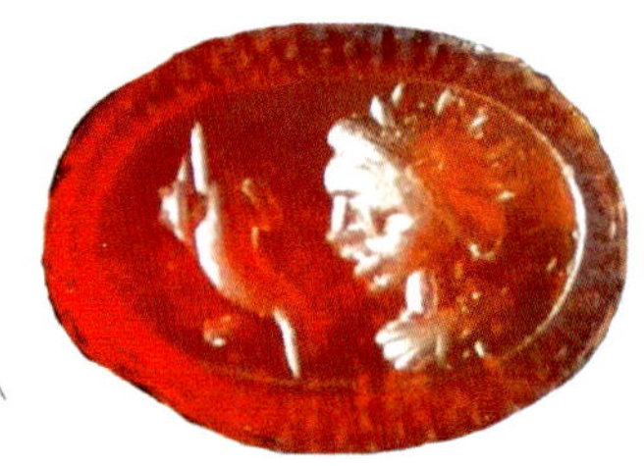
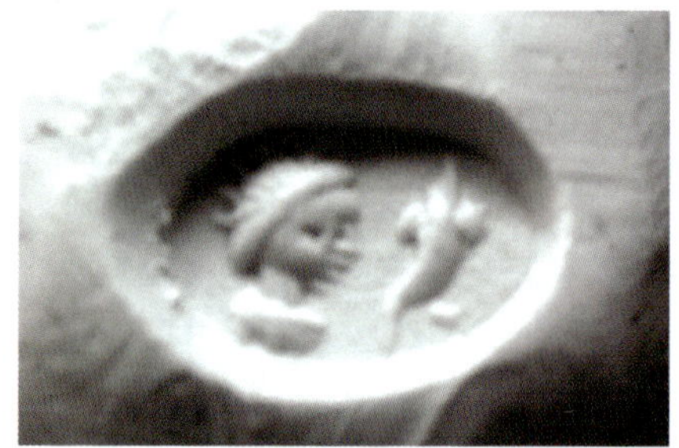

Şekil 5 Şekil 5a

**Şekil 5.** Durmaz Koleksiyonu Env. No. 139: Ma ve Bereket Boynuzu betimli, kırmızı karnelyan yüzük taşı.
**Şekil 5a.** Env. No. 139: Ma ve Bereket Boynuzu betimli, yüzük taşının mühür baskısı.

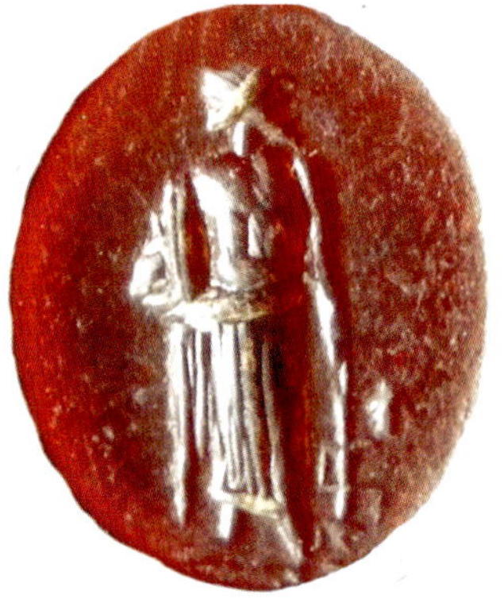
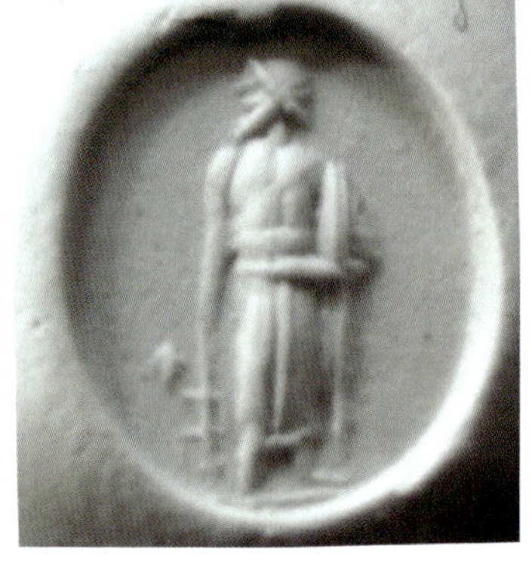

Şekil 6 Şekil 6a

**Şekil 6.** Durmaz Koleksiyonu Env. No. 103: Asklepios betimli, kırmızı jasper yüzük taşı.
**Şekil 6a.** Env. No. 103: Asklepios betimli, kırmızı Jasper yüzük taşının mühür baskısı.

## Levha 3

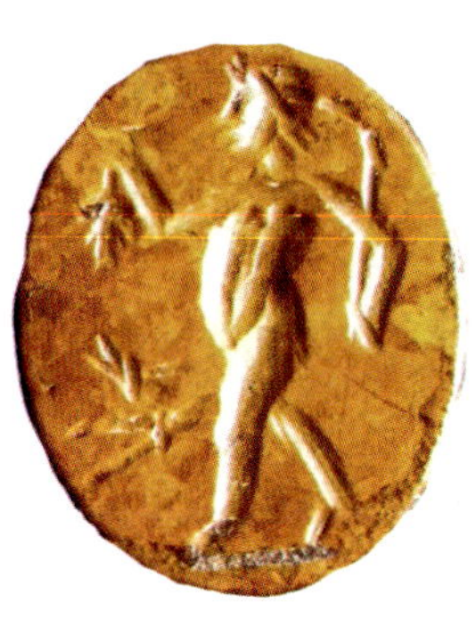

Şekil 7

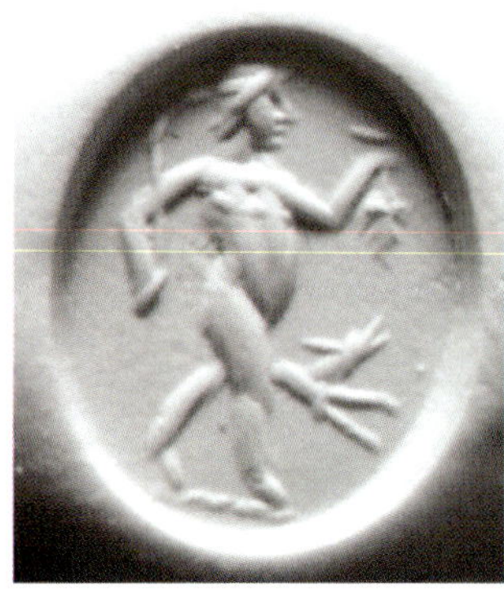

Şekil 7a

Şekil 7. Durmaz Koleksiyonu Env. No. 137: Pan betimli, sarı jasper yüzük taşı.

Şekil 7a. Env. No. 137: Pan betimli, sarı jasper yüzük taşının mühür baskısı.

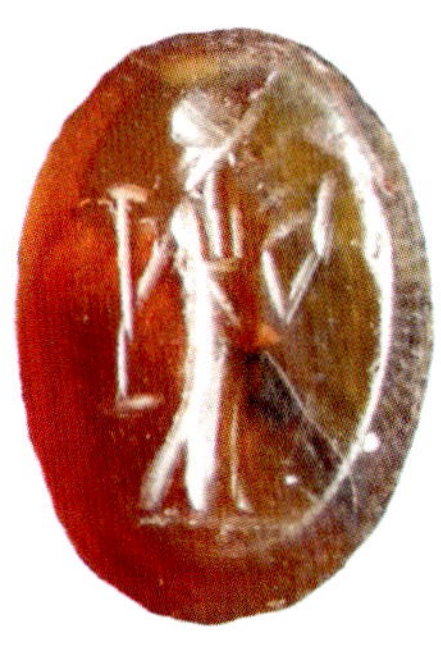

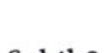

Şekil 8

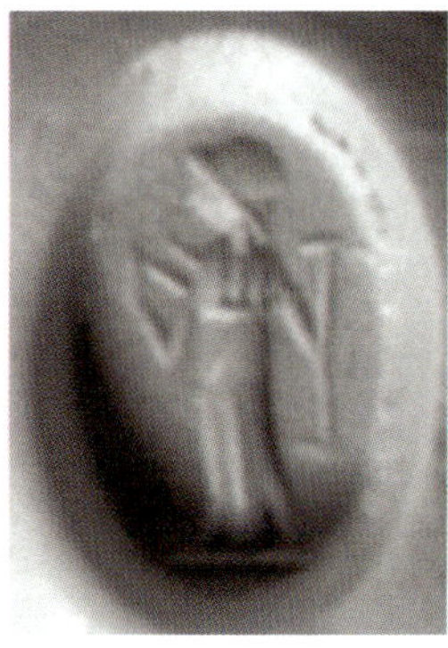

Şekil 8a

**Şekil 8.** Durmaz Koleksiyonu Env. No. 138: Nemesis betimli, kırmızı karnelyan yüzük taşı.

**Şekil 8a.** Env. No. 138: Nemesis betimli, kırmızı karnelyan yüzük taşının mühür baskısı.

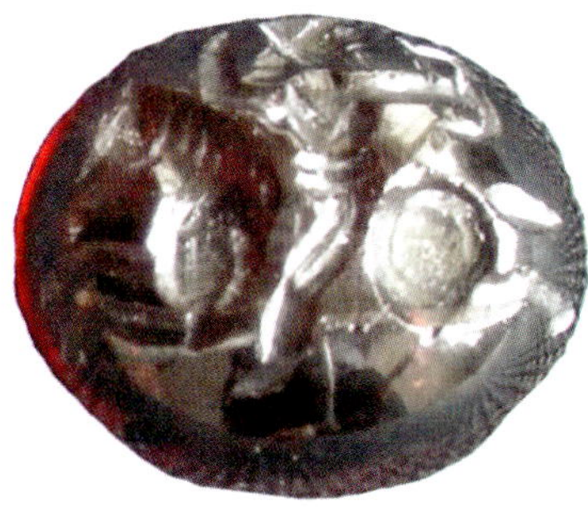

Şekil 9

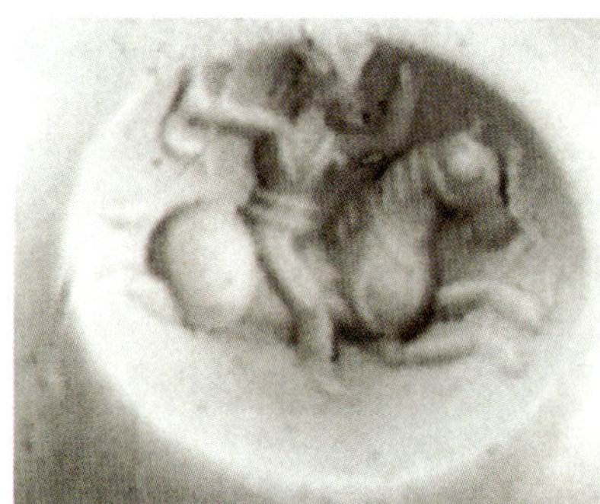

Şekil 9a

**Şekil 9.** Durmaz Koleksiyonu Env. No. 104: At üzerinde geriye dönmüş ok atan İskit (veya Sarmat) savaşçı betimli, kırmızı karnelyan yüzük taşı.

**Şekil 9a.** Env. No. 104. İskitli atlı savaşçı betimli, yüzük taşının mühür baskısı.

## Levha 4

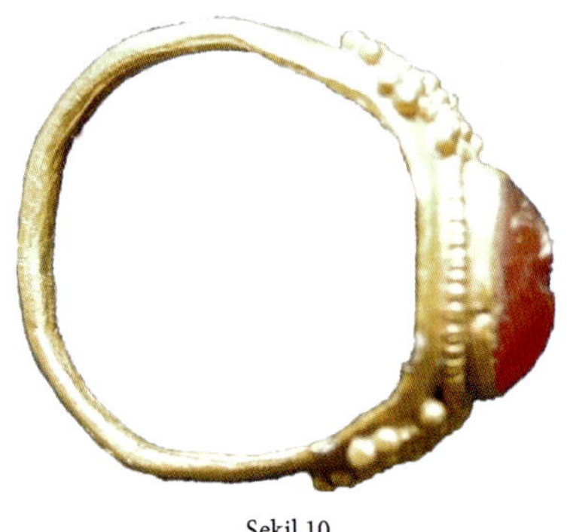

Şekil 10

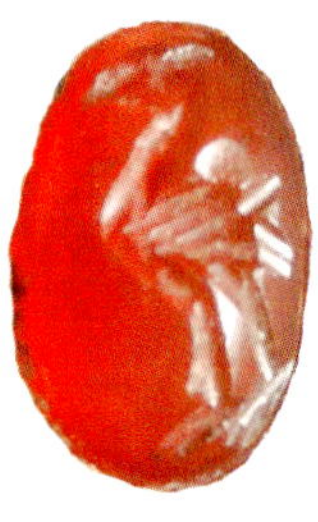

Şekil 10a

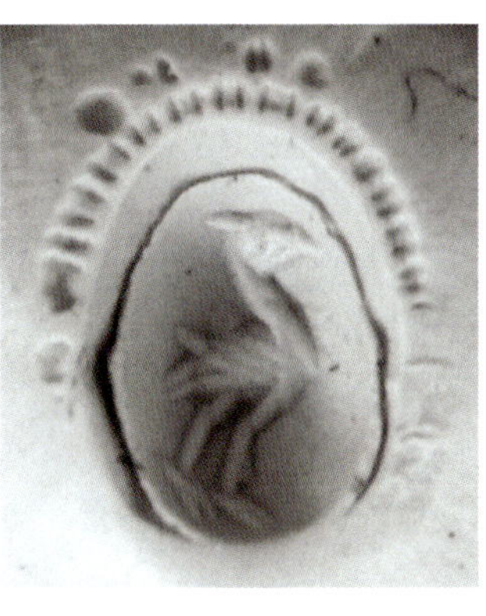

Şekil 10b

**Şekil 10.** Durmaz Koleksiyonu Env. No. 193: Toy kuşu betimli, kırmızı karnelyan taşlı, altın yüzük.
**Şekil 10a.** Env. No. 193: Toy Kuşu betimli, kırmızı karnelyan yüzük taşı.
**Şekil 10b.** Env. No. 193: Toy Kuşu betimli, kırmızı karnelyan yüzük taşının mühür baskısı.

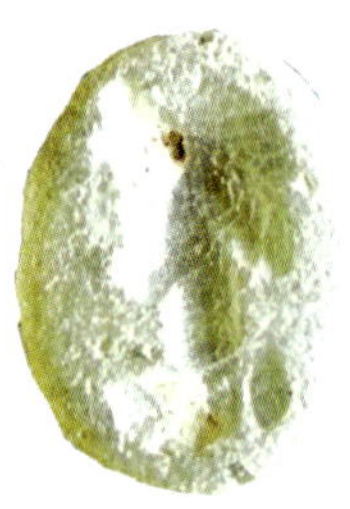

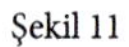

Şekil 11

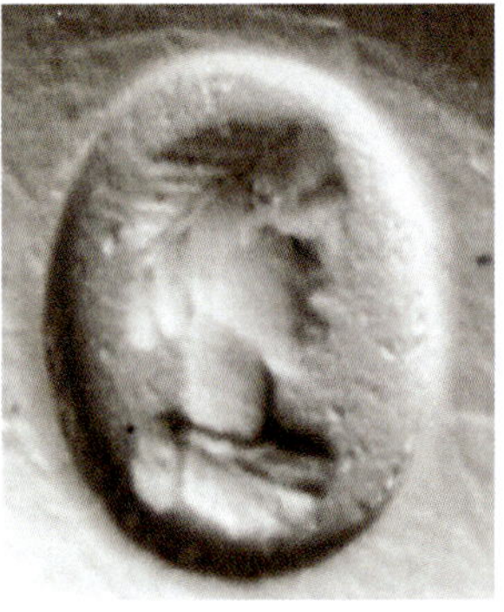

Şekil 11a

**Şekil 11.** Durmaz Koleksiyonu Env. No. 140: Apollon büstü betimli, cam yüzük taşı.
**Şekil 11a.** Env. No. 140: Apollon büstü betimli, cam yüzük taşının mühür baskısı.

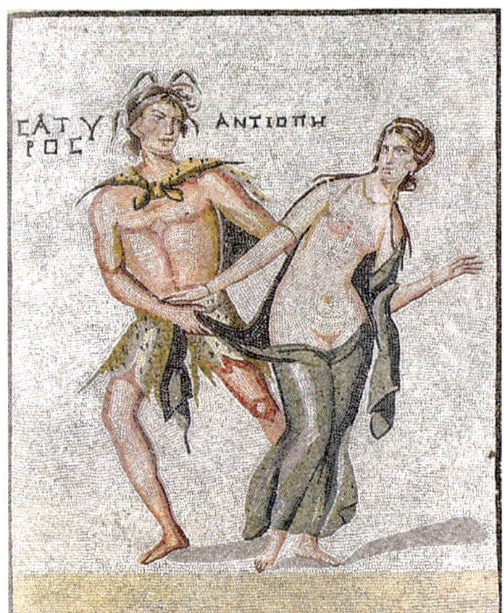


**Şekil 12.** Zeugma Poseidon Evi. Doğu konut biriminin kaya odasının taban mozaiğinden Antiope ve Satyros betimli bir sahne (bkz. Görkay 2015: 113).

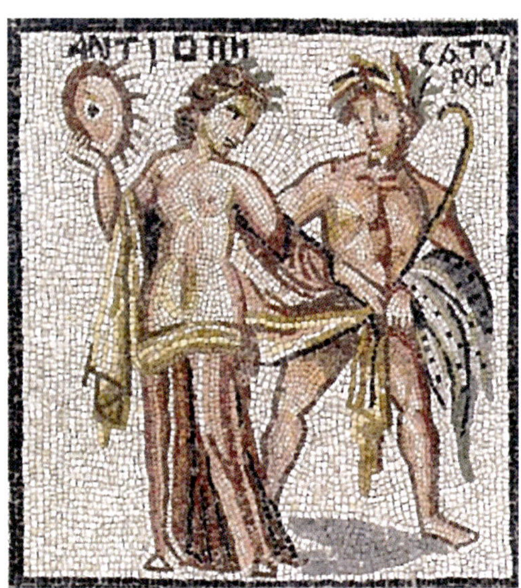


**Şekil 13.** Zeugma Poseidon Evi. Batı konut biriminin yatak odasının taban mozaiğinden Antiope ve Satyros betimli bir başka sahne (bkz. Görkay 2015: 119).

## Levha 5

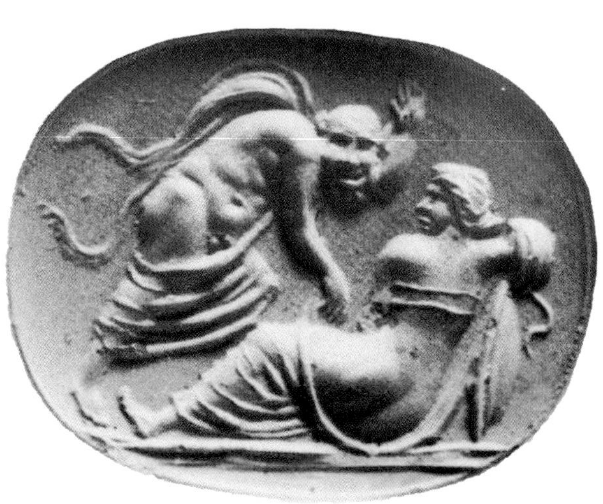

**Şekil 14.** Karnelyan bir yüzük taşının mühür baskısı üzerinde, Satyros ve Nymphe betimlemesi (bkz. Vollenweider 1984: fig. 74).

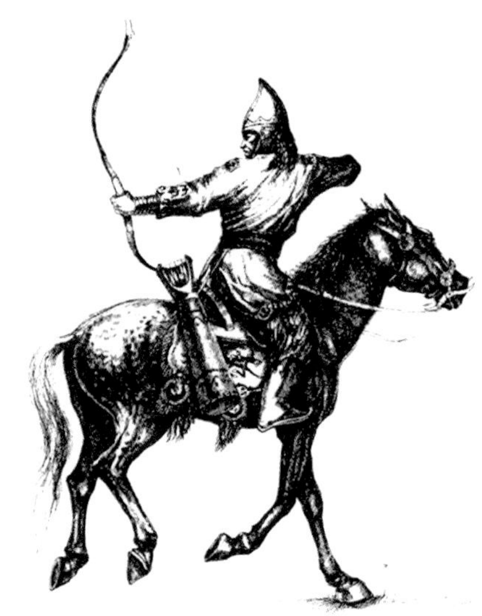

**Şekil 15.** İskit atlı savaşçı tasviri için örnek (bkz. Institute of Hungarian Studies: magtudin.org).

# Erken Tunç Çağda Teknoloji, Değer ve Ticaret: Başur Höyük'te Boncukların Üretimi ve Kullanımı

## *Technology, Value and Trade in the Early Bronze Age: The Making and use of Beads at Başur Höyük*

Emma L. BAYSAL
Ankara Üniversitesi Arkeoloji Bölümü, Ankara, elbaysal@ankara.edu.tr

Haluk SAĞLAMTİMUR
Ege Üniversitesi, Arleoloji Bölümü, İzmir, haluk.saglamtimur@ege.edu.tr

## Özet

Türkiye'nin güneydoğusundaki Başur Höyük İTÇ I yerleşmesindeki mezarlar, döneme ait takı ve süs eşyaları ile onlara ait teknolojileri hakkında şu ana kadar hiçbir yerde karşımıza çıkmayan ve kompleks olan dünyaları hakkında eşsiz bilgiler sunmaktır. Ilısu Baraj projesi (HES) kapsamında 17 mezar kazıldı ve yaklaşık 100.000 boncuk ve diğer süs eşyası ortaya çıkarılmıştır. Bu sıra dışı büyük bir buluntu topluluğu olmakla birlikte bize hammadde kaynakları ve teknolojiler ile yerleşmenin ilişkilerini, farklı hammaddelere verilen değerleri, statünün yaşam ve ölümde nasıl kurulduğunu anlamamız açısından bulunmaz bir fırsat vermektedir. Farklı mezar kontekstlerinde ele geçen takılar o dönemde ne türden takılar olduğu, nasıl algılandıkları, hammadde kullanımının bireysel veya toplumsal zenginliklerle olan ilişkilerini ve ticarete yoluyla hammaddenin ve kullanılan ürünlerin bölgeye getirilmiş olduğu konusunu dikkate almamızı sağlamaktadır. Üretimleri için harcanan zaman, farklı boncukların kombinasyonları ve değişen kullanım uzunlukları bizlere kimlik ve değerler üzerine ip uçları sunmaktadır.

Bu çalışmada söz konusu mezarların ikisinden bizlere ulaşan kanıtlar üzerinde odaklanarak gömülen bireylerin kimliklerinin nasıl yorumlanacağı konusu değerlendirilecektir. Bunun için, değişik boncuk üretim teknolojilerini, hammadde seçimini ve Tunç çağı içinde Başur höyük insanlarının daha geniş bir dünya içindeki konumları belirtilecektir. Bununla birlikte boncuklar, zaman içindeki teknolojik gelişimi ve geriye dönük olarak bazı pratiklerin kökeni ile anlam ve takı üretim ve kullanımı açısından da değerlendirilecektir.

**Anahtar Kelimeler:** Boncuk, Erken Tunç Çağ, hammadde, teknoloji, kimlik, tarih

## Abstract

The EBA I graves of the site of Başur Höyük in southeast Turkey have given us an unparalleled insight into a complex world of ornamentation practices and associated technologies belonging to a period whose ornaments are very little known. The 17 graves excavated within the scope of the Ilısu Baraj / HES Project have revealed a total of nearly one hundred thousand beads as well as other ornaments. This extraordinarily large assemblage offers a unique opportunity to investigate through raw materials and technologies the relationships of the site, the value that was attributed to different materials and how status was constructed in life and in death through the use of bodily augmentation. The deposition of the ornaments in separate grave contexts allows us to consider not only what ornaments existed at the time but also how ornaments were perceived, to what extent raw material use equates with personal or community wealth, and how trade might have brought both materials and products to the region. The investment of time in production, the combination of different beads and the varying degrees of use all give clues about identity and value.

This study focuses on the evidence from two of the graves to consider how we can interpret the identities of the buried individuals. We use the various technologies of bead production, raw material choice and combination to consider the location of the people of Başur Höyük within the wider world of the Early Bronze Age. We also use the beads as a way to think about technological development through time, looking back to the roots of various practices as a way to understand both meaning and choice in personal ornament production and use.

**Keywords:** Bead, Early Bronze Age, raw material, technology, identity, history

## Giriş

### Başur Höyük

Başur Höyük, Siirt ili Aktaş Köyü, Bakır Mezrası sınırları içerisinde, Siirt şehir merkezinin yaklaşık 20 kilometre batısında yer almaktadır. Höyük, Bitlis Vadisi'nden gelip, Botan Nehrine karışan Başur Çayı kenarındadır. Yaklaşık 250x150 metre boyutları ve 15 metre yüksekliği ile bölgenin büyük höyüklerinden birisidir (Şekil 1). Höyüğün güney tarafında Başur Çayı'nın yatağı yaklaşık olarak 1 km'lik bir genişliğe ulaşmaktadır. Tektonik hareketlere bağlı bir çöküntü alanı olan bu bölge, kuzeyden Başur Çayı, batıdan ise Temoçayı Deresi'nin getirmiş olduğu alüvyonal dolgu ile birleşip, günümüzde tarımsal olarak ekilebilir, bereketli geniş bir alan oluşturmuştur. Yakın zamana kadar höyüğün yakınından akan Başur Çayı günümüzde höyüğün yaklaşık olarak 250- 300 metre batısından akmaktadır. Olasılıkla daha erken dönemlerde Başur Höyüğün batısında bulunan alanlar, zaman zaman yükselen Başur Çayının suları tarafından tahrip edilmiş olmalıdır. Başur Höyük, Chicago ve İstanbul Üniversiteleri Karma Projesi kapsamında Robert Braidwood ve Halet Çambel öncülüğündeki ekip tarafından 1963 yılında başlatılan Güneydoğu Anadolu Tarihöncesi Araştırmaları esnasında tespit edilmiştir. Ancak bu yüzey araştırmasında höyüğe isim verilmediği için yayınlarda Başur Çayı kenarındaki höyük diye tanımlanıp S 64/4 olarak adlandırılmıştır. 2007-2019 yılları arasında, Ilısu Barajı HES Projesi kapsamında Ege Üniversitesi Öğretim Üyesi Doç. Dr. Haluk Sağlamtimur'un bilimsel danışmanlığındaki bir ekip tarafından arkeolojik kurtarma kazısı gerçekleştirilmiştir. Höyükte gerçekleştirilen çalışmalar sonucunda Erken ve Geç Kalkolitik, Erken Tunç Çağı I (ETÇ I), Orta Tunç Çağı I-II, Demir Çağı ve Orta Çağ'dan yakın dönemlere kadar yerleşim izlerine rastlanmıştır. Höyüğün güney yamacındaki yüzey araştırmaları sırasında *impresso* olarak bilinen çanak çömlek parçalarının bulunmuş olması Başur Höyük'teki erken yerleşim izlerinin MÖ. 7. binyılda başladığını göstermektedir. 2007-2019 yılları arasında gerçekleştirilen arkeolojik kazılar neticesinde ise MÖ. 7. binyıla tarihlenen tabakalara ulaşılamamıştır. Çevredeki geniş tarımsal araziler ve uygun topografik alan ve kuzey-güney yol güzergahında yer alması gibi unsurlar höyüğün sürekli yerleşilmesine etki eden nedenler arasındadır. Höyük ve çevresinde yapılan sondaj çalışmalarına göre yerleşim alanının sınırları, höyüğün çevresindeki alanlara yayılmamaktadır. Olasılıkla erken dönemlerden itibaren Başur Çayı'nın yatağı, höyüğün özellikle batı ve güney kısımlarına yakın aktığı için hem bu alanları tahrip etmiş, aynı zamanda höyüğün bu bölgelere yayılmasına da engel olmuştur.

Yapılan kazılar sonucu ortaya çıkartılan 18 mezardan elde edilen arkeolojik buluntular Başur Höyük Erken Tunç Çağı I Mezarları'nı ortaya çıkaran sosyoekonomik organizasyonu ve buna bağlı olarak kültürel özellikleri şekillendiren etmenlerin başında Botan Vadisi'nin özgün coğrafi nitelikleri olduğu söylenebilir. Yukarı Dicle Vadisi, kuzey ve doğusunda Toroslar, güneyinde Turabdin Dağları ve batısında Karacadağ Masifi ile çevrelenen, Dicle Nehri boyunca güneydoğuya uzanan bir ova görünümündedir. Havzanın doğusunda yer alan ve bölgenin doğu - kuzeydoğu yükseltilerinin başladığı noktada ise Botan Vadisi yer almaktadır. Höyüğün konumu Güneydoğu Anadolu, Mezopotamya ve Doğu Anadolu'ya giden doğal yollarla ilişkili gibi görünmektedir. Van Gölü Havzası'nın batı bölgelerinden Bitlis Vadisi aracılığı ile Siirt ve ayrıca Diyarbakır çevresine ulaşmak mümkündür. Botan ve Bitlis Vadileri Erken Dönemlerden itibaren Mezopotamya ile Doğu Anadolu arasında ticari güzergah olarak yoğun olarak kullanılmış olmalıdır.

## Erken Tunç Çağı I Dönemi

MÖ. 4. Binyılın sonlarına doğru, Kuzey Mezopotamya'daki birçok yerleşim Geç Uruk Sistemi'nin çöküşüne tanıklık etmiştir. Bu dönem Başur Höyük'te, Fırat Bölgesi'ndeki Arslantepe ve Hassek Höyük yerleşimlerinde olduğu gibi büyük bir yangınla son bulmamıştır. Geç Uruk mimarisinde herhangi bir yangın izi tespit edilmediği gibi tahribat izlerine de rastlanılmamıştır. Güney ve Kuzey olmak üzere, çift höyükleşmeye sahip olduğu düşünülen Başur Höyük'ün Güneydoğu alanında bulunan mezarlara ait sivil yerleşimi büyük ihtimalle höyüğün Kuzey alanında yer almaktaydı. OTÇ mimarisinin, Kuzey alanının geneline oranla seyrekleştiği Kuzeybatı ucunda çalışılan derin bir açmada, sivil mimariye ait, yoğun bir şekilde ele geçen arkeolojik materyal bu düşünceyi destekler niteliktedir. Bu alandan mezarda bulunan çanak çömleklere benzer çok sayıda Ninive 5 çanak çömlek parçaları, taş temelli mimari doku ve buna bağlı ocaklar ve işlik alanı ortaya çıkartılmıştır. Geç Uruk mimarisinin yoğunlaştığı güneydoğu alanında büyük oranda bu mimariyi tahrip ederek düzenlenmiş bir mezarlık alanı 2011 kazı sezonunda keşfedilmiştir. 2011-2019 kazı sezonları boyunca açığa çıkarılan toplam 18 mezar içindeki farklı nitelikteki buluntular sayesinde bu mezarlar 'Bey Mezarları / Krali Mezarlar' olarak değerlendirilebilir. Mezarın içindeki kalıntılardan alınan karbon örneklerinin analizi sonucu, söz konusu mezarlar, MÖ. 3100-2900 yıllarına, ETÇ I'in hemen başlarına tarihlendirilmiştir.

Höyüğün güneydoğusunda üst seviyeden başlayan mezarlar, kuzeydoğuya ve höyüğün eteklerine doğru eğimli arazi üzerinde, aşağı doğru inmektedir (Şekil 2). Arazinin teraslanması sonrasında gömülerin yerleştirilmesi ile birlikte, mezarların büyük bir bölümü Geç Kalkolitik Dönem'e (Geç Uruk Dönemi) tarihlenen mimari yapıları ve kültürel dolguları tahrip etmiştir. ETÇ I Dönemine tarihlenen 9 adet taş sandık mezar ile bunlarla bağlantılı veya birlikte yapılmış 2 adet toprak mezar ve 7 adet basit toprak tipinde toplam 18 mezar gün ışığına çıkarılmıştır.

## Başur Höyük'ün Boncukları

Başur Höyük boncukları İlk Tunç Çağı I (İTÇ I) mezarlarında bulunmuş olup, şu ana kadar dönemi için ve Türkiye arkeolojisinde bulunmuş olan en büyük boncuk buluntu topluluğunu oluşturmaktadır. Bulunan boncuk topluluğu ayrıca dönemin gömü pratiklerinin anlaşılabilmesi açısından da büyük önem taşımaktadır. Bunun yanında kontekst, statü, uzmanlık, seri üretim, ticaret, hammadde kaynaklarının kullanımı ve iletişim ağlarına kadar uzanan birçok konu üzerinde de bilgi sahibi olmamıza yardımcı olmaktadır. Burada örnek olarak 15 ve 17 numaralı kontekstlerden ele geçen boncuklar değerlendirilecektir. 15 numaralı kontekst, taşlarla yapılmış bir mezar olup içine iki birey gömülmüştür. 17 numaralı konteksti ise 15 numaralı kontekstin dışında ve hemen yanında sekiz bireyden oluşan gömü oluşturmaktadır (Hassett ve Sağlamtimur, 2018). Bu her iki kontekst içinde, 15 ve 17, yer alan bireyler otuz bin adetten fazla boncukla birlikte gömülmüşlerdir.

15 ve 17 kontekstler içinde bulunan boncuklar arasında form ve hammadde açısından önemli farklılıklar olduğu gözlenir. 15 numaralı kontekst içindeki boncuklar arasında daha fazla çeşitlilik olduğu dikkat çekmektedir. 15 numaralı kontekst, boncuklar dışında metal ve seramik buluntuları ile de çok zengin olduğu dikkati çekmektedir. Her iki kontekst içinde bulunan bireyler üzerinde yapılan antropolojik incelemeler bunların aynı zamanda öldüklerini göstermektedir. Bu bireyler arasında çoğunun yaşamı olasılıkla sona erdirilmiştir (Hassett ve Sağlamtimur, 2018). Bu kontekstlerde görülen gömü pratiği en erken İTÇ'na ait kimlik, ilişkiler ve sosyal yapının anlaşılması açısından önemli bir fırsat vermektedir. Bu gömülerde bulunan boncuklar üzerinde sürdürülen çalışmalar kullanılan hammaddeleri, boncuk tiplerini, boncuk üretim teknolojilerini ve boncukların kullanımlarını incelemeyi hedef almaktadır. Aşağıda bu başlıklara değinilecek ve çalışmanın önemi ve potansiyeli değerlendirilecektir.

## Kullanılan Malzemeler

Boncukların yapıldığı malzemeleri oluşturan temel gruplar arasında taş-mineral, deniz kabukları, fayans ve metal olduğu görülmektedir. Bunlardan taşlar, özellikle mineraller arasında çeşitlilik olmasına karşın bazılarının daha sıklıkla kullanıldığı görülmektedir. Sık olarak kullanılan malzemeler arasında ise dağ kristali (kuvars) ametist (kuvars türü) ve kalseduan türleri (karneliyan – akik taşı, sard ve agat, kuvars türleri) (Şekil 3) gibi sert mineraller dikkat çekmektedir. Yumuşak taşlar arasında da işlenmesi kolay olduğundan yaygın olarak kullanılan ise sabuntaşı (talk/steatit) ön plana çıkmaktadır. Daha az sayıda görülen kireçtaşı ve serpantinit gibi hammaddeler kullanıma alınmış olan maddeler arasındaki çeşitliliğe işaret etmektedir. Hammaddeleri ve seçimlerini daha iyi anlayabilmek için daha geniş bir coğrafyadaki mezar buluntuların değerlendirilmesi gereklidir. Örneğin, dağ kristali ve talk/ steatit nerede ise yayınlanmış olan tüm İTÇ mezarlarında bulunduğu belirtilmektedir (Akçay, 2017; Ökse, 2006; Sertok ve Ergeç, 1999). Her ne kadar bu taş ve minerallerin kaynakları şu anda bilinmese de, bunların İTÇ boyunca yoğun bir şekilde kullanıldıkları söylenebilir.

Bölgeler arası iletişim ağlarını en iyi anlatan elimizdeki bilgiler ise deniz kabuklarından gelmektedir. Süs objesi olarak kullanılmış ve Başur Höyük mezarlarında bulunmuş olan üç tür deniz kabuğu, *Engina mendicaria*, *Conus* ve *Antalis* (dentalia) bulunmaktadır. Deniz kabuklarının gelebileceği en yakın kaynaklar Akdeniz ve Basra Körfezi olup en yakın olanı Başur Höyüğe en az 500 km uzaklıktadır.

Başur Höyük mezarlarında çok sayıda metal buluntu, örneğin iğneler, mızraklar, ritüel süs objeleri vb. gibi, ele geçmiştir (Sağlamtimur ve Ozan, 2014; Sağlamtimur, 2009, 2017; Sağlamtimur ve Massimino, 2015). Metalin yoğun kullanımına karşılık metalden yapılmış boncukların sayı çok azdır (Şekil 4). Bu durumda diğer boncukların yapıldığı hammaddeler ile karşılaştırıldığında da küçük bir grubu oluşturmaktadırlar. Metal analizleri şu anda tamamlanamadığı için kullanılan metal ve karışımları ile kaynakları hakkında kesin bir şey söylemek için erkendir. Boncukların bulunmuş oldukları ilk durumlara göre bunlar arasında kurşun, bakır, tunç, gümüş ve altın gibi metallerin olabileceği fikri ileri sürülebilir.

Mezarlarda yine çok sayıda fayanstan mavi, beyaz ve yeşilimsi renklerde boncuklar bulunmuştur. Bunlar silisin ısıtılması ile gerçekleştirilen erken örnekleri oluşturmaktadır. Devam eden araştırmaların ışığında gerekli analizleri gerçekleştirerek Başur Höyük mezarlarında ele geçen hammadde kaynaklarının da tespit edilmesi hedeflenmektedir.

## Tipoloji

Boncukların yapımında her ne kadar kullanılan hammadde çeşitlilik gösterse de tipolojik açıdan tutucu bir yaklaşımın izlendiği gözlenmektedir. Temel formlar arasında disk en yaygın olanıdır. Disk biçimli boncukların karakteristikleri hammadde veya kullanılan teknolojiye göre farlılıklar göstermektedir. Sert mineraller üzerindeki çalışmalar daha çok yontmataş teknolojileri ile yakınlık göstermektedir. Dolayısıyla, boncuklar üzerindeki kalan izlerin giderilmesi aşamasındaki düzeltme çalışmalarının boncukların formları üzerinde etkili olduğu anlaşılmıştır. Sert mineraller ile çalışmak ne kadar zor olsa da çok sayıda boncuk üretimi de gerçekleştirilmiştir.

Yumuşak ve işlenmesi kolay olan taş hammaddelerdeyse, örneğin talk/steatit gibi, standartlaşma olduğu görülmektedir. Bu tür malzemelerden üretilen boncuklar daha çok desenli veya çoklu dizilerde kullanılmak üzere hazırlanmış olduğundan form ve delme yöntemlerinde de farklılıklar olduğu dikkati çekmektedir. Bu tür boncukların formları arasında da en yaygın olarak disk, düz baklava şekilliler, üçgenler ile çoklu delikli uzun dikdörtgenimsiler görülmektedir. Benzer formlar, aynı dönem içinde farklı yerlerdeki mezarlıklarda da karşımıza çıkmaktadır (Sertok ve Ergeç, 1999; Ökse, 2006; Akçay, 2017). Görülen yaygın ve standartlaşmış formlar dışında diğer formlarında kullanılmasına karşın yoğun değildirler. Bunlar arasında çok özenli bir işçilikle üretilmiş ve sert minerallerden yapılmış olan çeşitli formlar ile daha yumuşak malzemelerden yapılan mercimek profilli ovaller ile baklava şekilli formlar gösterilebilir.

Deniz kabuklarından yapılan boncuklar kendi doğal formlarına sadık kalınarak ya üst kısımları kesilerek hazırlanmış ya da yandan delik açılarak kullanılmıştır. Fayans boncuklarda basit formlar, uzunlaşmış disk veya fıçı şekilli, görülmektedir.

Metal boncukların durumu çeşitlilik göstermektedir. Üç ana grupta bunları, sırasıyla ince metalden sarılmış uzun formlar, telden yapılmış helezon şekilliler ve metal parçasından doğrudan hazırlanmış olanlar olarak sayılabilir. Son grup içinde fıçı formu ve çift konik form dikkat çekmektedir. Metal analizleri devam ettiği için formlar ve metaller arasındaki ilişkiyi şimdilik kurmak mümkün değildir.

## Teknoloji

Genel bir değerlendirme sonucunda boncuk buluntularının kalitesinde geniş bir çeşitlilik olduğunu söylenebilir. Bu kalite farklarının boncukların bitirilişlerindeki işçilik kalitesi ve üretimdeki hıza bağlı olduğu da söylenebilir. Boncukların son yüzey işçilikleri ve görünüşlerinde farklılıklar da gözlenmektedir. Bazı örneklerde kaba bir işçilik görülürken bazılarında ise çok iyi ve özenli bir işçilik görülmektedir. Başur Höyük boncuk topluluğu sistematik seri üretimin en erken evreleri hakkında bilgi vermektedir. Sert mineraller üzerinde çalışmak bilgi, yetenek ve deneyim gerektirmektedir. Sert mineraller, kırıldıklarında kesken kenarlı parçacıklar verdiklerinden dolayı yontmataş aletlerde kullanılan teknikler kullanılarak işlenebilmektedir. Yumuşak hammaddeler ise (talk/steatit gibi) daha az deneyim gerektirmekte ve daha çabuk işlenebilmektedirler. Sert ve yumuşak hammaddelerden üretilen bazı boncuk tiplerindeki yüksek sayılar, bize bu dönemde organize olmuş seri üretimin varlığını göstermektedir.

Bu türden seri üretimin varlığına işaret eden bir diğer gösterge ise teknoloji ve formdur. Bu mezarlarda bulunmuş olan otuz binden fazla boncuğun (Şekil 5,6) en azından her biri için sadece on beş dakika harcandığı da düşünüldüğünde karşımıza (30.000 x 15 dak. = 450,000 dak.) yaklaşık yedi bin beş yüz saatlik bir mesai süresi çıkmaktadır. Mezar 15 ve 17 deki boncukların sayısı çok fazla olmasına karşılık, hafiftirler ve bir kişi tarafından çok kolay bir şekilde taşınabilirler.

Deniz kabuklarına delik açma teknikleri daha önceki dönemlerden bilinmektedir. Başur Höyük örneklerinde vurarak ve aşındırarak delme teknikleri kullanılmıştır.

Başur Höyük için metal boncuk teknolojisi üzerindeki çalışmalar yapılmamıştır. Boncuklar üzerindeki çalışmalar diğer metal eşyaların teknolojisi ile karşılaştırmalı olarak gerçekleştirilecek ve aralarındaki benzerlikleri anlamaya yönelik olacaktır.

## Kullanım

Boncukların kullanımını tam olarak anlayabilmek için iki tür kanıt kullanılabilir. Bunlardan birincisi boncuklar üzerinde görülen kullanım izleridir. İkincisi ise kontekstleri veya ilintili oldukları diğer konumlarıdır. Başur Höyük'te boncukların hepsi insan iskeletleri ile ilişkilidir. Bazı örneklerde boncukların insan vücudunun neresinde veya nasıl konumlandırıldığı açık olarak görülmektedir. Geri kalan diğer boncukların ise genel olarak mezar hediyeleri arasında yer aldıkları gözlenmektedir. İnsan vücudu üzerinde konumlanmış olan boncuklar arasında en iyi kanıt siyah ve beyaz (talk/steatit) boncuk dizilerinin pozisyonlarından gelmektedir. Bunların elbiselerin dekorasyonunda bir pano gibi veya kemer olarak kullanıldıklarını görülür. Bölgede görülen diğer örneklerde ise benzer boncukların bazen kemer, kolye veya kıyafetlerle birlikte kullanılmış oldukları bilinmektedir. Sözü edilen boncuklardan bazıları kullanım izlerine sahip olmakla birlikte bazılarının hiç kullanılmamış oldukları söylenebilir.

Bu boncuklar arasında seri olarak üretilmiş olanlarında kullanım izlerinin daha az olduğu gözlenmektedir. Bunlardan çoğunun az kullanıldığını veya kullanılmadığı düşünülmektedir. Bazı örnekler sadece mezar hediyesi olarak üretilmiş olabilir.

En nadir olarak görülen formlarda daha çok kullanım izi var ve bazılarının ise hatta kırık oldukları görülür. Boncukların bazılarının gündelik kullanımda uzun vadeli olarak kaldıklarını ve diğerlerinin ise çok az veya hiç kullanılmadıkları söylenebilir. Gelecekte daha detaylı olarak kullanım izleri üzerinde çalışmalar yapılacaktır.

## Yorumlar

Başur Höyük'te İlk Tunç Çağı'na (İTÇ) ait kazısı yapılmış bir yerleşim olmadığından yorumlar bölgedeki diğer kazılmış mezarlar ile sınırlıdır. Mezarlardan gelen çok zengin buluntu topluluğu, özellikle takılar, prestij ve hiyerarşinin kesin işareti olarak görülebilir. Boncuklar ilişkilerin, bireysel ve toplumsal zenginliğin bir işaretidir. Zenginliğin yapılaşmasını anlayabilmek için hammadde kaynaklarına, ticarete ve üretim pratiklerine bakılabilir. Bu açıdan değerlendirildiğinde, Başur Höyük'ün bölgeler arası kavşakta olan konumu bize malzemelerin ve ürünlerin hareketliliği hakkında önemli bir fırsat vermektedir. Bu bilgiden yola çıkarak ticaret yolları ve Başur Höyük'te yaşayan insanların oynamış oldukları rollerini sorgulayabiliriz. Buna ek olarak, çağdaşı olan bölgeler arası diğer mezar ve mezarlıklarla karşılaştırdığımızda bize farklı ürünlerin kullanımı, yayılımı ve yoğunluğu hakkında bilgi vermektedir. 15 ve 17 nolu kontekstlerin örneğinde, biliyoruz ki genç bireyler son derece zengin mezar hediyeleri ile birlikte gömülmüştür. Bundan dolayı, söz konusu zenginliğin kime ait olduğunu ve genç bireylerin toplumsal rollerini sorgulayabiliriz. İlk araştırmalar erken İTÇ içinde, bölge içi ve bölgeler arası ilişkilerin varlığını göstermektedir (Frangipane, 2006; Frangipane ve diğ., 2001; Gansell 2007; Pollock, 1991; Wygnańska ve Bar-Yosef Mayer, 2018). Konu üzerinde devam eden analitik çalışmalar şüphesiz daha geniş bilgileri ortaya koyacaktır.

## Tartışma ve Sonuç

İlk değerlendirmelere göre, Başur Höyük'te mezar hediyesi olarak verilen boncukların sayısı ve çeşitliliği oldukça dikkat çekicidir. İTÇ I döneminin materyal kültürü, bağlantıları, teknolojileri ve sosyal yapısıyla yeni ve aydınlatıcı bilgi verebilme olasılığı çok yüksektir. Daha önce böyle bir buluntu topluluğun detaylı bağlam ve bilimsel analizleri yapılamamıştır ve Başur'un zenginliği bölgenin arkeolojisi için büyük fırsat olarak görmektedir.

Bu gömülerin ve tarihlerinin en ilginç tarafı büyük sosyal değişimin olduğu bir döneme ait detaylı analizlerin yapılmasına olanak sağlayan materyal kültür öğelerine sahip olmalarından kaynaklanmaktadır. Ticari ağların dikkatli incelenmesi, üretim pratikleri, hammadde kaynakları ve zenginliğin dağılımı ve birikimi hakkında tam olarak anlaşılamamış konular ve döneme ışık tutacaktır. Yerleşmedeki İTÇ I mezarlarında bulunan boncuklar üzerindeki çalışmalar devam etmekle birlikte ilk aşamada elde edilen veriler ışığında dahi bu çalışmanın önemi ve daha derinlemesine araştırma yapılması gereğine işaret etmektedir. Devam etmekte olan kapsamlı araştırma projesi iki basit ve temel amaca sahiptir: 1. Boncukların üretimindeki tekniklerin kullanımın anlaşılması, fayans boncuklar örneklerinde olduğu gibi, zamanından çok daha önce ve ortaya çıkan yeni teknolojileri ve 2. Bu dönemde ve bölgedeki sosyal yapı ve ilişkileri anlamak. Bu amaçlara yönelik olmak üzere çeşitli analizler ve karşılaştırmalar gerçekleştirilecektir. Bu döneme ait mezar hediyeleri arasında en zenginlerinden biri ve çok farklı materyal türlerinin görüldüğü yer olarak, farklı yerleşmelerle ve oralarda görülen hammaddelerle karşılaştırarak formlar, hammadde, kullanım ve dağılımı hakkında da bilgi sahibi olmak mümkün olacaktır. Elde edilen bilgiler ışığında da ilişkiler ve ticaret yolları üzerine bir resim oluşturmamız da mümkündür. Üretimde kullanılan teknolojiler ve teknikler de ortak kaynak kullanımı ve üretim alanları için ip uçları olacaktır.

Başur Höyük yerleşmesinde bulunan mezar ve mezar hediyeleri üzerindeki detaylı araştırmaların sonuçlarına dayanarak burada çok önem verilen mezarlarda gömülmüş olan insanların önemleri hakkında daha geniş kapsamlı bilgi ve sonuçlara ulaşılması umulmaktadır.

## Kaynaklar


**Akçay, A. (2017).** A Late Uruk-Early Bronze Age Transitional Period Cemetery in the Upper Tigris Region: Aşağı Salat. *Olba* 25: 49-90.

**Frangipane, M. (2006).** The Arslantepe 'royal tomb': new funerary customs and political changes in the Upper Euphrates Valley at the beginning of the third millennium BC. G. Bartoloni ve M. G. Benedettini (yay.) *Buried among the living*: 169–94. Rome: Università degli studi di Roma 'La Sapienza'.

**Frangipane, M., Di Nocera, M. Hauptmann, A., Morbidelli, P., Palmieri, A., Sadori, L., Schultz, M., Schmidt-Schultz, T. (2001).** New Symbols of a New Power in a "Royal" Tomb from 3 000 BC Arslantepe, Malatya (Turkey). *Paléorient* 27.2: 105-139.

**Gansell, A. R. (2007).** Identity and Adornment in the Third-millennium BC Mesopotamian 'Royal Cemetery'at Ur. *Cambridge Archaeological Journal* 17.1: 29-46.

**Hassett, B., Sağlamtimur, H. (2018).** Radical 'royals'? Burial practices at Başur Höyük and the emergence of early states in Mesopotamia. *Antiquity* 92.363: 640-654.

**Ökse, T. A. (2006).** Early Bronze Age Graves at Gre Virike (Period II B): An Extraordinary Cemetery on the Middle Euphrates. *Journal of Near Eastern Studies* 65.1: 1-38.

**Pollock, S. (1991).** Of priestesses, princes and poor relations: the dead in the Royal Cemetery of Ur. *Cambridge Archaeological Journal* 1: 171–89.

**Sağlamtimur, H., Ozan. A. (2014).** Başur Höyük 2012 yılı kazı çalışmaları. *Kazı Sonuçları Toplantısı* 35.3: 514-529.

**Sağlamtimur, H. (2009).** Siirt Başur Höyük 2008 excavation season. Kültür Varlıkları ve Müzeler Genel Müdürlüğü - Diyarbakır Müze Müdürlüğü (yay.) *Ilısu Barajı ve HES Projesi Arkeolojik Kazıları 2004-2008*: 135–62. Diyarbakır: Kültür Varlıkları ve Müzeler Genel Müdürlüğü - Diyarbakır Müze Müdürlüğü.

**Sağlamtimur, H. (2017).** Siirt-Başur Höyük Erken Tunç Çağı I Mezarları: Ön rapor. *Ege Üniversitesi Arkeoloji Derigisi* 22: 1-18.

**Sağlamtimur, H., Massimino. M. (2015).** Wealth sacrifice and legitimacy: the case of the Early Bronze Age Başur Höyük cemetery (south-eastern Turkey). *10. ICAANE Sempozyumunda sunulan sunumu*, Viyana, 2015.

**Sertok, K., Ergeç. R. (1999).** A new Early Bronze Age cemetery: excavations near the Birecik Dam, southeastern Turkey - preliminary report (1997–98). *Anatolica* 25: 87-107.

**Wygnańska, Z., Bar-Yosef Mayer , D.E. (2018).** Beads. M. Lebeau (yay.) ARCANE (Associated Regional Chronologies for the Ancient Near East and the Eastern Mediterranean, *Artefacts:* 283-294. Turnhout, Brepols.

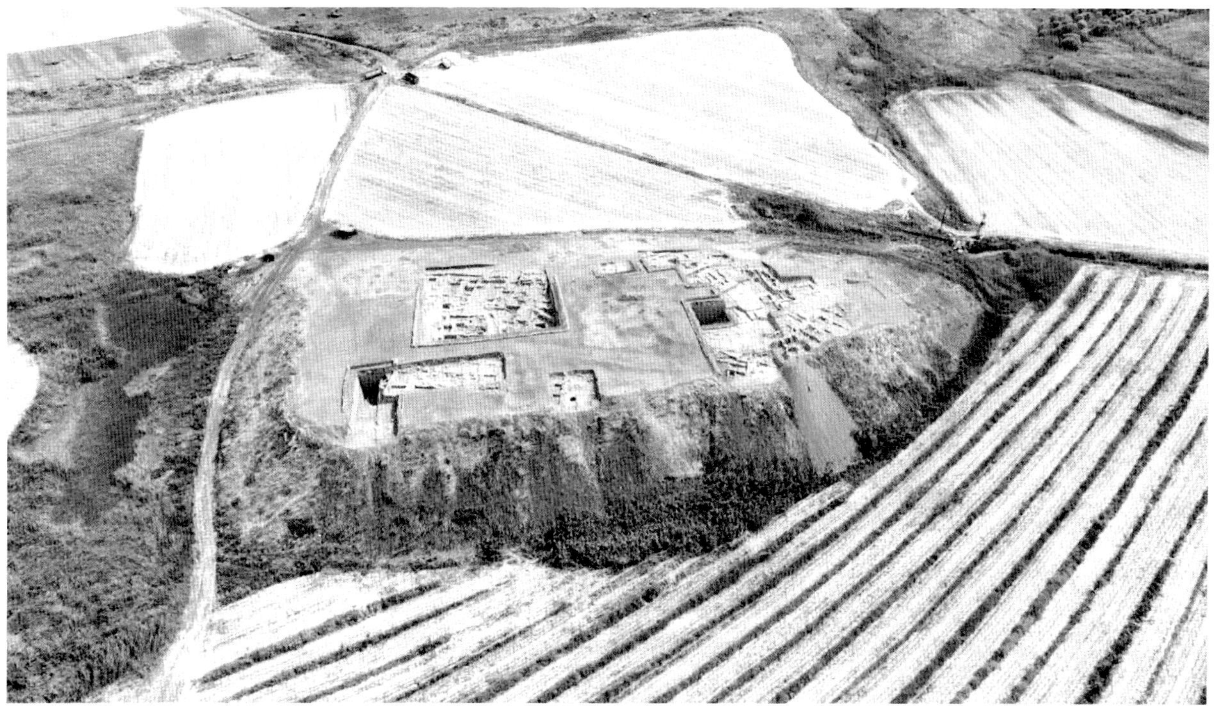

**Şekil 1.** Başur Höyük.

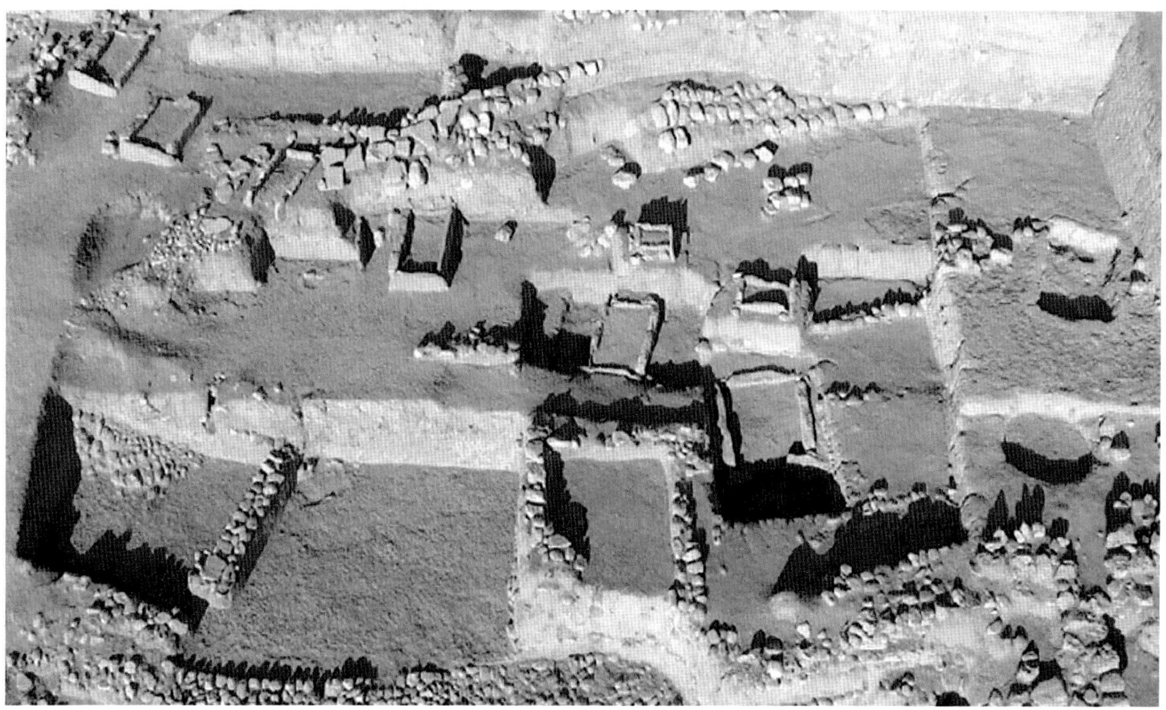

**Şekil 2.** Başur Höyük İlk Tunç Çağ I mezarları.

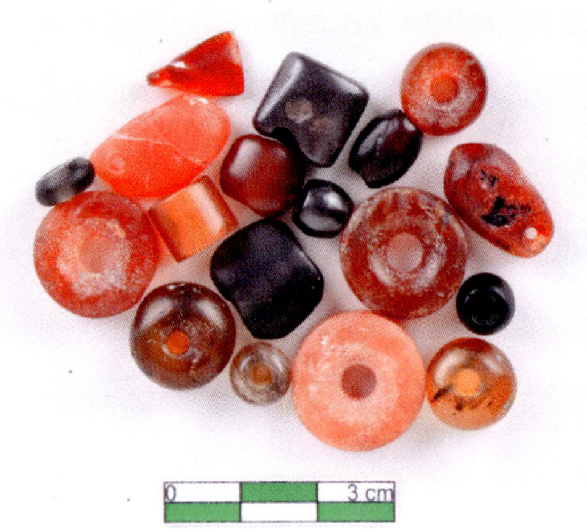


**Şekil 3.** Çeşitli turuncu ve gri renkli kalseduan boncukları, Başur Höyük.

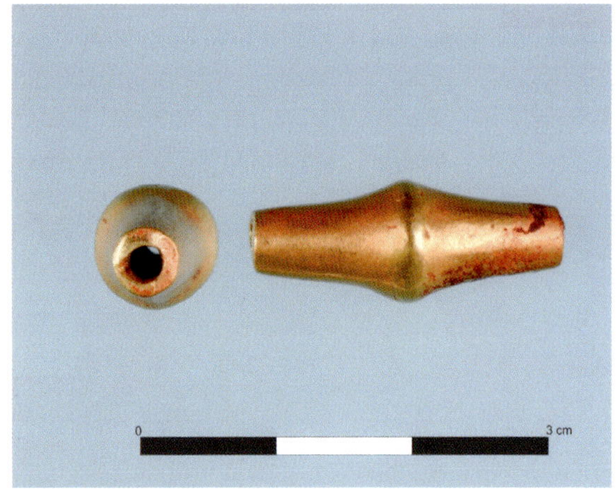


**Şekil 4.** Altın boncuk, Başur Höyük.

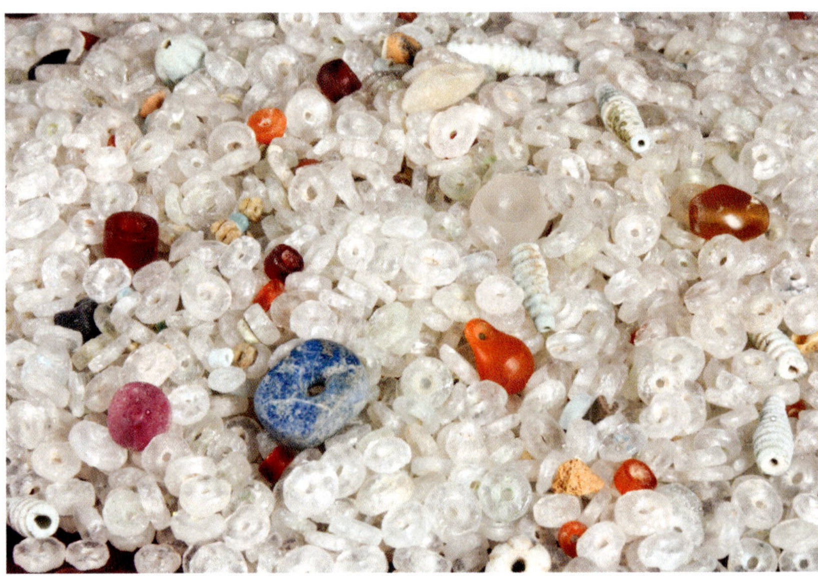

**Şekil 5.** Dağ kristali, kalseduan, ametist, sodalit ve fayans boncukları, Başur Höyük.

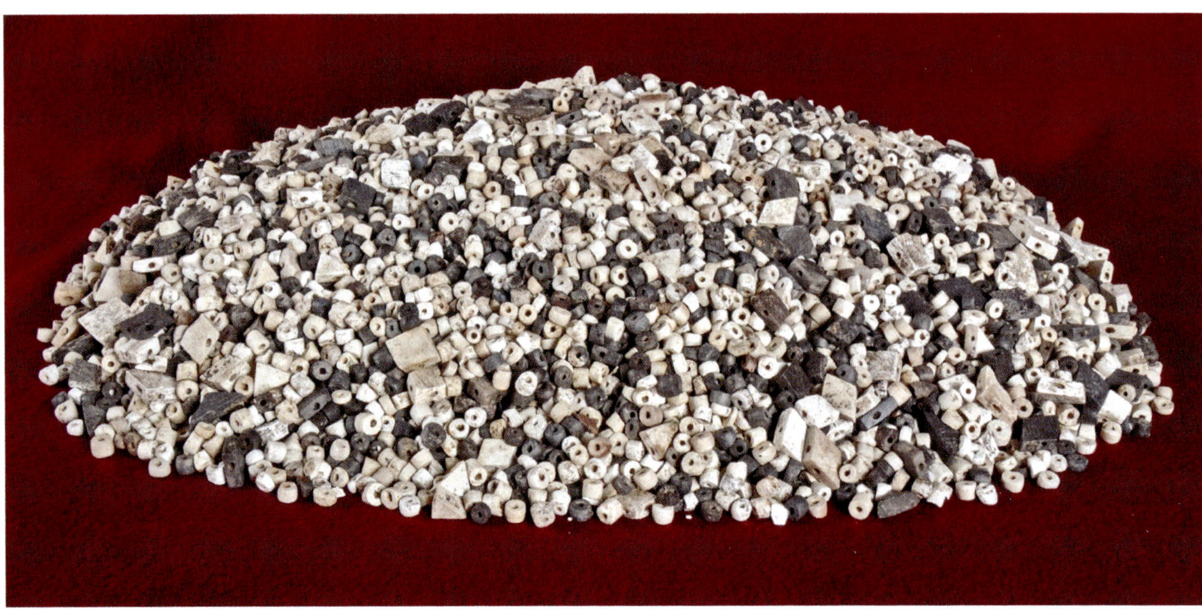

**Şekil 6.** Siyah ve beyaz talk/steatit disk ve baklava şekli boncukları, Başur Höyük.

# "Yaşamda ve Ölümde" – Akeramik Neolitik Dönem'de Boncuklar ve Kimlikler, Aşıklı Höyük Örneği

## *"In Life and in Death" - Beads and Identities During the Aceramic Neolithic Period, the Case Study of Aşıklı Höyük*

Sera YELÖZER
İstanbul Üniversitesi, Tarih Öncesi Arkeolojisi Anabilim Dalı, İstanbul, serayelozer@gmail.com

Hala ALARASHİ
Université Cote d'Azur, CNRS, CEPAM (UMR 7264), Fransa, hala.alarashi@free.fr

### Özet

Boncuklar, yaş, cinsiyet, grup aidiyeti gibi çeşitli kimliklerin ifade edildiği karmaşık bir iletişim sisteminin parçası olarak tarihöncesi topluluklar için çok katmanlı anlamlar taşımaktaydı. Bu çalışmada, Orta Anadolu'nun doğusunda, Volkanik Kapadokya bölgesinde yer alan Aşıklı Höyük yerleşmesinde (MÖ kal. 8350-7300) boncukların yaş ve cinsiyet kimliklerinin dışavurumundaki rolü ele alınmaya çalışılacaktır. Yerleşmenin yüzyıllara yayılan iskan süreci içerisinde topluluğun besin temini ve tüketimi pratiklerinde, teknolojik tercihlerinde, yerleşim düzeninde, mekan kullanımında ve sembolik davranışlarında aşamalı değişimler yaşanır. Bu değişimler ölü gömme davranışları ve Aşıklı bireylerinin birlikte gömüldüğü boncukların yapımında da karşımıza çıkmaktadır. Ön sonuçlar, bazı erişkin bireylerin çeşitli hammadde, form ve renkte boncuklarla gömüldüğünü göstermekteyken, tek boncuk ile gömülme uygulaması yalnızca kadın ve çocuklara özgüdür. Topluluğun yerleşik yaşamı yüzlerce yıl tecrübe edişinden sonra görülmeye başlayan bu değişimin anlaşılabilmesine yönelik ön çalışmalar yeni sorular doğurmaktadır: 1) Aşıklı Höyük'te farklı cinsiyet ve yaş gruplarından bireylerin birlikte gömüldüğü boncuklar arasında üretim zinciri bağlamında ne gibi benzerlik ve farklılıklar vardır? 2) Bu objeler bireyler tarafından yaşamları içerisinde kullanılmış veya doğrudan ölü gömme ritüeli için üretilmiş olabilir mi? Bu soruları cevaplandırmak amacıyla, boncuklar biyografik bir yaklaşımla çalışılmıştır. Bu yaklaşım, hammadde tanımlamaları, tekno-morfolojik analizler ve kullanım izi analizlerini içermektedir.

**Anahtar Kelimeler:** Boncuk, kimlik, teknoloji, Neolitik Dönem, Aşıklı Höyük

### Abstract

Personal ornaments carry interwoven meanings and are part of a complex system of communication where certain identities could be signified. This study aims to investigate the role that beads played in manifesting identities of age and gender at Aşıklı Höyük (8350-7300 cal BC) in east Central Anatolia. The bead assemblage from the site consists of stone, bone, tooth and shell beads. Throughout the hundreds of years of occupation at the site, the community underwent gradual changes in production, architecture, and symbolic behaviors. This is well illustrated in the incorporation of beads in the funerary sphere during the latest phases corresponding to the mid-8$^{th}$ millennium BC, as a new practice after hundreds of years of experiencing settled life at the site. Preliminary results indicate that some adults were buried with large number and varied colored beads whereas the use of single, green beads was confined to females and children. This brings forth certain questions: 1) Can we identify different manufacturing techniques applied to produce these items? 2) Were these items manufactured especially for a burial or were they previously worn? A biographic approach is adopted to analyze the beads found in funerary contexts at the site, including raw material characterization, techno-morphological studies, and use-wear analysis. In this article, these questions are explored supplemented by the preliminary results of the technological and use-wear analysis.

**Keywords:** Beads, identities, technology, Neolithic Period, Aşıklı Höyük

## Giriş

Boncuklar, yaş, cinsiyet, sosyal gruplara aidiyet gibi çeşitli kimliklerin ifade edildiği bir iletişim sisteminin parçası olarak, tarihöncesi topluluklar için çok katmanlı anlamlar taşımaktaydı (Alarashi, 2016a; Baysal, 2015; Baysal ve Miller 2016; Barnes ve Eicher, 1992; Kuhn ve diğ., 2001; Newell ve diğ., 1990; Rigaud, 2011; Schiama ve Eicher, 1998; Stiner ve diğ., 2013; Vanhaeren, 2005; Williams, 1987; Wright, 2012; Wright ve Garrard, 2003). Neolitik Dönem veya yerleşik yaşama geçiş süreci gibi sosyo-ekonomik dönüşümlerin yaşandığı dönemlerde, toplulukların ve bireylerin bu tür objelerle kurdukları ilişkilerin dönüştüğü gözlemlenebilmektedir. Bunu özellikle, boncukların üretim teknikleri, hammadde renk ve form tercihleri ve kullanım biçimlerindeki değişimler üzerinden okuyabiliriz. Bu çalışmanın temel sorunsalı da, göçer avcı toplayıcı yaşam biçiminden yerleşik yaşama geçiş sürecinde kimliklerin nasıl kurgulandığının bir vaka incelemesi ölçeğinde, Orta Anadolu Bölgesi'nin ilk yerleşik topluluklarından biri olan Aşıklı Höyük (MÖ yak. 8350-7300) özelinde sorgulanmasıdır. Aşıklı topluluğunda kimliklerin hangi aracılar ile ifade edildiği ve ölü gömme ritüellerinde bu aracıların yerinin ne olduğu sorusunu cevaplandırabilmek adına boncuklar önemli bir veri grubu sunmaktadır.

Bu amaçla, Aşıklı'da iskeletlerle birlikte bulunmuş boncukların hikayeleri anlaşılmaya; hangi tekniklerin, hammadde türlerinin, renk ve formların hangi cinsiyet ve yaş gruplarından bireyler ile ilişkili olduğu sorgulanmaya çalışılmıştır. Uygulanan yaklaşım üç ana aşamada ele alınabilir: a) zamansal ve mekansal örüntüleri anlamak amacıyla arkeolojik bağlamın sistematik ve ilişkisel bir şekilde belgelenmesi, b) hammadde tanımlamaları, tekno-morfolojik analizler ve kullanım izi analizlerini içeren analiz süreci ve c) bu iki adımın bir araya getirilmesi sonucunda, üretim ve kullanımın sosyal bağlamı, kimlikler ve sembolizm gibi kavramların tartışıldığı yorum aşaması. Bu yaklaşımla, Aşıklı Höyük'te farklı cinsiyet ve yaş gruplarından bireylerin birlikte gömüldüğü boncukların üretim zincirlerinin tanımlanması, bu objelerin bireylerin yaşamları içerisinde kullanılıp kullanılmadığının tartışılması hedeflenmektedir.

## Aşıklı Höyük

Aşıklı sakinleri, Volkanik Kapadokya bölgesinin bilinen ilk yerleşik topluluklarındandır. Yerleşmede iskan, MÖ 9. bin yıl ortalarında avcı toplayıcı bir topluluğun Melendiz Nehri kenarına yerleşmesi ile başlar. Bölge, volkanik faaliyetler sonucunda oluşan obsidiyen ile andezit, bazalt, tüf gibi çeşitli hammadde kaynakları açısından oldukça zengindir. Hammadde kaynakları ve Ihlara Vadisi gibi mikro habitatlar ile bölge, Geç Pleistosen ve Erken Holosen'de insan topluluklarının yer seçimlerine etki etmiştir (Esin, 1998; Tuncel, 1998; Kuzucuoğlu, 2002; Özbaşaran, 2011). MÖ 9. bin yıl ortalarında Aşıklı'nın ilk yerleşiklerinin yaşam biçimi geniş ölçekli avcı toplayıcılık, küçük ölçekli tarımsal faaliyetler, mikrolit aletler, kaynak kullanımında çeşitlilik ve farklı topluluklar ile etkileşim gibi özellikler sergiler. Yüz yıllara yayılan iskân süreci içerisinde, topluluğun besin üretimi ve tüketimi pratiklerinde, yerleşme düzeni ve mimaride, teknolojik ve birtakım sembolik davranışlarında değişimler yaşanır (Özbaşaran ve diğ., 2018). Bu değişimler, boncuk yapımı ve kullanımında da karşımıza çıkmaktadır. MÖ 8. bin yıl başlarında azalmaya başlayan topluluklar arası etkileşim, yerleşmenin terkinden önce, MÖ 8. bin yılın ikinci yarısına tarihlenen tabakalarda artış gösterir; etkileşimin göstergeleri içerisinde farklı bölgelerdeki çağdaş yerleşmelerden de bilinen belirli bir tekno-morfolojiye sahip boncuklar yer almaktadır. Ölüler, tüm yerleşme evrelerinde bina içlerine, mekan tabanına açılan çukurlara, *hocker* pozisyonunda gömülür. MÖ 8. bin yıl ortalarında kimi bireyler tek, çift veya dizi halinde boncuklar ile birlikte gömülmeye başlar (Yelözer, 2016, 2018). Bu durum, bireylerin kimlikleri, bu kimliklerin ölüm ve sonrasında gerçekleştirilen ritüeller ile yeniden üretimi ve kimlik-maddi kültür ilişkisine dair sorular doğurmaktadır.

# Malzeme ve Yöntem

## Hammadde Grupları ve Formlar

Çalışmanın odak noktasını Aşıklı sakinlerinin birlikte gömüldüğü boncuklar oluşturmaktadır. Aşıklı bireylerinin birlikte gömüldüğü boncukların büyük çoğunluğu taş ve minerallerden üretilmiştir (Yelözer, 2016, 2018). Taş ve mineral türleri içerisinde steatit, kireçtaşı, serpantin, lületaşı gibi yumuşak taşlar, kuvars grubu mineraller (tek kristalli kuvarslar: dağ kristali; çok kristalli kuvarslar: saydam ve yarı-saydam kalsedonlar, örn. karnelyen, krisopraz; opak kalsedonlar, örn. jasper/yeşimtaşı) ve malahit/nabit bakır yer alır. Az sayıda örnekte ise hayvan kemiği, dişi ve Akdeniz kabuğundan üretilmiş boncuklar bulunmaktadır. Hammadde türleri ile boncuk formları arasında bir ilişki mevcuttur; belirli hammaddeler belirli formda boncukların üretimi için tercih edilmiştir. Malzeme grubu, uygulanan üretim tekniklerinde ve kullanım izlerinin oluşumunda belirleyici olması bağlamında yumuşak ve sert taşlardan üretilmiş boncuklar olarak ayrılabilir (Tablo 1).

**Tablo 1. Çalışılan malzeme grubu içerisindeki taş türleri ve Mohs sertlik derecesine göre grupları.**

| Mohs: ≤2-5 | Mohs: ≥7 |
|---|---|
| Steatit, kireçtaşı, lületaşı, serpantin, mermer | Dağ kristali, karnelyen, krisopraz, jasper |

Steatit, serpantin ve kireçtaşı gibi yumuşak taş türleri özellikle kısa, disk ve fıçı formlu boncukların üretiminde tercih edilirken, sert, yongalanarak önform verilebilecek hammaddeler yassı, konveks veya bikonveks formlu, mercimek veya elmas formunda kesitlere sahip belirli bir formdaki boncukların üretimi için tercih edilmişlerdir (Şekil 1). Çalışmanın odak noktasındaki bu boncuklara dair literatürde terminolojik bir standart olmasa da Alarashi'nin (2016b: 494) tanımı Aşıklı örnekleri ile uyumluluk göstermektedir: (a) yassı ve büyük form; (b) simetrik uç; (c) mercimek veya elmas formlu kesit ve bazı örneklerde (d) halka uç (Şekil 2).

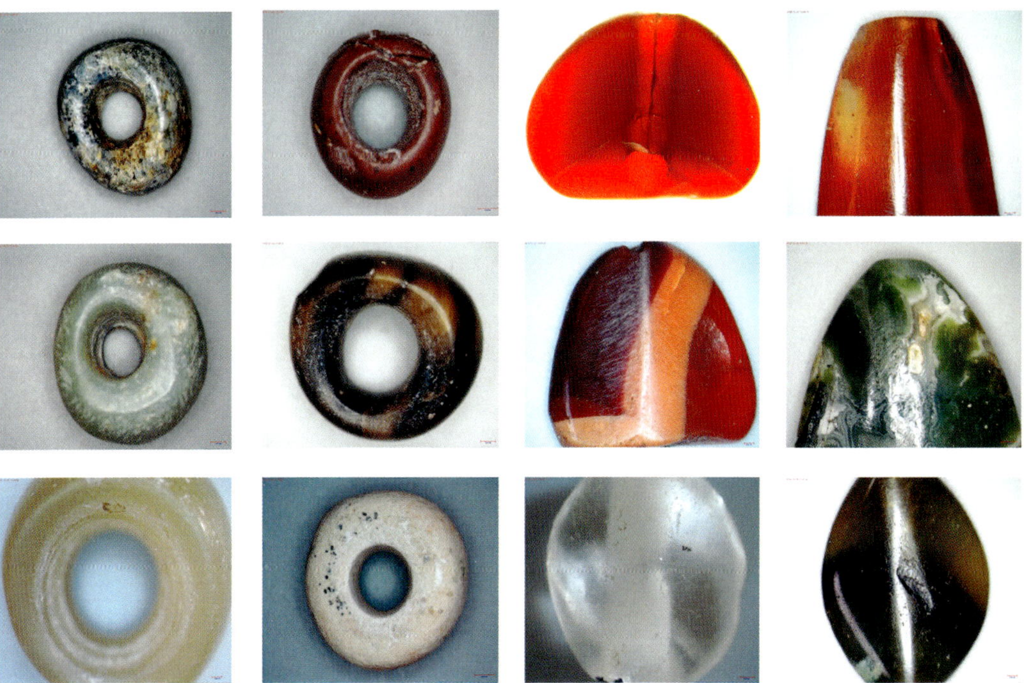

**Şekil 1.** Yumuşak ve sert taş türlerinden farklı formlarda boncuklar.

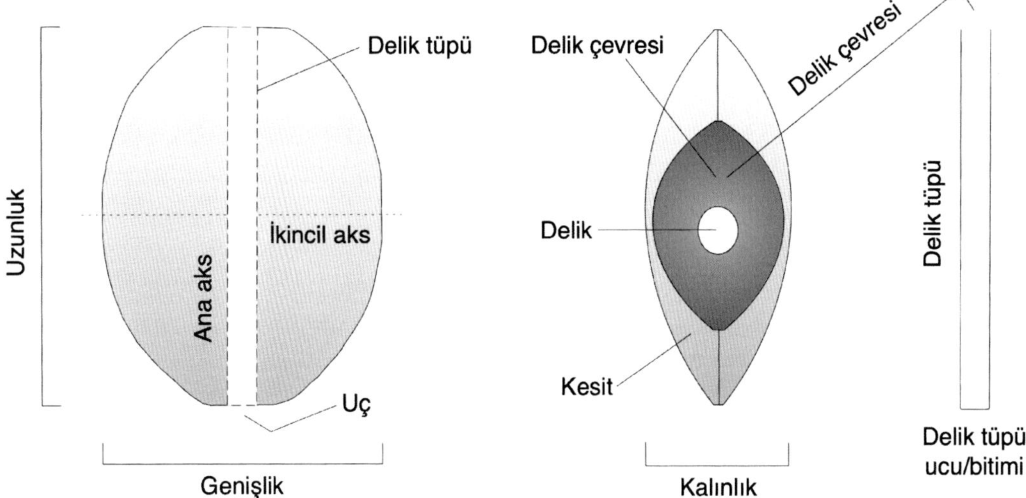


**Şekil 2.** Boncuk yüzey ve delik morfolojisi ve kullanılan terimler.

## İz Analizleri

İz analizleri için örneklenen boncuklar farklı sertlik derecelerindeki hammaddelerden seçilmiştir. Boncukların ön ve arka yüzleri ve delik içlerinden dental silikon malzemesi (*Coltene President Jet light body* A tipi silikon) ile kalıp alınmış, analizler silikon kalıplar üzerinde gerçekleştirilmiştir. Silikon kalıpların özellikle sert taşlardan üretilmiş boncuklar üzerinde yer alan en küçük ve detaylı izlerin negatiflerini taşıdığı gözlemlenirken, Raad ve Makarewicz (2019) tarafından da belirtildiği gibi, bazı yumuşak taş türlerinde malzeme yüksek kalitede sonuç vermemektedir. Örnekler 11-63x aralığında büyütmeye sahip bir stereomikroskop (Olympus SZ-ET) altında incelenmiş ve ardından bazı örnekler 9-150x aralığında daha fazla büyütme olanağı sunan bir optik mikroskop (Leica Z16 APO) ile yeniden incelenmiştir. Bu mikroskoba bağlı *Leica Application Suite 4.4.0* yazılımı ile bazı örnekler fotoğraflanmış, gerek duyulduğunda tüm yüzeyin görüntüsünü alabilmek amacıyla art arda odaklanarak çekilen en az 20-30 aralığında görsel *Helicon Focus 5.3* yazılımında birleştirilmiştir.

Boncuk yüzeyleri için kaydedilen farklı izler şu şekildedir: (a) çizikler, (b) çıkarımlar, (c) vurma noktaları, (d) parlaklık. Her izin yoğunluğu, yönü, devamlılığı, organizasyonu ve morfolojisi tanımlanmıştır (Tablo 2). İzlerin genel organizasyonu ve morfolojik özelliklerinin kaydedilmesi, üretimin hangi aşamasına ait oldukları, kullanılan aletin özellikleri ve/veya kullanım sonucu mu oluştukları gibi soruların cevaplandırılabilmesini mümkün kılmak-

**Tablo 2. Boncuk yüzeylerinin mikroskobik analizinde tanımlanan parametreler.**

| **A. İz türleri** | |
|---|---|
| 1. Çizikler | var/yok |
| 2. Çıkarımlar/negatifler | var/yok |
| 3. Vurma noktaları | var/yok |
| **B. İzlerin tanımı** | |
| 1. Yoğunluk | yüksek/az |
| 2. Yön | ana aksa paralel/ikincil aksa paralel/verev |
| 3. Devamlılık | devamlı/kesik, devamsız |
| 4. Organizasyon | paralel/çapraz, birbirini kesen/düzensiz |
| ***a. Çiziklerin morfolojisi*** | |
| i. Kalınlık | ince (<50-70 μm), geniş (>70 μm) |
| ii. Derinlik | derin, belirgin/sığ, yüzeysel |
| iii. Yönelim | düz/hafif eğimli, kavisli/yuvarlak |
| iv. Kesit | V/U |
| v. Aralık | dar, sıkışık/aralıklı, ayrık |

**Tablo 3. Boncuk deliklerinin mikroskobik analizlerinde tanımlanan parametreler.**

| A. Delik morfometrisi | |
|---|---|
| 1. Kesit | konik/yarı-konik/silindirik/yarı-silindirik/aşamalı |
| 2. Form | yuvarlak/oval/dörtgen |
| 3. Deliğin yönelimi | düz/eğimli |
| 4. Delik tüpünün ucunun formu | yuvarlak/oval/düz |
| 5. Hiza | aynı aksta düz hizada/aynı aksta üst üste binen/eğimli |
| 6. Tüplerin oranı | örn. %70-%30 |
| B. Deliğin çevresi (delme platformu/yüzü) | |
| 1. Genel form | oval/yuvarlak |
| 2. Mikro-izler | çizikler, vurma izleri; izleri arası ilişki, hiyerarşi; yoğunluk |
| C. Delik üzerindeki mikro-izler | |
| 1. Çizikler | |
| a. Devamlılık | tüm dönüş/yarı dönüş |
| b. Konum | uca yakın/ortada/bitime yakın |
| c. Organizasyon | gruplar-bantlar halinde/devamlı |
| 2. Parlaklık | konum, yoğunlaştığı alanlar ve diğer izlerle ilişki |

tadır. Deliklerde öncelikle delme yönü belirlenmiştir. Delik morfometrisi, makro ölçekte deliğin genel özelliklerini kapsar. Deliğin formu ve delik tüpünün ucu, kullanılan delici hakkında bilgi verebilmektedir. Delik tüplerinin yönelimi, hizası ve oranı, delme işlemi esnasında uygulanan farklı hareketlerin tanımlanabilmesini sağlamaktadır. Delik çevresinin incelenmesi ise delme işlemi gerçekleştirilmeden önce uygulanan adımların ve boncuğun bir başka boncuk veya materyal ile birbirine değmesi sonucu oluşması muhtemel izlerin tanımlanabilmesini sağlamaktadır. Delik tüpü üzerindeki mikro izler, delik açılırken uygulanan hareketi, kullanılan aleti ve kimi örneklerde kullanım izlerini ve/veya kullanım sonucu silinmiş üretim izlerini görebilmemizi sağlamaktadır (Tablo 3).

## Üretim ve Kullanım İzi Analizleri: Ön Sonuçlar

Teknolojik analizler, hedeflenen forma ulaşılana dek üreticinin uyguladığı metod ve teknikleri tanımlamayı amaçlar. Bu amaçla, üretim zinciri yaklaşımı ile, öncelikle hammadde türünün tanımlanması önemlidir; hammaddenin niteliği, uygulanacak tekniğin birincil belirleyeni olacaktır. Sert taş türlerinden boncuk yapımında uygulanacak teknikler ve kullanılan aletler, yumuşak taşlar üzerinde uygulanacak tekniklerden ve kullanılan aletlerden farklılık gösterecektir. Dolayısıyla, üretim ve kullanıma dair mikro izlerin de farklı olması beklenir. Bu çalışmada, Aşıklı taş boncukları için üç farklı üretim zinciri saptanmıştır: 1) sert taşlardan üretilmiş boncuklar, 2) yumuşak taşlardan üretilmiş büyük boncuklar ve 3) kısa ve küçük boncuklar.

### Sert Taş Türlerinden Boncuklar

#### *Önform: Yongalama*

Yongalanarak önform verilen hammadde nodülü, daha sonra sürtme işlemlerinden geçirilir. Dolayısıyla, yongalama çıkarımları birçok örnekte gözlemlenemez. Bazı örneklerde, üzerinde bir sonraki üretim aşamasına ait sürtme çizikleri yer alan çıkarımlar mevcuttur. Bu çıkarımlar, olasılıkla önform verme aşamasına aittir (Şekil 3a, b). Bir başka örnekte ise boncuk yüzeyi boyunca dairesel ve yarı-dairesel izler yer alır; bu örnekte sürtme çizikleri gözlemlenmemiştir (Şekil 3c, d). Bu izlere dair literatürde çeşitli öneriler mevcuttur: (a) (ön)form verme aşamasında doğrudan vurma tekniğinin kullanımı (Alarashi, 2014, s. 138, Tablo 5.3), (b) ısıtma (Groman-Yaroslavski ve Bar-Yosef Mayer, 2015, s. 81-82) veya (c) kullanım esnasında bir başka sert yüzey ile sürekli temas (Carter, 2016). Dağ kristalinden üretilmiş bir boncuk üzerinde gözlemlenen bu izlerin (ön)form verme aşamasında doğrudan vurma tekniğinin kullanımı ile ilişkili olduğu düşünülmektedir. Dağ kristalinin çok kristalli kuvarslardan farklı-

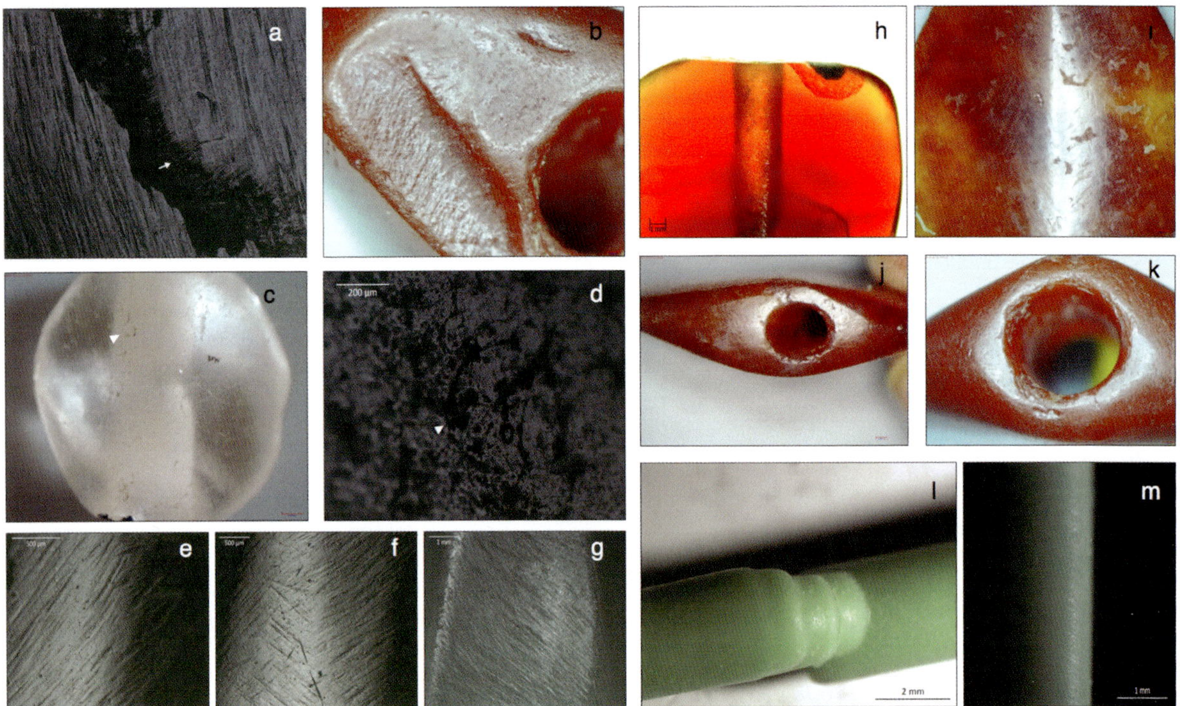

**Şekil 3.** Sert taşlardan üretilmiş boncuklarda tanımlanan üretim izleri; a-b: karnelyen boncuk, yongalama çıkarımları; c: dağ kristali boncuk, d: dairesel izler (mag. 150x); e-g: sürtme/aşındırma çizikleri (e: mag. 80x; f: mag. 50x; g: mag. 25x); h-ı: ısıtma ile ilişkili olabileceği düşünülen izler (h: karbon parçacıkları; ı: yüzey çatlakları); j-k: delme işleminden önce yüzey hazırlamaya işaret eden vurma izleri; l-m: delik tüpü (l: iki delik tüpünün buluşma noktası, mag. 20x; m: delik tüpü üzerindeki çizikler, mag. 40x).

laşan yapısının yongalama işlemini daha zorlu kılabileceği düşünüldüğünde (Fernandez-Marchena ve Ollé, 2016), hammadde yapısının doğrudan vurma gibi farklı tekniklerin kullanımına neden olduğu önerilebilir.

## *Form Verme: Sürtme/Aşındırma*

Çizikler, boncuğa form verilirken uygulanan sürtme işlemi sonucunda oluşan izlerdir. Çiziklere parlak bir yüzeyin eşlik etmesi, sürtme işleminde kullanılan yüzey ve yağ, kum gibi aşındırıcıların kullanımı ile ilişkili olabilir. Çiziklerin morfolojisi ve parlaklığın derecesi, sürtme işleminin amacına dair (kaba form verme, pürüzlerin düzeltilmesi, parlak görünüm kazandırma) bilgi verir. Aşıklı boncukları üzerinde tanımlanan çizikler, bunların yönü ve konumu, birden fazla sürtme aşamasına işaret eder. Verev, eğimli, uzun ve birbirine yakın dar ve derin çizikler boncukların kenarlarında yoğunlaşır ve boncuk yüzeyi boyunca devam eder (Şekil 3e). Boncuğa form verilirken uygulanan ilk sürtme işleminin verev ve hafif eğimli bir yön ile, sert, iri taneli bir taş ile uygulandığı önerilebilir. Boncukların ana aksı üzerinde, verev, eğimli, uzun çizikler ile genellikle farklı yönde konumlanan kısa ve düz çizikler yer alır (Şekil 3f). Bu çizikler, ana aksa dışbükey form verme amacıyla uygulanan işlemin sonucudur. Boncukların alt bitimlerinde ise boncuğun ana aksına doğru yönelen kısa ve düz çizikler yer alır (Şekil 3g). Bunlar da bu alana bombeli bir form verme amacıyla uygulanan sürtme izleridir. Tümüne parlak ancak pürüzsüz olmayan bir görünüm eşlik eder; parlak görünüm olasılıkla yağ, kum gibi aşındırıcıların kullanımı ile ilişkilidir.

## *Isıtma*

Arkeolojik, deneysel ve etnografik çalışmalar, boncuk yapımı öncesi ve sırasında materyalin yongalanabilirliğini ve parlaklığını arttırma, rengini belirginleştirme gibi amaçlarla ısıtıldığını göstermektedir (Alarashi, 2014, s. 444; Groman-Yaroslavski ve Bar-Yosef Mayer, 2015, s. 81-82; Inizan, 1999; Kenoyer ve diğ., 1994). Aşıklı boncuklarında da bazı örneklerde gözlemlenen yüzey çatlakları ve materyal içine nüfuz etmiş karbon parçacıkları ısıtma uygulaması ile ilişkili olabilir (Şekil 3h, ı).

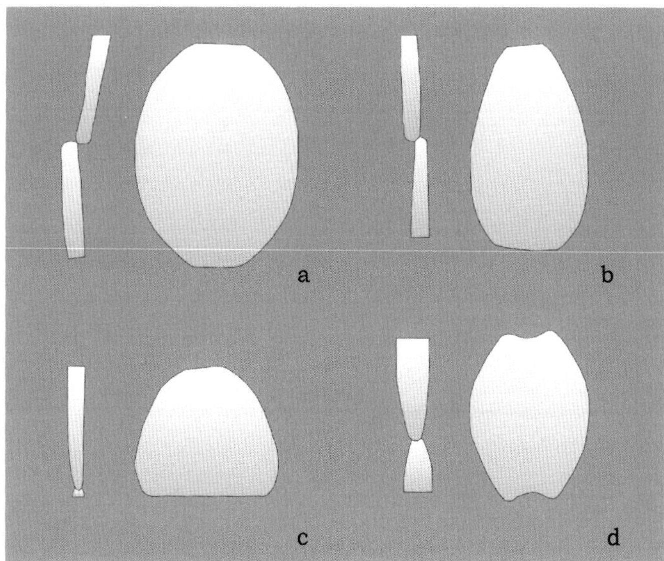


**Şekil 4.** Delik kesitleri (a: eğimli, üst üste binen silindirik kesit; b: düz hizada üst üste binen silindirik kesit; c: aynı hizada muntazam buluşturulmuş yarı-silindirik kesit; d: aynı hizada muntazam buluşturulmuş yarı-konik kesit).

### *Delme*

Delme, sürtme ve hafif parlatmayı kapsayan form verme işleminden sonra gerçekleşmiş olmalıdır. Delik kenarlarında görülen verev çizikler ve bu çiziklere eşlik eden parlak görünüm birçok örnekte delik tarafından kesilmektedir ve delik açılmaya başlamadan önce yüzeyin hazırlanmasına işaret eden vurma izleri bu çiziklerin üzerinde konumlanır (Şekil 3j, k). Sert taşlardan üretilmiş boncuklarda delme işlemi çift yönlü gerçekleştirilmiştir. Delik tüplerinde çizikler çap boyunca devam eder (Şekil 3m). Çiziklerin devamlılığı, deliklerin mekanik bir alet ile tam yönlü dönüş ile açıldığını önerir. Silindirik kesitli delik tüpleri, birçok örnekte aynı hizada üst üste biner; olasılıkla ilk delik düz bir şekilde açılmış, diğer yönden delme işlemi esnasında ise üretici ikinci deliği ilk delikle buluşturabilmek amacıyla aleti ve elini eğmiş ve/veya aleti değiştirmiştir. Bir örnekte, ilk açılan delikle ikinci deliği buluşturmakta zorlanan üreticinin işleme en az dört kez yön değiştirerek devam ettiği görülmektedir (Şekil 3l).

Aynı sertlik derecesine sahip malzemelerden üretilmiş benzer formdaki boncukların delik kesitlerinde çeşitlilik mevcuttur. Erişkin bir kadın ile birlikte bulunmuş boncuk dizisini oluşturan boncukların tümü silindirik delik kesitlerine sahiptir. Bu delikler, kolay kırılması olası, ince, silindir deliciler ile (örn. bkz. Coşkunsu, 2008, s. 28, Fig. 3), boncuk sabitlenerek, kum gibi aşındırıcılar ve sıvı kullanımı ile açılmış olmalıdır (Alarashi, 2016b, s. 502; Bar-Yosef Mayer 2013, s. 135). Delik tüpleri üzerindeki parlak noktalar da aşındırıcı kullanımına işaret eder. Ancak, delik kesitlerinin yönelimi ve birbiriyle ilişkisi, delme işlemi esnasında uygulanan farklı hareketler ile ilişkilidir. İki boncuktan biri hafif eğik bir hareket ile delinmişken (Şekil 4a), diğeri alet daha düz tutularak delinmiştir (Şekil 4b); her iki örnekte de delik tüpleri üst üste biner. Üçüncü örnekte ise boncuk yarı-silindirik delik kesitlerine sahiptir ve delik tüpleri muntazam buluşturulmuştur (Şekil 4c). Bir başka örnek, erişkin bir erkek ile birlikte bulunmuş bir diziye aittir. Boncuğun yarı-konik delik kesitleri muntazam buluşturulmuştur (Şekil 4d). Bu farklılıklar, a) aynı sertlik derecesine sahip malzemelerden üretilmiş benzer formdaki boncuklar delinirken farklı delicilerin kullanımına, b) daha uzun boncuklar delinirken, üreticilerin delik tüplerini muntazam bir şekilde buluşturmakta daha çok zorlandığına ve c) daha kalın ve kırılması zor delicilerin kullanımı ile deliklerin buluşturulmasının daha kolay olduğuna işaret eder.

## Yumuşak Taş Türlerinden Büyük Boncuklar

Yumuşak taş türlerinden üretilmiş büyük boncuklar üretim zincirinde daha az zaman ve emek yatırımı gerektirir; ayrıca bu üretimde farklı aletler ve tekniklerin kullanımı söz konusudur. Çizikler ve kazıma izleri, form verme aşamasında sürtme, kesme ve kazıma gibi farklı tekniklerin uygulandığına işaret eder. Delme ise çift yönlüdür (Şekil 5).

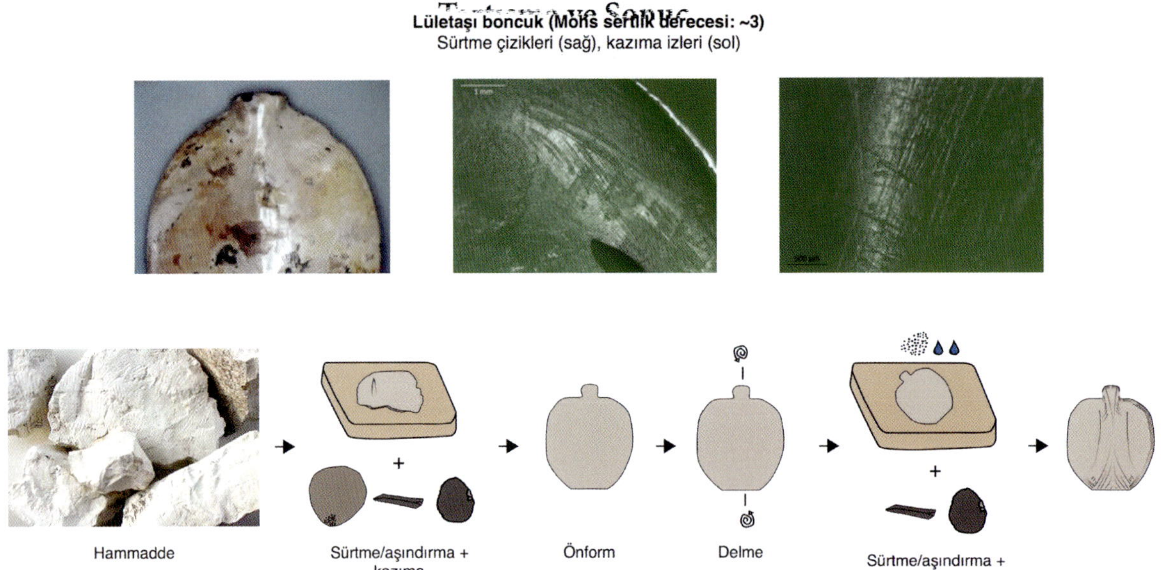


**Şekil 5.** Yumuşak taşlardan üretilmiş büyük boncuklar için önerilen üretim zinciri (üst sıra: lületaşı boncuk ve üretim ile ilişkili izler; alt sıra: şematik üretim zinciri).

## Kısa ve Küçük Boncuklar

Bir diğer grup, kısa, küçük boncuklardır. Bu boncuklar orta sertlikte ve yumuşak taş türlerinden üretilmiş boncuklar olmak üzere iki gruba ayrılabilir.

Orta sertlikte taş türlerinden disk formlu boncukların üretiminde, hammadde bloğundan ayrılarak küçültülen parçaların yüzeyleri sürtme işlemine tabi tutularak önform verilir. Önform birçok örnekte çift yönlü delinir ve tek veya toplu halde boncuğun kenarları yuvarlatılarak son form verilir. Yumuşak taş türlerinden fıçı formlu boncukların üretiminde uygulanan aşamalar ise şu şekildedir: a) sürtme, kazıma, kesme teknikleri ile önform verme, b) delme, c) sürtme işlemi ile parlatma ve son form verme. Yumuşak taş türlerinden disk formlu boncuklarda ise öncelikle silindir formlu bir önform elde edilir. Önformun delinmesinin ardından küçük parçalara bölünerek elde edilen boncuklar, olasılıkla toplu halde sürtme işlemine tabi tutularak son form verilir.

## Kullanım İzleri

Kullanım izlerinin oluşumu da hammaddenin niteliğine göre farklılık göstermektedir. Sert taşlardan üretilmiş boncuklarda kullanım ile ilişkili olabileceği düşünülen izler içerisinde üretim izlerini kesen küçük çukurlar, kenar kırıkları ve boncukların bir başka yüzey ile en çok temas etmesi beklenen dışbükey ana aksı üzerinde yer alan lokal yoğun parlaklık yer alır. Yoğun ve lokal parlaklık, üretim izlerinin silinmesi, üretim izlerini kesen düzensiz çizikler ve oluk formlu izler ile bir örnekte gözlemlenen deforme olmuş delik kenarı gibi izler ise yumuşak taşlarda gözlemlenen kullanım izleri içerisindedir (Şekil 6).

# Tartışma

## Teknikler, Etkileşim ve Kimlikler

Bu ön çalışma, Aşıklı Höyük'te farklı sertlik derecesine sahip taşlardan boncuk üretiminde kullanılan tekniklere dair ipuçları sunmaktadır. Bu tekniklerin sosyal bağlamı iki çerçevede ele alınabilir: (a) MÖ 8. bin yıl yarısında Aşıklı topluluğunda farklı sertlikteki taşlar üzerinde uygulanacak tekniklere hakim, bu teknikleri benimsemiş yerel boncuk üreticilerinin varlığı veya (b) bahsi geçen boncukların, bu teknikleri uygulayan üreticiler, topluluklar ile etkileşim sonucunda yerleşmeye bitmiş halde getirilmiş olabileceği. Yerleşmede taş boncuk üretimi ile ilişkili

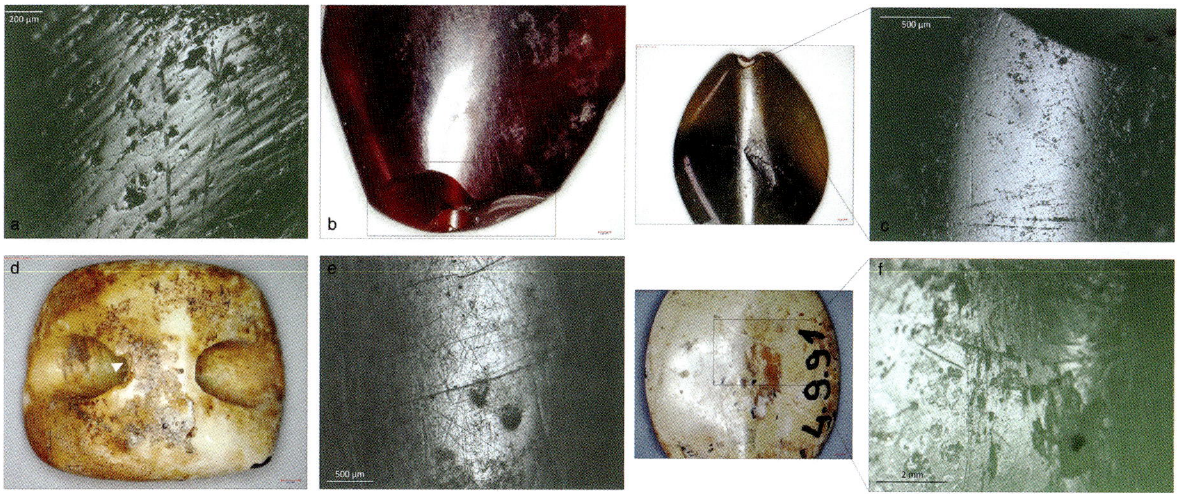

**Şekil 6.** Kullanım sonucu oluştuğu düşünülen izler. Sert taşlardan üretilmiş boncuklar (a-c) (a: küçük çukurlar, mag. 100x, b: kenar kırıkları, c: parlaklık ve küçük çukurlar, mag. 80x); yumuşak taşlardan üretilmiş boncuklar (d-f) (d: deforme olmuş delik kenarı, e: düzensiz çizikler, mag. 50x, f: lokal, derin, oluk benzeri izler).

hammadde nodüllerinin ve artık parçaların bulunmayışı ikinci olasılığı daha güçlü kılmaktadır (Yelözer, 2018). Her iki olasılık da M.Ö. 8. bin yıl ortalarında boncuk üreticilerinin oldukça sert hammaddeler üzerinde uygulanan ve organizasyonu yoğun zaman, tecrübe ve yetenek gerektiren farklı tekniklere hâkim olduklarını göstermektedir. Kalsedon grubu taşlardan benzer boncukların yapımında uygulanan spesifik teknikler, şimdiye dek çeşitli araştırmacılarca tartışılmıştır (Tablo 4; Alarashi, 2014, 2016b; Bains, 2012; d'Errico ve diğ., 2000; Groman-Yaroslavski ve Bar-Yosef Mayer, 2015; Pelegrin, 2000). Aşıklı örneklerinin de desteklediği üzere, bu teknikler yongalama, sürtme, ısıtma, delme ve parlatma aşamalarını içermektedir (Şekil 7).

Karnelyen bu dönemde olasılıkla "egzotik" bir hammadde niteliği taşır; bilinen kaynaklar Negev, Sina ve Suudi Arabistan'ın batısında yer alırken (Alarashi, 2016b; Benz ve diğ., 2019, s. 23; Spatz ve diğ., 2014) Kapadokya'da, Alacadağ civarında (Bains ve diğ., 2013, s. 337; Yelözer, 2018) ve Yukarı Fırat Havzasında (Inizan, 1999) bulunabileceği veya nehir yataklarında yuvarlanarak farklı bölgelere yayılmış olabileceği önerilmektedir (Groman-Yaroslavski ve Bar-Yosef Mayer, 2015). Benzer tekno-morfolojideki boncuklar MÖ 8. bin yıl ortalarında Orta Fırat, Güney Levant, Zagroslar ve Kıbrıs'a dek yayılan geniş bir coğrafyadaki yerleşmelerden bilinmektedir (Alarashi,

**Tablo 4. Sert taş türlerinden boncuk yapımında izlenen aşamalar, ilişkili teknikler ve izler (Alarashi, 2014, 2016; Bains, 2012; d'Errico ve diğ., 2000; Groman-Yaroslavski ve Bar-Yosef Mayer, 2015; Pelegrin, 2000'den faydalanılmıştır).**

| Aşama | Amaç | Teknik | İzler |
|---|---|---|---|
| Spesifik uygulamalar | Hammaddenin şekil verilebilirliğini arttırmak (?) | Isıtma | Hammadde içerisinde çatlaklar, karbon partikülleri, beyaz renkli halka şeklinde veya opak/koyu lekeler |
| Debitage | Önform vermek | Doğrudan veya dolaylı vurma (?) | Yongalama çıkarımları |
| Form verme | Boncuğun genel formunu oluşturmak | Dolaylı vurma ve/veya baskı tekniği (?) | Vurma noktaları |
| | | Aşındırma/sürtme | Çizikler |
| Delme | | Mekanik, tüm dönüşlü (aşındırıcı, sıvı kullanımı ve boncuk sabitlenerek kolaylaştırılmakta) | Delik içinde çizikler, parlak noktalar; delik çevresinde vurma izleri |
| Bitirme/son işlem | Pürüzsüz, düz, parlak bir yüzey elde etmek | İnce açkılama ve parlatma (aşındırıcı, sıvı kullanımı; deri vb. bir malzeme içerisinde sallama) | Önceki aşamalara ait izlerin silinmesi, parlak görünüm |

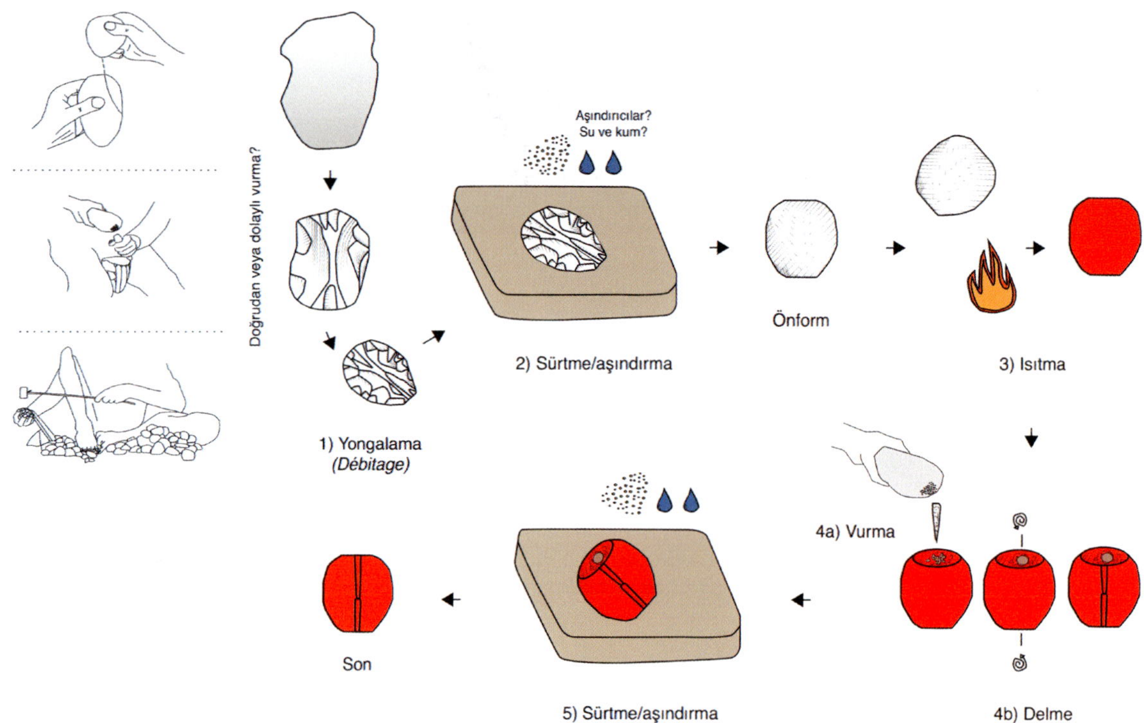


**Şekil 7.** Kalsedon (karnelyen) kelebek formlu boncuklar için önerilen üretim zinciri (Alarashi, 2014, Fig. 15.3; Inizan ve diğ., 1999, Figür 4; Roux ve diğ., 1995, Fig. 1'den yararlanılmıştır).

2014, 2016b; Coşkunsu, 2008, s. 32; Erim-Özdoğan, 2007, 2011; Groman-Yaroslavski ve Bar-Yosef Mayer, 2015; Moore ve Molleson, 2000, s. 287; Richardson, 2016: 39). Uygulanan teknikler yakın benzerlikler taşır ve olasılıkla uzmanlaşmış üreticilere işaret eder. Alarashi (2016b) kelebek tipli boncukların morfometrik gelişiminde Orta Fırat bölgesinin önemli bir rol oynadığını önerir. Nitekim, boncuk üretiminde de gördüğümüz spesifik teknikler Orta Fırat bölgesinin de içinde yer aldığı bir iletişim ağı içerisinde Kapadokya kaynaklarından da obsidiyen temin eden yontucular tarafından bu dönemde baskın bir şekilde uygulanmaktadır (Alarashi, 2016b, s. 507; Balkan-Atlı ve diğ., 2008; Binder ve Balkan-Atlı 2001). Aşıklı obsidiyen yontucularının, aynı kaynaktan obsidiyen temin etmelerine rağmen bu teknolojiyi benimsemediği de not edilmelidir (Kayacan ve Altınbilek, 2018). Bu çerçevede düşünüldüğünde, Aşıklı kelebek tipli boncuklarının yerleşmeye bitmiş halde getirilmiş, farklı topluluklar ile etkileşime işaret eden "ithal" ürünler olduğu önerilebilir.

## Boncuklar ve Ölüler

Farklı üretim zincirlerine sahip boncuklar, birçok örnekte aynı dizi içerisinde bir araya getirilmiş ve kimi Aşıklı bireyleri bu takılarla birlikte gömülmüştür. Bu uygulamada cinsiyet veya ölüm yaşına dayalı bir farklılaşma olup olmadığını sorguladığımızda, 3 yaş sonrasında ölmüş çocukların ve 15-30 yaş arası genç erişkinlerin boncuk/takı ile birlikte gömülmediği görülmektedir. Her iki cinsiyetten 30 yaş sonrasında ölmüş erişkin bireyler ile 3 yaş ve öncesinde ölmüş çocuklardan kimileri tek, çift veya dizi halinde boncuklara sahiptirler (Tablo 5).

Boncuklarla birlikte gömülmüş bireyler içerisinde, 1 ay-1.5 yaş aralığında ölmüş bebekler tek boncuk ile, 1.5-2.5 yaş aralığında ölmüş bebekler çift boncuk ile ve 3 yaş civarı ölmüş çocuklar boncuk dizileri ile birlikte gömülmüşlerdir. 3 yaş civarı ölmüş çocukların birlikte gömüldüğü boncuk dizileri, erişkinlere benzer şekilde, yüzden fazla küçük, disk formlu steatit ve kireçtaşı boncuk ve kalsedon, steatit, kireçtaşı, nabit bakır/malahit gibi çeşitli hammaddelerden üretilmiş birkaç tane büyük boncuk içermektedir. 30 yaş ve sonrasında ölmüş her iki cinsiyetten erişkin bireylerin birlikte gömüldüğü boncuk dizileri de farklı üretim zincirlerinin ürünü olan, farklı hammadde, renk ve formda boncukların bir araya getirilmesiyle oluşturulmuştur. Yalnızca 40 yaş sonrası ölmüş kadınlara ve 3 yaş altı çocuklara özgü olan ise, yeşil renkli tek boncuk ile birlikte gömülme uygulamasıdır.

**Tablo 5. Aşıklı Höyük'te MÖ 8. bin yıl ortasında gömülmüş, yaş ve cinsiyet tanımı yapılmış boncuklu ve boncuksuz bireylerin yaş ve cinsiyet dağılımı.**

| Yaş aralığı/Cinsiyet | Boncuklu birey sayısı | Boncuksuz birey sayısı | Toplam birey sayısı |
|---|---|---|---|
| Bebek (0-2.5 yaş) | 5 | 12 | 17 |
| Çocuk (2.5-15 yaş) | 4 | 12 | 16 |
| Genç erişkin (15-30 yaş) | - | 10 | 10 |
| Orta erişkin (30-45 yaş) | | | |
| ♀ | 4 | 4 | 8 |
| ♂ | 3 | 2 | 5 |
| Yaşlı (≥45 yaş) | | | |
| ♀ | 2 | 3 | 5 |
| ♂ | 1 | 1 | 2 |

## Sonuç

Aşıklı taş boncukları, birbirinden zaman, emek, yetenek, tecrübe gibi parametreler bağlamında ayrışan tekniklerin uygulandığı farklı üretim zincirlerinin ürünüdür. Bu boncuklar aynı dizide bir araya getirilerek, kimi örneklerde Aşıklı bireylerinin birlikte gömüldüğü bireysel eşyalar haline gelmiştir. Yerleşmede hiçbir kontekstte taş boncuk üretimi ile ilişkili artık veya bitmemiş parçanın bulunmayışı, bu objelerin yerleşme dışında üretilerek, bitmiş halde getirildiğini önerir; kullanım izleri ise, bunların ölü gömme ritüelleri için üretilen objeler olmadığını, bireylerin yaşamları içerisinde kullanım gördüklerini düşündürmektedir. Kelebek formlu boncuklar, aynı dönemde geniş bir coğrafyada yoğun bir şekilde görülen, spesifik, oldukça komplike ve uzmanlık gerektiren bir teknolojinin ürünüdür. Aşıklı'da hem erişkinler hem de çocukların bu boncuklarla birlikte gömüldüğü örnekler mevcuttur. Bireylerin birlikte gömüldüğü boncukların cinsiyet ve ölüm yaşına göre dağılımı, vurgulanmak istenen kimliklerde yaşın ön planda olduğunu önerir. Farklı topluluklar ve coğrafyalar ile etkileşim ve bununla ilişkili sosyal rollerin ise, bireylerin farklı yaşam döngülerinin vurgulandığı bu kimliklerin oluşumda bir yere sahip olduğu, boncukların, bu ilişkinin dışavurumunda bir aracı görevi üstlendiği önerilebilir.

## Teşekkür

Bu çalışma, Türk Amerikan İlmi Araştırmalar Derneği (ARIT) 2018 George M. A. Hanfmann yurtdışı araştırma bursu ile, Nice Sophia Antipolis Üniversitesi CNRS-CEPAM (UMR 7264) laboratuvarında gerçekleştirilmiştir. Her iki kuruma da teşekkür ederiz. İzinleri ve her aşamada destekleri için Aşıklı Höyük Kazı ve Araştırma Projesi Başkanı Mihriban Özbaşaran'a (İstanbul Üniversitesi) ve Sylvie Beyries'e (CNRS-CEPAM) minnettarız. Yine çalışmayı mümkün kıldıkları için Aksaray Müzesi Müdürlüğü ve çalışanlarına ve T.C. Kültür ve Turizm Bakanlığı'na teşekkür ederiz.

## Kaynaklar

**Alarashi, A. (2014).** *La parure épipaléolithique et néolithique de la Syrie (12e au 7e millénaire avant J.-C.): Techniques et usages, échanges et identités.* Yayımlanmamış Doktora Tezi, Université Lumiére Lyon 2.

**Alarashi, A. (2016a).** PPNA stone grooved pendants from the Middle Euphrates Valley: Markers of cultural identity? *Neo-Lithics,* 2/16, 20-28.

**Alarashi, A. (2016b).** Butterfly beads in the Neolithic Near East: Evolution, technology and socio-cultural implications. *Cambridge Archaeological Journal,* 26(3), 493-512.

**Bains, R. (2012).** *The social significance of Neolithic stone bead technologies at Çatalhöyük.* Yayımlanmamış Doktora Tezi, University College London.

**Bains, R., Vasic, M., Bar-Yosef Mayer, D. E., Russell, N., Wright, K. I., Doherty, C. (2013).** A technological approach to the study of personal ornamentation and social expression at Çatalhöyük. I. Hodder (Ed.), *Substantive Technologies at Çatalhöyük: Reports from the 2000-2008 seasons* (331-363). Cotsen Institute of Archaeology/British Institute at Ankara.

**Balkan-Atlı, N., Binder, D., Gratuze, D. (2008).** Göllü Dağ (Central Anatolia): Obsidian sources, workshops and trade. Ü. Yalçın (Ed.), *Anatolian Metal IV* (203-210), Der Anschnitt, Beiheft 21, Bochum.

**Barnes, R., Eicher, J. B. (1992).** *Dress and gender: Making and meaning in cultural contexts*, Oxford.

**Bar-Yosef Mayer, D. E. (2013).** Towards a typology of stone beads in the Neolithic Levant. *Journal of Field Archaeology*, 38(2), 129-142.

**Baysal, E. (2015).** Bir iletişim ağı perspektifinden Neolitik ve Kalkolitik boncuk ve bileziklerini yorumlamak. A. Baysal (Ed.), *İletişim Ağları ve Sosyal Organizasyon* (95-109), TAS 2, Ege Yayınları.

**Baysal, E., Miller, H. (2016).** Teoride süs eşyaları: arkeolojik kontekstlerde prehistorik boncukların yorumu. *Anadolu Prehistorya Araştırmaları Dergisi*, 2, 11-32.

**Benz, M., Gresky, J., Stefanisko, D., Alarashi, H., Knipper, C., Purschwitz, C., Bauer, J., Gebel, H. G. K. (2019).** Burying power: New insights into incipient leadership in the Late Pre-Pottery Neolithic from an outstanding burial at Ba'ja, southern Jordan. *PLoS ONE*, 14(8), 1-34.

**Binder, D., Balkan-Atlı, D. (2001).** Obsidian exploitation and blade technology at Kömürcü-Kaletepe (Cappadocia, Turkey). I. Caneva, C. Lemorini, D. Zampetti, P. Biagi (Eds.), *Beyond tools* (1-16), SENEPSE 9, Berlin.

**Carter, A. K. (2016).** Circular or half-moon marks on old beads. *The bead forum*, Newsletter of the society of bead researchers, 69, 1-16.

**Coşkunsu, G. (2008).** Hole-making tools of Mezraa Teleilat with special attention to micro-borers and cylindrical polished drills and bead production. *Neo-lithics*, 1/08, 25-36.

**d'Errico, F., Roux, V., Dumond, Y. (2000).** Identification des techniques de finition des perles en calcédoine par l'analyse microscopique et rugosimétrique. V. Roux (Ed.), *Cornaline de l'Inde. Des pratiques techniques de Cambay aux techno-systèmes de l'Indus*, (97-169), Editions de la Maison des sciences de l'homme, Paris.

**Esin, U. (1998).** Paleolitik'ten İlk Tunç Çağı'nın sonuna: Tarihöncesi çağların Kapadokyası. *Kapadokya*, (62-123), Ayhan Şahenk Vakfı.

**Erim-Özdoğan, A. (2007).** Çayönü. N. Başgelen (Eds.), *Türkiye'de Neolitik Dönem: Yeni kazılar, yeni bulgular*, (57-97), Arkeoloji ve Sanat Yayınları, İstanbul.

**Erim-Özdoğan, A. (2011).** Çayönü. M. Özdoğan, N. Başgelen, P. Kuniholm (Eds.), *The Neolithic in Turkey: New excavations and new research*, (185-269), Arkeoloji ve Sanat Yayınları, İstanbul.

**Fernandez-Marchena, J. L., Ollé, A. (2016).** Microscopic analysis of technical and functional traces as a method for the use-wear analysis of rock crystal tools. *Quaternary International*, 424, 171-190.

**Groman-Yaroslavski, I., Bar-Yosef Mayer, D. E. (2015).** Lapidary technology revealed by functional analysis of carnelian beads from the early Neolithic site of Nahal Hemar Cave, southern Levant. *Journal of Archaeological Science*, 58, 77-88.

**Inizan, M. L. (1999).** La cornaline de l'Indus et la voie du Golfe au IIIe millénaire. A. Caubet (Ed.), *Cornaline et pierres précieuses : La Méditerranée, de l'Antiquité a l'Islam*, (125-138), La Documentation française/Musée du Louvre, Paris.

**Inizan, M. L., Reduron-Ballinger, M., Roche, H., Tixier, J. (1999).** *Technology and terminology of knapped stone.* Préhistoire de la Pierre Taillée, Tome 5, Cercle de Recherches et d'Etudes Préhistoriques, Maison de l'Archéologie et de l'Ethnologie (Boite 3) 21, allée de l'Université – 92023 Nanterre, France.

**Kayacan, N., Altınbilek-Algül, Ç. (2018).** Aşıklı Höyük obsidian studies: Production, use and diachronic changes. M. Özbaşaran, G. Duru, M. C. Stiner (Eds.), *The early settlement at Aşıklı Höyük: Essays in honor of Ufuk Esin*, (363-382), Ege Yayınları, İstanbul.

**Kenoyer, J. M., Vidale, M., Bhan, K. K. (1994). Carnelian bead production in Khambat, India: An ethnoarchaeological study. B. Allchin (Ed.),** *Living traditions. Studies in the ethnoarchaeology of South Asia*, **(281-306), Oxford & IBH Publishing co.**

**Kuhn, S. L., Stiner, M. C., Reese, D. S., Güleç, E. (2001).** Ornaments from the earliest Upper Paleolithic: New insights from the Levant. *Proceedings of the National Academy of Sciences*, 98(13), 7641-7646.

**Kuzucuoğlu, C. (2002).** The environmental frame in Central Anatolia from the $9^{th}$ to the $6^{th}$ millennia cal BC: An introduction to the study of relations between environmental conditions and the development of human societies. F. Gérard, L.

Thissen (Eds.), *Central Anatolian Neolithic e-workshop: The Neolithic of Central Anatolia: internal developments and external relations during the 9th - 6th millennia cal BC*, (35-58), Ege Yayınları, İstanbul.

**Moore, A. M. T., Molleson, T. I. (2000).** Disposal of the dead. A. M. T. Moore, G. C. Hillman, A. J. Legge (Eds.), *Village on the Euphrates: From foraging to farming at Abu Hureyra*, (277-299), Oxford University Press, Oxford.

**Newell, R. R., Kielman, D., Constandse-Westermann, T. S., van der Sanden, W. A. B., van Gijn, A. (1990).** *An inquiry into the ethnic resolution of Mesolithic regional groups: The study of their decorative ornaments in time and space.* Brill, Leiden.

**Özbaşaran, M. (2011).** The Neolithic on the plateau. S. Steadman, G. McMahon (Eds.), *The Oxford handbook of ancient Anatolia (10.000-323 B.C.E.)*, (99-124), Oxford University Press, Oxford.

**Özbaşaran, M., Duru, G., Stiner, M. C. (Eds.) (2018).** *The early settlement at Aşıklı Höyük: Essays in honor of Ufuk Esin.* Ege Yayınları, İstanbul.

**Pelegrin, J. (2000).** Technique et méthodes de taille pratiquées a Cambay. V. Roux (Ed.), *Cornaline de l'Inde. Des pratiques techniques de Cambay aux techno-systèmes de l'Indus*, Editions de la Maison des sciences de l'homme, Paris.

**Raad, D. R., Makarewicz, C. A. (2019).** Application of XRD and digital optical microscopy to investigate lapidary technologies in Pre-Pottery Neolithic societies. *Journal of Archaeological Science: Reports*, 731-745.

**Richardson, A. (2016).** Small finds. Central Zagros Archaeological Project, Excavations at Bestansur, Sulaimaniyah Province, Kurdistan Regional Government, Republic of Iraq, Archive report. https://drive.google.com/file/d/0BzA5Njw5sOtLc2RKN05HbDRXaVk/view

**Rigaud, S. (2011).** *La parure : traceur de la géographie culturelle et des dynamiques de peuplement au passage Mésolithique-Néolithique en Europe*, Yayımlanmamış Doktora Tezi, Université Bordeaux 1, Talence.

**Roux, V., Bril, B., Dietrich, G. (1995).** Skills and learning difficulties involved in stone knapping: the case of stone-bead knapping in Khambat, India. *World Archaeology*, 27(1), Symbolic Aspects of Early Technologies, 63-87.

**Schiama, L. D., Eicher, J. B. (1998).** *Beads and bead makers: gender, material culture and meaning.* Oxford.

**Spatz, A. J., Bar-Yosef Mayer, D. E., Nowell, A., Henry, D. O. (2014).** Ornaments of shell and stone: social and economic insights. D. O. Henry, J. E. Beaver (Ed.), *The sands of time. The desert Neolithic settlement at Ayn Abu Nukhayla*, (245-258), Bibliotheca neolithica Asiae meridionalis et occidentalis, Berlin: ex oriente.

**Stiner, M. C., Kuhn, S. L., Güleç, E. (2013).** Early Upper Paleolithic shell beads at Üçağızlı Cave I (Turkey): Technology and socioeconomic context of ornament life-histories. *Journal of Human Evolution*, 1-19.

**Tuncel, M. (1998).** Oluşum çağları. *Kapadokya*, (18-42), Ayhan Şahenk Vakfı.

**Vanhaeren, M. (2005).** Speaking with beads: The evolutionary significance of bead making and use. F. d'Errico (Ed.), *From tools to symbols, from early hominids to modern humans*, (525-555), Wits University Press, Johannesburg.

**Williams, S. (1987).** An 'archae-logy' of Turkana beads. I. Hodder (Ed.), *The archaeology of contextual meanings*, (31-38), Cambridge University Press, Cambridge.

**Wright, K. I. (2012).** Beads and the body: Ornament technologies of the BACH Area buildings. R. Tringham, M. Stevanovic (Eds.), *Last house on the hill. BACH Area reports from Çatalhöyük, Turkey*, (429-449), Çatalhöyük Research Project Series, vol. 11, Monumenta Archaeologica 27, Monographs of the Cotsen Institute of Archaeology, University of California, Los Angeles.

**Wright, K., Garrard, A. (2003).** Social identities and the expansion of stone bead-making in Neolithic Western Asia: new evidence from Jordan. *Antiquity*, 267-284.

**Yelözer, S. (2016).** *Aşıklı Höyük Boncukları: Tipoloji, Tanım ve Sosyal Açıdan Değerlendirme.* Yayımlanmamış Yüksek Lisans Tezi, İstanbul Üniversitesi.

**Yelözer, S. (2018).** The beads from Aşıklı Höyük. M. Özbaşaran, G. Duru, M. C. Stiner (Eds.), *The early settlement at Aşıklı Höyük: Essays in honor of Ufuk Esin*, (383-404), Ege Yayınları, İstanbul.

# Anadolu'da Tunç Çağları Boyunca Takı - Ticaret İlişkisi

## *Jewellery and Trade in Anatolia During the Bronze Ages*

Şerife ÇAKAR
Ege Üniversitesi, Edebiyat Fakültesi, Arkeoloji Bölümü, Bornova, İzmir, serife.cakar@ege.edu.tr

## Özet

Tüm ekonomik sistemlerin bir bileşeni olarak değerlendirilen "ticaret", erken toplumlardan itibaren görülmektedir. MÖ 3. binde değişen sosyal yapı ve metalürjinin gelişimiyle birlikte, hammadde arayışı artmıştır. Bu gereksinim, zengin hammadde kaynaklarına sahip olan Anadolu'nun, ticaret güzergahının önemli bir parçası olmasını kaçınılmaz kılmıştır. Ticaretin organize bir ağ haline gelmeye başladığı Tunç Çağlarında, ticari bir meta olarak takılar da, bu örgünün içinde yer almaktadır. Sadece üretimi tamamlanmış takı olarak değil, aynı zamanda takı yapımında kullanılan malzemeler de ticari bir unsur olarak ele alınmıştır. Çalışmada, ticaret ve meta olarak takının birbirine etkisi ele alınarak, temel örnekler üzerinden etkileşimi ve gelişimi aktarılmaya çalışılmıştır.

**Anahtar Kelimeler:** Ticaret, takı, Tunç Çağları, etkileşim

## Abstract

Trade, which is considered to be a component of all economic systems, exists since the earliest societies. Changes in the social structure and the development of metallurgy in the 3rd millennium BC resulted in an increasing search for raw material. Due to this requirement Anatolia, which is rich in raw material resources, inevitably became part of this trade route. In the Bronze Ages, when trade started becoming an organized network, jewelry was included in it as a commercial commodity. Not only completely produced jewelery but also raw material used for its production were treated as a commercial element. This study discusses the interaction between trade and jewelery as a commodity and aims to narrate this interaction and the development of jewelry through basic examples.

**Keywords:** Trade, Jewelry, Bronze Ages, interaction

## Giriş

Arkeolojik veriler, tarih boyunca yakın ya da uzak bölgeler arasında değiş-tokuş olgusunun erken dönemlerden itibaren, farklı boyutlarda varlığını göstermektedir. Ticaretin oluşmasında ve gelişmesinde pek çok etken bulunmaktadır. Bu gelişimle, Tunç Çağlarına gelindiğinde teknolojinin de etkisiyle uzak mesafeli ve hacmi oldukça büyük bir profil sergilenmeye başlamıştır. Çalışmada, ticaret nedir sorusu üzerinden tanımlamalarla, ticaretin gelişim ve yönelimine genel olarak değinilerek, Anadolu odaklı cevaplar aranmıştır. Ticareti yapılan ürünler çok geniş bir çeşitliliğe sahiptir. Bu nedenle, konu dahilinde ticari ürünler üzerinden bir değerlendirme yapılarak, ticari ilişkilerin, takı yapımını, çeşitliliğini ve malzemelerini ne denli ve ne yönlü etkilediği üzerine çıkarımlar yapılmaya çalışılmıştır. Amaç, ticaret ile ilişkili çalışmalarda ve yayınlarda, bölüm bölüm bahsedilen takı ve takı yapımında kullanılan materyallerin ticari rollerini, tek bir başlık altında toplayarak, mümkünse yeni çıkarımlar yapmak ve genel bir bakış açısı sunmaktır.

## Ticaret

Ticaret, "kazanç amacıyla yürütülen alım satım etkinliği" olarak tanımlanmaktadır (www.tdk.gov.tr). Renfrew ve Bach ise ticareti, yalnızca malların değiş-tokuşu değil aynı zamanda bireysel ve toplumsal bilginin değişimi olarak nitelendirmektedir (Renfrew and Bahn, 2017: 357). Tarih boyunca toplumsal olarak etkileşime bakıldığında, gerek materyal gerek kültürel olarak, bu bakış açısı kabul görmektedir. Uzmanlar, ticareti; ticareti yapılan ürün, ticareti yapan kişi, ulaşım araçları ve yolları, ticaret yeteneği ve tüm bunların organizasyonu bağlamında bütün olarak ele almaktadırlar (Donbaz, 1997: 58). M. Alpaslan, bir değiş-tokuşun ticaret olarak tanımlanabilmesi için, iletişimde olan kişilerinin amacının, ticari bir işlem olması gerektiğini belirtmektedir. Bu nedenle, her değiş-tokuşu ticaret olarak değerlendirmenin doğru olmadığı ve ticaretle geçinen bir tüccar sınıfı olmaksızın ticaretin mümkün olmayacağı görüşündedir. Ancak, prehistorik çağlarda tüccar sınıf tespit edilemeyeceği için, uzun mesafeden geldiği tespit edilen her ürünün, ticari unsur olduğunu belirtmektedir (Alpaslan, 2010: 4).

Ticaretin gerekliliği nedir ve nasıl ortaya çıkmıştır sorunsalının, prehistorik çağlardan itibaren gelişimine bakılarak cevaplanması gerekmektedir. Uzmanlaşmış bir ticaret organizasyonu öncesinde, temel ihtiyaca yönelik daha basit bir değiş-tokuş ağından bahsetmek mümkündür- ki Neolitik Dönem'de obsidyen alet ya da çekirdeklerinin diğer bölgelere bu şekilde gittiği, yerleşimlerde çıkan buluntularla tespit edilmiştir (Mellink, 1989: 320). Modern tanımıyla "ticaret" kavramının tam olarak içini doldurmasa da, Neolitik Dönem'de yapılan bu dağıtımın, bilinen ilk ticari faaliyetler olduğunu söylemek mümkündür. Bu anlamda, belki ilk düşünmemiz gereken kaynakların bilinirliliği ve işlenebilirliğidir. Obsidyen, ulaşılması görece daha kolay ve işlenebilir bir materyal olarak bu görüşü desteklemektedir. Kalkolitik Dönem itibariyle, gerek teknik gelişmeler gerekse maden kullanımı, metal odaklı bir ticaretin oluşmaya başladığını göstermektedir. Anadolu bu odakta, hem Neolitik Dönem'de obsidyen kaynağı olarak (Göllüdağ, Hasandağı, Kaletepe) hem de Kalkolitik Dönem ve sonrasında Tunç Çağlarında maden yatakları ile önemli bir yer edinmiştir. Anadolu'nun maden yataklarının yanı sıra jeopolitik konumu da ticari ağın önemli bir parçası olmasında bir etkendir.

Konunun dönemini oluşturan Tunç Çağlarının başından itibaren ticari ağın genişlediğini, ürün çeşitliliğinin arttığını söylemek mümkündür. Renfrew'in ticaret ile bilgi alışverişi eşleştirmesi bu dönemde somut örneklerle desteklenmektedir. Örneğin, ilk kez Kuzey Suriye'de görülen çömlekçi çarkı, yapılan deniz ticareti sebebiyle Troya'da görülmektedir (Efe, 2007: 47). MÖ 3. binde daha meta odaklı olan ticaret ağı, MÖ 2. bine gelindiğinde oluşan merkezi krallıkların yönetiminde şekillenmeye başlamıştır (Özkan, 1995: 212). Bu dönemde, gerek kara ticareti gerekse deniz ticareti daha uzun mesafeli rotalara sahiptir. Bu durum, teknik gelişim ile açıklanmaktadır. Gemi teknolojisinin gelişmesi, Mezopotamya-Anadolu-Kıta Yunanistan- Mısır-Kıbrıs arasında ticareti olanaklı kılmıştır. Olasılıkla yoğun metal ticaretinin olduğu bu dönemde, deniz yolu, daha kullanışlı olmuştur. MÖ 2. bine tarihlenen batıklar bu görüşleri desteklemektedir (Pulak, 2006: 60). Deniz ticareti ile paralel olarak kara ticareti de bu dönemde oldukça etkindir. Özellikle Asur Ticaret Kolonileri Çağında Anadolu, sistematik ve etkin bir ağın merkezi olmuştur. Yazılı metinlerden de bilindiği üzere, kalay, altın, gümüş ve tekstil bu ağın en nitelikli ürünleridir. Renfrew'in görüşünü destekleyen bir veri olarak, yazının Mezopotamya'dan Anadolu'ya gelişi, bu ağın en belirgin toplumsal bilgi aktarımı örneğidir (Kuruçayırlı, 2013: 58-73).

Tunç Çağları boyunca ticareti, iki bölümde değerlendirmek çıkarımlar açısından daha doyurucu olacaktır. Merkezileşme öncesi, daha yerel ve organizasyonu sağlamaya çalışan bir ticaret olgusu varken, merkezileşme ile, Geç Tunç Çağı'nda küreselleşmiş bir ticaret ağı söz konusudur. Temellerinin MÖ 3. binde atılmaya başlandığı uzak mesafeli değiş-tokuş olgusunun, Geç Tunç Çağında bu yönlü gelişmesinde pek çok parametre mevcuttur. Büyük boyutlu yelkenli gemilerin yapımına olanak sağlayan teknolojik gelişim, bölgesel güçlü krallıkların (Hitit, Mısır, Babil, Miken gibi) ticari yönelimleri ile kontrolleri, başlıca tetikleyicileri olmuş ve bu dönemde doruk noktaya ulaşmasını sağlamıştır (Yalçın, 2013; 44-57). Ticareti, uzak mesafeli olmasının yanı sıra bölgeler arasında da değerlendirmek gereklidir. Zira, özellikle kara üzerinden yapılan ticaret, geçtiği yerler üzerinde de etkileşimi sağlamaktadır. Erken Tunç Çağı boyunca özellikle doğu batı aksında ilerleyen gelişmeler, bu görüşü destekler niteliktedir (Yılmaz, 2011; 161-183).

## Ticari Ürünler

### Hammadde Ticareti

Tarih boyunca ticarete konu olmuş, ticari ürün olarak nitelendirilen pek çok materyal vardır. Ticari ürünleri ana hatlarıyla iki bölümde; hammadde olarak ticareti yapılmış olan materyaller ve tamamlanmış ürünler olarak ele alınması arkeolojik veriler ışığında daha anlaşılır olacaktır. G. Childe'a göre hammadde üretimi, uzmanlaşmanın ilk adımlarındandır (Doğan,2012;172). Hammadde üretimindeki bu uzmanlaşma, beraberinde ticari etkinlikte artışı getirmiştir. Çeşitli metaller, değerli ve yarı değerli taşlar, deniz kabuğu, cam ve fayans takı yapımında kullanılmış ve hammadde olarak ticareti yapılmış materyallerdir.

Takı yapımında kullanılan ve hammadde olarak ticareti yapılan, ilk materyaller arasında metaller sıralanabilir. Neolitik Dönemden itibaren boncuk yapımında kullanıldığı bilinen malahit, ilk kullanılan metal olan bakır ve tunç yapımı için ticareti yapılan kalay en bilinen örneklerdir. Metaller, gerek hammadde olarak gerek alaşım olarak, gerekse işlenmiş olarak ticareti yapılan materyallerdir. Arz talep dengesinde bu farklılık ticaretle doğrudan ilişkilidir. Daha önce de bahsettiğimiz gibi, Anadolu'nun maden yataklarının zengin olması, ticarette etkin olmasını kaçınılmaz kılmıştır. Malahit, bakır oksidasyonuyla oluşan ikincil bir mineraldir ve yeşil rengi nedeniyle dikkat çekicidir. Neolitik Dönemden itibaren takı yapımında kullanıldığını, Çayönü'nde bulunan malahit takı işliğinden bilmekteyiz (Doğan, 2012; 192).

Bakır, kırmızı renkte, kolay işlenen bir metal olarak Neolitik Dönemden itibaren kullanılmıştır. Nabit bakırdan yapılmış boncuklar, erken dönemlerden itibaren bilinmektedir. Tunç Çağlarıyla birlikte, maden ergitme ve ayrıştırma teknolojisinin gelişmesi, üretimin potansiyelini arttırmıştır (Bilgi ve diğ., 2004; 13-14) Asur Ticaret Kolonileri Çağında bakır, Anadolu gümüşü karşılığında satılmaktadır (Özgüç, 2005; 29).

Kalay, sınırlı sayıda yatağa sahip bir maden olduğu için, ticari bir unsur olduğu kesindir. MÖ 2. binde en iyi bilinen ticari ağlardan biri olan Asur ile Kaneş (Kültepe) arasındaki güzergahtır. Yazılı kaynaklardan da bildiğimiz üzere, bu ağın en temel ürünlerini kalay, kumaş ve gümüş oluşturmaktadır. Kültepe'de ele geçen tabletlerden öğrendiğimiz üzere, kalay Afganistan, Tacikistan ve Özbekistan'daki kaynaklardan, İran'a oradan Asur'a getirilmektedir. Kumaş ise, Güney Mezopotamya'da üretilip, Anadolu'ya getirilerek karşılığında, Anadolu gümüşü Mezopotamya'ya götürülmektedir (Kuruçayırlı, 2013: 58-73). Anadolu'da kullanılan kalayın ise, Afganistan ya da Niğde Kestel maden ocaklarından olduğu düşünülmektedir. Asur metinlerinde Anadolu'nun kalay pazarında önemli bir yerinin olduğunun vurgulanması, olasılığı Afganistan üzerinde yoğunlaştırmaktadır (Doğan, 2012; 197-198).

Renkli taşlar, hem albenisi yüksek olduğu için, hem de sembolik anlamlar yüklendiği için takı yapımında kullanılmış ve ticarete konu olmuştur. Takı yapımında kullanılan lapis lazuli, oldukça nadir bulunan bir taş olduğu için ticari bir unsur olarak belirleyicidir. Lapis lazulinin, bilinen tek kaynağı Afganistan Bedehşen'dir. Afganistan'dan kara yoluyla İran'a, buradan kara ya da deniz yoluyla Basra Körfezine getirilerek, önemli kent devletlerinin olduğu Mezopotamya'dan, Fırat Nehri boyunca Kuzey Suriye'ye ve buradan deniz yoluyla diğer merkezlere yayılmaktadır (Doğan, 2012; 172). MÖ 2400 de Ebla'nın bu rotada önemli bir ara durak olduğu yazılı metinlerden bilinmektedir. Ve bu durumu, Ebla'da bulunan işlenmemiş çok sayıda lapis lazuli örneği de desteklemektedir (Yalçın, 2013; 44-57). Yazılı kaynak olmadığı noktada, arkeolojik materyal bize çıkarım yapmayı sağlamaktadır. Troya'da MÖ 3. binin ikinci yarısına tarihlenen bir lapis lazuli balta, materyalin yolculuğunu göstermesi açısından önemlidir. Afganistan ile Troya arası mesafe, bu güzergah üzerinden 4000 km'dir. Eserlerin çoğunun yerel özellikler taşıması, hammadde olarak ithal edilip, işlendiğini göstermektedir (Doğan, 2012; 175).

Batı Anadolu genelinde ticareti sonlanmış ürün olarak görülen lapis lazuli objelerin işlenmemiş bilinen bir örneği yokken, İç Anadolu'da işlenmemiş örnekleri bilinmektedir (Pieniążek and Kozal, 2014; 191). Bu durum, hammadde ticaretini göstermesi açısından önemlidir. Ve belki, yeni çalışmalarla birlikte kara ticareti ile deniz ticareti arasında, statüsel bir ticari nitelik farkı olup olmadığını düşündürecektir. Takı yapımında kullanılan diğer bir taş ise agattır. Boncuk yapımında kullanılan ve renkli bir taş olan agat, olasılıkla İran menşeili, hammadde ticaretinde konu olmuş bir materyaldir (Doğan, 2012; 172).

Taşlar dışında, takı yapımında kullanılan ve en çok ticareti yapılan ürünlerin başında deniz kabukları gelmektedir. Deniz kabuklarının, materyal olarak ve tür olarak, bölgelerinin belirleyici olması, ticari bir unsur olduğunu göstermektedir. İşlenmesi kolay bir materyal olduğu için erken dönemlerden itibaren, takı yapımında kullanılmıştır.

Kökeni Akdeniz olan "spondylus" ticari unsur olduğu tartışmasız bir materyaldir. Avrupa'nın içlerine dek yayılım gösteren spondylus boncukların, Anadolu'dan da örnekleri bilinmektedir (Hocaçeşme ve Aşağıpınar) (Doğan, 2012; 187). Spondylusun, işlenmiş olarak dolaşımının sağlandığı bazı örneklerden bilinse de, çoğunlukla hammadde olarak ticareti yapılmıştır. MÖ 4. bin itibariyle Balkanlar'dan Orta Avrupa'ya yönelimle yayıldığı görülen spondylus, geniş bir ağın göstergesidir (Renfrew and Bahn, 2017; 372). Bunun yanı sıra, denizden uzak yerleşmelerde, ele geçen farklı türlerdeki deniz kabukları, ticari unsur niteliğini doğrulamaktadır (Doğan, 2012; 189).

Kehribar, hammadde olarak ticareti yapılan ve takı yapımında kullanıldığı bilinen bir diğer materyaldir. Kehribar, fosilleşmiş bir tür reçinedir ve yalnızca Baltık Denizi'nden çıkarılmaktadır. Neolitik Dönem'den Roma Dönemi'ne dek tüm dönemler boyunca ticareti yapılmıştır. Günümüzde de hala, bu ticari akış devam etmektedir. Uluburun Batığının kargosunda yer alan kehribar, uzun mesafeli ticareti göstermesi açısından önemlidir (Doğan, 2012; 189-190). MÖ 3. bin itibariyle daha geniş bir coğrafyada görülen kehribarın, Anadolu'da MÖ 2. binde özellikle kıyı bölgelerde daha çok tercih edildiği görülmektedir. Geç Tunç Çağında özellikle Kıta Yunanistan için önemli bir ticari meta olan kehribar, ticari ilişkilerin yönünün değişimini göstermesi açısından önemlidir (Çınardalı-Karaaslan, 2012; 72). Suriye'de bulunan kehribar buluntuların analizinden, bu örneklerin de Baltık kehribarı olduğu anlaşılmıştır. Olasılıkla, Suriye'ye Ege üzerinden bir şekilde ulaşmıştır. Ancak, yerel olarak işlenmiştir (Renfrew and Bahn, 2017; 373).

Doğada varolan materyallerin yanı sıra, insan üretimi olan materyallerin de hammadde olarak ticaretinin yapıldığı arkeolojik verilerden bilinmektedir. Cam ve fayans, hammadde olarak ticaretinin yapıldığı bilinen, insan üretimi materyallerdir.

Fayans, MÖ 4. binde Yakındoğu'da (Çınardalı-Karaaslan, 2012; 72) ve Mısır'da (Renfrew and Bahn, 2017; 345) kullanılmaya başlanmıştır. MÖ 3. binde Anadolu'da takı/boncuk yapımında kullanılan fayans, hem Mısır'da hem de Anadolu'da ölümle ilişkilendirilmiştir. MÖ 2. binde Anadolu'da yaygınlaşan fayans boncuklar, hem materyal hem de kültürel etkileşimi göstermesi açısından önemli bir materyaldir (Çınardalı-Karaaslan, 2012; 72).

Cam, fayans üretiminden sonra gelişmiş ve üretilmesi kolay bir üründür. Yüksek ısı gerektiren üretim aşaması, Tunç Çağlarında metal ergitmek için odun kömürü ocaklarının gelişimiyle paralel gelişmiştir (Renfrew and Bahn, 2017; 346). Cam üretimi, ticaretle gelen bir üretim tekniği olarak değerlendirilebilir. MÖ 3. binde Mezopotamya'da Mısır'da ve İndus Vadisi'nde (Harappa) görülen cam üretiminin ilk olarak nerede uygulanmaya başlandığı tartışma konusudur (Lankton, 1997; 39). Cam, boncuk yapımında sıklıkla kullanılmıştır. Anadolu'da ise MÖ 2. binde görülmeye başlanan (MÖ 1700 Boğazköy Sarıkale) cam boncuk kullanımı, teknoloji transferini de içermektedir (Çınardalı-Karaaslan, 2012; 72) Uluburun Batığı buluntuları arasında yoğun olarak ele geçen cam külçeler, hammadde ticaretinin yoğunluğunu, beraberinde teknoloji transferinin sağlandığını göstermesi açısından önemlidir (Pulak, 2006; 57-104).

## Üretimi Tamamlanmış Ürünlerin Ticareti

Ticaret içinde üretimi tamamlanmış ürünler önemli bir yer kaplamaktadır. Bir ürünü, tamamlanmış ürün olarak saptamak oldukça zordur. Yerinde mi üretiliyordu yoksa tamamlanmış ürün olarak mı ticareti yapılıyordu sorularına kesin cevap verebilecek en önemli bulgu atölyelerdir. Ancak, yerleşimlerde atölyelerin saptanması da oldukça zordur. Aşağıpınar ve Çayönü yerleşmelerinde, yarı işlenmiş ürünlerin de olduğu atölyeler saptanmıştır. Bu sebeple, bu yerleşimler için yerel üretimin varlığından kesin olarak bahsedebiliriz (Doğan, 2012; 198).

Statü nesnelerinin önemli bir bölümünü oluşturan takılara, ticari bir unsurdan çok hediye gözüyle bakılmaktadır. Marcel Mauss'un hediye değiş-tokuş teorisi (gift exchange), bu bakış açısını tanımlamak adına önemlidir. Mauss'a göre, statüsel bu nesne değişimi, ticari bir hareketlilikten ziyade, ilişki kurmak ya da geliştirmek odaklı sosyal bir iletişim şeklidir. Direkt ticari bir unsur olarak nitelendirilmese de, herhangi bir ekonomik getirisi olmayan, "sosyal bilgi taşıyan ürünler" olarak değerlendirilen statü nesneleri ticaret ağında, etkileşimin bir parçasıdır (Renfrew and Bahn, 2017;360). Bu etkileşimin bir örneği olarak, Erken Tunç Çağında, toplumsal cinsiyetin gözetildiği, takıların genelde kadın mezarlarında olduğu kabul görürken, sonrasında statü sembolü olarak toplumsal cinsiyet rolleri gözetilmeksizin, boncukların kullanıldığı mezar buluntularından anlaşılmaktadır (Çınardalı-Karaaslan, 2012; 72).

Ticari ürünlerin dolaşımını göstermesi açısından, batıklar en önemli bulguları barındırmaktadır. Uluburun Batığı, hem üretimi sonlanmış ürün ticaretini, hem de hammadde ticaretini göstermesi açısından oldukça önemlidir. Kenan tipi boncuk ve bilezikler, Mısır karakterli bilezik ve pandantifler, cam ve kehribar boncuklar üretimi tamamlanmış ürünlerin konumuzun içinde kalan kısmında yer almaktadır. Kobalt mavisi cam külçeler ve işlenmemiş fildişi ise, hammadde olarak konumuzun materyalleri arasındadır (Renfrew and Bahn, 2017; 380-381).

## Teknoloji Transferi

Ticari faaliyetler, yalnızca materyal ya da ürün anlamında değil, teknolojik gelişim anlamında da aktarım aracı olmuştur. Aynı zamanda ticari ürün olarak, üretimi ve dağılım alanına birlikte bakıldığında "işçilik", etkileşim midir yoksa dağılım mıdır sorusu önemlidir (Renfrew and Bahn, 2017; 360). En temel süs objesi olan boncuk üretimi için, minimal düzeyde teknolojiye nerdeyse her toplum sahiptir. Ancak daha gelişkin tekniklerin, ürünlerin tipolojik benzerliklerine bakılarak, toplumlar arası etkileşim sonucu yayıldığı görülmektedir (Yakar, 2014; 107). Telkari, granülasyon, kakma gibi takı yapımında ve süslemesinde kullanılan pek çok teknik, metalürjinin gelişimine koşut Mezopotamya'da kullanılmıştır ve yine bu etkileşim sayesinde Anadolu'da da uygulanmaya başlamıştır.

Telkari, tellerin lehimlenmesiyle oluşturulan bir süsleme tekniğidir. Mezopotamya'da MÖ 3. binde geliştirilen bu teknik, çağdaş olarak Mısır'da da görülmektedir. Anadolu'da ise ticari etkileşimin bir sonucu olarak daha sonra, MÖ 3. binin ikinci yarısında kullanılmaya başlanmıştır. Benzer bir gelişim ve dağılım gösteren granülasyon tekniği, metal zemin üzerine aynı ya da farklı bir metalden yapılmış, küçük taneciklerin lehimlenmesidir (Köroğlu, 2004, 11). Altın ve gümüş takılara, akik, lapis lazuli gibi değerli taşların kakma olarak eklendiği, kakma tekniği de Mezopotamya'da geliştirilmiş bir tekniktir (Kramer, 2016; 140). Mine tekniği, metal üzerine açılan yuvalara cam tozu ile eklenerek oluşturulan bir süsleme tekniğidir. İlk kez Mısır'da kullanıldığı bilinen bu tekniğin, MÖ 2. binin ortalarında Anadolu'da Mısır etkili bir teknik olarak uygulandığı bilinmektedir (Akyay-Meriçboyu, 2001; 36).

## Sonuç

Sözün özü, Tunç Çağları boyunca yapılan ticari eylemler, Anadolu'da üretilen takı repertuarının genişlemesini sağlamıştır. Obsidyen gibi diğer materyallerde, hem kara hem de deniz aşırı yolculuğu, erken dönemlerden itibaren aynı ya da benzer yollarla değiş-tokuşun olduğunu düşündürmektedir. Tunç Çağlarına gelindiğinde gümüş ve bakırın uzun mesafeli yolculuğu da aynı fikri canlandırır. (analiz sonucu kesin bilinenler) Tunç Çağlarında ticarette, erken dönemden geç döneme doğru bir artış eğrisi gözlenmektedir. Hem teknik olarak görülen gelişim, hem de arz-talep dengesi bu artışı kaçınılmaz hale getirmiştir. Ürünlerin çeşitliliğinin yanı sıra hacimsel olarak ta artışı söz konusudur.

Anadolu, ticari ağın içinde, jeopolitik konumuyla hem bir geçiş noktası, hem de maden yatakları ile kaynak temini noktası olmuştur. Gerek doğu-batı aksında, gerekse kuzey-güney aksında bu dağılımı görmek mümkündür. Hammadde olarak Mezopotamya üzerinden Anadolu'ya ulaşan lapis lazuli, agat, kalay gibi materyallerin yanı sıra, telkari, granülasyon gibi tekniklerin Anadolu'ya Mezopotamya'dan geldiği görülmektedir. Teknoloji transferinin hammadde ile eş zamanlı geliştiğini göstermesi açısından cam ve mine tekniğinin çağdaş olarak Mısır'dan Anadolu'ya gelmesi önemli bir örnektir.

Başta da belirtildiği gibi, asıl amaç takı ve takıyla ilişkili materyallerin ticaretle ilişkisini tek bir başlık altında toparlayarak bir bakış açısı oluşturmaktır. Buluntuların tamamının bu çalışmada incelenmesi elbette mümkün değildir. Küçük bir adım olması niyetiyle...

## Teşekkür

Akademik hayatımın mimarı olan hocam Eşref Abay'a, beni tezimde ve çalıştaya katılımda cesaretlendiren Emma Baysal'a ve çalıştayda emeği geçen herkese teşekkür etmek isterim.

## Kaynaklar


**Akyay-Meriçboyu, Y. (2001).** *Antikçağ'da Anadolu Takıları*. İstanbul: Akbank Kültür Yayınları.

**Alpaslan, M. (2010).** *Eski Anadolu'da Ticaret (M.Ö. II. Binyıl)*, TEBE. İstanbul: Ege Yayınları.

**Bilgi, Ö., Özbal, H., Yalçın, Ü. (2004).** Casting of Copper-Bronze/Bakır-Tunç Döküm Sanatı, *Anatolia, Cradle of Castings/ Anadolu Dökümün Beşiği*. İstanbul: Döktaş Yayınevi

**Doğan, B. (2012).** *Tarihöncesinde Ticaret ve Değiş-Tokuş*. İstanbul: Arkeoloji Sanat Yayınları.

**Çınardalı-Karaaslan, N. (2012).** Panaztepe; Geç Tunç Çağı Boncuklarıyla İlgili Bir Çalışma, *Anatolia 38*, (67-87). Ankara: Ankara Üniversitesi.

**Donbaz, V. (1997).** Eski Anadolu Koloni Çağında Anadolu Ticaret Hayatı, *Palmet I- Sadberk Hanım Müzesi Yıllığı*, (58-72). İstanbul.

**Efe, T. (2007).** The Theories of the 'Great Caravan Route'between Cilicia and Troy: The Early Bronze Age III Period in Inland Western Anatolia, *Anatolian Studies, 57* (47–64). Ankara: British Institute of Archeology at Ankara.

**Kramer, S. N. (2002).** *Sümerler*. İstanbul: Kabalcı Yayınevi.

**Köroğlu, G. (2004).** *Anadolu Uygarlıklarında Takı*, TEBE. İstanbul: Ege Yayınları.

**Kuruçayırlı, E. (2013).** Ticaretin İşleyişi, *Aktüel Arkeoloji Dergisi /33*, (58-83). İstanbul: Aktüel Arkeoloji Basın Yayın.

**Lankton, J. W. (1997).** *A Bead Timeline, Volume I: Prehistory to 1200 CE*. Washington: Bead Society of Greater Washington

**Mellink, M. (1989).** Anatolia and Foreign Relations of Tarsus in the Early Bronze Age. In: K. Emre, M. Mellink, B. Hruda & N. Özgüç, eds. *Anatolia and the Near East. Studies in the Honor of Tahsin Özgüç*, (319–320). Ankara: Türk Tarih Kurumu.

**Özgüç, T. (2005).** *Kültepe, Kaniş/Neşa*. İstanbul: Yapı Kredi Yayınları.

**Özkan, S. (1995).** Önasya'da Geç Tunç Çağ Ticaret Hayatında Hitit Devleti'nin Yeri, *Tarih İncelemeleri Dergisi X*, (211-217). İzmir: Ege Üniversitesi.

**Pieniqez, M., Kozal, E. (2014).** West Anatolian Beads and Pins in the 2nd Millennium BC: Some Remarks on Function and Distribution in Comparision with Neighboring Regions, in: *Beyond Ornamentation- Jewelery as as Aspect of Material Culture in the Ancient Near East*, (eds. A. Golani and Z. Wygnanska) (187-208). Warsaw: University of Warsaw.

**Pulak, C. (2006).** Uluburun Batığı, *Uluburun Gemisi -3000 Yıl Önce Dünya Ticareti* (eds. Ü.Yalçın, C. Pulak ve R. Slotta) (57-104). İstanbul: Ege Yayınları.

**Renfrew, C., Bahn, P. (2017).** *Arkeoloji*. İstanbul: Homer Yayınları.

**www.tdk.gov.tr.**

**Yakar, J. (2014).** *Eski Anadolu Toplumunun Arkeolojideki Yansımaları Cilt.1*. İstanbul: Homer Yayınları.

**Yalçın, Ü. (2013).** Geç Tunç Çağında Küreselleşme, *Aktüel Arkeoloji Dergisi /33*, (44-57). İstanbul: Aktüel Arkeoloji Basın Yayın.

**Yılmaz, D. (2011).** M.Ö. III. Binde Orta Anadolu'nun Kuzeyi İle Batı Anadolu Kültürel İlişkileri, *1. Çorum Kazı Araştırmaları Sempozyumu* (161-183). Çorum: Çorum Valiliği İl Kültür Turizm Müdürlüğü Yayın No.5.

# Mahmut Sür'e UNESCO'nun "Yaşayan İnsan Hazinesi-2012" Ödülünü Kazandıran Nazar Boncuğu Çalışmaları

## *Mahmut Sür's Work on the Evil Eye Beads That Earned him the "Living Human Treasure" Award by UNESCO*

Mahmut SÜR
Boncuk Ustası, Kemalpaşa İlçesi, Nazarköy, İzmir

### Kendini Tanıtma Konuşması

İsmim Mahmut Sür. 1962 yılında İzmir'in Kemalpaşa ilçesinde doğdum. Halen Kemalpaşa'ya bağlı, eski ismi Kurudere olan ve 2010 yılından itibaren Nazarköy olarak ismi değişen köyde yaşamaktayım.

15 yıl çalıştığım firmada cam üstüne serigrafi işi, 20 yıl Nazarköy'de boncuk cam işi olmak üzere 35 sene cam ile uğraştım.

Fakir bir ailede 4 kardeşten oğlan olarak en büyüğüyüm. İlk okuldan mezun olduktan sonra "Baba okumak istiyorum" dedim. Babam kabul etmedi. Ya çiftçilik ya da köyümüzde 1942'den beri var olan Nazar Boncuk ocaklarında bu mesleği öğrenip aile bütçesine katkıda bulunmamı istiyorlardı. 14 yaşında idim. Evimizin yanındaki Mehmet Şahin'in Nazar Boncuğu Atölyesine bu işi öğrenmem için girdim. 5 adet çalışanı vardı. En iyi usta olan Necati Şahin usta vardı. Düzgün boncuk yapıyor, takımlarına dikkat ediyor, öğretici yönü olan birisiydi. Bu ustayı dikkatle takip ederek iyi bir usta olup kaliteli üretim yapmayı öğrendim. Askerlik yaşım gelince askere gittim. Askerden gelince Amcamın atölyesinde devam ettim. Köyümde 1971 senesinde eşi Fransız olan hukuk okumuş bir beyefendi bir çiftlik kurmuştu. Eşi güzellik uzmanı idi. Köyümüzdeki bitkilerden bayanlara hitap eden kremler yapıp kendisine ait salonlarında kullanıyordu. Bana bunlardan iş teklifi geldi.1986 yılında onların yanında krem şişelerine serigrafi işi yapıyordum. Krem şişelerinin üzerine yazı yazıyordum.

2001 senesine kadar orada çalıştım. ARGE gördüm, iş disiplini gördüm, ustabaşılık yaptım, sorumluluk aldım, özgüvenim gelişti.2001'de ayrılmak zorunda kaldım. İş yeri büyük bir krizden dolayı kapandı. İşsizdim, evli idim ve bir kızım vardı. Ortaokulu bitirmişti. Çok başarılı idi. Okutmak istiyordum. Ama işim yoktu, paniklemiştim. Hayatımın dönüm noktasıydı. Fabrikada öğrendiklerim orada kalmıştı.

"Başka ne biliyorsun Mahmut" diyerek kendime sordum. Nazar boncuğu, nazar boncuğu yapmayı biliyordum. Nazar boncuğu hakkında bir piyasa araştırması yaptım. Nazar boncuğu yerlerde sürünüyordu. Ülkemizde olmazsa olmaz el sanatı ve çok eski geçmişi olan anlamlı bir kültürdü. Bunu nasıl daha iyi yerlere getiririm diyerek kendime ait nazar boncuğu atölyesi açtım. 2002 yılında çalıştığım iş yerinde buzlama tekniğini de öğrenmiştim. Bu tekniği nazar boncuğuna aktararak Nazar Boncuğunu bayanlara hitap eden Takı Boncuğunu yaparak biraz da renk ve kaliteyi artırarak 3 yıl sonrasında dikkatleri üzerime çekip aranan boncukçu olmuştum (Şekil 1).

2011'de eski TÜSİAD Başkanından meslek ödülü aldım, 2012'de T.C. Kültür ve Turizm Bakanlığı tarafından "YAŞAYAN İNSAN HAZİNESİ" seçildim. Köyümüzde bulunan boncuk festivallerinde birincilik aldım. Anadolu Sigorta'nın "Bir Usta 1000 Usta" projesinde bulundum. Bayanlara kurs hocalığı yaparak boncuk öğrettim. Bu arada kızımı okuttum. Köyümün ilk üniversite mezunu olarak keman hocası yaptım.

Nazar boncuğu nereden gelmiş bunu araştırıp:

Bunu ilk Türkiye'de yapan ve nereden getirildiğini bilen aileyi buldum. Bu kişiyi yani Nurten Özboncuk'u evimde misafir ettim.Nazar boncuğu hakkında bilgileri aldım. Babası olan Arap Selim'in fotoğrafını aldım. Nerelerde nasıl boncuk işi yaptıklarını öğrendim.

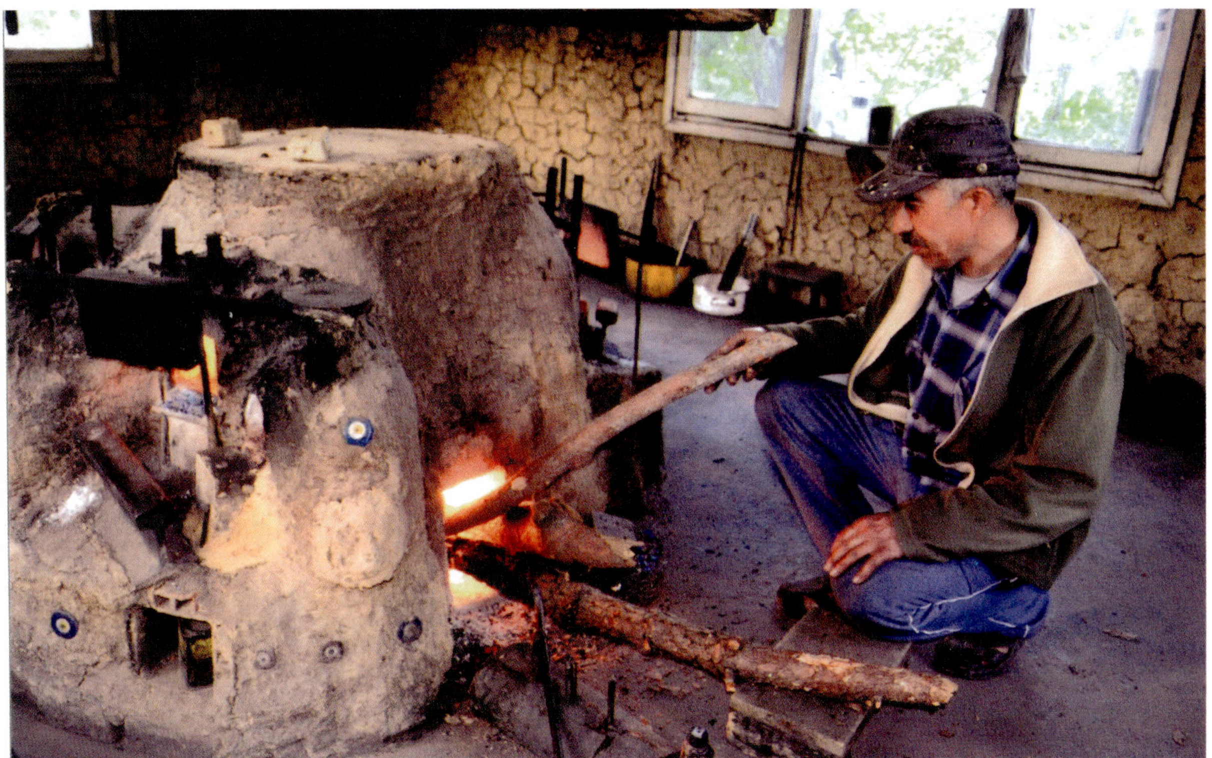

**Şekil 1.** Mahmut Sür usta iş başında

Hayatımın cam ile buluşması, Göz nuru dökerek aşk ile işlediğim, süslediğim cam ile kesişmesine giden yolculuğumu kısaca anlattım.

Yolunuz İzmir İli Kemalpaşa İlçesi Nazarköy'e düşerse yöresel ellerde hayat bulan rengarenk cam süslemelerine dokunurken beni hatırlarsanız, bu en büyük mutluluktur benin için.

Herkese saygılarımla.

## Self-Introduction Speech

My name is Mahmut Sür. I was born in 1962 in Kemalpasa district of Izmir. I still live in the village of Kemalpaşa, formerly Kurudere, whose name has changed since 2010 as Nazarköy.

I worked in a company where I worked for 15 years, I did glass work for 35 years including 15 years of serigraphy on glass and bead glass work in Nazarköy for 20 years.

I'm the eldest of four brothers in a poor family. After graduating from primary school, I said, "Dad, I want to study." My father refused. They wanted me contribute to the family budget either by farming or by working at the bead kilns that have been around our village since 1942, so that I should learn this profession. I was 14 years old. The best master was Necati Şahin. He made proper beads, he was someone with a tutorial aspect. By following this master carefully, I learned to be a good master and make quality production. I went to the army when I was military age. When I came back from the army, I continued in my uncle's workshop. In 1971, a gentleman who studied law, whose wife was French, set up a farm in my village. His wife was a beautician. She made creams from plants in our village that appealed to women and used them in their own halls. I was offered a job in 1986, I was doing serigraphy work on cream bottles and I was writing on cream bottles.

I worked there until 2001. I experienced R&D, I learned business discipline, I was a foreman, I took responsibility, my self-confidence improved. I had to leave in 2001. The business was closed due to a major crisis. I was jobless, married and had a daughter. She finished the secondary school very successfully. I wanted her to continue education. But I didn't have a job, I panicked. It was the turning point of my life. What I learned at the factory, remained there.

I asked myself, "What else do you know, Mahmut?" I knew how to make evil eye beads.I did a market search on the evil eye bead. The evil eye bead was crawling on the floor. It was a meaningful culture with essential handcraft and a very old history in our country. I opened my own evil eye bead workshop asking myself how to bring this to better places. In 2002, I also learned freezing technique at work. By transferring this technique to the evil eye bead, I was the beader who drew attention after 3 years by making the Jewelry Bead that appeals to the ladies and increased the color and quality.

In 2011, I received a professional award from the former president of TÜSIAD, and in 2012, I was elected "LIVING HUMAN TREASURE" by the T.C. Ministry of Culture and Tourism. I won first place at the bead festivals in our village. I worked in Anadolu Sigorta's "One Master 1000 Master" project. I taught bead making to ladies by coaching them. Meantime, I my daughter was graduated as the first university graduate of my village, She became a violine teacher.

I searched for the origin of the evil eye bead:

I found the family that first did this bead in Turkey and knew where it was brought from. I hosted this person, Nurten Özboncuk, at my house. I've got information on the evil eye bead. I took a photograph of his father, Arab Selim. I've learned where and how they do beading.

I briefly explained my life's meeting with glass, my journey intersecting with glass which I have processed and decorated with love by shedding light.

When you come to visit Nazarköy, it will be the greatest happiness for me if you remember me when you touch the colorful glass decorations that come to life in local hands.

With all due respect.

# Eskişehir-Sivrihisar Karaçam Köyü Kromlu Kalsedon Oluşumlarına ait Jeolojik, Kimyasal ve Gemolojik İlk Veriler

## *Preliminary Geological, Chemical and Gemological Data on Chromian Chalcedony Occurences at Karaçam Village of Sivrihisar Province-Eskişehir, Turkey*

Elif KILIÇ
Altınkaynak Kuyumculuk ve Mücevherat A.Ş., Atatürk Bulv. No:105/24A, 06420 Kızılay, Ankara, ea.elifkilic@gmail.com

Zehra Semra KARAKAŞ
Ankara Üniversitesi, Mühendislik Fakültesi, Jeoloji Mühendisliği Bölümü, 06830 Gölbaşı, Ankara

Çiğdem LÜLE
Kybele LLC, PO Box 6007, Buffalo Grove, IL 60089, USA, clule@kybelellc.com

İ. Sönmez SAYILI
FeNi Madencilik Ltd. Şti, Mustafa Kemal Mah. 2120 Cad. 2129 Sok. No: 1/4 06510, Ankara, sonmez@fenimining.com

## Özet

Eskişehir-Sivrihisar-Karaçam Köyü civarında yüzeyleyen Üst Kretase yerleşimli ofiyolit birimlerindeki peridotit ve serpantinleşmiş peridotitler ile silisleşmiş birimler içerisinde farklı renklerde kalsedon oluşumları izlenmektedir. Bu çalışma ile Karaçam köyü Adatepe ve Belek sektörleri civarında bulunan farklı renklerdeki kalsedonların jeolojik, mineralojik-petrografik (XRD, raman spektroskopisi), jeokimyasal ve gemolojik özellikleri incelenmiştir. Ayrıca, literatürde bilinen yeşil renkli kromlu kalsedon örnekleri ve Roma Dönemine ait yeşil renkli kalsedonlardan işlenmiş mühür taşları ile de karşılaştırmaları yapılmıştır. Karaçam köyü civarında iki tür kromlu kalsedon oluşumu olabileceği düşünülmektedir. Birinci tür, koyu yeşil renkli olup doğrudan serpantinitler ve lateritleşmiş serpantinitler içinde gözlenirken, ikinci tür ise beyaz ile yeşil arasında değişen renkler sunan ve aynı zamanda açık gri, gri, kahverengi ve kızıl renkli kalsedonları da içeren ve olasılıkla beyaz-krem renkli silisleşmeler içinde lateritlerle birlikte gözlenen oluşumlar şeklindedir. Mikroskobik verilerde kriptokristalen kuvars, ağsal biçimde gelişmiş kalsedon damarcıkları ve dolguları, kromit-hersinit ile götit ve benzeri demir bileşenlerinden oluşan opak minerallere rastlanmıştır. X-Işınları kırınım çalışmalarında alfa kuvars, kristobalit, tridimit, moganit ve melanofilogit mineralleri ile amorf silika belirlenmiştir. Birinci tür oluşumlu örneklerde Cr, Ni, Al ve V ile bir miktarda Co element içerikleri, ikinci türdeki oluşumlara göre daha yüksektir. Gemolojik verilere göre de ışığı kırma indisleri 1.53 ve 1.54, özgül ağırlık değeri 2.53 bulunmuştur. Krom içeriği yükseldikçe chelsea filtresi ile bu tür yeşil kalsedonların daha pembe renkler sergiledikleri belirlenmiştir. Bu çalışma ile Karaçam köyü civarında da kromlu kalsedonların varlığı ve bunların dünyadaki diğer kromlu ve yeşil kalsedon oluşumlarından farklı karakteristikler sergilediği belirlenmiştir.

**Anahtar Kelimeler:** Kromlu kalsedon, arkeogemoloji, Roma Dönemi süstaşları, Eskişehir, Türkiye.

## Abstract

The different color of chalcedony occurrences is observed in peridotites, serpantinized peridotites of ophiolites emplaced at Upper Cretaceous and silicified units around Karaçam Village-Sivrihisar province of Eskişehir.

In this study, the geological, mineralogical-petrographical (XRD, Raman spectroscopy), gemological and geochemical features and characteristics of chalcedonies in different colors outcropping at Adatepe and Belek sectors around Karaçam village area are investigated. The features of chalcedonies are also compared to other chromian chalcedony samples in the world and also to Ancient Roman Period green chromian chalcedony seal stones. Two different chromian chalcedony occurrences have been observed in Karaçam Village area. While the first type is represented by dark green colors and found in serpentinites and lateritic serpentinites; the second ones are observed in variety colors such as white to green and also light gray, gray brown and reddish-brown. Chalcedony occurrences are located in white to cream colored silicifications within the laterite zones. Microscopic studies revealed cryptocrystalline quartz, net-like chalcedony veins, chromite-hercinite minerals and also goethite and similar iron ores as opaque minerals. Alpha-quartz, cristobalite, tridymite, moganite, melanophlogite and amorphous silica minerals are detected via XRD analyses. The first group occurrences contain higher amounts of Cr, Ni, Al, and V and a small amount of Co compared to the second type. Gemological tests confirm the quartz refractive index of 1.53 to 1.54 and specific gravity as 2.53. As the chromium content gets higher, the pink reaction to the chelsea filter gets stronger. This initial study revealed chromium chalcedony occurrences exist in Karaçam Village region and they display different characteristics than the other green chromian chalcedony occurrences of the world.

**Keywords:** Chromian chalcedony, Archaeogemology, Ancient Roman period gemstones, Eskişehir, Turkey.

## Giriş

Tarih öncesi çağlarda çeşitli türden taşlar insanoğlunun ilgisini çekmiş ve alet ya da silah, bazen de gücüne inanılan efsanevi objeler olarak kullanılmıştır. Bu objeler için, çakmaktaşından yapılan ok uçlarından, Aztekler'in turkuaz tören maskelerine, Uzakdoğu'da kutsal sayılan jadeitlerden, tapınakları süsleyen renkli taşlara kadar pek çok örnek verilebilir. Bazı mineraller ve taşlar (süstaşları), renkli ve çekici görünümleri ile süs malzemesi olarak da kullanılmıştır. Eski Roma Medeniyeti de MS 1. ve 3. yüzyıl arasında yeşil renkli kalsedonlardan işlenmiş mühür taşları, yüzükler ve kolyeler gibi objeler kullanmıştır. Bunlardan bir kısmı Almanya' daki şehir müzesinde (Staatliche Museen zu Berlin) ve ABD-Kaliforniya' daki Michael Shubin Collection' da sergilenmektedir (Lüle, 2013).

Literatür incelemeleri yapıldığında; dünyada bugüne kadar bilinen yeşil renkli kalsedonlar, krizopraslar ve kromlu kalsedonların bulunduğu yerler başta Zimbabve, Bolivya, Avustralya, Polonya olmak üzere Kazakistan, Brezilya, Myanmar, Arjantin, Tanzanya ve ABD olarak belirtilmiştir (https://www.mindat.org/gm/952). Türkiye'de Eskişehir civarında yeşil renkli kromlu kalsedonların varlığı da ilk kez Lüle-Whipp (2006) ve Lüle (2013) tarafından yapılan çalışmalar ile ortaya konulmuştur. Bu çalışmaya konu olan inceleme alanı da İç Anadolu bölgesinde Eskişehir-Mihalıççık ilçesinin güneyinde Karaçam köyü civarında yer almaktadır (Şekil 1). Karaçam Köyü civarında Fe-Ni Madencilik Limited Şirketi tarafından lateritik nikel ve demir yatağında üretim yapılmaktadır. Ayrıca, bu bölgede Karaçam, Adatepe ve Belek sektörleri olarak isimlendirilen alanlarda da yeşil renkli kromlu kalsedon yüzlek belirtilerine rastlanıldığı belirtilmiştir (Lüle-Whipp 2006; Lüle 2013). Bu çalışmada, Adatepe ve Belek sektörlerinde izlenen yeşil renkli kromlu kalsedonlar hakkında ayrıntılı jeolojik, mineralojik, jeokimyasal ve gemolojik çalışmalar yürütülmüş ve literatürde bilinen yeşil renkli kromlu kalsedon örnekleri ile karşılaştırmalar yapılmıştır. Ayrıca, yeşil renkli kalsedonlar tanımlanmakla kalmamış aynı zamanda Roma Dönemine ait yeşil renkli kalsedonlardan işlenmiş mühür taşları ile karşılaştırmaları da yapılmıştır. Bu dönem süstaşlarının, Türkiye'de Eskişehir yöresinden çıkarılan kromlu kalsedonlardan üretilmiş olma olasılıkları arkeologların dikkatine sunulmuştur.

## Bulgular

### Jeoloji

İnceleme alanındaki temel kayaçlar Üst Kretase yerleşimli ofiyolit birimlerine ait serpantinitler/serpantinleşmiş peridotitler ve gabrolardan oluşmaktadır (Boyalı ve Arıkal 1986; Şekil 2). İnceleme alanının yakın çevresinde bu birimler içerisinde lisvenit oluşumları bulunmaktadır (Koç ve Kadıoğlu, 1996). Serpantinitler ve serpantinleşmiş peridotitler atmosferik bozunmaya uğramış ve bozunmuş serpantinitler ile lateritleri oluşturarak Fe ve Ni zenginleşmelerine yol açmışlardır. Atmosferik bozunma sırasında gelişen silis kabuk ve olasılıkla hidrotermal süreçler ile bağlantılı beyaz renkli silisleşmeler laterit zonlarının içinde ve üstünde yer almaktadırlar (Şekil 3a). Beyaz renkli silisleşmelerin içinde farklı renklerde izlenen kalsedon damar ve damarcıkları sadece bu birimde değil aynı zamanda silisleşmiş lateritler içinde oldukları da belirlenmiştir (Şekil 3b). Sözü edilen kalsedon damarları belli bir yönelim göstermemekte ve farklı konumlar sunmaktadır. Tüm bu birimler Adatepe Açık Ocak işletme sahasında izlenmektedirler (Şekil 2). Öte yandan Ağılın Sivrisi bölgesine yakın sıcak su çıkışlarını temsil eden travertenleşmeler de görülmektedir. Belek sektöründe henüz açık ocak işletmesi bulunmadığından tüm birimlere ya da bir kısmına ait yüzlekler sınırlı sayıdadır. Burada lateritleşmeler ve silis kabuk olarak nitelenen birimler yüzeylemektedir.

## Materyal ve Yöntem

İnceleme alanındaki farklı litolojideki kayaçlar (serpantinleşmiş peridotit, serpantinit, gabro, laterit, traverten ve silisleşmiş örnekler) ile farklı renklerdeki (koyu yeşil, açık yeşil, kahve-yeşil, beyaz- bej, koyu gri) kalsedonlardan toplam 36 adet örnek derlenmiştir (Şekil 2). Sahadan alınan örneklerin ince kesitleri hazırlanarak Leitz marka polarizan mikroskopta dokusal özellikleri, mineral bileşimleri ve bozunma türleri belirlenerek kaya adlamaları yapılmıştır. Ayrıca, farklı renklerdeki kalsedon örnekleri ile silisleşmiş farklı litolojideki örneklerin mineralojik bileşimlerinin belirlenmesinde X-Işınları kırınım (XRD) yöntemi ile Konfokal Raman Spektrometresi cihazı kullanılmıştır. Farklı lokasyon ve renklerde izlenen kalsedon örneklerinin ana oksit ve eser element jeokimyasal analizleri ALS İrlanda laboratuvarlarında ICP-AES (Induced Coupled Plasma-Atomic Emission Spectrometre) cihazı ile yapılmıştır. Farklı renk ve lokasyonlardan alınan altı adet kalsedon örneğinin gemolojik özellikleri; refraktometre, polariskop, spektroskop, gemoloji mikroskopu, GemmoFTIR, özgül ağırlık, chelsea renk filtresi ve standart ultraviole ışık lambası altında incelenmiştir.

## Saha, Mineralojik ve Petrografik İncelemeler

İnceleme alanındaki Adatepe ve Belek sektörlerindeki kalsedon örnekleri farklı renklerde izlenmiştir. Adatepe bölgesinde koyu yeşil olarak gözlenen kalsedon örneklerinin yanı sıra açık yeşil, kahve-yeşil, beyaz - bej, koyu gri renklerdeki örneklerde belirlenmiştir. Bu da Adatepe bölgesindeki örneklerin renk bütünlüğünün olmadığını göstermektedir. Kalsedon örnekleri lup ile yakından incelendiğinde, içlerinde siyah ve bazen de kırmızı renkli opak mineral kapanımları olduğu görülmektedir. Kalsedonların uzunlukları en fazla 10-15 cm olup kalınlıkları da 10 $cm^3$ yi geçmemektedir (Şekil 3b). Belek bölgesindeki kalsedon içeren oluşumların genellikle Adatepe kalsedonlarına göre daha koyu yeşil renklerde olduğu görülmüştür (Şekil 4a, b).

Adatepe ve Belek bölgesindeki yeşil renkli kalsedon örneklerinin mikroskobik incelemelerinde; genellikle hızlı bir soğumaya işaret eden mikrokristalin kuvars matriksi içinde damar, damarcıklar ve gözenek dolguları şeklinde kuvars ve kalsedonlardan oluştukları görülmüştür (Şekil 5a, b). Birinci nikolde kirli beyaz alanlar genellikle izotrop karakterli amorf silis (opal ?) özelliği sergilemektedir. Ayrıca, mikrokristralin kuvarslar içinde özşekilli ile özşekilsiz arasında değişen biçimlerde bazılarının da kataklazma geçirdiği görülen opak mineraller izlenmiştir (Şekil 5c, d).

Adatepe ve Belek bölgelerindeki kalsedonların X-Işınları kırınımı ve konfokal raman spektroskopisi incelemelerinde alfa kuvars, kristobalit, tridimit, amorf silika, moganit ve melanofilogit mineralleri belirlenmiştir (Şekil 6, 7, 8). Kuvars minerali 4.26 Å, 3.34 Å, 2.45 Å, 2.27 Å, 2.23 Å pikleri ile düşük (low) kuvars (α) tipindedir. Ayrıca, 4.05 Å ve 4.09 Å ile 2.88 Å, 2.50 Å'da gözlenen pikler kristobalit minerali olarak değerlendirilmiştir. 4.32 Å, 4.09 Å, 3.89 Å ve 2.49 Å'daki pikler ile tridimit minerali tanımlanmıştır. Moganit minerali ise 4.41 Å ve 3.10 Å' daki piki ile belirlenmiştir. Genelde moganit minerali silis grubu minerallerin bir polimorfu olup, XRD incelemelerinde kuvars mineralinin difraksiyon çizgileri ile çakışması nedeniyle rutin standart bir X-ışını difraksiyon taraması ile belirlenmesi zordur. Ancak raman spektometre incelemeleri ile moganit mineralinin varlığını belirlemek mümkündür (Bustillo ve diğ., 2012). Bu nedenle XRD incelemelerinde moganit mineraline ait piklerin gözlendiği örnekler Raman spektroskopisi ile de incelenerek örneklerdeki varlığı doğrulanmıştır. Öte yandan Raman spektroskopisi çalışmaları ile noktasal bazda kuvars, kalsedon, kromit-hersinit, hematit, götit minerallerinin yanısıra moganit ve melanoflogit mineralleri bulunmuştur (Şekil 7, 8).

## Jeokimya

Adatepe sektöründen derlenen 7 adet yeşil kalsedon örneğinin kimyasal olarak incelendiğinde $SiO_2$ değerleri % 95.10 ile 98.10 arasında değişmektedir (Tablo 1). $Al_2O_3$ değerleri ise % 0.06 ile 0.34 arasında olup yüksek değildir. $Fe_2O_3$ değerleri de düşüktür ve % 0.03 ile1.09 arasındadır. Örneklerin $Cr_2O_3$ değerleri % 0.04 ile 0.30 arasındadır. MgO değeri de % 0.02 ile 0.14'dür, ve MnO değerleri ise hep % 0.01'in altındadır.

Belek sektöründen alınan iki örneğin $SiO_2$ değerleri % 90.7 ve 93.10 olarak belirlenmiş olup bu değerler Adatepe yeşil kalsedonlarının $SiO_2$ değerlerinden en az % 2 daha düşüktür. Buna karşın, $Al_2O_3$ değerleri % 0.93 ve 1.12 değerleri ile Adatepe kalsedonlarından 3 misli daha fazladır. $Fe_2O_3$ değerleri de % 0.58 ile 0.88 olup Adatepe yeşil kalsedonlarından 3 ile 20 kez daha fazla oranlar sergilemektedir. Örneklerin $Cr_2O_3$ değerleri % 1.14 ile 2.10 arasında değişmekte olup Adatepe örneklerinin $Cr_2O_3$ değerlerine göre çok yüksektir. MgO değerleri % 0.19 ile 0.26 değerleri ile Adatepe yeşil kalsedonları değerlerinin 2 mislinden daha fazla oranlardadır. MnO değerleri ise % < 0.01 ile 0.01 arasındadır.

Tablo 1'de Eskişehir kromlu kalsedonlarının özellikle Belek sektöründeki örneklerinin hem yüksek $Al_2O_3$ (% 1.03), hem de yüksek $Cr_2O_3$ (% 1.62) değerleri ile belirginleştiği görülmektedir.

## Gemolojik İncelemeler

Kalsedon örneklerinden farklı renklerde seçilen 6 adedi üzerinde gerçekleştirilen gemolojik çalışmalar ve elde edilen sonuçlar Tablo 2'de verilmiştir. Örneklerin renk tanımlamaları, gemolojide kullanılan modern sistemlerden biri olan World of Color ile değerlendirilmiştir. World of Color süstaşlarının spesifik renk tanımlarında kullanılan, Munsell Renk sistemine dayalı, 2017 yılında yayınlanmış bir sistemdir. Renk tanımlaması için Munsell notasyonu sembolik olarak H (renk adı) V(ton)/C(chroma) şeklinde yazılır. Rengin tonu (V), rengin açık veya koyuluğunu; doygunluk (C) ise rengin parlak veya sönüklüğünü belirtir. Belek EB – 1b ve Z1 örnekleri daha koyu tonlara ve doygunluğa sahipken, KZ – 1b ortalama bir tona ama daha düşük bir doygunluğa sahiptir. Işığı kırma indislerini ölçmek için gemolojide Kırılma İndisi Ölçer (refraktometre) denilen cihazlar kullanılmaktadır. Örnekler üzerinde birden fazla noktada kırılma indisleri (n) ölçülmüş ve n değerleri 1.53 olarak bulunmuştur. Bu da kalsedonun ışığı kırılma indisine eşdeğerdir (Webster, 1994; https://www.gemologyonline.com/chalcedony.html). Ortalama özgül ağırlıkları Mettler Toledo TR marka analitik terazide hesaplanmıştır. Tüm örneklerin özgül ağırlıkları ölçülmüş ve bunun sonucunda 2.52, 2.53 ve 2.54 değerleri elde edilmiştir (Tablo 2). Bu değerlerin farklılık göstermesi örneklerin tek kristal değil, kuvars minerali ağırlıklı agregat olmalarından kaynaklanır. Bir malzeme (süstaşı) ultraviole ışınları (mor ötesi ışınlar) ile uyarıldığında farklı tepkiler verebilir. Bu özellik floresans olarak adlandırılmaktadır. Bazı örnekler kısa dalga boylu, bazıları ise uzun dalga boylu mor ötesi ışıkta farklı floresans tepki verirler. Bu çalışmada incelenen 6 örnek ultraviyole lambası kullanılarak ultraviyole fotoluminesans reaksiyonları için analiz edilmiştir (Tablo 2). Polariskop süstaşlarının optik özelliklerini saptamak için kullanılan bir ekipmandır. Bu pratik alet tek ve çift kırılmayı ayırt etmede, pleokroizma ve optik karakteri belirlemede kullanılır. Örneklerin optik karakterlerinin agregat olduğu ortaya çıkarılmıştır (Tablo 2). Bir mineralin optik emilme ya da absorbsiyon tayfı, yansıtmalı ya da geçirmeli ışık kullanılarak ortaya çıkarılır. Yapılan incelemelerde 650-700nm bantları arasında emilme çizgisi görülmüştür.

## Sonuçlar ve Tartışma

Eskişehir-Sivrihisar Karaçam Köyü Adatepe ve Belek sektörleri civarında farklı renklerde izlenen kalsedon örnekleri jeolojik, mineralojik-petrografik, XRD, raman spektroskopisi, jeokimyasal ve gemolojik özellikleri incelenmiştir. İnceleme alanındaki lateritik düzeylerin üst kesimlerinde ve lateritik seviyelerin içlerinde farklı renklerde izlenen (beyaz, yeşil, gri, siyah, kırmızı renkli) kalsedon damarları ile beyaz (boz-krem) renkli silisleşmeler bulunmaktadır. Özellikle Adatepe civarında lateritleri kesen silisleşmeler gözlenmektedir (Şekil 3a). Beyaz (boz –açık krem) renkli silisleşmeler lateritleşme evresinde oluşan kırıklar ve çatlaklara hidrotermal çözeltilerin girmesi sonucu oluşmuş olmalıdırlar (Şekil 3b). Karaçam Köyü civarındaki kromlu kalsedon örneklerinin XRD ve Raman spektroskopisi incelemelerinde moganit ve melanofilogit minerallerinin varlığı ilk kez bu çalışmada belirlenmiştir (Şekil, 6, 7, 8). Moganit minerali XRD incelemelerinde 4.41 Å ve 3.10 Å' daki piki ile tanımlanmıştır.

Genelde moganit minerali silis grubu minerallerin bir polimorfu olup, XRD incelemelerinde kuvars mineralinin difraksiyon çizgileri ile çakışması nedeniyle rutin standart bir X-ışını difraksiyon taraması ile belirlenmesi zordur. Ancak raman spektrometre incelemeleri ile moganit mineralinin varlığını belirlemek mümkündür (Bustillo ve diğ., 2012). Bu nedenle XRD incelemelerinde moganit mineraline ait piklerin gözlendiği örnekler raman spektrometresi ile de incelenerek örneklerdeki varlığı doğrulanmıştır (Şekil 7). Raman çalışmalarında tanımlanan melanoflogit mineralleri XRD difraktogramlarında gözlenmemiştir. Bu minerallerin örnek içinde bulunma oranlarının XRD cihazının dedeksiyon limitinin altında olduğuna işaret eder. Ancak raman incelemelerinde 462.53 ve 499.88 cm-1'de Raman kaymaları ile tanımlanmıştır (Şekil 8). Melanoflogit minerali ilk kez yeni bir mineral olarak von Lasaulx (1876a, b) tarafından adlandırılmıştır. Spezia (1892) tarafından da melanoflogit mineralinin varlığı belirtilmiştir. Kalsedon örneklerinde melanofilogit ve moganit minerallerinin bulunması hidrotermal kökeni işaret etmektedir. Oluşum sıcaklığı ise 104-112 $^{0}$C olarak belirtilmektedir (Kingma ve Hemley, 1994). Türkiye ve dünyadaki kalsedon ve kromlu kalsedon oluşumları ile kalsedon oluşumuna eşlik eden moganit minerali ve kalsedon oluşumlarının ekonomik ve gemolojik özelliklerini içeren çalışmalar da bulunmaktadır (Willing ve Stocklmayer 2003; Ören, 2012; Hatipoğlu ve Yardımcı, 2014; Korybska-Sadlo 2015; Čermáková ve diğ., 2017). Polonya'nın güneydoğu Szklary kasabası civarında harzburgit ile örtülenmiş yeşil renkli kalsedonların Raman Spektroskopisi incelenmelerinde 200 ile 1600 dalga boylarında değerler verdiğini belirtmiştir. Bir örnekte karakteristik moganit piki olan 502 dalga boyunu bulmuştur. Mikroskobik incelemelerde kayaçların kırık ve boşlukları ikincil olarak mikrokristalin dokulu kuvars minerali ile lifsi karakterli kalsedon mineralleri tarafından doldurulmuştur (Şekil 5a, 5b). Trotet ve diğ., (2015) lateritleşmenin ilk evrelerinde silika olarak, opal, kalsedon ve daha az oranda da mikrokristalin kuvars gelişebileceğini belirtmişlerdir. Kalsedon kristallerinin çatlak dolgusu şeklindeki gelişimi (Şekil 5a,5b) ve opak minerallerinde kırık ve çatlaklı olarak izlenmesi (Şekil 5c, 5d) bölgede tektonik aktivitenin etkinliğini göstermektedir. Elde edilen bu veriler ışığında beyaz (boz-krem) renkli silisleşmelerin lateritleşmenin ileri evrelerinde faylanmalara bağlı olarak yüzeye kadar ulaşan ve çoğunlukla silis getiren hidrotermal çözeltilerle ilişkili olduğu söylenebilir. Bu hidrotermal faaliyetler beyazımsı silisleşmeleri kesmişler, içlerine kırık ve çatlaklarına yeşil ve diğer renkler sunan kalsedonları oluşturmuşlardır. Adatepe ve Belek köyleri civarında iki tür kromlu kalsedon oluşumu belirlenmiştir. Birinci tür, koyu yeşil renkli olup doğrudan serpantinitler ve lateritleşmiş serpantinitler içinde gözlenirken, ikinci tür ise beyaz ile yeşil arasında değişen renkler sunan ve aynı zamanda açık gri, gri, kahverengi ve kızıl renkli kalsedonları da içeren ve beyaz-krem-bej renkli silisleşmeler içinde lateritlerle birlikte gözlenen oluşumlar şeklindedir. Lüle (2013) Eskişehir bölgesinden aldığı kalsedon örnekleri ile Eski Roma dönemine ait antik eserlerin kimyasal bileşimlerini tüm kaya ICP ve ED-XRF yöntemi ile incelemiş ve krom ile nikel oranlarının Zimbabve ve Bolivya örneklerinden daha yüksek olduğunu belirlemiştir (Tablo 1). Ayrıca, yüksek büyütmeli mikroskop incelemelerinde özşekilli kromit/hersinit inklüzyonların varlığını göstermiştir. Adatepe bölgesindeki kalsedonların $Cr_2O_3$ oranları % 0,17 ortalama değeri ile karşılaştırılan krom kalsedon oluşumlarının aynı oksit değerlerine göre biraz düşüktür (Tablo 1). Buna karşın Belek bölgesinden alınan yeşil kalsedon örneklerinin (2 örnek) $Cr_2O_3$ değerleri ortalaması %1,62 gibi çok yüksek değerler verirken, $Al_2O_3$ değerleri ortalaması da % 1,03 ile dünyada karşılaştırması yapılan kromlu kalsedonlara göre oldukça yüksektir (Tablo 1). Gemolojik verilere göre de ışığı kırma indisleri 1.53 ve 1.54, özgül ağırlık değeri 2.53 bulunmuştur. Krom içeriği yükseldikçe chelsea filtresi ile bu tür yeşil kalsedonların daha pembe renkler sergiledikleri belirlenmiştir. Adatepeden alınan yeşil ve kahve renkli tüm kalsedon örneklerinin dünya literatürüne geçen kromlu kalsedon örnekleri ile gemolojik özellikleri uyum içerisindedir (Tablo 2). Sonuç olarak Karaçam Köyü civarında da kromlu kalsedonlar bölgedeki faylar boyunca yükselen hidrotermal sıvıların etkisi ile lateritleşme esnasında ve sonrasında, laterit ve silisleşmiş düzeylerde masif yapılı farklı renklerdeki kalsedon oluşumları gerçekleştirmiştir. Karaçam bölgesindeki kromlu kalsedon varlığı ve bunların dünyadaki diğer kromlu ve yeşil kalsedon oluşumlarından kısmen farklı karakteristikler sergilediği belirlenmiştir.

## Teşekkür

Saha incelemelerimize müsaade eden ve jeokimyasal analizlerin yapılmasına destek sağlayan Fe-Ni Madencilik Limited Şirketi'ne, Jeokimyasal analizler ile Raman Spektrometre analizlerin yapılmasına destek veren Prof. Dr. Yusuf Kağan Kadıoğlu'na, Jeolojik haritaların çizimini yapan Uzman Dr. Sinan Akıska'ya teşekkür ederiz.

## Kaynaklar


**Boyalı, İ. ve Arıkal, R. T. (1986).** Yunusemre-Karaçam-Dumluca (Mihallıçcık, Sivrihisar-Eskişehir) Yöresinin Nikel-Kobalt Maden Jeoloji Raporu. *MTA Derleme Rapor No: 8032*, Ankara.

**Bustillo, M.A ., Pérez-Jiménez, J. L., Alonzo-Zarza, A. M., Furio, M. (2012).** Moganite in the chalcedony variations of continental cherts (Miocene, Madrid basin, Spain). *Spectroscopy Lett.* 45, 109–113.

**Čermáková, Z., Hradil, D., Bezdička, P., Hradilová, J. (2017).** New data on "kerolite–pimelite" series and the colouring agent of Szklary chrysoprase, Poland. *Phys. Chem. Minerals*, 44,193-202.

**Hatipoğlu, M., Yardımcı, Y. (2014).** Optical and cathodoluminescence investigations of the green microcrystalline (chrysoprase) quartz. *Journal of luminescence and applications,* 1, 87-104.

**https://www.gemologyonline.com/chalcedony.html.**

**https://www.mindat.org/gm/952.**

**Hyrsl, J. (1999).** Chrome Chalcedony-a review. *Journal of Gemmology*, 26(6), 364–70.

**Kingma, K. J., Hemley, R. J. (1994).** Raman spectroscopic study of microcrystalline silica. *Am Mineral* 79, 269-273.

**Koç, Ş., Kadıoğlu, Y. K. (1996).** Mineralogy, geochemistry and precious metal content of Karacakaya (Yunusemre-Eskişehir) Listweanites. *Ofioliti*, 21(2), 125-130.

**Korybska-Sadło, I. (2015).** Studies of Chrysoprase and Microcrystalline Silica Varieties from Serpentinites of Szklary Massif (Foresudetıc Block, SW Poland) by Raman Spectroscopic Technique – Preliminary Results, *Mining Science*, 22, 39–45.

**Lüle, Ç. (2013).** Trace element comparison of ancient Roman Intaglios and modern samples of chromian chalcedony; an archaeogemological provenance study. *GSA Annual Meeting in Denver.*

**Lüle-Whipp, Ç. (2006).** Chromium Chaldony from Turkey and its possible Archeological Connections. *Proceedings of the 4th International Gemological Symposium & GIA Gemological Research Conference. Gems & Gemology,* 42(3), 115.

**Ören, U. (2012).** Gemmological And Mineralogical İnvestigations And Genesis of The Massive Dark Green Chrysoprase From The Biga-Çanakkale Regıon. *Yüksek Lisans Tezi,* Dokuz Eylül Üniversitesi, Fen Bilimleri Enstitüsü, İzmir.

**Spezia, G. (1892).** Sull origine del Solfo nei giacimenti solfiferi della Sicilia. *G. Candeletti*, Torino.

**Trotet, F., Kadar, M., Marini, D. (2015).** Typology of the New Caledonian Ni-Laterite deposits: from natural to industrial processes. *Conference: The Society for Geology Applied to Mineral Deposits, 13th SGA meeting At*: Nancy, France, 4 p.

**Von Lasaulx A. (1876a).** Mineralogisch-kristallographische Notizen.VII. Melanophlogit ein neues Mineral. *Neues Jahrbuch für. Mineralogie*, 250-257.

**Von Lasaulx A. (1876b).** Letter to the editor, no title. *Neues Jahrbuch für. Mineralogie*. 1876, 175-178.

**Webster, R. (1994).** Gems, their sources, description and identification. *5th edn, revised* by P.G. Read.Butterworth-Heinemann, Oxford.

**Willing, M. J., Stocklmayer, S. M. (2003).** A new chrome chalcedony occurrence from Western Australia. *Journal of Gemology*, 28, 265–279.


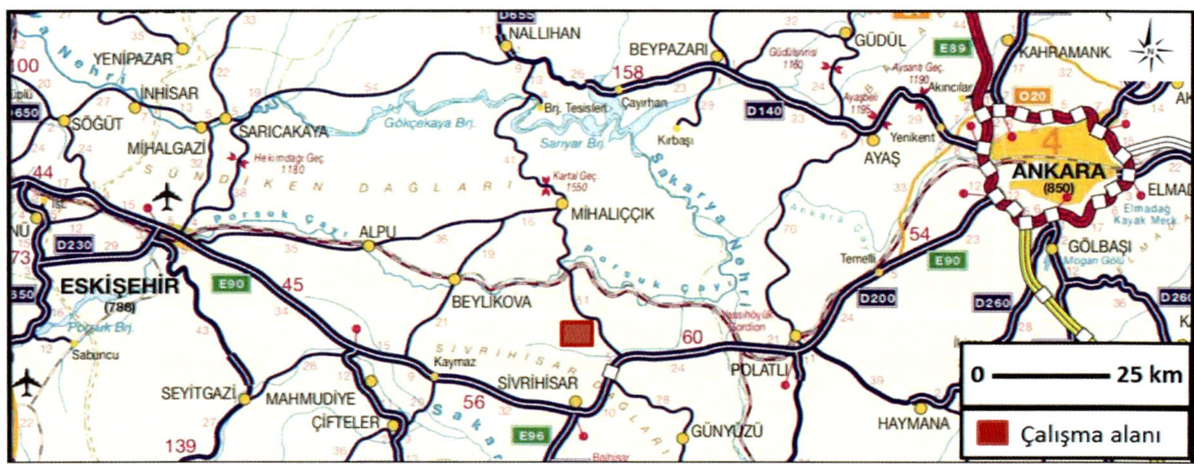


**Şekil 1.** İnceleme alanın yer bulduru haritası.

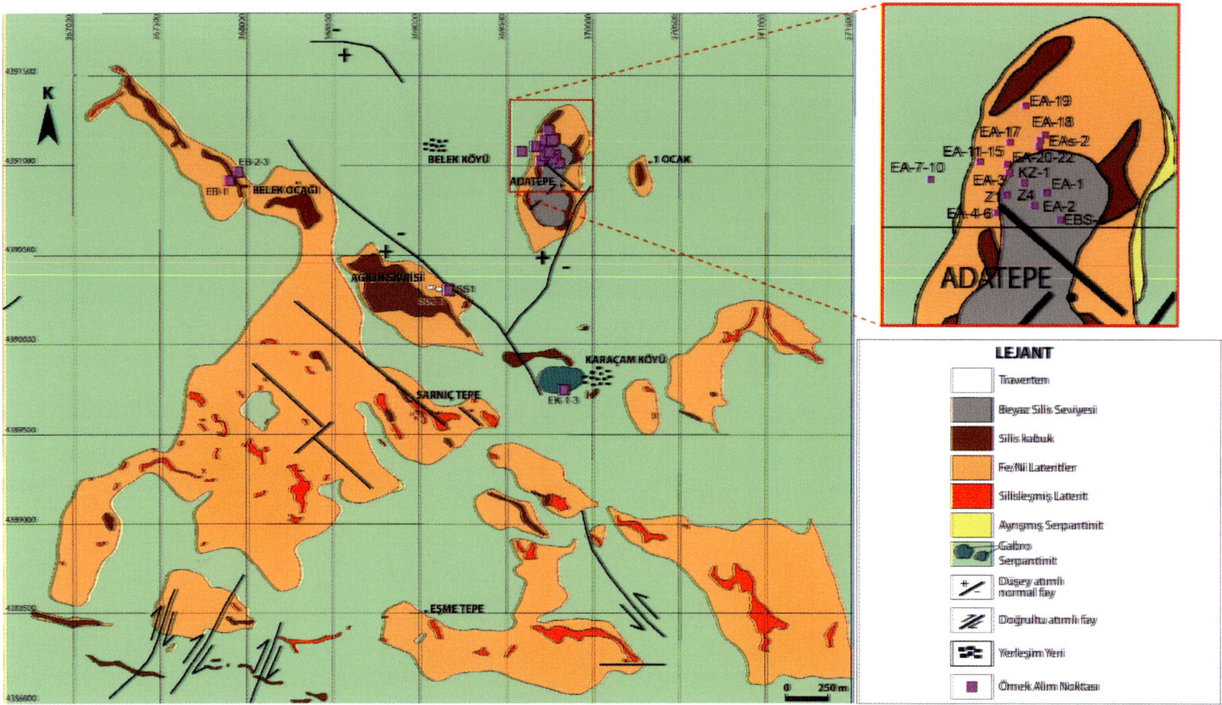


**Şekil 2.** İnceleme alanının jeoloji haritası ve örnek alım noktaları
(Boyalı ve Arıkal 1986 tarafından yazılan raporda verilen haritanın Fe-Ni Madencilik tarafından revize edilmiş şeklidir).

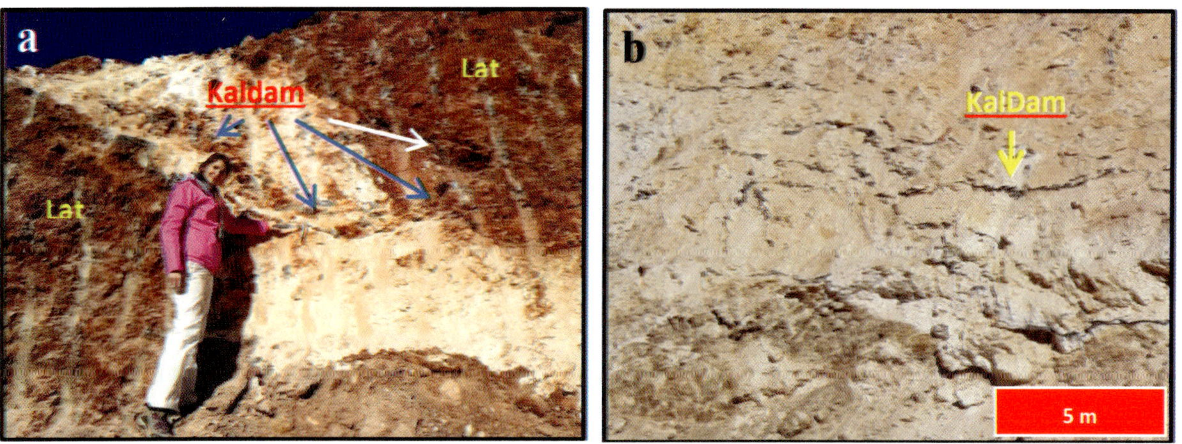


**Şekil 3.** (a) Adatepe sektöründe beyaz renkli silisleşmeler içinde kalsedon damarları (KalDam) (Lat: laterit),
(b) Adatepe sektöründe beyaz renkli silisleşmeler içinde farklı doğrultularda yer alan kalsedon damarları (KalDam).

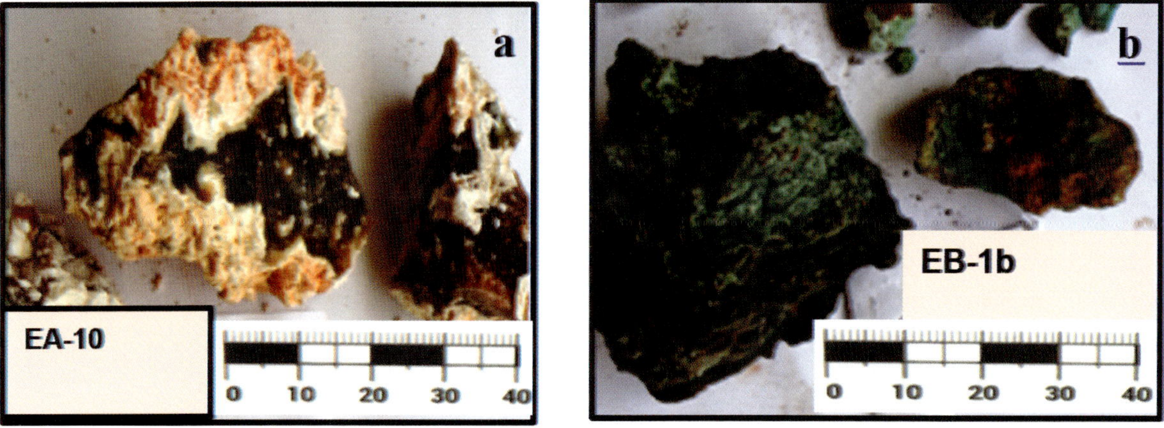


**Şekil 4.** Adatepe (EA-10) ve Belek (EB-1b) civarındaki yeşil renkli kalsedon örneklerinin makroskobik görünümleri.

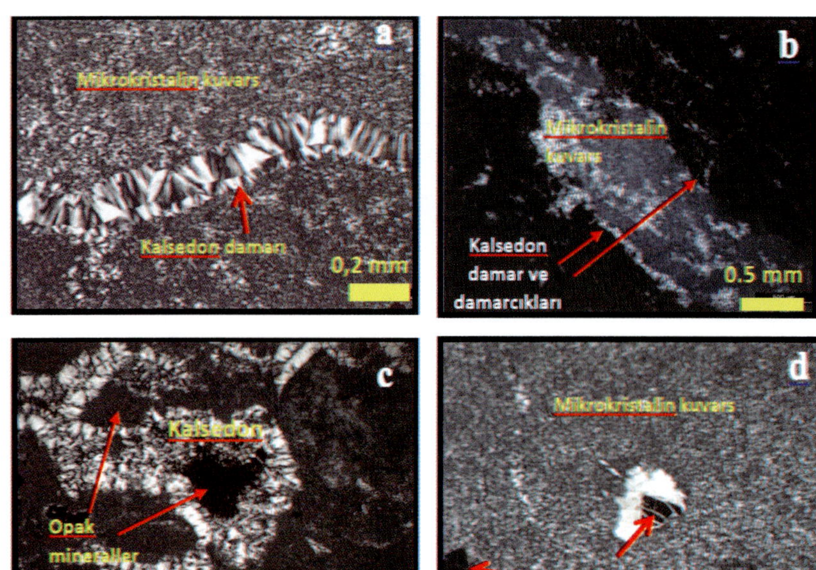


**Şekil 5.** (a) EA10 ve (b) EA16 no'lu Adatepe civarındaki kalsedon örneklerindeki mikrokristalin kuvars ve çatlak dolgusu şeklinde gelişen kalsedon damar ve damarcıkları ile (c) EB-1b ve (d) EA 10 no'lu Belek ve Adatepe civarındaki kalsedon örneklerindeki bütünsel ve parçalanmış opak minerallerin 2. nikol mikroskop görünümü.

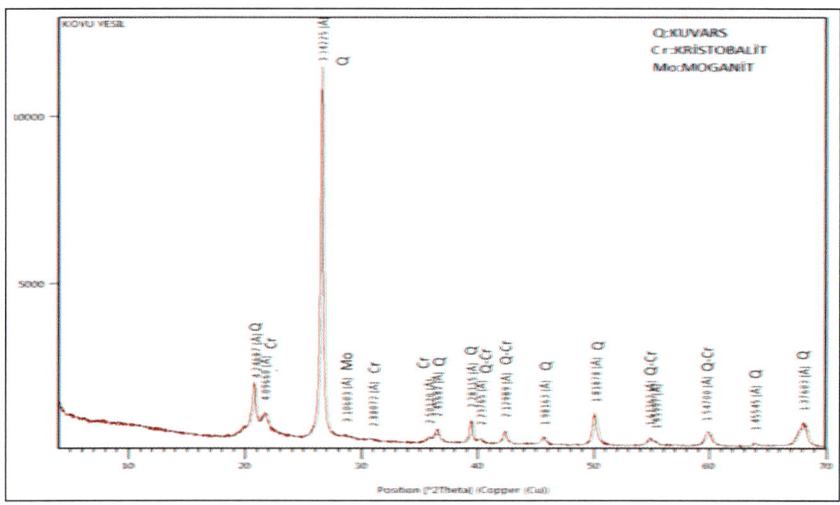


**Şekil 6.** Z-1 no'lu koyu yeşil renkli kalsedon örneğin XRD tüm kaya çekimi.

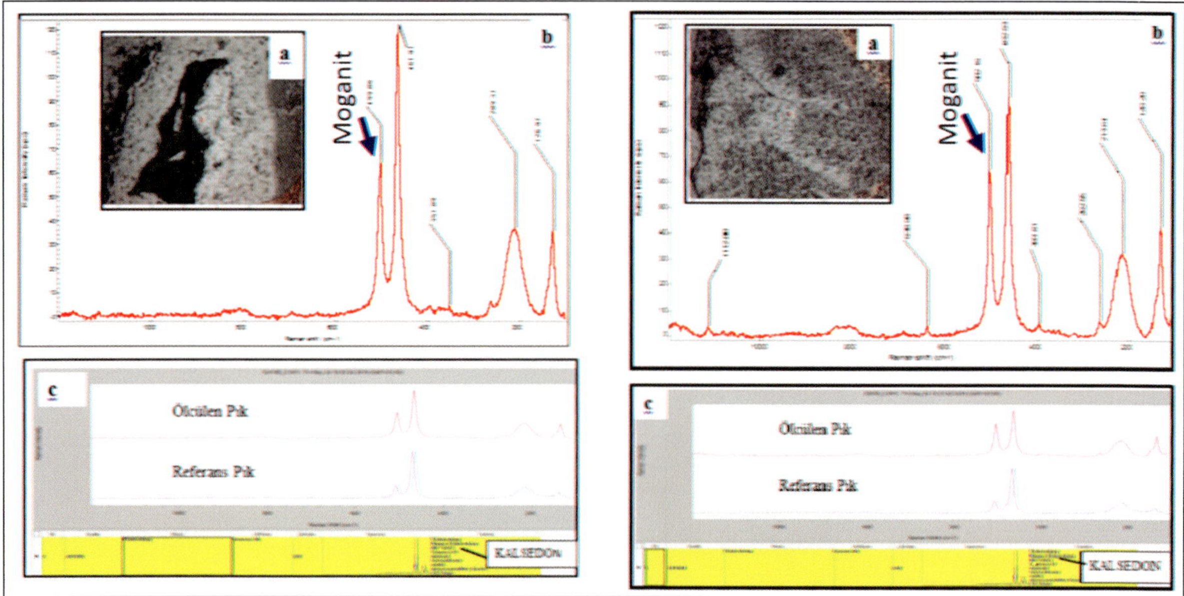


**Şekil 7.** EA-19b (A) ve EB-1b (B) no'lu örneklerdeki kalsedon mineralinin Raman görüntüsü (a), kayması (b) ve piklerin referans karşılaştırması (c).

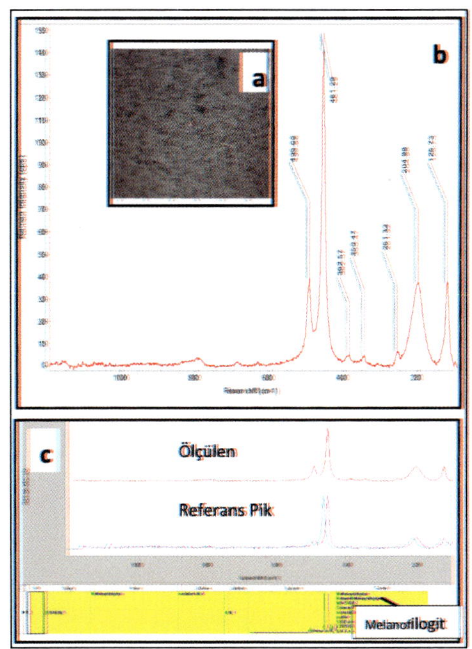


**Şekil 8.** EA-10 no'lu örnekteki melanofilogit mineralinin Raman görüntüsü (a), kayması (b) ve piklerin referans karşılaştırması (c).

**Tablo 1.** İnceleme alanı ve dünyada farklı bölgelerdeki kromlu kalsedon oluşumlarının kimyasal bileşimi (Kr. Kromlu, Min.= minimum, Maks. =maksimum).

| | Kr. Kalsedon (BOLİVYA) | | Kr. Kalsedon (ZİMBABVE ) | | Kr. Kalsedon (BATI AVUSTRALYA) | Kr. Kalsedon (Esk. Sivrihisar BELEK) | Kr. Kalsedon (Esk. Sivrihisar ADATEPE) |
|---|---|---|---|---|---|---|---|
| % Ağırlık | Hyršl, 1999 | | Hyršl, 1999 | | Willing and Stocklmayer, 2003 | Bu çalışma (Min. – Maks.) (Ortalama) | Bu çalışma (Min. – Maks.) (Ortalama) |
| | Koyu | Açık | Koyu | Açık | | | |
| $SiO_2$ | 95.90 | 96.00 | 93.56 | 94.38 | 95.01 | 90.7 – 93.10 (91.9) | 95.10 – 98.10 (96.60) |
| $TiO_2$ | 0.09 | -- | -- | -- | -- | 0,01 – 0.08 (0.05) | <0.01 – 0.09 (0.05) |
| $Al_2O_3$ | 0.09 | 0.13 | 0.29 | 0.18 | 0.29 | **0.93 – 1.12 (1.03)** | 0. 06 – 0.34 (0.20) |
| $Cr_2O_3$ | 0.36 | 0.51 | 0.45 | 0.21 | 0.24 | **1.14 – 2.10 (1.62)** | 0.04 – 0.30 (0.17) |
| MgO | 0.11 | 0.15 | 0.30 | 0.16 | 0.46 | 0.19 – 0.26 (0.23) | 0.02 – 0.14 (0.08) |
| MnO | -- | -- | 0.08 | -- | 0.01 | <0.01 – 0.01 | <0.01 – <0.01 (<0.01) |
| FeO | -- | -- | -- | -- | 1.45 | 0.58 – 0.88 (0.73) ($Fe_2O_3$) | 0.03 – 1.09 (0.56) ($Fe_2O_3$) |
| TOPLAM | 95.55 | 96.79 | 94.68 | 94.93 | 99.70 | 93.56 – 97.55 ( 95.56) | 95.27 – 100.07 (97.67) |

**Tablo 2.** İnceleme alanı ve dünyada farklı bölgelerdeki kromlu kalsedon oluşumlarının gemolojik özellikleri

| | ZİMBABVE Hyršl, 1999 | BOLİVYA Hyršl, 1999 | ÇEKYA Hyršl, 1999 | BATI AVUSTRALYA Willing, Stocklmayer, 2003 | TÜRKİYE (Eskişehir-Sivrihisar) Lüle-Whip, 2006 | TÜRKİYE (Eskişehir-Sivrihisar) BU ÇALIŞMA |
|---|---|---|---|---|---|---|
| **Renk** | Koyu yeşil | Koyu yeşil | Koyu yeşil | Koyu yeşil | Koyu yeşil | Açık mavimsi yeşil |
| **Saydamlık** | Yarı saydam | Yarı saydam | Yarı saydam | Yarı saydam | Yarı saydam | Yarı saydam |
| **Sertlik** | 7 | 7 | 7 | 7 | 7 | 7 |
| **Işığı Kırma İndis (RI)** | 1.540 | 1.530-1.550 | 1.540 | 1.539 | 1.530-1.540 | 1.530 |
| **Çift Kırma** | 0 - 0.005 | 0 – 0.006 | ----- | ----- | ----- | 0-0.005 |
| **Özgül Ağırlık (SG)** | 2.56 – 2.60 | 2.56 – 2.57 | 2.56 | 2.57 | 2.58 | 2.52 – 2.54 |
| **UV (Uzun Dalga Boyu)** | Sarımsı | Sarımsı | Çok açık sarımsı | Tepkisiz | Sarı | Yeşil kısımlar: tepkisiz Beyaz-Kahve Kısımlar: açık pembe |
| **UV (Kısa Dalga Boyu)** | Açık kesimlerde soluk sarımsı | Tepkisiz | Tepkisiz | Tepkisiz | | Yeşil kısımlar: tepkisiz Beyaz-Kahve Kısımlar: koyu pembe |
| **Chelsea Renk Filtresi** | Parlak kırmızı | Parlak kırmızı | Parlak kırmızı | Parlak kırmızı | Kırmızı | Kırmızı |

V. ODTÜ Arkeometri Çalıştayı 14 - 16 Kasım 2019 115-123

# Parion'da Ortaya Çıkarılan Takılardaki Süslemelere ve Süsleme Tekniklerine Dair Değerlendirme

## *Evaluation on Ornaments and Ornamentation Techniques on Jewelleries Discovered in Parion*

Ersin ÇELİKBAŞ
Karabük Üniversitesi, Edebiyat Fakültesi, Arkeoloji Bölümü, Karabük, ersincelikbas@gmail.com

## Özet

Parion Antik Kenti, Troas Bölgesi'nin kuzeyinde, Çanakkale ilinin Biga ilçesinde bulunan, Kemer Köyü'nde yer almaktadır. Roma imparatorluk döneminde altın çağını yaşayan Parion, yüzyıllar boyunca dini ve kültürel cazibe merkezi olmuştur. Parion'un kuruluşu ile ilgili net bilgilere sahip olmamakla birlikte antik kaynaklarda kentin MÖ 709 yılında Paros, Miletos ve Erythrai tarafından kolonize edildiği belirtilmektedir. Parion'da ilk bilimsel kazı çalışmaları 2005 yılında başlatılmış ve günümüzde halen devam etmektedir. Kazı çalışmaları günümüzde sekiz noktada gerçekleştirilmektedir. Bu sekiz nokta Güney Nekropolü, Yamaç Hamamı, Hellenistik Tiyatro, Roma Hamamı, Roma Odeion'u, Hellenistik Kule, Akropol ve Roma Dönemi Oda Mezarlar'dır. 2005 yılından günümüze kadar yapılan çalımalar sonucunda çok sayıda değerli ve yarı değerli madenden üretilmiş takılara, ziynet eşyalarına rastlanılmıştır. Özellikle Parion Güney Nekropolü'nde çeşitli madenlerden yapılmış çok sayıda takı objeleri ele geçmiştir. Ele geçen takılar altın, gümüş, bronz, kurşun, terrakota, cam ve kemik gibi çeşitli malzemelerden üretilmiştir. Güney Nekropol'de ortaya çıkarılan takılar dönem olarak geç klasik-erken hellenistik (MÖ 4.-3. yüzyıl) ile Roma dönemine (MS 1.-3. yüzyıl) tarihlendirilmektedir. Takıların farklı teknikler uygulanarak süslendiği görülmektedir. Takılara yapıldıkları malzeme türlerine uygun süsleme teknikleri uygulanmıştır. Parion kazılarında ortaya çıkarılan takılarda telkâri, ajur, kaplama, amalgam, varaklama, kazıma gibi süsleme teknikleri tespit edilmiştir. Bu çalışmada objelerde görülen süsleme teknikleri dönemsel olarak irdelenecektir. Bununla beraber süsleme teknikleri terminolojisinde yanlış kullanılan bazı adlandırmalar üzerine tartışılacaktır.

**Anahtar Kelimeler:** Parion, Troas, Nekropol, takı, süsleme

## Abstract

The Ancient City of Parion is located in the village of Kemer, in the Biga district of Çanakkale province, north of Troas Region. Parion, which had its golden age during the Roman Empire period, has been a center of religious and cultural attraction for centuries. Although there is no clear information about the establishment of Parion, it is stated in ancient literature that the city was colonized by Paros, Miletos and Erythrai in 709 B.C. The first scientific excavations in Parion were started in 2005 and still continue today. Excavation works are currently being carried out at eight sectors. Those eight sectors are South Necropolis, Slope Bath, Hellenistic Theatre, Roman Bath, Roman Odeion, Hellenistic Tower, Acropolis and Roman Chamber Tombs. As a result of the works carried out since 2005, jewelleries made from many precious and semi-precious metals were found. A large number of jewellery objects made from various metals were found, especially in the Southern Necropolis of Parion. The jewelleries found were made of various materials such as gold, silver, bronze, lead, terracotta, glass and bone. The jewellery unearthed in the Southern Necropolis is dated to the Late Classical-

Early Hellenistic period (4-3$^{th}$ Century BC) and to the Roman period (1$^{st}$-3$^{rd}$ Century AD). It is observed that jewelleries were ornamented by applying different techniques. Ornamentation techniques have been applied to the jewelleries according to the types of materials they were made of. ornamentation techniques such as filigree, ajoure, plaque, incise, amalgam and gilding were observed in the jewelleries discovered in the Parion. In this study, ornamentation techniques seen in finds will be examined chronologicaly. However, some wrong definitions used in ornament techniques terminology will be discussed.

**Keywords:** Parion, Troad, Necropolis, jewellery, ornament

## Giriş

Günümüzde, Eski Troas Bölgesini kapsayan Biga Yarımadasının önemli antik yerleşimleri içerisinde sayılan Parion antik kentini, Strabon (Strabon, XIII.1.92) Troas, Pseudo - Scyclax (Frisch,1983: s.43; Prêteux,2009: s.335, Dn. 1) Phrygia sınırları içinde göstermiştir. Fakat 2005 yılından beri kazıları yürütülen Parion Güney Nekropolü (Tavşandere Nekropolü)'nde ele geçen mezarlarda izlenen ölü gömme gelenekleri göz önüne alınarak, kentin bir Troas kenti olduğu kesinlik kazanmıştır (Başaran, 2008: s.134).

Parion' un ne zaman kurulduğu konusunda bilgiyi antik kaynaklardan almaktayız. Strabon, Eusebius'a dayanarak Parion'un MÖ 709 yılında Paros, Erythrai ve Miletliler tarafından birlikte kurulduğuna değinmiştir (Avram, 2004: s.991). Parion kazılarında bugüne kadar MÖ 709 yılını işaret çok sayıda somut verinin varlığından bahsetmek zordur. Ancak 2018 yılı kazı sezonunda Yamaç Hamamı olarak adlandırılan yapıdaki kazı çalışmaları esnasında Geç Geometrik Dönem figürün başı ortaya çıkarılmıştır. Bu eser Eusebius'un Parion'un kurulduğu tarih olarak öngördüğü MÖ 709 civarını destekleyen tekil örneği teşkil etmektedir. Parion antik kentinin kuruluşunda Erythrai, Miletos ve Paros kentlerinin rolleri olduğundan da söz edilmektedir (Jones, 1970: s.36). Antik kaynaklardan Strabon X. Kitabında kentin Paros kolonisi olduğunu söylerken, XIII. Kitabında Paros, Miletos ve Erythrai'nin ortak kolonisi olduğunu dile getirmektedir (Strabon XIII.1.4). Aeneas Tacticus (Tacticus I.1-3) kentin Milet kolonisi olduğunu belirtirken, Pausanias (Pausanias, 9.27.1); Parion'un Erythrai'nin girişimleriyle kurulduğunu ileri sürmektedir. Antik kaynakların vermiş olduğu bu bilgiler modern kaynaklar tarafından da benzer şekilde ifade edilmekte olup; Parion'nun kolonizasyonu konusunda Miletos, Paros ve Erythrai kentlerinin adı ön plana çıkmaktadır.

Parion'un kuruluş yılı olarak kabul edilen MÖ 709 yılından sonra, MÖ 546 yılında Pers kralı Kyros'un, Lidya Krallığı'na son verdiği ve Batı Anadolu'daki tüm Grek kentleriyle beraber, Parion'u da Pers egemenliği altına aldığı düşünülmektedir (Sevin, 1982: s.269). Grekler, Ege Adaları ve Batı Anadolu'daki kentleri Pers baskısından kurtarmak amacıyla MÖ 479-478 yıllarında 'Attika-Delos Deniz Birliği'ni kurmuşlardır. Parion'da, Lampsakos ve Sestos gibi diğer Hellespontos kentleriyle beraber, bu birliğe katılmıştır (Mansel, 2004: s. 299). MÖ 431-404 yıllarına gelindiğinde, Atinalılar ile Spartalılar arasında başlayan Peleponnesos Savaşları'nda Parion'un Atina'nın yanında yer aldığı görülmektedir (Avram, 2004:s.991).

Parion, MÖ 387 yılında Kral Barışı Anlaşması sonrası tekrar Pers egemenliğine girmiştir (Avram, 2004: s.992). Büyük İskender 'Doğu Seferi' sırasında, MÖ 334 yılında Granikos ve MÖ 333 yılında İssos Savaşı'nda Persleri yendikten sonra, Troas bölgesi dâhil bütün Batı Anadolu Makedonya Krallığı'nın hâkimiyetini tanımak zorunda kalmıştır (Sevin, 2001: s.58).

MÖ 281 yılında Kurupedion Savaşı sonrasında Parion, Suriye kralı Seleukos'un hâkimiyeti altına girmiştir. MÖ 190 yılında Romalılar ile Seleukos kralı III. Antiokhos arasındaki Magnesia Savaşını Roma'nın kazanması üzerine, MÖ 188'de yapılan, Apameia Barışı'yla, Troas Bölgesinin tamamı, Bergama Krallığı'nın yönetimi altına girmiştir (Magie, 1950: s.19). Parion'un bu dönemde teritoryumunu, Priapos'u içine alacak şekilde genişlettiği de görülmektedir (Strabon XIII.1.14). Ancak MÖ 133 yılında Bergama Kralı III. Attalos'un vasiyeti üzerine bölge, yeniden Roma hâkimiyetine geçmiştir (Başaran, 2002: s. 18). MÖ 89- 73 yıllarında yapılan I. Mithridates Savaşı sonrasında, Sulla'nın Anadolu'da yaptığı düzenleme esnasında Mithridates ile Fimbria'nın etkisinde kalmamış Troas kentlerinden Aleksandria Troas, Lampsakos, Dardanos, Skepsis ve Assos'un özgürlüklerine dokunulmamıştır. Bu kentler tarafından oluşturulan Ilion Federasyonu'nun bir üyesi olması bakımından büyük ihtimalle Parion da bu kentlerle birlikte hareket etmiş ve olasılıkla Parion'un da bağımsız statüsüne dokunulmamıştır.

Paganizmin sona ermesiyle birlikte Parion, Hıristiyan toplulukları da bünyesinde barındırmış (Türker, 2005: s.321, Res.2) ve Bizans Dönemi'nde önemli bir piskoposluk merkezi haline gelmiştir. Kent'te MS 312-330 yılları arasında Eustathius, MS 431'de Hesychius ve MS 451'de Thalassius'un, "Piskopos" olarak görevlendirilmesi, Parion'un gelişen Hıristiyanlık için önemini göstermektedir. Kentin statüsü MS 911-959 yıllarında "başpiskoposluk" merkezi olmasıyla daha da artmıştır (Schliemann, 1881: s.183).

## Parion Kazılarında Bulunmuş Takılar

Parion'da ilk kazı çalışmalarına 2005 yılında Güney Nekropol'de başlamış olup, 2019 yılı itibariyle Güney Nekropolü, Akropol, Roma Hamamı, Yamaç Hamamı, Tiyatro, Odeion, Oda Mezarlar ve Sur Duvarları olmak üzere kentin 8 noktasında devam etmektedir (Keleş ve diğ., 2017: s.23-46, Keleş ve diğ., 2018: s.183-210). Devam eden kazılar sonucunda çok fazla sayıda etütlük ve envanterlik eser gün yüzüne çıkarılmıştır. Ortaya çıkarılan eserler arasında bildirinin konusunu oluşturan takılar ayrı bir buluntu grubunu oluşturmaktadır. Bu bildiride Parion kazılarında ortaya çıkarılan takılar içerisinde, süsleme tekniklerinin incelenecek olması açısından önemli görülen örnekler incelenecektir.

Takılar içerisinde yüzükler, bilezik, broş, küpeler bünyelerinde farklı süsleme tekniklerini barındırmaları bakımından ön plana çıkmaktadır. Takılardaki süsleme tekniklerine baktığımızda kazıma, kaplama, yaldızlama, taneleme, telkari tekniklerini görmekteyiz. Çalışmada eserler formlarına ve fonksiyonlarına göre değil, süsleme tekniklerine göre gruplandırılmıştır.

### Kazıma *(incise)*

Düz bir yüzeyin daha sert bir cisimle kazınması işlemine kazıma tekniği denilmektedir (Tekin, 2015: s.97). Kazıma tekniğinin ilk görüldüğü eser Taş Kule kazılarında ortaya çıkarılmış olan bilezik parçasıdır. Şekil1'de yer alan eserin tüm hali 4,8 cm çapa sahiptir. Başı yılan formunda olan bilezik parçasının sırt "x" şeklinde, yan yüzeylerinde ise zigzag motifi kazıma tekniğinde yapılmıştır. Süslemeler yılanın derisini belirtmeye yönelik yapılmış olmalıdır. Kazıma işleminin uygulandığı bir diğer örnek ise Şekil 2'de yer alan yüzüktür. Dairesel formlu olan yüzüğün oval formlu kaşına kazıma teknikte bir figür işlenmiştir. Figür önünde yer alan altara sunum yaparken resmedilmiştir. Yüzüğün kaşına kazıma teknikte figür işlenmesine intaglio teknik denilmektedir (Henig, 1994: s.1). Kazıma teknik sadece metale değil, yüzük ve kolye uçlarına aplike edilen cam ve yarı değerli taşlara uygulanan bir tekniktir. Buna örnek olarak Şekil 3'te yer alan altın yüzüğün kaş kısmında yer alan akik taşa toga giymiş bir figür negatif şekilde kazınmıştır. Şekil 4'te görülen kolye ucu bir cam aplikten, apliğin etrafına çevreleyen çerçeveden meydana gelmektedir. Cam apliğe kazıma teknikte karşılıklı ayakta duran iki adet Eros figürü işlendiği görülmektedir. Kazıma tekniğinde yapılan süslemelerle oluşan figürler, obje sahiplerinin imzası olarak da kullanım görmekteydi.

### Kaplama *(plaque)*

Bir eserin yüzeyinin başka bir maden ile ince bir tabaka halinde kaplanması işlemine kaplama denir (Tekin 2015: s.105). Parion takılarından kaplama işleminin uygulandığı eser Şekil 5'te gördüğümüz kemik bir tokadır. Kemik tokanın baş kısmı altın bir levha ile kaplanmıştır. Kaplama işleminde çok ince altın madeninden dövülerek elde edilmiş levha kemiğe herhangi bir kimyasal işleme uğramadan sarılmıştır. Yani kemik tokaya altın levha mekanik bir kaplama işlemi uygulanmıştır. Kaplama ile varaklama işlemi karıştırılabilmektedir. Varaklama olarak da adlandırılan kaplama işleminde kullanılan levhanın kalınlığı mikrometre (simgesi mm'dir. 1 mikron = 1/1000 milimetre) ile ölçülmektedir. Varaklamada kullanılan levhaların 0,13 – 0,17 (0,01 mm – 0,02 mm arası) mikron arasında olması gerekmektedir (Önel, 2016: s.19). Eğer levha bu inceliğe sahip olmazsa objedeki kazıma ya da oyma desenlerin ve motiflerin arasına, içine girmesi pek mümkün değildir. Dolayısıyla varaklanacak objedeki ince süsleme detayları tam olarak gösterilemez. Tüm bu durumlar varak levhasının 0,001 mm – 0,002 mm arasında olmasını zorunlu kılmaktadır. Kemik objedeki kaplamada kullanılan altın levhanın varaklamada kullanılan altın levha inceliğinde değildir. Dolayısıyla kemik objeye uygulanan işlem varaklama değil, altın kaplama işlemidir.

## Yaldızlama

Yaldızlama işlemi değerli bir maden olan altın ile gümüşün sıvı cıva ile karıştırılarak elde edilen homojen amalgam bileşiğiyle yapılan kimyasal bir kaplama işlemine verilen isimdir. Bu işlem de kaplama ve varaklama işlemi ile sık sık karıştırılmaktadır. Amalgam iki ya da daha fazla elementin homojen bileşiğine verilen isimdir (Çelikbaş, 2019: s.245). Amalgam bileşiğinin ana elementi ise cıvadır (Forrai, 2007: s.65). Cıva metaller arasında oda sıcaklığında sıvı halde bulunan tek metaldir. Cıvanın özgül ağırlığı 13,595 erime noktası 38,85 $^{0}$C, kaynama noktası ise 357, 25 $^{0}$C'tır. En önemli cıva cevheri zinobar (cinnabar, zincifre, zencefre, sinabr)'dır. Zinobar (HgS) içinde % 86,2 cıva ihtiva eden bir cevherdir (Çelikbaş, 2019: s.245). Zinobar, kırmızı renkli, 8,2 özgül ağırlığında, sertliği 2-2,5 olan mineraldir ve 580 $^{0}$C'de süblime olur (Özbayoğlu, 1968: s.148). Böylece geriye eserin üzerinde altın ya da gümüş kalır. Bu işlemin uygulandığı takılardan bir tanesi Şekil 6'da gördüğümüz bronz bir broştur. Daire formlu olan broşun ön yüzeyindeki boşluklardan büyük olanların boş olduğu, tam ortadaki kare ve kenarlarındaki üçgen boşlukların ise açık yeşil renkli camlarla süslendiği görülmektedir. Broşun yan yüzeylerinde altın yaldızlama işleminin uygulandığını gösteren izler mevcuttur. Parion Güney Nekropolü'nde ortaya çıkarılmış terrakota taçların da amalgam ile kaplandığı tespit edilmiştir (Çelikbaş, 2019: s.245-247).

## Taneleme *(granulation)*

Süsleme tekniklerinin en önemlilerinden bir tanesi olan taneleme tekniğinin uygulanması için madenin küçük tanecikler haline getirilmesi gerekmektedir. Yapılacak süslemenin özelliğine göre tanecikler pul, konik veya piramidal şekiller de alabilmektedir (Tekin, 2015: s.102). Metalin küre halini alması ayrı bir işlem gerektirmektedir. Ergiyik haldeki metal düz ve soğuk bir zeminle temas ettirilerek ani soğutulması neticesinde şoka maruz kaldığından, büzülerek küre şeklini alması sağlanır (Tekin, 2015: 103). Elde edilen kürecikler uygulanacak esere yan yana dizilerek lehim edilerek çeşitli süslemeler elde edilmekteydi. Parion Eğrekkayası Nekropol alanında ortaya çıkarılan altın kolyeyi oluşturan içi boş küre ve damla şeklindeki boncukların dış yüzeylerinde granülasyon yapıldığı görülmektedir (Şekil 7).

## Telkâri *(filigre)*

Kafesli kuyumculuk işi olarak da tanımlanan telkâri işleminin esası ince tel şeklindeki altın ve gümüşün eğilip bükülmesi ile süsleme yapılmasına dayanmaktadır (Tekin 2015: s.106). Günümüzde özellikle Mardin ve çevresinde takı yapımında kullanılan bu tekniğin uygulandığı takılar Parion kazılarında da karşımıza çıkmaktadır. Eğrekkayası Nekropol alanında yapılan kazılarda altın iki adet broş (küpe ya da ear stud?) üzerinde telkâri işlemi yapılmıştır (Şekil 8). Disk formlu kenarları içe doğru dik bükülmüş olan objede iç içe daire oluşturacak şekilde farklı şekillerde bükülmüş tellerden süsleme yapılmıştır. Telkâri için kullanılan tellerin objeye tutturulması için iki eserin ısıtılması gerekmektedir. Isınan yüzey ve teller böylelikle birbirine yapışmıştır.

## Kabartma *(repousse)*

Metal bir eşya üzerine çekiç yardımıyla kabartma şeklinde bezemeler elde edilmesi yöntemine kabartma tekniği denilmekte ve bu teknik, iki aşamalı olarak uygulanmaktadır. İlk aşamada metal levhaların üzerine işlenecek motiflerin pozitif bir modeli döküm yoluyla üretilmekte ve bu modelin arka kısmında çekiç darbelerine uygun bir topuk kısmı bulunmaktadır. İşleme hazır durumda olan kalem biçimindeki model, süslemenin yapılacağı ince metal levhanın iç kısmının üzerine yerleştirilmekte ve çekiç ile sert bir şekilde vurularak kabartma şeklinde bezeme elde edilmektedir (Tekin, 2015: s.100-102). Eğrekkaya Nekropolü'nde yapılan kurtarma kazıları esnasında taş sandık mezar içerisinde ortaya çıkarılan 36 adet altın elbise pullarında repousse teknik uygulanmıştır (Şekil 9). Hepsi aynı süslemeye sahip olan pullara altı yapraklı çiçek motifi işlenmiştir. Hemen hemen kare forma sahip pullarda işlenen çiçek motiflerinin 20 tanesinde çiçeğin yaprak sırtı daha oval, 16 tanesinin ise daha sivri verilmiştir. Bu tip pulların elbise süsü olarak kullanıldığı bilinmektedir. Ortalarında yer alan deliklerden altın bir tel ya da sicimle elbiseye aplike edilmekteydi.

## Sonuç

Parion kazılarında ortaya çıkarılan takıların yapımında kullanılan maden olarak altın öne çıkmaktadır. 2005 yılından beri sürdürülen çalışmalarında özellikle nekropol kazılarında birçok altın esere rastlanılmıştır. Altın eserlerin üretim yerleri ile ilgili uzağa gitmeye gerek olmadığı MTA'nın yapmış olduğu çalışmalar sonucunda ortaya çıkmaktadır. MTA'nın 2014 yılı içerisinde yapmış olduğu çalışmalar sonucunda Lampsakos (Lapseki) bölgesinde çok sayıda antik dönemde kullanılan altın ocağı tespit edilmiştir. Bununla beraber Lapseki'nin antik dönemin ünlü altın eser üreticisi olduğu bilinmektedir. Bundan dolayı Parion'da çıkarılan altın eserlerin üretim yeri Lampsakos olması büyük ihtimaldir. Dolayısıyla antik dönemin ünlü kuyumculuk merkezi olan Lampakos'la ikiz kent statüsüne sahip olmasının yanı sıra önemli siyasi ve sosyal bağlarının olması da Parion'da kuyumculuk sektörünün ilerlemesine neden olmuş olmalıdır. Bu düşünceyi çok çeşitli süsleme tekniğinin uygulandığı takıların Parion'da ortaya çıkması da desteklemektedir. Ele geçen takıların yapımında kullanılan diğer bir önemli maden de bronzdur. Takıların bronzdan yapılmalarının en büyük nedenlerinden birisi bronzun madeninin altın ve gümüş madeninin muadili olarak değer bulmasından kaynaklanmaktadır. Dolayısıyla broşta olduğu gibi bronzdan yapılmış olan takıların altınla kaplanması da belirttiğimiz düşüncenin ispatı niteliğindedir. Eserlerin süsleme tekniklerinden kaplama, varaklama ile yaldızlama arasında birçok yayında ortaya çıkan terminolojik karmaşa da Parion kazılarında ortaya çıkan takılarda tekrar irdelenerek tartışılmaya çalışılmıştır. Parion kazılarında takı sanatının güzel örneklerinin ele geçmesi Parion'un özellikle Hellenistik Dönem'den Geç Roma dönemine kadar önemli bir kent olduğunu göstermektedir. Geç Klasik-Erken Hellenistik takılar Troas Bölgesi'nin önemli bir liman ve ticaret kenti olan Parion'un büyük bir ekonomiye de sahip olduğunu işaret etmektedir. Tüm bu veriler önemli zanaat kollarından olan kuyumculuk mesleğinin Parion'da icra edildiği olasılığını ortaya çıkarmıştır. 14 yıldır bilimsel kazılar gerçekleştirilen Parion'da ilerleyen yıllarda yapılacak çalışmalar, şüphesiz Parion'da kuyumculuk faaliyetleri konusunda daha fazla bilgiler sunacaktır.

## Kaynakça

**Avram, A. (2004).** The Propontic Coast of Asia Minor, M. H. Hansen, T. H. Nielsen (Ed.), *An Inventory of Archaicand Classical Poleis* (974-999). Oxford.

**Başaran, C. (2002).** *Geçmişten Günümüze Bayramiç: Tarihi, Coğrafyası ve Arkeolojisi.* Çanakkale: Bayramiç Belediyesi.

**Başaran, C. (2008).** Parion'dan Persia'ya Yol Gider, İ. Delemen, D. Çokay-Kepçe, A. Özdizbay, Ö. Turak (Ed.), *Eurgetes: Prof. Dr. Haluk Abbasoğlu'na 65. Yaş Armağanı,* 1, (133-137). İstanbul: AKMED Yayınları.

**Charles, B. (2013).** Work Bone an Ivory, W. Aylward (Ed.), *Excavation at Zeugma,* III(5), (281-294). Cambridge: Cambridge University Press.

**Çelikbaş, E. (2019).** Parion Güney Nekropolü'nde Bulunan Yaldızlı Terrakota Taçlar, V. Keleş, E. Ergürer, H. Kasapoğlu, E. Çelikbaş, A. Yılmaz (Ed.), *Cevat Başaran'a 60. Yaş Armağanı* (241-262). Ankara: Bilgin Kültür Sanat Yayınları.

**Demirer, Ü. (2013).** *Kibyra Metal Buluntuları.* (Yayımlanmamış doktora tezi). Akdeniz Üniversitesi Sosyal Bilimler Enstitüsü Klasik Arkeoloji Anabilim Dalı, Antalya.

**Forrai, J. (2007).** History of Amalgam In Dentistry. *A Revista de Clinica e Pesquisa Odontologica,* 3(1), 65-71.

**Frish, P. (1983).** *Die Inschriften von Parion.* Bonn: Habelt.

**Gündüz, R., Tekocak, M. (2018).** Akşehir Müzesi'nde Bulunan Metal Bilezikler. *Selçuk Üniversitesi Sosyal Bilimler Enstitüsü Dergisi, 40,* (130-145)

**Henig, M. (1994).** *Classical Gems: Ancient and Modern Intaglios and Cameos.* Cambridge: Cambridge University Press.

**Jones, A. H. M. (1970).** *The Cities of The Eastern Roman Provinces.* London: Wipf and Stock Press.

**Keleş, V., Ergürer, H. E., Kasapoğlu, H., Çelikbaş, E., Yılmaz, A., Kasapoğlu, B. E., Oyarçin, K., Yılmaz, M. D., Akkaş, İ. (2017).** Parion 2015 Yılı Kazı ve Restorasyon Çalışmaları. *38. KST,* 1, (23-46).

**Keleş, V., Ergürer, H. E., Kasapoğlu, H., Çelikbaş, E., Yılmaz, A., Oyarçin, K., Kasapoğlu, B. E., Yılmaz, M. D., Akkaş, İ. (2018).** "Parion 2016 Sezonu Kazı ve Restorasyon Çalışmaları", *39. KST,* 1, (183-210).

**Magie, D. (1950).** *Roman Rule in Asia Minor: To the End of the Third Century After Chirst.* 1.Text. Princeton: Princeton University Press.

**Mansel, A. M. (2004).** *Ege ve Yunan Tarihi.* Ankara: Türk Tarih Kurumu.

**Önel, İ. (2016).** Geçmişten Günümüze Altın Varak Teknikleri. *Vakıf Restorasyon Yıllığı Dergisi,* 12, (16-22).

**Özbayoğlu, S. (1968).** Halıköy İşletmesine Ait Düşük Tenörlü Cıva Cevherinin Zenginleştirilmesi ve Değerlendirilmesi Etüdü. *Bilimsel Madencilik Dergisi,* 7(3), (147-157).

**Pausanias,** *Description of Greece,* IV(8), (Çev. W. H. S. Jones). London: Loeb Classical Library, 1918.

**Preteux, F. (2009).** Parion et son territorie a l'epoquehellenistique: un exempled'organisation de la chora sur le rivage de la Propontide. M. Sartre (Ed.) *L'Asie Mineure dans l'Antiquite: echanges populations et territoires,* (335-350). Rennes: Presses universitaires de Rennes.

**Schliemann, H. (1881).** *Ilios, The City and County of the Trojans.* London: William Clowes & Sons.

**Sevin, V. (1982).** "Anadolu'da Persler", *Anadolu Uygarlıkları Ansiklopedisi,* Cilt 2, (316-319). İstanbul: Görsel Yayınları.

**Sevin, V. (2001).** *Anadolu'nun Tarihi Coğrafyası.* Ankara: Türk Tarih Kurumu.

**Spier, J. (1992).** *Ancient Gems and Finger Rings: Catalogue of the Collections The J. Paul Getty Museum.* California: The J.Paul Getty Museum.

**Stefanelli, L. P. B. (1992).** *L'Oro Dei Romani: Gioielli Di Eta Imperiale,* Roma:L'Erma di Bretschneider.

**Strabon,** *Geographika: Antik Anadolu Coğrafyası, Kitap XII-XIII-XIV,* **(A.Pekman, Çev.). İstanbul: Arkeoloji ve Sanat Yayınları, 2012.**

**Tacticus, Aenas** *Asclepiodotus and Onasander,* **(Çev. Illiois Greek Club), Loeb Classical Library, 1923.**

**Tekin, H. (2015).** *Eski Anadolu Madenciliği: Arkeolojik Veriler Işığı Altında Başlangıcından Demir Çağı'na Kadar.* Ankara: Bilgin Kültür Sanat Yayınları.

**Tondo, L., Vanni, F.M. (1991).** *Le Gemme Dei Medici E Dei Lorena Nel Museo Archeologico Di Firenze.* Firenze: Centro Di.

**Türker, A. Ç. (2005).** Myra'da Aziz Nikolaos'un Yağ Kültüyle İlişkili Seramik Kaplar, *Adalya VIII,* (321-328).

**Williams, D. ve Ogden, J. (1994).** *Greek Gold: Jewellery of the Classical World.* London: British Museum Punbs Ltd.

**Zhurlavlev, D., Novikova, E., Kovalenko, S., Shemakhanskaya, M. (2017).** *Gold of Tauric Chersonesos.* Moscow: EPA Vneshtorgizdat.

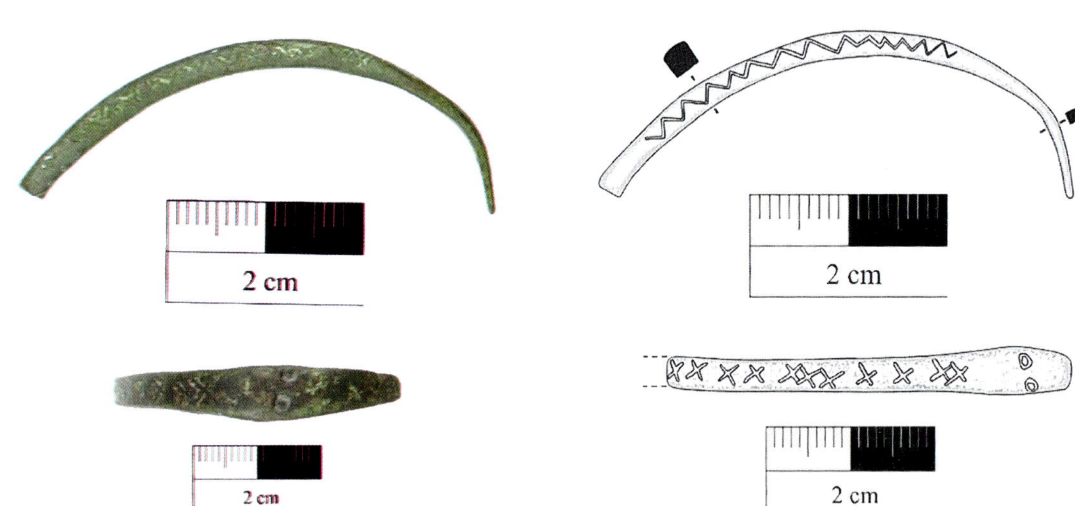


**Şekil 1.** Bilezik, Genişlik: 4 mm, Uzunluk: 62 mm, Kalınlık: 3 mm, Ref.: Gündüz-Tekocak (2018), Kat. No:5, Dönemi: Geç Roma, Tanımı: Bronz, kırık, kondisyonu düşük, koyu yeşil patina, iki yan, dıs yüzeyinde "X" seklinde bezeme, süslemelerin bittiği noktanın hemen altında iki adet göz. Profilden görünüşte ise zigzag motifleri. Kolun üst tarafına baş kısmı gelen yılan başlı yassı formlu bilezik.

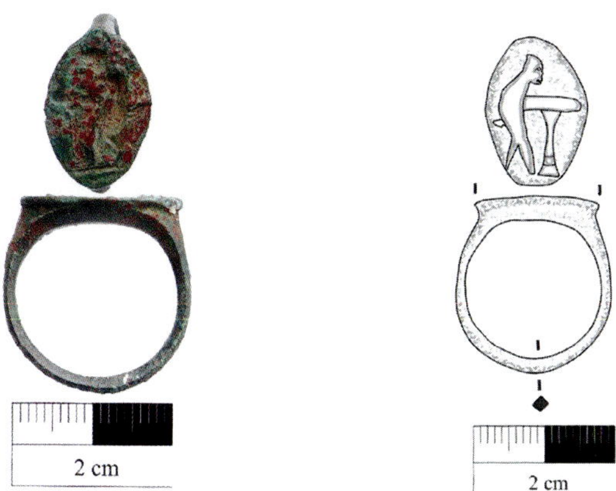


**Şekil 2.** Yüzük, Çap: 14 mm, Kaş Genişliği: 8 mm, Kaş Yüksekliği: 20 mm, Ref.: Spier (1992), No.76, Dönemi: MÖ 5. Yüzyılın Sonu, Tanımı: Bronz, kırık, kondisyonu düşük, koyu yeşil patina, "D" formlu yüzük halka kesiti, elips formlu kaş ve üzerine negatif olarak işlenmiş önünde altar bulunan figürü.

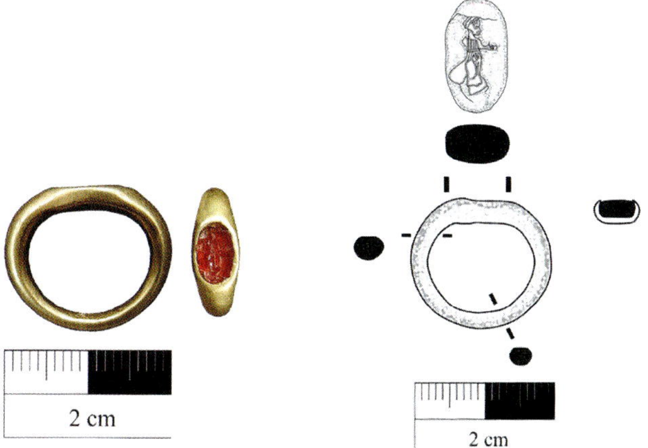


**Şekil 3.** Yüzük, Çap: 20 mm, Yükseklik: 16 mm, Ref.: Stefanelli (1992), No: 124, Dönemi: MS 1. Yüzyıl, Tanımı: Altın, sağlam, kondisyonu iyi, "D" formlu yüzük halka kesiti. Oval taş yuvası, yuvada kırmızı renkli yassı akik taşı, taşın üzerine negatif olarak işlenmiş toga giymiş erkek figürü.

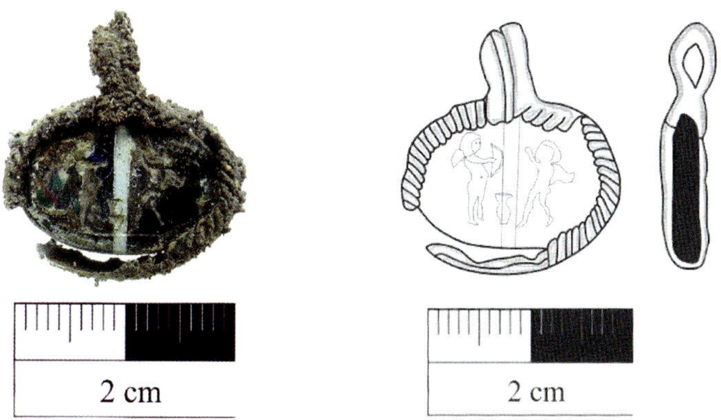


**Şekil 4.** Kolye Ucu, Genişlik: 11 mm, Yükseklik: 14 mm, Ref.: Tondo-Vanni (1991), No:72, Dönemi: MS 1.-2. Yüzyıl, Tanımı: Bronz, kırık, kondisyonu düşük, koyu yeşil patina. Üst kısımda üzerinde sicim deliği bulunan askı bölümü ve alt kısımda askı bölümüyle birleşen ince bronz tellerle örülmüş bir çerçeve içerisinde elips formlu cam, camı tam ortadan ikiye bölen beyaz bir şerit ve her iki tarafında eros figürleri.

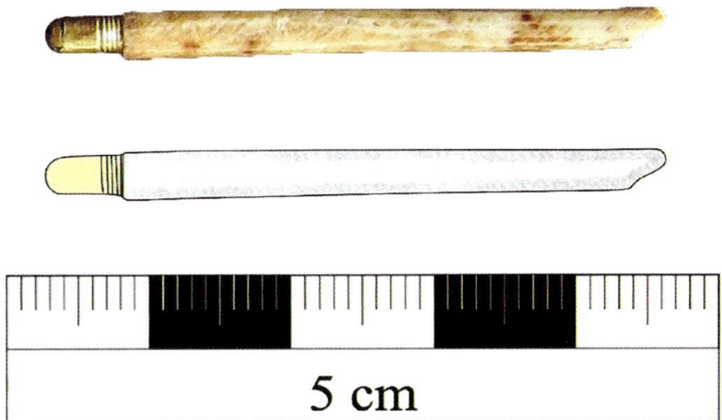


**Şekil 5.** Kemik Toka, Uzunluk: 42 mm, Ref.: Charles, (2013), s.282, Fig: 1, Dönemi: MS 250–300, Tanımı: Kırık, Altın kaplama ince topuz altında 5 adet yiv, kırıkla son bulan gövde.

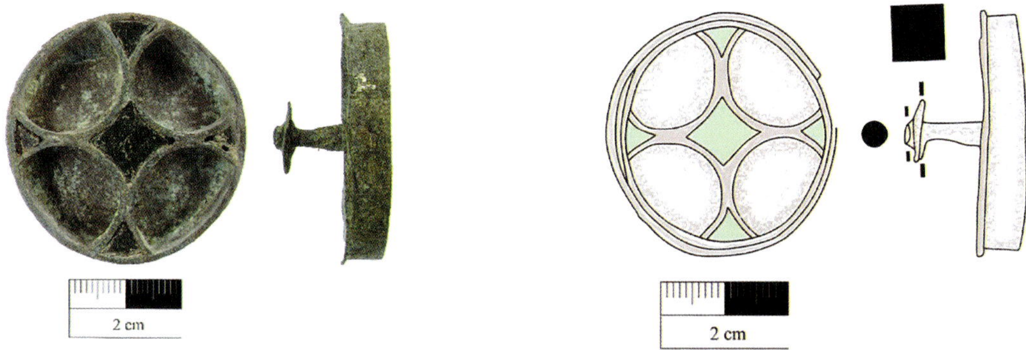


**Şekil 6.** Broş, Çap: 35 mm, Levha Genişliği: 6 mm, Ref.: Demirer (2013), Kat. No: B7-B8, Dönemi: MS 5.-7. Yüzyıl, Tanımı: Bronz, kırık, kondisyonu düşük, koyu yeşil patina. Daire formlu broş. Dört adet içi boş yarım daire formlu bölümün kesişme noktalarında oluşan açık yeşil camların yerleştirildiği kare ve üçgen formlu yuvalar.

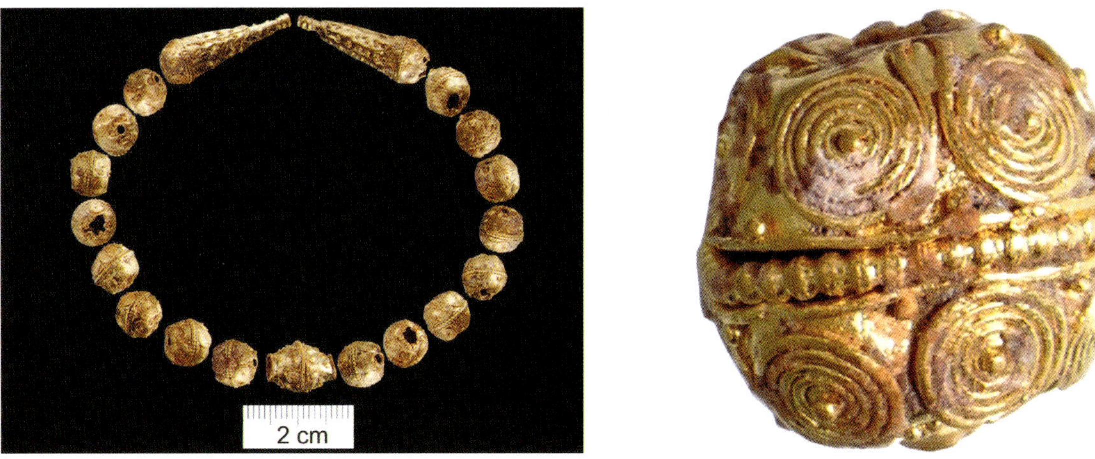


**Şekil 7.** Kolye, Çap:13 mm Ref.: Williams ve Ogden (1994), No: 102, Dönemi: MÖ 4. Yüzyıl, Tanımı: Altın, sağlam, kondisyonu iyi, iki yarım küreden oluşan, içi boş küresel boncuk. Üzerinde spiral, spiralin ortasında nokta süsleme.

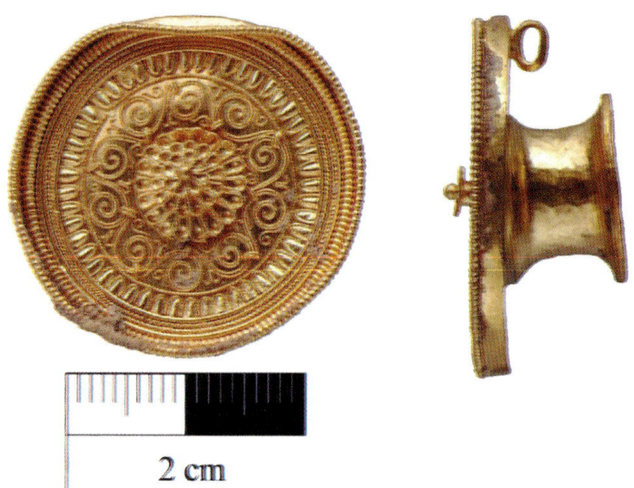


**Şekil 8.** Broş, Çap: 29 mm, Kalınlık: 1,5cm, Ağırlık: 8,7 gr, Ref.: Williams ve Ogden (1994), No: 52, Dönemi: MÖ 4. Yüzyılın İkinci Yarısı, Tanımı: Altın, sağlam, kondisyonu iyi, Daire formlu broş. Merkez noktasında üç kademeli, yukarıdan aşağıya doğru genişleyen bitki motifi, bu motifi çevreleyen dalga motifleri ve onu da çevreleyen yumurta bezemeleri. Arka kısmında sabitlenmesini sağlayan konik formlu levha.

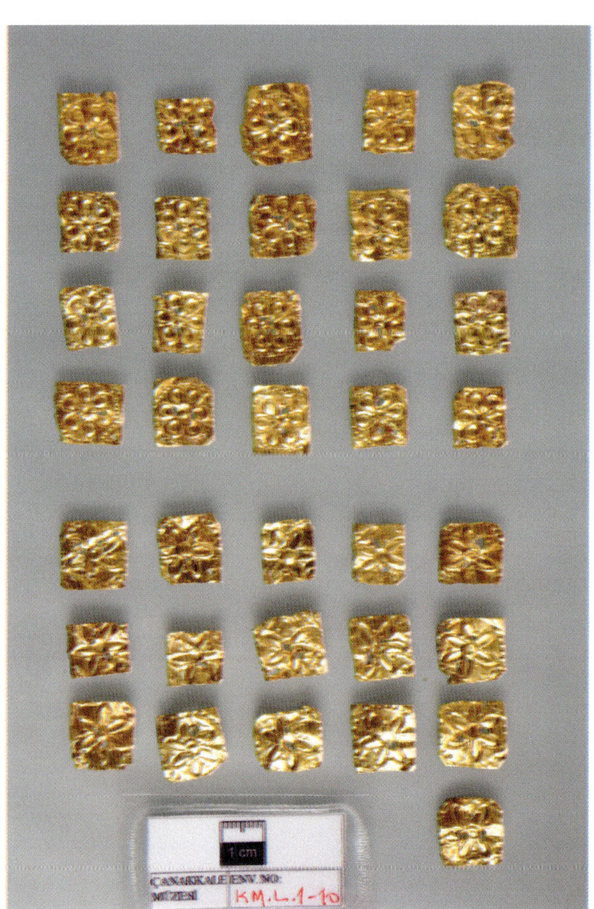

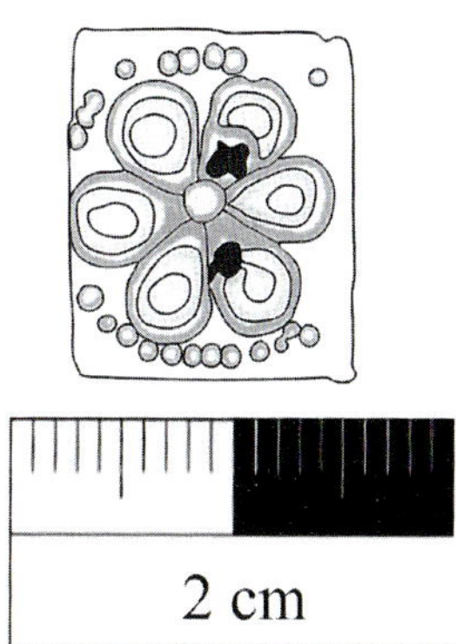


**Şekil 9.**
Kıyafet Süsleri, Uzunluk: 15 mm, Genişlik: 13 mm, Ref.: Zhuravlev ve diğ. (2017): Pl.80/312, Dönemi: MÖ 4. Yüzyıl, Tanımı: Altın, sağlam, kondisyonu iyi. İnce kare pullar üzerinde kabartma tekniğiyle yapılmış çiçek motifleri. Pulların üzerinde aplik amaçlı olarak açılmış delikler.

# Mezraa Höyük (Birecik-Şanlıurfa) ve Yumuktepe Höyük'ten (Mersin) Elde Edilen Bazı Orta Çağ Cam Bilezikleri Üzerinde Arkeometrik İncelemeler

## *Archaeometrical Investigations on Some Medieval Glass Bracelets Obtained From Mezraa Höyük (Birecik-Şanlıurfa) and Yumuktepe Höyük (Mersin)*

Gülgün DERVİŞ
ODTÜ Fen Bilimleri Enstitüsü, Arkeometri Anabilim Dalı, Yüksek Lisans Programı, gulgundervis@yahoo.com

Şahinde DEMİRCİ
ODTÜ Fen Bilimleri Enstitüsü, Arkeometri Anabilim Dalı, Ankara, sahinde@metu.edu.tr

Atalay KARATAK
Ankara Hacı Bayram Veli Üniversitesi, Lisansüstü Eğitim (Güzel Sanatlar) Enstitüsü,
Kültür Varlıklarını Koruma Anabilim Dalı, Ankara, Doktora Programı, atalay.karatak@hbv.edu.tr

### Özet

Cam, tarih boyunca şişeler, kaplar, bardaklar, pencere camları, boncuklar ve bilezikler gibi çeşitli eşyaların yapımında kullanılmıştır. Bu çalışma kapsamında, Mezraa Höyük'ten elde edilen 13. yüzyıla ait ve Yumuktepe Höyük'ten elde edilen 11-12. yüzyıllara ait cam bileziklerin, teknik çizimleri yapılmış, Munsell renk kataloğuna göre renkleri belirlenmiş, bir kısmının ince kesitleri hazırlanıp optik mikroskopla gözlenmiştir. Cam bileziklerin temel, az ve iz element içerikleri ICP-OES yöntemi kullanılarak bulunmuştur. ICP-OES sonuçları, cam bileziklerin soda-kireç-silis camı olduğunu göstermiştir. Ancak $Na_2O$ yüzdesi tipik soda-kireç-silis camı yapısından beklenen değerden düşük bulunmuştur (ortalama %10,5). Mezraa Höyük örneklerinin tümünde $Al_2O_3$ derişimi hemen hemen aynı bulunmuştur. Bu sonuç bilezik yapımında tek tür kuvars kumu kullanıldığını düşündürmektedir. Bileziklerde renk oluşturan elementler Fe, Mn ve Cu olarak belirlenmiştir.

**Anahtar Kelimeler:** Cam bilezikler, ICP-OES, Ortaçağ, Mezraa Höyük, Yumuktepe Höyük

### Abstract

Glass has been used to make a variety of artefacts including bottles, drinking cups, vessels, window glasses, beads and bracelets. In this study, technical drawings have been made of a group of 13$^{th}$ century bracelets obtained from Mezraa Höyük and 11$^{th}$ and 12$^{th}$ century bracelets obtained from Yumuktepe Höyük. Thin sections of some samples have been prepared and observed by an optical microscope. Observation of thin sections showed the amorphous structure of the glass with some impurities and gas bubbles. Elemental analysis of the samples has been done using the ICP-OES method, thereby determining major, minor and trace elements. Results showed that samples studied are of soda-lime-silica glass. But the percentage of $Na_2O$ is less than expected from typical composition of soda-lime-silica glass being 10.5% as average. The concentration of $Al_2O_3$ in the samples of Mezraa Höyük is almost the same. This may be due to the use of one type of quartz sand in bracelet production. Colour producing elements in the bracelets were determined as Fe, Mn and Cu.

**Keywords:** Glass bracelets, ICP-OES, Medieval Era, Mezraa Höyük, Yumuktepe Höyük

## Giriş

Camın ilk olarak Yakındoğu'da üretildiği bilinmektedir (Oppenheim ve diğ. 1970). Babil'deki Eşnunna kentinden (Tell el-Asmar, Irak) ele geçen ve yaklaşık olarak MÖ 2600'e tarihlenen, soluk mavimsi yeşil renkte, yarı saydam bir cam çubuk en erken cam buluntulardandır (Rona, 1997). Bilinen en eski cam buluntular arasında yer alan bu örneğin, Sargon Dönemi'ne (MÖ 2340-2284) tarihlenen diğer eserler ile birlikte bulunduğu belirtilmiştir (Özgümüş, 2000). Mısır'da yaklaşık olarak MÖ 2500'e tarihlenen cam boncuklar (Cooney, 1976; Rona 1997) ve Eridu kentinde (Ebu Şahreyn, Irak) MÖ 2100'e tarihlenen, içerisinde çok fazla baloncuk barındıran opak, mavi bir cam külçesi (Özgümüş, 2000) de bilinen en eski örnekler arasındadır. Bilinen anlamda cam üretiminin 18. Sülale Dönemi'nde (MÖ 1545-1290) Mısır'da, maçalı kalıp (core molding) tekniğiyle yapılan kadeh ve şişelerle başladığı önerilmektedir. Özellikle Mısır'daki, Tell el-Amarna'da Yeni Krallık Dönemi'ne (MÖ 1545-1070) tarihlenen çok sayıda cam ve cam üretim artığı açığa çıkarılmıştır (Shortland, 2007). Geç Tunç Çağı'nın sonlarından (MÖ 14.-13. yy) itibaren ise camın, tüm Doğu Akdeniz Havzası için önemli bir ticari meta olduğu görülmektedir. Özellikle Antalya açıklarında keşfedilen Uluburun Batığı, camın ne denli önemli bir ticari bir meta olduğunu açıkça göstermektedir. Zira Uluburun açıklarında bulunan geminin taşıdığı ticari kargo içerisinde, çeşitli hammadde ve mal gruplarının arasında; 200 adet, disk biçimli (15 cm çapında ve 7 cm kalınlığında) koyu mavi renkte cam külçe yer almaktadır (Yalçın ve diğ., 2005). Anadolu'da ise cam, MÖ 2. binyılın ortalarından itibaren bilinmekte (Erten-Yağcı, 1998; Erten, 2002; Shortland, 2007) hatta Hititler'in başkenti Hattuşa'dan ele geçen metinlerde camdan "Babil Taşı" olarak bahsedilmektedir (Seeher ve Seeher, 2003). Bu dönemden itibaren cam, Anadolu'da günümüze kadar yoğun bir biçimde kullanılagelmiştir. İnsanlığın ortak kültür tarihi açısından oldukça önemli bir materyal olan cam; kâse, bardak, şişe vb. mutfak ve günlük kullanım eşyasının yanında, pencerelerde, boncuk, yüzük ve bilezik gibi çeşitli süs eşyalarının yapımında sıklıkla kullanılmıştır. Camdan yapılmış süs eşyaları arasında yer alan bilezikler; MÖ 2. binyıldan itibaren bilinmesine rağmen, geniş çaplı kullanımının (moda olmasının) Geç Roma Dönemi ve sonrasına tekabül ettiği ifade edilmektedir. Bu dönemde ve sonrasında tüm Doğu Akdeniz Havzası'nda, özellikle de Bizans ve İslam coğrafyasında pek çok merkezde cam bileziklere rastlanmaktadır (Spear, 1988).

Ancak özellikle Anadolu'daki cam bilezikler, bir arkeolojik materyal olarak diğer cam buluntular kadar fazla çalışılmamıştır. Çalışılan görece az sayıdaki örnek ise genellikle tipolojik olarak değerlendirilmiştir. Cam bilezikler, hammadde karakteristiklerinin ve yapım tekniklerinin belirlenmesi için kullanılabilecek önemli arkeolojik buluntular niteliğindedir. Araştırmacılar cam bileziklerin yapımında iki temel yöntem olduğunu saptamıştır. Spaer, (1988) ve Gill'e (2002) göre; bilezik halkasını yapmak için biri eklentili, diğeri eklentisiz olmak üzere iki ana yöntem kullanılmıştır. Bu iki yöntem, bilezik halkasında bir eklenti yeri olup olmamasına, eklem yeri varsa da bilezikte bir "kapatma ögesi" bulunup bulunmamasına göre birbirinden ayrılmaktadır. Cam bilezik yapmak için kullanılan ilk yöntemde, farklı boyutlarda silindirik kalıplar kullanıldığı ve cam lifinin çekilirken bu kalıpların etrafına sarıldığı önerilmektedir. Bu yöntem "Lif Sarma Yöntemi" olarak tanımlanmaktadır. Lif sarma yöntemi ile yapılan bileziklerde; cam lifi, halka haline getirilmek üzere iki ucundan çekilir. Uçlar bir araya getirildikten sonra üst üste kapanır ve belirgin bir kapanma yeri/öğesi oluşur. Bu şekilde üretilmiş bilezikler "eklentili bilezikler" olarak tanımlanmaktadır. Cam bilezik üretiminde kullanılan ikinci teknikte ise silindirik veya konik bir aletin ucuna pota içerisinden bir miktar cam alınarak kendi ekseni etrafında çevrilir ve ekleme yeri olmayan bir halka elde edilir. Halkanın büyüklüğü aletin ucuna alınan camın miktarına göre değişebilmektedir. Bu yöntemde, metal alette çevrilen camın iç yüzeyinde metalin izleri gözle görülebilecek şekildedir. Bu ikinci yöntem ise "Halka Çevirme Yöntemi" olarak tanımlanmaktadır (Spear, 1988). Hazinedar-Coşkun (2013) ve Oral-Çakmakçı (2011) Kadıkalesi (Anaia) bileziklerinin, Zanon (2013) Kemerhisar (Tyana) bileziklerinin, Uysal (2012) Kubadabad bileziklerinin, Bakırer (2019) ise Komana ve diğer Ortaçağ Anadolu yerleşmelerinde ele geçen cam bileziklerinin bu iki yöntemle yapıldıklarını benimserler. Bu çalışmada incelenen 13. yüzyıla ait Mezraa Höyük ve 11.-12. yüzyıllara ait Yumuktepe Höyük cam bilezikleri de bu iki yöntemle yapılmışlardır.

## Materyal ve Metot

Çalışma konusunu teşkil eden ilk yerleşme olan Mezraa Höyük; Şanlıurfa ili, Birecik ilçesine bağlı Mezraa Beldesi sınırları içerisinde, Fırat Nehri'nin doğu kıyısında yer almaktadır. İncelenen ikinci yerleşme olan Yumuktepe

**Tablo 1. İncelenen örnekler ve özellikleri.**

| No | Örnek Kodu | Çapı (içten içe) | Kesit Tipi | Kesit Rengi | Munsell Renk Kodu |
|---|---|---|---|---|---|
| 1 | M-L11 3501 U06 | 6 cm | Yassı | Yeşil | 2.5BG 8/4, 10B 9/1 |
| 2 | M-L11 3501 U08 | 6 cm | Yassı | Siyah | 5G 8/6, 10YR 8/2, 10Y 9/2 |
| 3 | M-L11 3502 U08 | 5 cm | Silindirik | Gri | 5PB 9/2 |
| 4 | M-L11 III-IV 3503 U08 | 4 cm | Silindirik | Koyu Kahve Siyah | 10R 2/1, 10BG 5/8, 7.5P 4/10 |
| 5 | M-L11 3506 U07 | 6 cm | Yassı | Siyah Kırmızı Bantlı | 5P 2/1, 7.5R 4/8, 2.5B 7/6 |
| 6 | M-M12 4003 U06 | 6 cm | Yassı | Yeşil | 7.5G 8/6, 2.5PB 4/8,10B 4/10, 10P 4/6, 5Y 8.5/2 |
| 7 | M-M12 4501 U11 | 7 cm | Silindirik | Yeşil | 2.5GY 7/6 |
| 8 | M-P14 IV 5003 U08 | 7 cm | Büklümlü | Siyah | 7.5G 3/8, 7.5G 2/6, 5Y 9/4, 10B 7/1 |
| 9 | M-R13 30023 U01 | 4 cm | Silindirik | Açık Kahve | 5Y 2/2, 2.5Y 8.5/2, 5Y 9/1 |
| 10 | YT-2004 Yüzey-a | 6 cm | Silindirik | Yeşil | - |
| 11 | YT-2004 Yüzey-b | 7 cm | Silindirik | Koyu Mavi | - |
| 12 | YT-2004 Yüzey-c | 6 cm | Büklümlü | Koyu Kahve | - |
| 13 | YT-104 4003 Z105 | 7 cm | Silindirik | Koyu Mavi | - |
| 14 | YT-104 N18 | 4 cm | Büklümlü | Yeşil | - |
| 15 | YT-1006 M21 | 7 cm | Büklümlü | Siyah | - |
| 16 | YT-4006 L17 Z100 | 7 cm | Büklümlü | Kehribar | - |
| 17 | YT-4075 L17 Z100 | 7 cm | Büklümlü | Koyu Yeşil | - |

Kısaltma: M= Mezraa Höyük, YT= Yumuktepe Höyük

(ya da Yümüktepe) Höyük ise Mersin kent merkezinde, Toroslar ilçesi sınırları içerisinde yer almaktadır (Şekil 1). Çalışma içerisinde Mezraa Höyük 9 örnekle (Şekil 2), Yumuktepe Höyük ise 7 örnekle (Şekil 3) temsil edilmektedir. Bu çalışmada bahse konu yerleşmelerden ele geçen çeşitli tip ve renklerdeki 17 örnek (Tablo 1) arkeometrik yönden incelenmeye çalışılmıştır.

Örnekler öncelikle görsel olarak incelenmiş, tür ve tiplerine göre tasnif edilerek her birine kazı kontekstini tanımlayıcı özelliklerine göre örnek kodları verilmiştir. Tasnifi ve kodlaması tamamlanan örnekler fotoğraflanmış (Şekil 2,3), ardından teknik çizimleri yapılarak belgelenmiştir (Şekil 4).

Mezraa Höyük örneklerinin renkleri belirlenerek ve uluslararası Munsell Renk Katoloğu kullanılarak renk kodları verilmiştir (Tablo 1). Görsel incelemeler sonucunda örneklerin birçoğunda yüzey bozulmalarının varlığı izlenmiştir (Şekil 2,3). Yoğun yüzey bozulması gözlemlenen örnek 8 üzerindeki bozulma tabakasına XRD analizi yapılmış ve bozulma ürünlerine dair XRD deseni elde edilmiştir (Şekil 5). Mezraa Höyük örnekleri arasından 5 tanesinin (Örnek 2, 4, 5, 6, 8) ince kesitleri hazırlanıp optik mikroskop altında incelenmiştir (Şekil 6). İncelenen örneklerden 7 tanesinin (Örnek 2, 4, 6, 7, 10, 13, 16) element kompozisyonları (Tablo 2) ICP-OES yöntemiyle belirlenmiştir. ICP-OES analizi öncesinde, örnekler mekanik temizlik yöntemiyle yüzey kirleri ve bozulma ürünlerinden arındırılmıştır. Bu işlemin ardından, arındırılan cam agat havanda öğütülerek toz haline getirilmiş ve homojen bir yapıya kavuşturulduktan sonra analiz sürecine geçilmiştir. Analizde silisyum ($SiO_2$) dışında, temel, az ve bazı iz elementler belirlenmeye çalışılmıştır.

## Değerlendirme ve Sonuç

Yapılan görsel inceleme, Mezraa Höyük örneklerinin tipolojik olarak büklümlü, yassı ve silindirik olmak üzere üç farklı ana karakterde, Yumuktepe Höyük örneklerinin ise büklümlü ve silindirik olmak üzere iki ana karakterde olduğunu göstermiştir. İncelenen Yumuktepe Höyük örnekleri içerisinde, Mezraa Höyük örneklerinden farklı olarak yassı (şerit) kesitli örneklerin bulunmaması dikkat çekicidir. Yumuktepe'de çok sayıda ele geçen bilezikler çoğunlukla kıvrımlı bilezikler olup düz tek renk olarak karakterize edilmiştir (Tablo 1, Şekil 2,4).

**Tablo 2. Mezraa Höyük ve Yumuktepe Höyük cam bileziklerinin ICP-OES sonuçları.**

| Element (w/w %) | Örnek 2 | Örnek 4 | Örnek 6 | Örnek 7 | Örnek 10 | Örnek 13 | Örnek 16 |
|---|---|---|---|---|---|---|---|
| $Na_2O$ | 11,2 | 7,5 | 11,8 | 9,90 | 12,5 | 13,00 | 7,60 |
| CaO | 2,55 | 2,46 | 2,42 | 2,50 | 2,00 | 2,3 | 2,47 |
| $K_2O$ | 1,365 | 0,96 | 1,26 | 1,15 | 1,17 | 1,6 | 1,365 |
| MgO | 2,13 | 1,48 | 1,48 | 1,22 | 1,94 | 1,64 | 1,95 |
| $Fe_2O_3$ | 0,86 | 0,69 | 0,68 | 0,99 | 0,77 | 0,89 | 0,60 |
| $Al_2O_3$ | 0,28 | 0,27 | 0,32 | 0,30 | 0,15 | 0,33 | 0,50 |
| MnO | 0,02 | 1,11 | 0,0184 | 0,020 | 0,0168 | 0,067 | 1,04 |
| $Cr_2O_3$ | 0,0063 | 0,0049 | 0,0039 | 0,0039 | 0,0048 | 0,003 | 0,0028 |
| NiO | 0,0027 | 0,0035 | 0,0021 | 0,0029 | 0,0027 | 0,002 | 0,0052 |
| CuO | 0,0027 | 0,030 | 0,0189 | 0,0027 | 0,0011 | 0,002 | 0,015 |
| PbO | 0,00117 | 0,00258 | 0,0189 | 0,00247 | 0,00118 | 0,0070 | 0,05 |
| $TiO_2$ | 0,097 | 0,10 | 0,0098 | 0,13 | 0,10 | 0,11 | 0,087 |
| CoO | 0,00017 | 0,00317 | 0,00019 | 0,00022 | 0,00019 | 0,00043 | 0,0011 |
| $V_2O_5$ | 0,00259 | 0,00397 | 0,00019 | 0,00242 | 0,00186 | 0,00251 | 0,0046 |
| CdO | 0,00021 | 0,00017 | 0,00018 | 0,00019 | 0,00019 | 0,00019 | 0,00019 |
| $SiO_2$ | 81,50 | 85,00 | 82,00 | 85,00 | 81,00 | 80,00 | 84,16 |

Mezraa Höyük örneklerinin ince kesitleri optik mikroskop altında incelendiğinde; örneklerin tamamının bazı safsızlıklar barındıran amorf yapıda oldukları görülmektedir (Şekil 6). Bazı örneklerde ise safsızlıklara ek olarak yapı içerisinde gaz kabarcıklarının da varlığı dikkat çekmektedir. Ayrıca örneklerin ince kesitlerinde bazı bölgelerin daha koyu renkte olduğu, bu durumun ise farklı yapıların oluşmasıyla ve devitrifikasyonla ilişkili olduğunu önermek mümkündür. Bunun yanında, örnek 8 üzerinde yapılan XRD analizinin sonucu (Şekil 5) incelendiğinde; amorf yapının değişmediği ancak kuvars mineralini gösteren bölgede yayvan bir pik oluştuğu görülmektedir.

Örneklerin element kompozisyonları (Tablo 2) incelendiğinde; incelenen tüm örneklerin soda-kireç-silis camı olduğu anlaşılmaktadır. Ancak bunun yanında; alkali oksitlerin özellikle de sodyum oksit ($Na_2O$) yüzdesi beklenen değerden oldukça düşüktür. Zira tipik bir bileşimde $Na_2O$ %15, CaO %10 ve $SiO_2$ %75 şeklinde olmalıdır. Fakat çalışmaya konu olan örneklerin $Na_2O$ yüzdesi, 7,5 ila 13,0 arasında değişmekte olup ortalama %10,5 olarak bulunmuştur. Bu durumu Na+ iyonlarının çözünme ile yapıdan uzaklaşması (Cox ve Pollard, 1977; Freestone, 2001; Pollard ve Heron, 1996) şeklinde açıklamak mümkün gözükmektedir. Ayrıca cam yapıda çözünürlüğü azaltarak dayanımı artıran bir tür toprak alkali oksit olan kalsiyum oksitin (CaO) miktarı, tüm örneklerde birbirine yakın olup ortalama yaklaşık %2,4 olarak bulunmuştur. Bu durum ise incelenen örneklerin üretiminde aynı cins kumun kullanılmış olabileceğini düşündürmektedir. Camda, özellikle ergime derecesini düşürücü (fluxing agent) olarak etki eden potasyum oksitin ($K_2O$) örneklerdeki miktarı %0,96 ile %1,6 arasında değişmekte olup; ortalama miktarı ise %1,267 şeklindedir. Silikat camlarında kararlılığı önemli derecede artırarak, devitrifikasyonu ve kristallenmeyi önleme etkisi olan magnezyum oksitin (MgO) (Garcia-Heras ve diğ., 2005), örneklerdeki derişimlerde miktarı %1,22 ile %2,13 arasında değişmekte olup, ortalama miktarı %1,69 şeklindedir. İncelenen örneklerdeki alüminyum oksit ($Al_2O_3$) miktarı oldukça düşük olup, örneklerdeki ortalama miktarı %0,31 olarak tespit edilmiştir. $Al_2O_3$, camda (miktarına göre değişkenlik göstermekle birlikte) örgü oluşturucu veya özellik değiştirici olarak etki etmektedir. Örgü oluşturucu olarak cam yapıya girdiğinde, köprü oluşturan oksijenlerin kapanmasına neden olur ve böylelikle de camı alkali ortama ve hidrolitik etkiye karşı dayanıklı hale getirir (Garcia-Heras ve diğ., 2005). İki örnek (Örnek 10 ve 16) dışında tüm örneklerde $Al_2O_3$ miktarının aynı olması, tek tür kuvars kumu kullanıldığını göstermektedir. Bu durumda, $Al_2O_3$ miktarı bakımından diğerleriyle benzeşmeyen bu iki örneğin ithal edilmiş veya farklı bir cam atölyesinde üretilmiş olabileceğini önermek mümkündür.

Bunlara ek olarak, incelenen örneklerde demir oksitin ($Fe_2O_3$) miktarı %0,60 ila %0,99 arasında değişkenlik göstermektedir. $Fe_2O_3$ oranında gözlenen bu durumu, cama renk vermek amacıyla bilinçli olarak demir oksit kullanıldığı şeklinde yorumlamak mümkündür. Zira camın temel bileşenleri renksizdir ve arkeolojik camlarda renk; genellikle renk verici geçiş elementlerinin iyonlarıyla sağlanabilir. Örnek verecek olursak; içeriğinde $Fe^{2+}$ iyonunun bulunması cama mavi renk verir. Bunun yanında $Fe^{2+\wedge}$ ve $Fe^{3+}$ iyonlarının birbirine oranı azaldıkça renk yeşile doğru değişir. Çünkü 380, 420 ve 440 nm soğurum bantlarına denk düşen $Fe^{3+}$ iyonları sarı renktedir. Bununla birlikte bakır (CuO) da demirle birlikte yeşil renk (özellikle turkuaz) veren elementlerden biridir (Bamford, 1962). Buradan hareketle; incelenen tüm cam bileziklerde, diğer geçiş elementlerine göre oldukça yüksek miktarlarda olduğu izlenen demir ($Fe_2O_3$), mangan (MnO) ve bakırın (CuO) renk verici olarak kullanılmış olması gerektiğini söylemek mümkündür.

## Kaynaklar


**Bakırer, Ö. (2019).** Komana Glass Bracelets, Preliminary Report. D. B. Erciyas, M. Acara Eser (Eds.), *Komana Small Finds: Settlement Archaeology Series 7, Monograph 2* (265-338). İstanbul: Ege Yayınları.

**Bamford, C. R. (1962).** The Application of the Ligand Field Theory to Coloured Glasses, *Physics and Chemistry of Glasses*, 3, 189-202.

**Cooney, J. D. (1976).** *Catalogue of Egyptian Antiquities in the British Museum IV: Glass*, London.

**Cox, G. A., Pollard, A. M. (1977).** X-ray Fluorescence Analysis of Ancient Glass: The Importance of Sample Preparation, *Archaeometry*, 19, 45-54.

**Erten, E. (2002).** Glass in Hittites, *V. International Congress of Hittitology* (319-329). Çorum: Hitit Üniversitesi Yayınları.

**Erten-Yağcı, E. (1998).** İ.Ö İkinci Binde Anadolu'da Cam, *Olba I*, 29-44.

**Freestone, I. C. (2001).** Post-depositional changes in archaeological ceramics and glasses. D. R. Brothwell, A. M. Pollard (Eds.). *Handbook of Archaeological Sciences* (615-625). John Wiley.

**Garcia-Heras, M., Rincon, J. .M A., Jimeno, A., Villegas, M. A. (2005).** Pre-Roman Colored Glass Beads from the Ibenian Peninsula: A Chemico-physical Characterization study, *Journal of Archaeological Science*, 32, 727-738.

**Gill, M. A. V. (2002).** *Amorium Reports, Finds I: The Glass (1987-1997).* (with contributions by: C. S. Lightfoot, E. A. Ivison, M. T. Wypyski). Oxford: BAR International Series.

**Hazinedar-Coşkun, T. (2013).** Kadıkalesi'nde Cam Üretimi/Glass Production in Kadikalesi. Z. Mercangöz (Ed.). *Bizanslı Ustalar, Latin Patronlar: Kuşadası Yakınındaki Kadıkalesi Kazıları Işığında Anaia Ticari Üretiminden Yansımalar. / Byzantine Craftsmen, Latin Patrons: Reflections from the Anaian commercial production in the light of the Excavations at Kadıkalesi nearby Kuşadası* (125-134). İstanbul: Ege Yayınları.

**Oppenheim, A. L., Brill, R. H., Barag, D., von Saldern, A. (1970).** *Glass and Glassmaking in Ancient Mesopotamia*, New York.

**Oral-Çakmakçı, Z. (2011).** Kuşadası, Kadıkalesi Kazılarından Süs Amaçlı Cam Objeler: Boncuklar ve Bilezikler. Ş. Demirci, A. M. Özer, P. Ayter (Eds.). *Türkiye Arkeolojisinde Cam: Arkeolojik ve Arkeometrik Çalışmalar, Cam Çalıştayı (II. ODTÜ Arkeometri Çalıştayı) (6-8 Ekim 2011, Ankara) Bildirileri* (114-134). Ankara.

**Özgümüş, Ü. (2000).** *Anadolu Camcılığı*, İstanbul: Pera Yayıncılık.

**Pollard, A. M., Heron, C. (1996).** The Chemistry and Corrosion of Archaeological Glass, *Archaeological Chemistry*, Chambridge: The Royal Socaity of Chemistry.

**Rona, Z. (1997).** Cam: Tarihsel Gelişim, *Eczacıbaşı Sanat Ansiklopedisi 1* (313-315), İstanbul: YEM Yayınları.

**Seeher, A. B., Seeher, J. (2003).** Götterbilder aus Babllonstein? Ein hethitische Gussform aus Boğazköy-Hattuša. *Istanbuler Mitteilungen*, 53, 99-111.

**Shortland, A. J. (2007).** Who were The Glassmakers? Status, Theory and Method in Mid-Second Millennium Glass Production. *Oxford Journal of Archaeology*, 26(3), 261-274.

**Spaer, M. (1988).** The Pre-Islamic Glass Bracelets from Palestine. *Journal of Glass Studies*, 30, 51-61.

**Uysal, Z. (2012).** Kubad Abad Kazılarında Bulunan Cam Bilezikler (2005-2010). *Sanat Tarihi Dergisi*, 29(3), 43-54.

**Yalçın, Ü., Pulak, C., Slotta, R. (2005).** *Das Schiff von Uluburun Welthandel vor 3000 Jahren*, Bochum: Deutsches Bergbau Museum.

**Zanon, M. (2013).** Tyana/Kemerhisar (Niğde): Glass bracelets of the Byzantine and Islamic Period. *Anatolia Antiqua*, 21, 181-97.

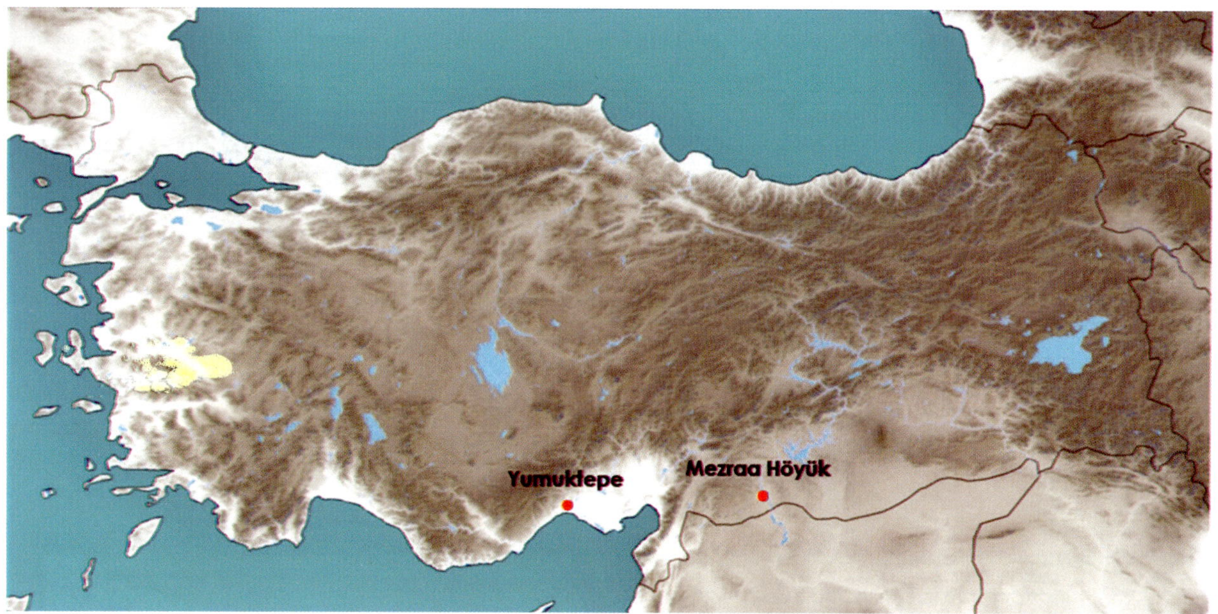


**Şekil 1.** Mezraa Höyük ve Yumuktepe Höyük'ün konumları.

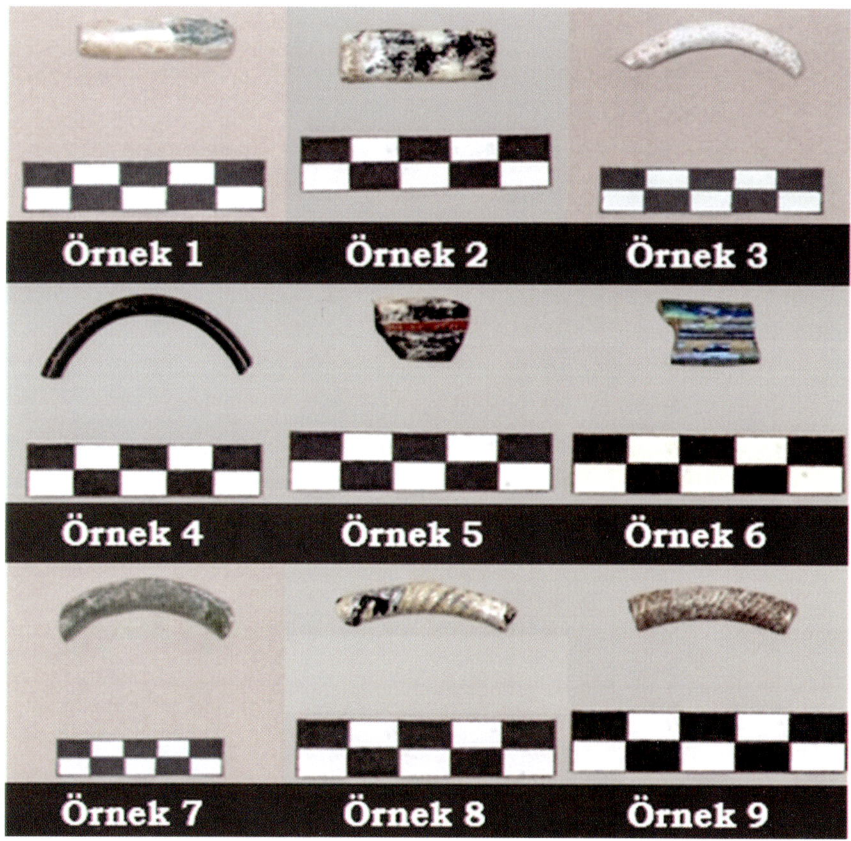


**Şekil 2.** Mezraa Höyük örnekleri.

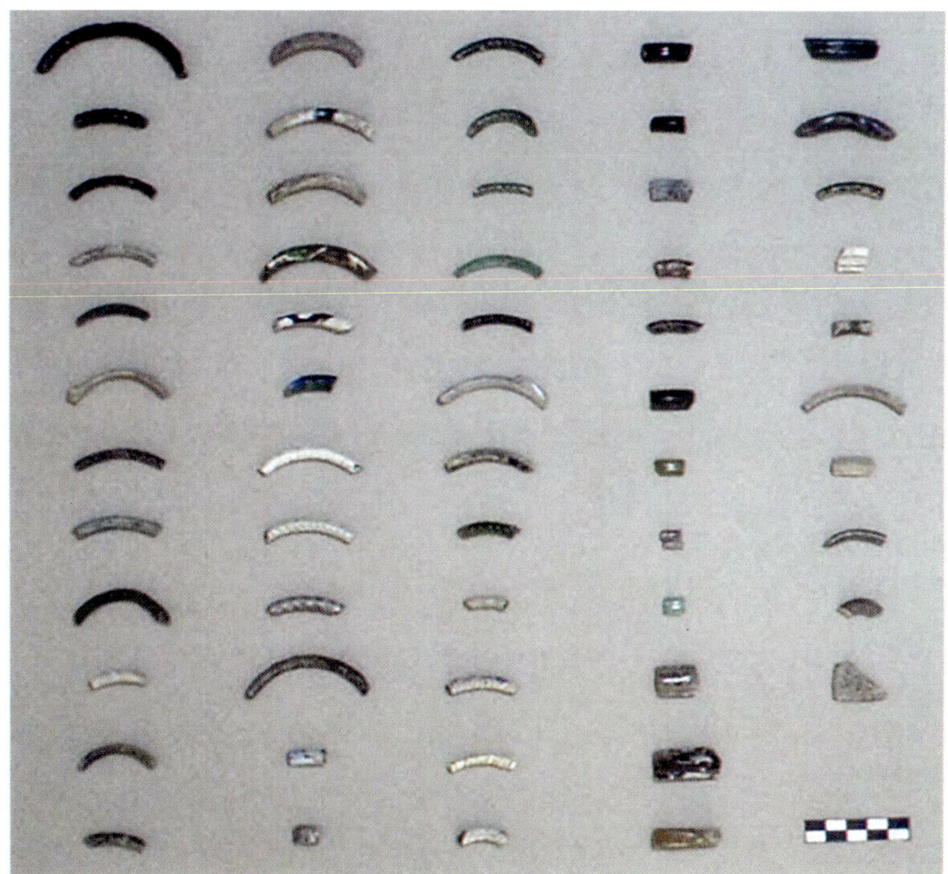

**Şekil 3.** Yumuktepe Höyük örnekleri.

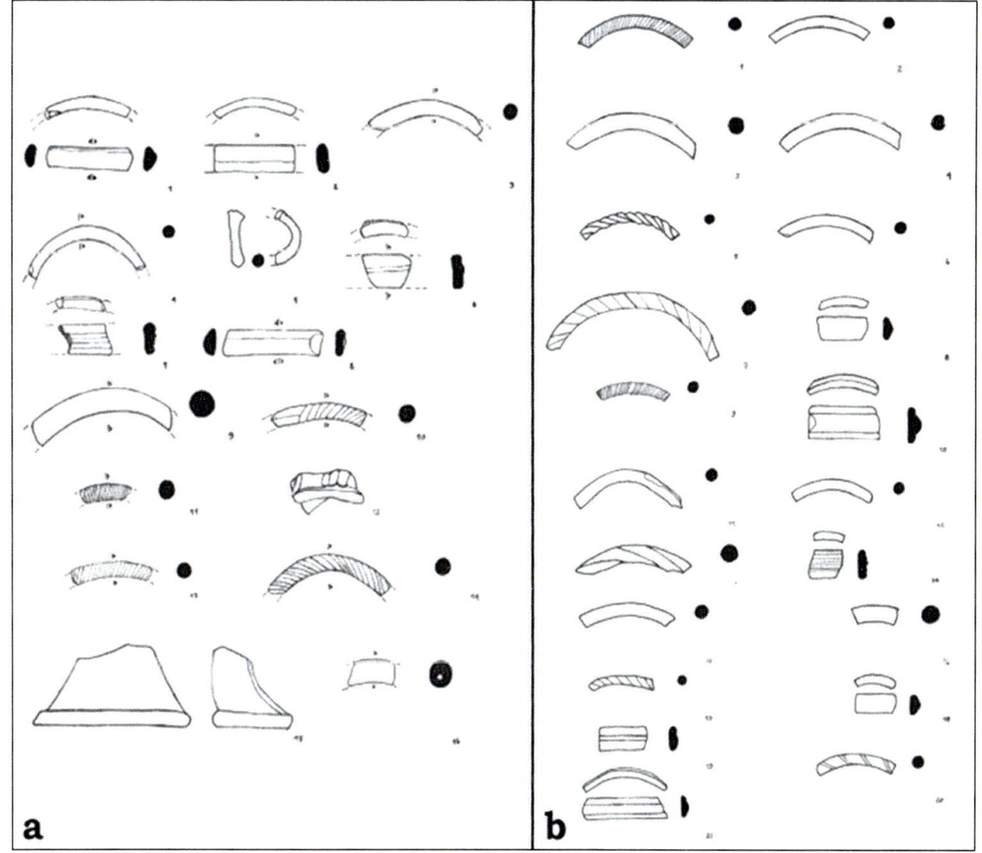

**Şekil 4.** Mezraa Höyük (a) ve Yumuktepe Höyük (b) örneklerinin çizimleri.

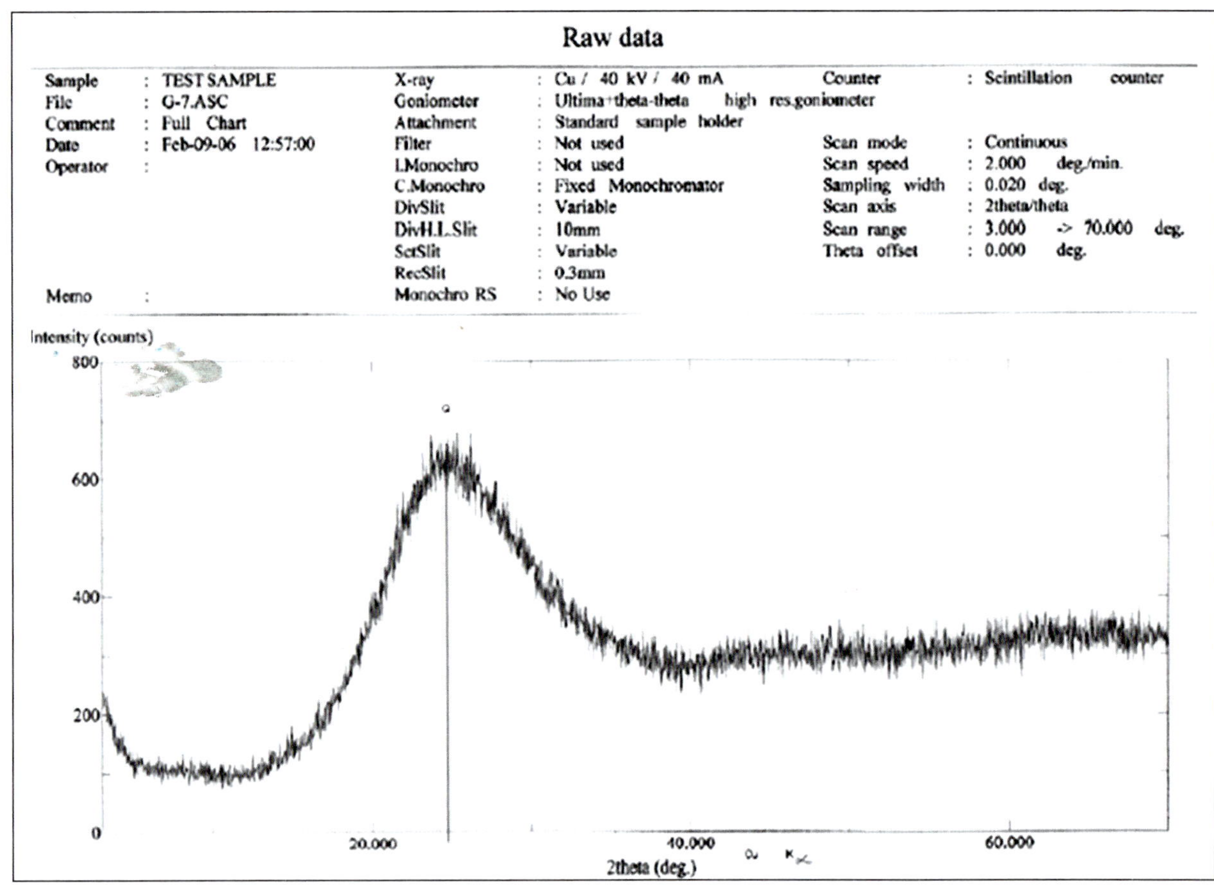


**Şekil 5.** Örnek 8'e (Mezraa Höyük) ait XRD deseni.

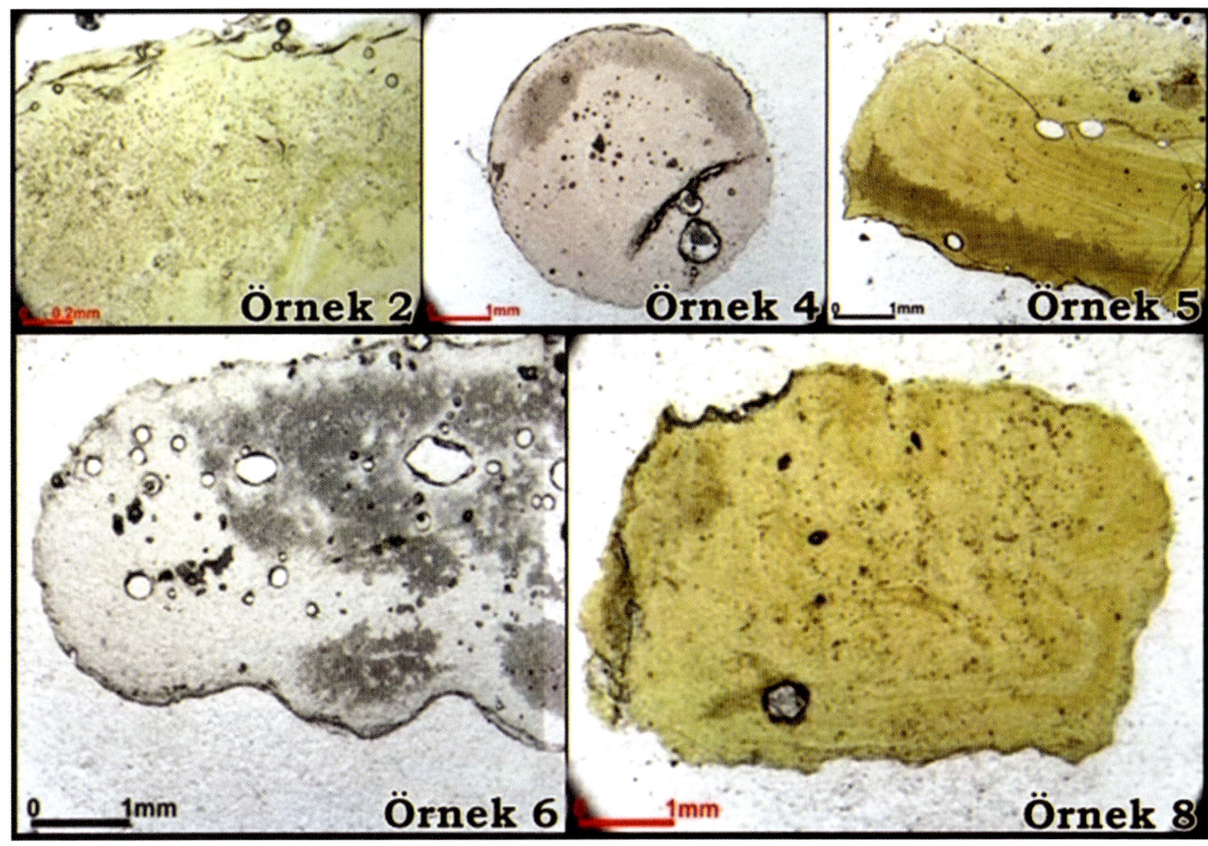


**Şekil 6.** Mezraa Höyük örneklerine dair ince kesitlerin optik mikroskop görüntüleri.

# Antandros'ta Bir Çocuk Mezarı: Kolyeler ve Tılsım

## *An Infant Grave in Antandros: Necklaces and Charm*

Yasemin Polat
Ege Üniversitesi, Edebiyat Fakültesi, Arkeoloji Bölümü , İzmir, yasemin.polat@ege.edu.tr

### Özet

Antandros, Edremit körfezinin kuzey kıyısında, İda Dağı eteklerinde kurulmuş önemli bir Troas kentidir. Antandros'ta bilimsel kazılara Doç. Dr. Gürcan POLAT başkanlığında bir ekiple 2001 yılında başlanmıştır ve kazılar halen devam etmektedir. Bilimsel kazıların yapıldığı alanların başında Antandros Nekropolisi gelmektedir. Bilimsel kazılarda bugüne kadar 529 mezar açılmıştır. Antandros Nekropolisi MÖ 8. yüzyıl/MÖ 1.-MS 1. yüzyıllar arasında kesintisiz olarak kullanılmıştır. Nekropoliste kremasyon ve inhumasyon gömü geleneğinde, pişmiş toprak ve taş lahit, pithos, çatı kiremiti, basit toprak gömü, amphora mezar tipleri kullanılmıştır. Mezar buluntularının büyük kısmını seramik kaplar oluşturmaktadır. Bunun yanında çok sayıda figürin de kontekstlerde yer almaktadır. Ağırşaklar, altın, bronz, gümüş ve cam takılar, bronz fibulalar, fayans kaplar, kurşun ve cam objeler, alabasterden yapılmış alabastronlar diğer eser grupları olarak verilebilir. Mezarlarda ele geçen buluntular arasında, çeşitli malzemelerden yapılmış çok sayıda boncuk buluntusu da vardır. Bir çocuk mezarında ele geçen ve olasılıkla tek bir kolyeye ait olan bu malzeme grubunu dikkat çekici kılan, boncukların üç farklı malzemeden yapılmış olması ve zengin tipler içermesidir.

Bu araştırma kapsamında yapılan incelemeler, bu tip kolyelerin aslında sadece basit bir süs eşyası olmadığını, özel bir amaç için kullanılmış olabileceğini ortaya koymaktadır.

**Anahtar Kelimeler:** Takı, amulet, tılsım

### Abstract

Antandros is an important site in the Troad, located on the northern coast of the Gulf of Edremit (Adramytteion) at the outskirts of Mount Ida. Scientific excavations at Antandros started in 2001 by a team directed by Ass. Prof. Gürcan POLAT and have been continuing since then. The necropolis is one of the main areas where scientific excavation is carried out. Until now 529 graves have been opened. The necropolis of Antandros was continuously in use from the 8th century BC down to the 1st century AD. As burial customs, cremation as well as inhumation was practiced. Besides terracotta and stone sarcophagi, Pithos graves as well as, tile, pit and amphora types of graves have been found. Ceramic vessels make up the great majority of grave finds. Together with pottery, a large number of figurines are found in the contexts. Alongside with these groups, spindle whorls, golden, bronze, silver and glass jewellery, bronze fibulae, faience vessels, objects made of lead and glass and alabastrons made of alabaster will be introduced. Among the finds uncovered in the graves are many beads made of various materials. The importance of this necklace lies on the fact that it is arranged by rich shapes of beads, which were made by three types of material. This paper aims to determine that this typical necklace was not simply used as an ornament but had a particular function, which is discussed below.

**Keywords:** Jewellery, amulet, talisman

# Kutsal Süvari Betimli İki Gem Amulet Işığında Geç Antik Çağda Büyü ve Büyücülük

## *Magical Practices in Late Antiquity in the Light of Two Magical Amulet Gems Depicting the Holy Rider*

Melih ARSLAN
Ankara Hacı Bayram Veli Üniversitesi, Arkeoloji Bölümü, Ankara, arslanmelih06@hotmail.com

### Özet

Kutsal Binici tasvirli iki hematit amulet örneğinden hareketle, Geç Antik Çağ'da büyü, kötülüklerden korunma ve sağlıklı olma inancı için kullanılan bu tür Gnostik kaynaklı takıların, özel bir yerinin olduğu bilinmektedir. Eski Ahit peygamberlerinden Kral Süleyman ve Aziz Sisinnios olduğunu, yayımlanmış başka örneklerden bildiğimiz kutsal binicinin, Başmelek Mikail aracılığıyla, Kral Süleyman'a kötülük ve hastalıklara sebep olan kötü ruhları yenmesi için bir sihirli mühür yüzük verdiği bilinmektedir. Bu mühür (*Sphragis Theou*) sayesinde Süleyman, özellikle hastalıklara yol açan kötü ruhları bir araya toplayıp, kilitlemiştir. Anadolu Medeniyetleri Müzesi Koleksiyonundaki hematit (Jasper?) amulet üzerinde, Doğulu giyimli binicinin, mızrağı ile yerdeki şeytan kılığındaki yılanı öldürme anı, Dede Yunus Gürsoy koleksiyonundaki 2 numaralı hematit'te ise, çıplak, uzun saçlı, dişi şeytanı (*Lilith/Gylou*) öldürme şeklinde gösterilmiştir. Dişi şeytan *Lilith* doğum yapmış kadınlara ve yeni doğmuş bebeklere düşmandır. Özellikle bu tür hematit amuletler, bebek ölümlerini engellemek ve kadınları jinekolojik hastalıklardan korumak için kullanılmıştır. 2 numaralı taşın arka yüzünde, Grekçe, *Sphragis Theou* (Tanrının Mührü) yazısı okunmaktadır. Bu objeler tamamen ve açıkça doğaüstü şifanın dünyasını ortaya çıkarmaktadır. Bazen de bu taşların şifa vermesi için tablet şeklinde, bir parçasının kırılarak, öğütülmekte ve su ile karıştırılarak içilmekte olduğunu, şimdiye kadar ele geçen kırık hematit'lerin varlığı ortaya koymuştur. Kutsal binici tasvirleri ve sağlığa işaret eden tılsımlı yazılar geleneği, tüm Hıristiyanlık boyunca sürdürülmüş, hatta bu büyü ve muska geleneği, İslam inanç dünyasında da devam etmiştir. İki muskanın daha önce bilinen benzerleri ile ikonografik açıdan bir karşılaştırması yapıldığında, birinci amulet, MS 4. yüzyıla, ikinci amulet ise, MS 5. yüzyıla tarihlendirilebilir.

**Anahtar Kelimeler:** Amulet, gnostisizm, Kutsal Binici Solomon, Tanrının mührü, tılsım.

### Abstract

Ornaments inspired by Gnostic ideas and used in spells and apotropaic rituals in Late Antiquity and their peculiar significance can be recognized on two hematite (Jasper?) amulets depicting the Holy Rider. They can be identified by comparison with other published examples as the Old Testament prophet King Solomon and Saint Sisinnios. According to tradition, by the hand of the Holy Rider, Archangel Michael gave King Solomon a magical seal ring to use against demonic spirits which caused evil and diseases. Through this seal (*Sphragis Theou*) Solomon gathered together and sealed all the evil spirits causing plagues. The Rider, wearing oriental dress, is depicted on a hematite amulet in the Museum of Anatolian Civilizations killing a serpent in the shape of the devil; the second hematite amulet from the Dede Yunus Gürsoy collection in Konya Ereğlisi Museum depicts the killing of a naked, long-haired female demon (*Lilith/Gylou*). The female demon *Lilith* was the enemy of women giving birth and newborn babies. These types of hematite amulets in particular aimed at preventing stillbirths and protecting women from sexually-transmitted diseases. A Greek inscription on the reverse of the second amulet reads "Seal of God" (*Sphragis Theou*). These objects provide an insight into the world of supernatural healing. Pieces of broken hematite confirm that on occasion these stones were broken in pieces like a tablet, crushed and then mixed with water to be drunk for healing purposes. The tradition of depicting the Holy Rider and the use of talismanic inscriptions pointing to healing practices continued throughout Christianity, and also maintained in the world of Islamic faith. The two seals discussed in this study may be compared with other artefacts, which suggest a date in the 4th century AD for the first and in the 5th century AD for the second amulet.

**Keywords:** Amulet, gnosticism, holy rider Solomon, seal of God, talisman.

## Giriş

Bu makalenin konusunu, Kutsal Süvari betimli iki taş amulet oluşturmaktadır. Amulet tipi nesneler, antik çağda, taşıyanı hastalıklardan, kötü ruhlardan ve olumsuz kişilerden korumak için kullanılmıştır. Buradaki kutsal süvari betimli amulet'lerden biri Anadolu Medeniyetleri Müzesi koleksiyonundaki 30-14-85 envanter numaralı eser olup, Klasik Eserler Yüzük Taşları Teşhiri No. 51/b'de sergilenmektedir. İkinci amulet ise, Konya, Ereğli Müzesi koleksiyoneri, Dede Yunus GÜRSOY koleksiyonunda 33 envanter numarasıyla kayıtlı eserdir.

Antik çağ insanı, kendisini kötülüklerden ve hastalıklardan koruması için yüzük taşları ve kolye gibi, süs taşlarından yapılmış, üzerinde figür ve yazılardan oluşan objeleri hatırı sayılır sıklıkla kullanmıştır.

Anadolu'da Roma ve Bizans Çağlarında, büyü ve koruma amacıyla kullanılan takıların geniş bir kullanımının olduğunu daha çok batılı kaynaklardan bilmekteyiz (Bonner, 1946; Bonner, 1950; Michel, 2001a; Michel, 2001b; Michel, 2004; Köroğlu, 2013; Köroğlu, 2016; Ogden, 2013; Ogden, 2015; Vikan, 1984; Walter, 1990; Walter, 1994; Walter, 2000).

Geç Antik Çağda tılsımlı muskaların oluşumunda, Yahudi gelenekleri, Grek ve Roma geçmişinden miras kalan tanrı ve şekillerin yanı sıra Anadolu, Mısır ve Mezopotamya'da bin yıllar içinde oluşan eski inançlara, Bizans Ortodoks Hıristiyan inancının da önemli katkıları olmuştur (Köroğlu 2011, 104). Muska kullanma geleneği bütün bu inançlardan gelen şekil ve kompozisyonlar harmanlanarak Bizans çağından İslam dünyasına aktarılmıştır.

## Kutsal Süvari Solomon Tasvirli Yüzük Taşları ve Amuletler

### Oyma Yüzük Taşları ve Amuletler

Gem (Latince'de *gemma*) oyulmuş, parlatılmış ve genellikle mücevherat veya başka objeler üzerine (örneğin: dini inanışa ait heykellere, duvarlara, müzik aletlerine, mobilyaya ve hatta Caligula ve Elagabalus gibi imparatorların ayakkabılarına) süs olarak işlenmiş değerli veya yarı değerli bir taş parçası olarak tanımlanabilir (antik çağlarda, bugün yapıldığı gibi taşlarda değer ayırımı yapılmazdı). Bu taşların pek çoğu bir aletle, ya negatif (*intaglio* - oyma) veya pozitif (*kameo* - kabartma) şekilde işlenmiştir. Çoğunlukla yüzük kaşlarına monte edilmiş olan oyma taşlar, bazen hiçbir yere monte edilmeden veya kolye olarak monte edilen ve daha büyük olan kabartma taşlarda (kameo) daha sık görülür. Cam ise daha pahalı taşların taklidinde kullanılmıştır. Oyma taşların, resmi ve kişisel mühür olarak kullanılma gibi pratik bir amacı da vardı. Bu işlevin yanı sıra, oyma taşlar süs eşyası olarak ve bazıları da şifa verici ve koruyucu olduğuna inanılan muskalar olarak kullanılırdı.

Birçok antik yazar, yüzük taşlarından bahsetmiştir, fakat yazdıkları metinler ya eksiktir ya da günümüze ulaşamamıştır. Bunların en önemlileri, MÖ. 4. yüzyıl filozofu olan Theophrastos *(On Stones* - "Taşlar Üzerine") ve MS. 1. yüzyılda Yaşlı Plinius *(Natural History* – "Doğa Tarihi") tarafından yazılmıştır (Konuk ve Arslan 2000, 11).

### Antik Halk İnancında Tılsımlı Taşların Yeri

Sihirli yüzük taşları ve muskalar için en çok kullanılan taşlar, Agate, Ametist, Granat, Kalsedon, Karnelyan, Nicolo, Sardoniks, Hematit (Kantaşı) ve Jasper gibi yarı değerli taşlardan oluşmaktadır. Bu arada, taş taklidi olarak yapılmış, cam yüzük taşları ve amulet takıların da varlığını saymalıyız. Bunlar esas olarak muska olarak ve nazara karşı, oyma tekniğiyle işlenmiş yüzük taşı, kolye, küpe ve amulet olarak kullanılmış taşlardır. Ayrıca yine kazıma tekniği ile yapılmış yüksek kabartma (kameo) olarak işlenmiş küpe, kolye ve yüzük taşları da görülmektedir. Bunların en popüler oldukları dönemin, MS 2.- 4. yüzyıllar olduğunu söyleyebiliriz. Bununla birlikte etkilerinin Orta Çağ ve günümüze dek uzanan bir zaman diliminde de olduğu görülür. Müze koleksiyonlarındaki bu türden sihirli süs taşlarının buluntu yerleri ve tarihlemeleri çoğunlukla belli olmamakla beraber, Juliopolis buluntuları bu durumu tersine çevirmiştir (Arslan ve diğ., 2010, 271-304; Arslan ve diğ., 2011, 177-214; Arslan 2012, 27-28). Çünkü, Juliopolis Nekropol buluntusu gemler, sikke buluntularıyla birlikte ele geçmiş olduklarından dolayı kesin bir tarih vermektedirler (Arslan, 2014, 13-24). Juliopolis Nekropolü buluntusu büyülü taşların bir kısmı tarafımızdan yayımlanmış (Arslan-Zoroğlu 2011, 11-19) ve bir kısmı da basım aşamasındadır (Arslan 2021).

Ancak, sihirli takıların eşzamanlı resim ve yazıtlarının karşılaştırılmasında bunların Mısır, Greko-Romen ve Yahudi Hıristiyan kökenli oldukları anlaşılmaktadır. Bunların orijininin o zaman Roma ile karşılaştırılabilecek; doğudaki çok çeşitli halkların karışık yaşadıkları ve antik çağın tüm dillerinin konuşulduğu İskenderiye olduğuna işaret etmektedir.

Burada çok sayıda karşıt ideolojiler, öğretiler çok geniş bir yelpaze oluşturmaktaydı. Örneğin, değerli taşlar Mısır'daki antik büyücülükten gelen Gnostik tarikatın gizli öğretilerini, dünya görüşünü, astrolojiyi, kozmolojiyi, tıp ve doğa tıbbını da içine alan din ve batıl inancı yansıtıyordu. Bu büyü resimleri ve yazıtları tipiktir ve kozmografya (uzay), din ve mitlerle ilgilidir. Sık sık büyü dünyasının uygulamalarından ve sanal gücünden yararlanmak isteyen kişilerin gerçek dünyasına parantezler de açar. Yunan papirüsleri gibi antik metinler, değerli taş ve nazarlıkların nasıl yapılacağına, ne zaman taşınacaklarına ilişkin kullanım bilgisi vermekle birlikte; bir reçete gibi taşların rengi, resim ve yazıtlarının etkileri konusunda da bilgi verirler (Michel, 2001b, 13).

## Büyü Taşlarının Biçim ve İşlevleri

Büyü nazarlıkları, antik çağda geniş halk kitleleri için (hem kadın ve çocuklar hem de erkekler için) yapılırdı. Taşlar binlerce yıllık bir gelenekle, sivri uçlu bir delicinin yayla döndürülmesi suretiyle işlenirdi. Elmas ve diğer sert değerli taşların tozuyla da cilalanırdı. Roma İmparatorluk çağında değerli taş işleme çok saygı duyulan bir meslekti. Amulet hazırlanması için ayrıca ayarlanmış bir büyücü devreye girerdi. Görevi, doğru malzeme bileşimini sağlamak için biliciliğiyle büyünün içeriğini doğru bir şekilde tasvir etmek, sihirli yazıtın doğru bir şekilde kullanılmasını sağlamak ve taşı takdis etmekti. Büyü taşlarının işlenmesinde sanatkar (hakkak) öteki sanat eserlerinde olduğu gibi kendi inisiyatifini kullanamaz ve esere kendi imzasını atamazdı. Ayrıca kazıma tekniği ile işlenmiş tasvirler, mühür tasvirlerinde olduğu gibi ters (negatif) olarak işlenmezlerdi. Tasvirler doğru görülecek (pozitif) şekilde işlenirlerdi. Sembolik karakterleri nedeniyle tasvirlerin yaratıcı bir yanı olmazdı. Hemen her zaman önceden betimlenmiş motifler kullanılırdı: Horoz başlı Abraksas, Hellenistik gigantlar (devler) resmine benzer tasvirler; lotus üzerinde oturan güneş-çocuk Harpokrates de bir sütun başlığı üzerinde oturan Eros'u anımsatsa da bu motifler, Mısır hiyerogliflerine kadar geriye gider. Para kesesi taşıyan Hermes tasvirleri Polykleitos ya da Lysippos heykellerinden alınmıştır. Buna karşılık aşk büyüsü için kullanılan Aphrodite betimli yüzük taşları, Hellenistik gelenekten gelmektedir. Aynı şekilde üç başlı Hekate, Nemesis ve bir *Quadriga* üzerinde güneş tanrısı Helios ve Serapis, Yunan tarzı bir şema ile betimlenir. Roma ikonografisinden ise, Zeus ya da Serapis motifleri, Mars Ultor ya da Gradivus; her türlü karışık tanrılar, tanrı büstleri ve astrolojik semboller alınmıştır. Bunlar takı olarak kullanılmadıkları ve etkilerini iyice gösterebilmeleri için vücuda yakın olarak; gizli taşındıklarından dolayı bu taşların sanatsal nitelik taşımalarını kimse beklemiyordu. Bu nedenle yapım tarzı, Roma'nın İmparatorluk döneminde askerler için toptan üretilen değerli taşlarda olduğu gibi özensiz idi. Bununla birlikte, büyü taşlarını işleyen değerli taş ustaları ince ve yüksek bir tekniğe sahiptiler. Tasvirlerin üstünü cilalıyorlardı. Bu yöntem tasvir motifleri içeriğine bağlı olarak iyi bir fikirdi ve mümkün olduğunca oyulmuş kısımlar mat bırakılırdı ya da yalnızca bazı bölümleri parlatmaya özen gösterirlerdi. Böylece ışık ve renk arasındaki kontrastın daha etkileyici olması sağlanırdı (Michel, 2001b, 15-16).

## Tılsımlı Amuletler ve Kutsal Binici Tasvirinin Kaynağı

Amuletler, ölmüş veya yaşayan insanlar üzerinde kötü niyetli varlıklar ve bu varlıkların etkilerinden korunmanın bir aracı olarak kullanılmaktadırlar. Özel bir şekilde takılmış ve kullanılmış olan bu objeler, bir hastalığın tedavisi, bir şeye ilgi çekmek, yeni doğmuş bir bebeği korumak, iyi bir yolculuk garantisi elde etmek veya bir şeye yetki vermek gibi amaçlar için kullanılmıştır. İnanç kaynağını doğudan alan bu figürlerin kullanılmasındaki düşüncenin asıl nedenleri ise, toplumsal ve tarihi olayların inançlar bağlamında ele alınmasında yatmaktadır. Bu psikoloji, bütün toplumlarda vardır ve güçlü olandan uzaklaşma anında veya güçlü gördüğünden umduğunu bulamayan kişinin sorunu varsa bu sorununun çözümü için büyü ve tılsım gibi başka yollar aramasının bir aracıdır. Bu düşünce genelde bireysel inanış ile ortaya çıkmaktadır (Kaplan, 2016, 110).

Burada incelemiş olduğumuz iki muskada ikonografik konu, düşmanını yenmiş ve üzerine atını sürme şeklindeki galip süvari motifidir. Bu figür, Yunan dünyasında iyi tanınan bir figür olmasına karşın, Mısır'da bilinmemektedir. Bu ikonografi Makedonyalı Ptolemaios hanedanlığı zamanında (MÖ 3. yüzyılda) Mısır coğrafyasına götürülmüştür. Bu muzaffer binici motifi, Mısır'da hızlıca kabul görmüştür. Mısırda düşmanını yenen Horus'un, Seth üzerindeki galibiyeti çok sevilerek işlenen bir konudur. Bu motif ayrıca başka şekillerde Hıristiyanlık tarafından da benimsenmiştir. Hıristiyanlıktaki kullanımı ise öncelikle kutsal binici Mikail ve Georgios olarak, kötü kadınları ve cinleri yener pozisyonda işlenmiştir.

Atlı ya da süvari tasvirleri tüm uygarlıklarda soyluluk işareti olarak görülmüştür. Çağına sığmayan kahraman komutan imgesini doğu ve batı dünyasında yaşatan Makedonyalı 3. Alexander ve babası 2. Philip'in de at sırtında tasvirleri çok sevilmiş ve işlenmiştir. MÖ 4. yüzyılın ortalarına tarihlenen, Makedonya'dan bronz bir yüzük kaşında at üzerindeki soylu süvari, yere düşmüş düşmana mızrak saplarken gösterilmiştir (Willers ve Raselli-Nydegger, 2003, 94, fig. 60). Hellenistik krallar, dönemin sikkelerinde dörtnala at sürerken (Newell 1937, fig. 13) ve Roma İmparatorluk sikkelerinde ise, imparatorları at sırtında, yere düşmüş düşmanı mızraklarken veya aslan avı yaparken gösteren çok sayıda sikke vardır. Pamphylia-Aspendos şehri darplı bir bronz sikkede, imparator Severus Alexander, hematit gemler üzerindeki Solomon tiplemesi gibi tasvir edilmiştir (Arslan, 1998, 30, Lev. I, Res. 5). Söz konusu sikkenin arka yüzünde imparator, dörtnala sağa doğru giden at üzerinde, kısa tunik giymiş, uçuşan pelerini ile, yere düşmüş ve ellerini kaldırmış, kendisinden aman dileyen Partlı düşmana mızrağını saplarken gösterilmektedir (Şekil 3). Bu Aspendos sikkesi, geç antik çağda çok popüler olan, dişi şeytanı veya yılanı mızrağı ile öldüren kutsal binici Solomon, Sisinnios, Mikail, Georgios tiplemelerinin, Roma dünyasındaki erken bir yansımasına güzel bir örnek teşkil etmektedir.

Geç Roma ve Erken Bizans dönemi tılsım taşlarında en çok karşılaşılan figür olan kutsal binicinin kim olduğuyla ilgili iki isim bilinmektedir. Bunlardan ilki Eski Ahit peygamberlerinden Kral Süleyman (Solomon), diğeri ise, Aziz Sisinnios'tur. Her ikisinin de şeytanı/şeytanları yenmiş şekildeki tasvirleri benzerdir. Çoğunlukla tılsımlı hematit muskalar üzerindeki yazıtlarda, Solomon'un adı geçer ve bu ayırt edici olur. Eğer herhangi birine işaret eden yazıt yok ise, azizin kimliğiyle ilgili bir şey söylenemez. Fakat, daha önce yayımlanmış örneklere bakıldığında, ikonografik açıdan bir değerlendirme yapmak mümkündür. Yayımlanmış olan isimsiz taşlardaki kutsal binici Solomon tiplemeleri, burada incelediğimiz, Dede Yunus Gürsoy koleksiyonundaki hematit (Şekil 2) ile çok benzeşmesine rağmen, Anadolu Medeniyetleri Müzesi'ndeki yılanı öldüren kutsal binici tasvirli örneğimizle benzeşmeyen yönleri bir hayli fazladır (Şekil 1).

Yahudi inancının en önemli figürlerinden olan Kral Süleyman'ın baş melek Mikail'den aldığı bilgi, destek ve mühürle şeytanları on iki bakır küpe kapattığına inanılır (Walter, 2000, 421). Hem Yahudi, hem de Hıristiyan kültüründe (Judeo-Christian) şeytanı öldüren atlı figür, tılsım ve zafer simgesi olarak yayılmıştır. Roma Dönemindeki kutsal süvari betimli taşların tarihlemesi oldukça zordur. Yahudi ve Hıristiyan kültürlerinde de görülen Süleyman tılsımlarının ayırt edici birkaç detayı üzerinde durmak gerekir. Yahudi muskalarında Süleyman'ın başında hale ve mızrağının tepesinde haç yoktur (Walter, 2000, 416-420; Köroğlu, 2013, 89). Oysa Süleyman betimlemelerinde genellikle başının yanında bir yıldız veya hilal sembolü gözükmektedir (Michel, 2001a, 439-40, 445, 447). Yıldızın yerine *pentalpha* veya *pentagram* gibi Eski Yunan geleneğinde sağlık simgesi olan tılsım işaretleri de yer almaktadır (Walter, 2000, 421; Köroğlu, 2013, 89). Kutsal binici dörtnala giden atının üzerinde, uçuşan pelerini, elinde tuttuğu mızrağı ile (Bizans muskalarında, başında hale ve mızrağın tepesi ise, bayrak veya haç ile sonlandırılmıştır), yerde sırt üstü yatan, çıplak ve uzun saçlı dişi şeytan'a (*Lilith*) öldürücü son hamleyi yapmak üzere iken ve atının ayakları altındaki şeytan ondan aman diler şekilde tasvir edilmektedir. Birçok hematit muska üzerinde kutsal binici tasvirlerinin yanında, Grekçe, "Solomon" yazısı ve yıldız sembolü bulunmaktadır (Michel, 2004, 44.1.b_13, 17; 44.1.a_2-3). Ön yüzü Solomon tasvirli muskaların arka yüzünde ise, çoğunlukla 'Tanrının Mührü' anlamına gelen ΣΦΡΑΓΙΣ ΘΕΟΥ (*Sphragis Theou*) yazısı okunmaktadır (Bkz. Şekil 2, 4 -7).

MS 4.-5. yüzyıla tarihlenen hematit taşlı "Kutsal Binici Solomon" muskalarının arka yüzlerinde genellikle, sağlık ve hastalıklara işaret eden yazılar bulunmaktadır. Örneğin, British Museum koleksiyonundaki Solomon tasvirli bir hematit amulet'in (Şekil 8) arka yüzünde, ΕΙC ΘΕΟC ΥΓΙΑ (*Tanrı ve sağlık aynıdır*) ibaresi okunmaktadır (Michel, 2001a, 446). Yine, British Museum koleksiyonundan bir başka Solomon hematiti üzerinde (Şekil 9), CTOMAXOY = *stomachou* (*mide için*) ibaresi yazmaktadır (Michel, 2001a, 447; Dasen, 2011, 72, pl. 9a-b). Söz konusu 8 ve 9 numaralı sağlık ibareli hematit taşlar, Simon Michel tarafından, MS 4. yüzyıla tarihlendirilmiştir. Solomon tasvirli hematit muskaların gösterdiği üzere, bu tip muskalar üzerinde genellikle dişi şeytan tasvir edildiğinden, sağlık için kullanıldığı, özellikle de, bu taşların düşük yapmaktan korkan kadınlar tarafından ve nazara karşı kullanılmış olduğu da kabul edilmektedir (Köroğlu, 2013, 90).

MS 4. yüzyıla tarihlenen, British Museum koleksiyonundan Solomon'lu bir hematit nazarlığın arka yüzünde (Şekil 10), Yahudi inancındaki Tanrının saklı isimleri olan, ΙΑΩ (*Yahve*), CΑΒΑΩ (*Sabaoth*), ΜΧΑΗΛ (*Mikail*) ve ΓΑΒΡΙΗΛ (*Gabriel*) isimleri kazınmıştır (Michel, 2001a, 445; Michel, 2004, no. 44.1.d-9). Çok yakın zamanda, Gülgün Köroğlu tarafından yayınlanmış biri gümüş, diğeri bronz olan kutsal süvari betimli iki muska, Anadolu'nun Geç Antik Çağda, Hıristiyanlığa geçiş evresindeki inanç dünyasına önemli bir kapı aralamıştır. Büyü için kullanılmış bu iki nazarlıktan birincisi, Silifke Müzesi'nde sergilenmektedir. Gümüş olan bu kabartma madalyon muskanın, ön yüzünde, başı haleli kutsal süvari, atının ayakları altındaki yılana (şeytan) mızrağını saplar vaziyette tasvir edilmiştir (Köroğlu, 2013, 81-91, Lev. 7-8). Gümüş madalyondaki kutsal süvari, haleli olup, başının önünde, Yunanca iki kelime yazılmıştır: ΥΓΙΑ/Hygia (*sağlık*) ve ΧΑΡΙC/Kharis (*Lütuf/iyilik*). Taşıyana "iyi sağlık" getirmesi dileği yer almaktadır. Haleli ve sakallı azizin başının önünde, hilal (veya omega), arka kısımda ise, yıldız sembolü bulunmaktadır. Bir diğer bronz madalyon ise, 2015 yılı Olba kazısında ele geçmiş ve Silifke Müzesi'nde bulunmaktadır. Bu bronz madalyon muskanın ön yüzünde, başında hale olan kutsal binici, mızrağını atının ayakları altında hareketsiz yatan, üstü kadın ve altı yılan olan dişi şeytana saplar şekilde tasvir edilmiştir (Köroğlu, 2016, 154, Lev. 9). Bronz muskanın arka yüzünde, tam ortada bir kemgöz, iki yanda haç, alt kısımda karşılıklı iki aslan ve göze doğru yönelmiş ibis kuşu, akrep, iki yılan, üst kısımda kemgöze batırılmış iki mızrak ve ortalarında iki bıçak figürü bulunmaktadır. Kemgöz'ün en üst kısmında ise, ΚΥΡΙΕ ΒΟΕΘΙ (*Tanrı yardım et*) yakarışı yer almaktadır. Olba kazısında ele geçen haleli süvarili ve kemgöz tasvirli muskanın çok yakın bir başka benzeri, Anemurium kazısında ele geçmiş kurşundan yapılmış tılsımlı kolyedir (Russel, 1995, fig. 5-6; Köroğlu, 2016, 149, Lev. 4). Silifke Müzesi'ndeki gümüş ve bronz madalyonda kutsal süvarinin başının önünde bir yıldız sembolü olmasına karşılık, Anamur Müzesi'ndeki kurşun nazarlıkta yıldız yoktur. Silifke Müzesi'ndeki iki madalyon ve Anamur Müzesi'ndeki kurşun kolye sarkacı, Köroğlu tarafından, MS 4.-7. yüzyıllar arasına tarihlendirilmiştir (Köroğlu 2016, 150).

Ayrıca yayımlanmış kutsal binici tasvirli üç bronz muskadan burada biraz bahsetmek isteriz. Kolye ucu (pendant) olarak kullanılan bu bronz muskalardan birincisi, Hamburg, Skoluda Koleksiyonunda bulunmaktadır (Şekil 11). Ön yüzde, haleli kutsal binici, yerde sırt üstü yatan dişi şeytana mızrağını saplamakta, sağ ve sol üst kenarda, ΕΘΘΘΘONKWNTA (*Kötülüğü yenen tek Tanrı*) ibaresi yazmaktadır (Michel, 2001b, 108). Bronz nazarlığın arka yüzünde ise, 6 sıra halinde, *Iao, Sabaoth, Mikail, Gabriel, Uriel, Cherubim* isimleri ve en altta kükreyen bir aslan figürü kazınmıştır. İkinci örneğimiz British Museum (CBd-809) koleksiyonunda bulunmaktadır (Şekil 12). Solomon tasvirli iki bronz amuletin arka yüz yazıtları da hemen hemen benzer olup, British Museum CBd-809 örneğinde farklı olan, arka yüzde en alt sağ köşede, hilal ve yıldız sembolü olmasıdır. Her iki örnek, MS. 5.-6. yüzyıla tarihlenmişlerdir (Michel, 2001b, 109; Michel, 2001a, 451). Üçüncü örnek, yeni bir bronz kolye ucudur (Kotansky 2020, 229-243). Göz yaşı damlası şeklinde, ön yüzünde kutsal süvari betimlemesi mevcuttur (Kotansky 2020, 229-236). Kutsal süvari (Solomon, Mikail, Sisinnios vb.) oval bir çerçeve içinde, haleli ve sapı haç biçimli bir mızrakla yerde sırt üstü yatan kadın şeytanı öldürmek üzeredir. Oval çerçevenin çevresinde Grekçe yazıt mevcuttur. Ön yüzdeki bu yazıt içinde, Yahudi ilah isimlerinden oluşan bir dizi isim (Sabaoth, Iao ve Sisinnios) okunmaktadır (Kotansky 2020, 233-236, Fig. 1a-d). Muska'nın arka yüzünde ise, 12 satır bir yazıt yer almaktadır. Bu yazıt İncil'den bir dua'nın kısaltılmış versiyonudur. Roy Kotansky, bu yeni bronz muskayı, MS 6/7. yüzyıla tarihlemektedir (Kotansky 2020, 237-239, Fig. 1a-d).

## Kutsal Süvari Betimli İki Amuletin Tanımı ve Sonuçlar

Anadolu Medeniyetleri Müzesi ve Dede Yunus Gürsoy koleksiyonunda bulunan iki kutsal süvari betimli muska örneğinden hareketle, bu tipin tarihsel gelişiminden ve hematit gemlerin genellikle sağlıkla ilgili kullanılmış olduğundan yukarıda söz edilmiştir. Sonuç bölümünde bu iki hematit kutsal binici nazarlığı ikonografik açıdan incelenip, birbirleriyle ayrılan ve benzeşen yanları ortaya koyulmaya çalışılmıştır. Ayrıca, daha önce tarafımızca yayımlanmış olan bir Aspendos şehri bronz sikkesinin arka yüzünde yer alan, at üzerinde düşmanına mızrak saplayan imparator tiplemesi ile Solomon tasvirli hematit taşlardaki ikonografinin çok benzeştiği fark edilmiştir (Şekil 3). Bu nedenle, Partlı düşmana mızrak saplayan muzaffer imparator tasvirli Aspendos sikkesi de bu konu içinde değerlendirilmiştir.

Kutsal binici Solomon tasvirli muskaların çoğunluğunun arka yüzünde görülen, *Sphragis* kelimesi sadece tıbbi olarak kullanılan hematit taşlarda değil, aynı zamanda başka cins büyülü taşlar üzerinde de kazınmıştır. Bu kelimeyi, çok iyi bilinen, MS 4.-5. yüzyıl "Solomon" gemleri diye tabir edilen bir dizi hematit muska üzerinde de görmekteyiz. Bu tip taş muskalar, bir tarafta genellikle "Solomon" yazan bir atlıyı, ayaklarına kapanmış kadın bir figürü mızraklarken (Şekil 2, 4-10) göstermektedir. Arka yüzde ise genellikle, '*Tanrının Mührü*' anlamına gelen ΣΦΡΑΓΙΣ ΘΗΕΟΥ yazıtı okunmaktadır (Henig, 1994, 511; Michel, 2001a, 430-444). Atlı motifi, şeytanı temsil eden timsahı bıçaklayan Horus'dan veya sikkeler üzerinde görülen avlanan imparatordan kaynaklanıyor olabilir.

*Sphragis theou* ifadesi geleneksel olarak, Solomon'un Kudüs Tapınağı'nın yapımı sırasında kendisine saldıran, vampire benzeyen iblisleri defetmek için *Iahweh*'den aldığı büyülü mühür-yüzük olarak açıklanır. Atlı binici gemleri, genelde, Solomon'un bütün Akdeniz halk hikayelerinde bilinen, kadınlara ve çocuklara zarar veren dişi şeytanı yenmesini temsil eder şekilde açıklanmaktadır. Dişi figür için *Gello, Lilith/Gylou, Abyzou* veya *Palabasdria* gibi çeşitli isimler önerilmektedir. Solomon'un tanrısal rolü sadece kadınlar ve çocukların korunması ile sınırlı olmayıp, Spier'in belirttiği gibi, bütün şeytanları (iblis ve kötü güçleri) kontrol ediyordu (Spier, 1993, 53).

*Sphragis* kelimesinin iki anlamı "Solomon" gem serisi için hematitin tercih edilmesine yeni bir açıklama getirmektedir: *sphragis theou* aynı zamanda 'tanrının ilacı' anlamına da gelmektedir. "Solomon" hematitleri genelde kırık olarak bulunur, çünkü büyük ihtimalle bu taşlar ilaç olarak kullanılmışlardı (Michel, 2001a, 443, Michel, 2004, 44.1.b_17,19). Tahmin edilebileceği gibi, taşın kırık olan kısmı toz haline getirilip bir miktar sıvıyla beraber içiliyordu.

Aslanı yenen Herakles figürü kaybolduğu zaman dişi şeytana boyun eğdiren atlı ikonografisinin ortaya çıktığı görülür. Solomon, kahramanın gücünü almış görünüyor. Herakles gibi, rahim dolaşımını kontrol eden (vahşi bir hayvanla karşılaştırınca) başka biçimleri Solomon'u *hystera* formülüyle tasvir eder. Sihirli tıbbi gemler, taştan ilaçlar yani *sphragides* olarak tasarlanmışlardır. Bu kategorideki gemlere figürlerin oyulması pahalı tıbbi ilaçların damgalanması geleneği ile anlaşılabilir. Tıbbi ve büyülü *sphragides*'lerin her ikisi için de üzerindeki resim ilacın gerçekliğini (güvenilirliğini) ve kalitesini doğrulamaktaydı. Aynı zamanda taşın değerini de artırmaktaydı ki, bir takı çerçevesine bağlı olmayan tıbbi gemler de bulunmaktaydı (Şekil 10). Oyulmuş tıbbi gemler, damgalanmış değerli ürünler gibi lüks ürünlerdi. Kronolojik rastlantı kayda değerdir; damgalı ilaç örnekleri Hellenistik dönemde başlar ve özel bir ikonografiye sahip büyülü gemlerin geliştiği erken İmparatorluk döneminde ticaret ve ihracatla yoğunlaşır. İki türün ortaya çıkması birbiriyle ilişkili olabilir. Taş ve kil haplar benzer bir kadere sahip olabilirler; bir yerde üretilmiş ve başka bir yerde satılmış veya seyyar kullanıcılar tarafından kullanılmış olabilirler (Dasen, 2011, 73).

Burada incelediğimiz birinci örneğimiz, Anadolu Medeniyetleri Müzesi'nde bulunan 30-14-85 envanter numaralı muska, müzenin 7 numaralı yüzük taşları vitrininde, 51b numarasıyla sergilenmektedir (Şekil 1). 14 x 14 x 3 mm. ebadındaki, yeşil renkli, bu hematit (Jasper?) taş üzerinde, yılanı öldüren kutsal süvari tasviri kazınmıştır. Süvari sola hareket etmekte, sakallı ve başına poşu tarzı doğulu bir başlık giymiş, şapkanın arka kısmı, yatay bir kuyruk şeklinde uzamaktadır. Binici pantolon ve çizme giymiştir. Sağ eliyle atın dizginlerini tutarken, sol eliyle tuttuğu mızrağı, yerde atın ayakları altındaki yılana saplamaktadır. Süvarinin başının önünde hilal veya ters omega harfi bulunmaktadır. Taşın arka yüzünde herhangi bir yazı bulunmamaktadır. Taşın arka yüzünün yazısız ve küçük boyutlu olması nedeniyle, bu amuletin yüzük taşı, büyük olasılıkla da mühür yüzük olarak kullanılmış olduğunu düşünmekteyiz. Bu taş üzerinde figür negatif işlenmiştir, çünkü elinde tuttuğu mızrak sol elindedir. Bu taşı mühür olarak bastığımızda görüntü pozitif ve dolayısıyla da sol elinde tuttuğu mızrak sağ elinde gözükecektir. Taşın sağ alt köşesinin kırık ve noksan olması, bilinen başka Solomon örneklerinde görüldüğü gibi, ilaç olarak kullanılmış olabileceğini bize düşündürmektedir. Anadolu Medeniyetleri Müzesi yüzük taşları teşhirindeki bu kutsal binici tasvirli amulet, şimdiye kadar yayımlanmış hiçbir kutsal binici tasvirli hematit ile ikonografik açıdan tam benzeşmemekte ve bu nedenle ünik bir eserdir. Kutsal binicinin giyim tarzından dolayı da, bu kutsal süvarinin Solomon değil, Sisinnios olması tarafımızca daha makul gözükmektedir.

İkinci örneğimiz, Konya-Ereğli Müzesine bağlı, Dede Yunus Gürsoy koleksiyonunun 33 envanter numaralı eseridir. 26.3x18x3.2 mm. ölçülerindeki turkuvaz mavisi renkteki hematit üzerinde, yayımlanmış başka Solomon tasvirli hematitlerden tanıdığımız klasik Solomon figürü kazınmıştır (Şekil 2). Dede Yunus Gürsoy koleksiyonundaki amuletin, yayımlanmış Solomon tasvirli taşlardan çok az farklarla da olsa bazı ayrılan yanları bulunmaktadır. Burada kutsal binici Solomon, atını sağa sürmesi, uçuşan pelerin giymesi ve dişi şeytana mızrağını saplaması ile bilinen tüm Solomon tasvirleriyle benzeşmektedir. Ayrıca başının önündeki yıldız sembolü de bu tür gemlerin çoğunda rastlanılan bir özelliktir. Fakat, Solomon'un başında bulunan yüksek krali taç (veya tiara) bugüne kadar yayımlanmış başka bir Solomon tasvirli hematit amulet üzerinde rastlanmayan bir özellik olarak karşımıza çıkmaktadır. Ayrıca, Solomon'un, kısa tunik üzerine, askeri bir kıyafet olarak zırh giymiş olması da, bilinen Solomon muskalarından ayrışan bir özelliğidir. Bu açık mavi hematit taşın arka yüzeyinde, ΣΦΡΑΓΙΣ ΘΗΕΟΥ (*Tanrının Mühürü*) ifadesi okunmaktadır ki, bu yazıt bilinen diğer tılsımlı muskaların çoğunda görülmektedir. Dede Yunus Gürsoy koleksiyonundaki bu mavi taş üzerindeki kutsal binicinin yüzünün detayları (burun, ağız ve çene) çizgi halinde, şematik işlenmiştir. Gözler ise belirsizdir. Buna karşın atın ve sürücünün giysileri daha özenle işlenmiştir.

Sonuç olarak, Konya–Ereğli (antik Kybistra/Herakleia) civarında bulunmuş mavi hematit muska ile Anadolu Medeniyetleri Müzesi koleksiyonundaki yeşil hematit (veya Jasper) yüzük taşı, Geç Antik Çağ Anadolu'sundaki büyü ve inanç dünyası için bize yeni bilgiler sunmuştur. Bu durumda, Anadolu Medeniyetleri Müzesi koleksiyonundaki muskayı, MS. 4. yüzyıla, Dede Yunus Gürsoy koleksiyonundaki muskayı ise, MS. 5. yüzyıla tarihlemeyi öneririm.

## Teşekkür

Sayın Dede Yunus Gürsoy'a koleksiyonundaki eserini yayımlamama izin verdiği için teşekkürü bir borç bilirim. Ayrıca, Stephen Mitchell'e, Mesut Dilaver'e ve Burçak Delikan'a yardımları için teşekkür ederim.

## Kaynaklar

**Arslan, M. (1998).** Anadolu Medeniyetleri Müzesi Koleksiyonundaki Pamphylia Bölgesi Şehir Sikkeleri. *Anadolu Medeniyetleri Müzesi 1997 Yıllığı* (15-51). Ankara.

**Arslan, M., Metin, M., Cinemre, O., Devecioğlu, Ü. (2010).** Juliopolis Nekropolü 2009 Yılı Kurtarma Kazısı. *19. Müze Çalışmaları ve Kurtarma Kazıları Sempozyumu* (271-304). Ankara.

**Arslan, M., Metin, M., Cinemre, O., Çelik, T., Türkmen, M. (2011).** Juliopolis Nekropolü 2010 Yılı Kazı Çalışmaları. *20. Müze Çalışmaları ve Kurtarma Kazıları Sempozyumu* (177-214). Ankara.

**Arslan, M., Zoroğlu, C. (2011).** Kayıp Kent Juliopolis'in Büyücüsü Abraksas. *Aktüel Arkeoloji Dergisi*, 22, 11-19.

**Arslan, M. (2012).** Juliopolis Nekropolü Kurtarma Kazısı 2009-2011. *Türk Eskiçağ Bilimleri Enstitüsü Haberler*, Sayı: 33 (Ocak 2012): 27-28. İstanbul.

**Arslan, M. (2014).** Juliopolis Nekropolü Kharon Sikkeleri. *Birinci Uluslararası Anadolu Para Tarihi ve Numismatik Kongresi-Bildiriler (Ed. Dörtlük, K.- Tekin, O.- Boyraz Seyhan, R.) Suna-İnan Kıraç Akdeniz Araştırmaları Enstitüsü,* (13-24). Antalya.

**Arslan, M. (2021).** "Preliminary Appraisal of Necropolis-Excavations in Iouliopolis: Based on Published Reports", içinde: L. Summerer et al. (ed.), *Contextualising Pompeiopolis. Urban Development Perspective. Proceedings of the Conference in Taşköprü*, 7-8 July 2016, (2021 basımda).

**Bonner C. (1946).** Magical Amulets. *HTR*, 39: 25-54.

**Bonner C. (1950).** *Studies in Magical Amulets, chiefly Graeco-Egyptian.* Ann Arbor: The University of Michigan Press.

**Budge E.A.W. (1930).** *Amulets and Superstitions.* Oxford: Oxford University Press.

**Dasen V. (2011).** Magic and Medicine: Gems and the Power of Seals, C. Entwistle, N. Adams (Ed.), *Gems of Heaven: Recent Research on Engraved Gemstones in Late Antiquity c.AD 200-600, British Museum Research Publication, 177* (69-74). London.

**Henig, M. (1994).** *Classical Gems: Ancient and Modern Intaglios and Cameos in the Fitzwilliam Museum.* Cambridge: Cambridge University Press.

**Kaplan, D. (2016).** Smintheion'dan Abraxas Tasvirli Bir Amulet ve İkonografisi. *Anadolu/Anatolia,* 42: 95-123.

**Konuk, K., Arslan, M. (2000).** *Ancient Gems and Finger Rings from Asia Minor: the Yüksel Erimtan Collection / Anadolu Antik Yüzük Taşları ve Yüzükleri: Yüksel Erimtan Koleksiyonu.* Ankara.

**Kotansky, Roy. D. (2020).** "A Bronze 'Rider Saint' Pendant with the Lord's Prayer", *Early Christianity* Vol. 11 (2020): 229-243.

**Köroğlu, G. (2011).** Bizans'ın Tılsımları. *Aktüel Arkeoloji Dergisi,* 22: 98-105.

**Köroğlu, G. (2013).** Silifke Müzesi'nden Erken Bizans Dönemine Ait Gümüş Tılsım. *Seleucia ad Calycadnum,* 3: 81-99.

**Köroğlu, G. (2016).** Olba Kazısında Ele Geçen Erken Bizans Dönemine Ait Bir Tılsım - An Amulet of Early Byzantine Period from Olba Excavations. *Seleucia ad Calycadnum,* 6: 137-160.

**Michel, S. (2001a).** *Die Magischen Gemmen im Britishen Museum I-II* (Ed. P. Zazoff, H. Zazoff). London: British Museum Press.

**Michel, S. (2001b).** *Bunte Steine - Dunkle Bilder: Magische Gemmen. Ein Katalog.* München: Biering & Brinkmann.

**Michel, S. (2004).** *Die Magischen Gemmen.* Berlin: De Gruyter.

**Newell, E. T. (1937).** *Royal Greek Portrait Coins.* New York: Whitman Pub. Co.

**Ogden, D. (2013).** *Dragon, Serpent, and Slayers in the Classical and Early Christian Worlds: A Sourcebook.* Oxford: Oxford University Press.

**Ogden, D. (2015).** *Eski Yunan ve Roma'da Büyü ve Büyücülük.* (Ed. B. Ankarloo-S. Clark, Türkçeye çeviri Ç. Dürüşken-E. Çoraklı). İstanbul: Arkeoloji ve Sanat Yayınları.

**Russel, R. (1995).** The Archaeological Context of Magic in the Early Byzantine Period, H. Maguire (Ed.), *Byzantine Magic* (35-50), Washington DC: Dumbarton Oaks Papers.

**Spier, J. (1993).** Medieval Byzantine Magical Amulets and their Tradition. *JWCI,* 56: 25-62.

**Vikan, G. (1984).** Art, Medicine and Magic in Early Byzantium. *Dumbarton Oaks Papers,* 38: 67-74.

**Walter, C. (1989-1990).** The Intaglio of Solomon in the Benaki Museum and the Origins of the Iconography of Warrior Saints. *Deltion tes Christianikes,* 15: 33-42.

**Walter, C. (1994).** Some Unpublished Intaglios of Solomon in the British Museum. *ΘYMIAMA* (1994): 365-368 pl. 34, pp. 205-206.

**Walter, C. (2000).** The Intaglio of Solomon in the Benaki Museum and the Origins of the Iconography of Warrior Saints, *Pictures as Language. How the Byzantines Exploited Them,* (2000): London: 400-4001.

**Willers, D., Raselli-Nydegger, L. (Ed.) (2003).** *Im Glanz der Götter und Heroen: Meisterwerke antiker Glyptik aus der Stiftung Leo Merz.* Mainz am Rhein: von Zabern.

*Sihirli gemler için aşağıdaki site en önemli kaynak olarak kullanılmıştır:*

The Campbell Bonner Gems Database: http://www2.szepmuveszeti.hu/talismans

## Antik Kaynaklar

**Apulleius** **Apulleius,** *Apologia (A Discourse on Magic).*

**Plinius,** *NH* **Plinius,** *Naturalis Historia.*

**Plin.** *Epistle* *Pliny the Younger, Correspondence with Trajan from Bithynia (Epistles X),* **Williams, W. (Ed.) 1990. Wiltshire: Aris & Phillips.**

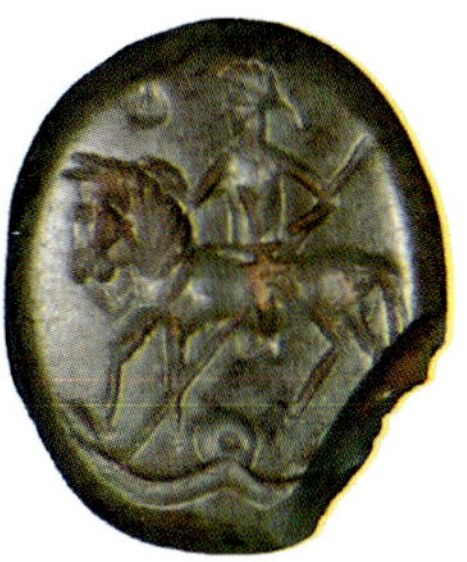

**Şekil 1.** Anadolu Medeniyetleri Müzesi Koleksiyonu Kutsal Süvari Betimli Amulet.

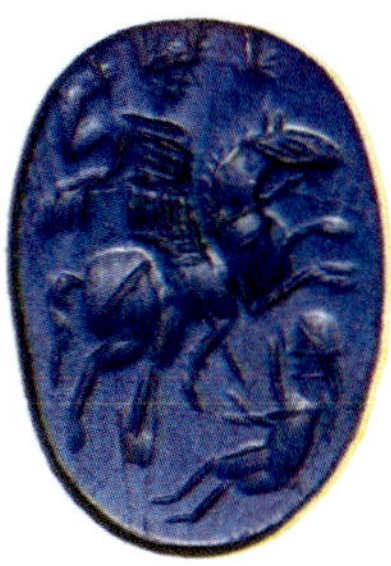
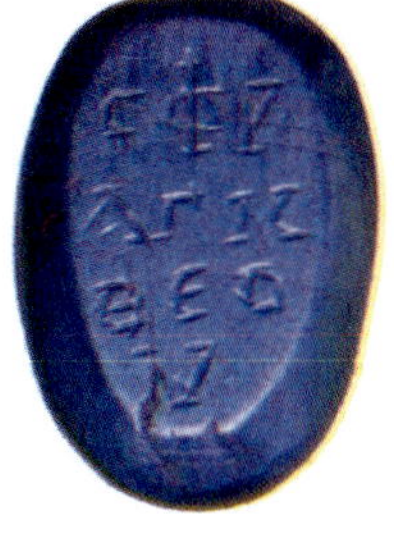

**Şekil 2.** Dede Yunus Gürsoy Koleksiyonu Kutsal Süvari Betimli Hematit Amulet.

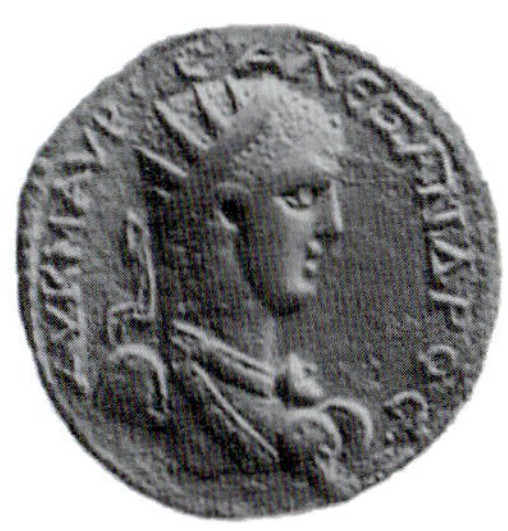
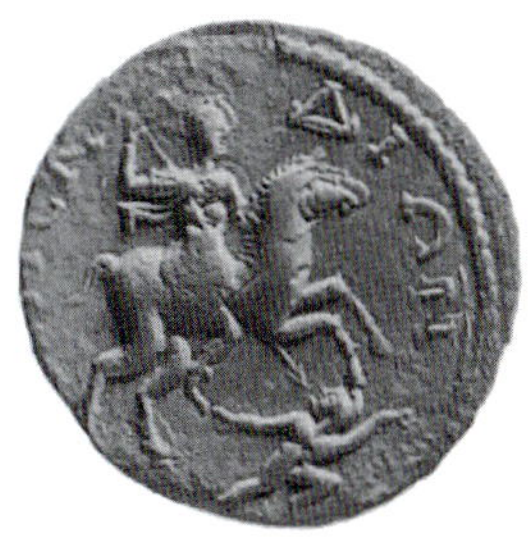

**Şekil 3.** Anadolu Medeniyetleri Müzesi Aspendos Darplı Kutsal Süvari Betimli Bronz sikke.

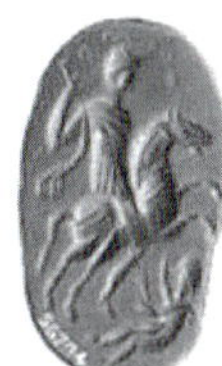
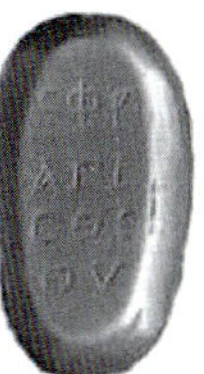

**Şekil 4.** British Museum, Kutsal Süvari Betimli Hematit Amulet (Collection database on CBd-788).

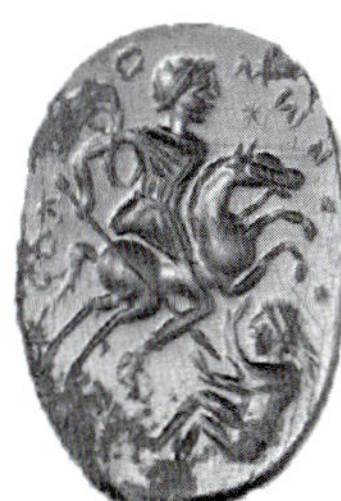
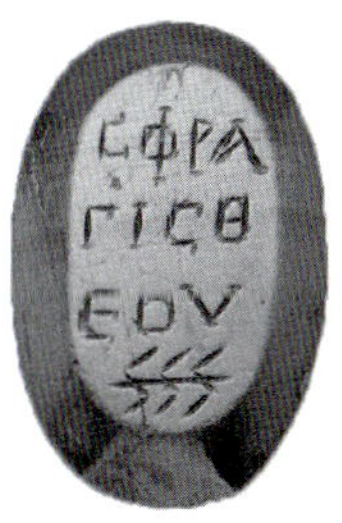


**Şekil 5.** British Museum, Kutsal Süvarili Amulet (Collection database on CBd-2586.

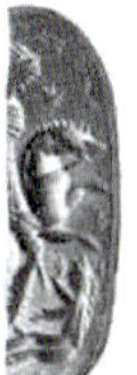
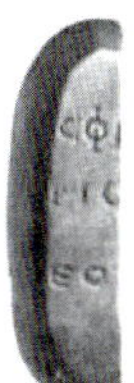

**Şekil 6.** British Museum, Kutsal Süvarili Amulet (Collection database on CBd-2142).

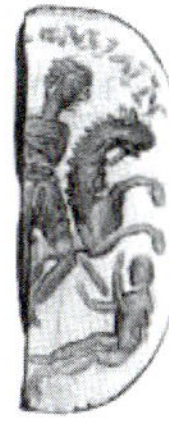
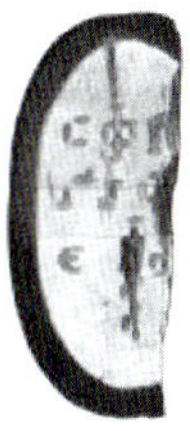

**Şekil 7.** British Museum, Kutsal Süvari (Collection database on CBd-791).

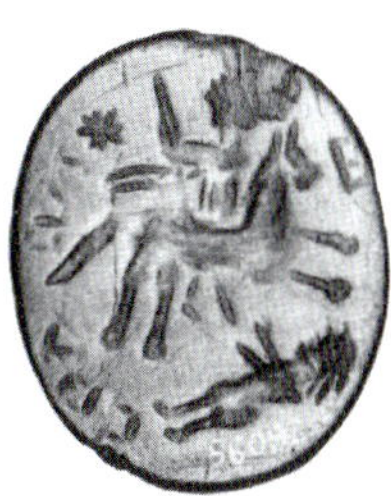

**Şekil 8.** British Museum, Kutsal Süvari (Collection database on CBd-804).

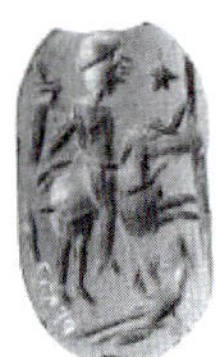
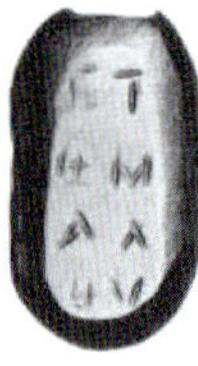

**Şekil 9.** British Museum Kutsal Süvarili (Collection database on CBd-805).

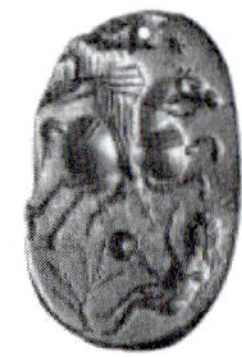
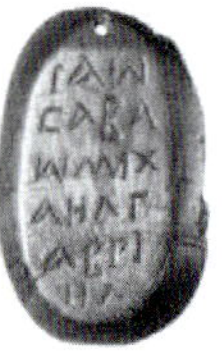

**Şekil 10.** British Museum, Kutsal Süvari (Collection database on CBd-803).

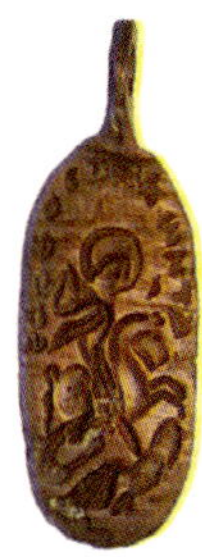
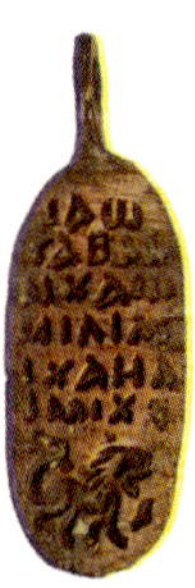

**Şekil 11.** Hamburg Skoluda Koleksiyonu Kutsal Süvari Betimli Bronz Amulet (Collection database on CBd-1723).

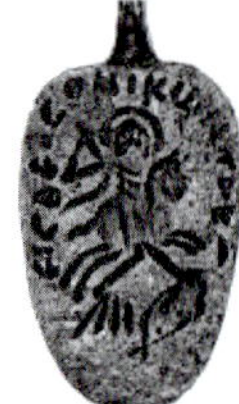
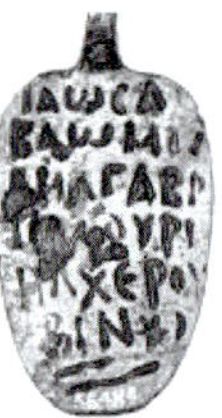

**Şekil 12.** British Museum Kutsal süvari Betimli Bronz Amulet (Collection database on CBd-809).

# Arkeolojik Buluntulara Göre Anadolu'da İslami Dönem Cam Takıları

## *Glass Jewelry of the Islamic Period in Anatolia According to Archaeological Findings*

Zekiye UYSAL
Çanakkale Onsekiz Mart Üniversitesi, Fen Edebiyat Fakültesi Sanat Tarihi Bölümü, Çanakkale, zuysal@comu.edu.tr

## Özet

Tarihi geçmişi oldukça eskilere dayanan cam, uygarlık tarihinde önemli bir malzemedir. Özellikle Akdeniz çevresinde gelişme gösteren camcılığın tarihinde yer alan bir çok dönem iyi bilinmesine rağmen; Anadolu Selçuklu devri camcılığı hakkında bilgilerimiz henüz sınırlıdır. Bu durumun en büyük nedenlerinden birisi Anadolu Selçuklu dönemine yönelik kazıların azlığı ve mevcut kazılardaki cam buluntuların bir kısmının henüz ayrıntılı bir biçimde incelenmemiş olmasıdır. Kazı buluntuları yayınlandıkça ve değerlendirmeleri yapıldıkça bu konudaki bilgi eksikliği de giderilmiş olacaktır. Tarih boyunca cam malzemeden günlük kullanım eşyası olarak çeşitli formlarda kadehler, şişeler, kandiller üretilmesinin yanında, takı eşyası olarak bilezik ve boncukların da yapıldığı dikkati çekmektedir. Camdan yapılmış bilezikler ve boncukların MÖ 2. Binden itibaren üretilmeye başlandığını araştırmalar ortaya koymuştur. Bileziklerin moda olmaya başlaması ise daha çok Geç Roma devrine rastlamaktadır. Bu tarihlerden sonra Doğu Akdeniz bölgesinde Bizans ve İslam sahalarında yaygın olarak cam bileziklerle karşılaşılır. Takı unsuru olarak üretilen bilezik ve boncukların ilk camcılık örnekleri olduğu araştırmacılar tarafından kabul edilmektedir.Bilezik ve boncukların aidiyetlerinin belirlenmesi ve tarihlendirilmesi çoğu zaman güçlük taşımaktadır. Bunun sebepleri arasında, hem söz konusu objelerin taşınabilir nitelikte olmaları, hem de farklı coğrafyalarda aynı form ve bezemelere sahip biçimde karşımıza çıkmaları sayılabilir.Diğer toplumlar gibi İslam dünyasında da kadınların takı malzemesi olarak kollarına bilezik, boyunlarına boncuklardan oluşan gerdanlık taktıklarını çeşitli araştırmalar göstermiştir. Özellikle Selçuklu tarihi araştırmalarında daha çok altın ve gümüş gibi takılardan söz edilmektedir. Yazılı kaynaklarda doyurucu olmayan bu bilgilere karşın kazı buluntularının daha zengin oldukları söylenebilir. Bu bildiride, özellikle tarafımızdan araştırılmış olan Kubad Abad ve Samsat bilezikleri ile Kubad Abad boncuk buluntuları üzerinden bir değerlendirme yapılacaktır.

**Anahtar Kelimeler:** Kubad Abad, Samsat, cam, bilezik, boncuk

## Abstract

Glass, whose history dates back to very old times, is a significant material in the history of civilization. Even though many periods in the history of glasswork, which developed especially around the Mediterranean are well-known, our knowledge about the glasswork of the Anatolian Seljuk period is still limited. One of the biggest reasons for this situation is the less amount of excavations related to the Anatolian Seljuk period and the fact that a part of the glass findings in the present excavations have not been studied in detail yet. As the excavation findings are published and assessed, the lack of information on this issue will be eliminated. In addition to the production of goblets, flasks and oil lamps in various forms from the glass material as a daily use item, it is also noted that bracelets and beads were also made as jewelry items throughout history. The researches have set forth that bracelets and beads made of glass started to be produced as of 2000 BC. It was mostly during the Late Roman Period when bracelets began to be fashionable. Afterwards, glass bracelets are widely encountered in the Byzantine and Islamic areas in the Eastern Mediterranean Region. It is accepted by the researchers that the bracelets and beads produced as jewelry elements are the first examples of glasswork. The identification and dating of bracelets and beads are generally challenging. The fact that the objects in question are portable and appear in the same form and embellishments in different geographies can be counted among the reasons of this challenge. Various researches have shown that women wore bracelets and necklaces with beads as jewelry items also in the Islamic world like in other societies. The researches on Seljuk Period, mostly mentioned gold and silver jewelry. Inspite of this insufficient information in the written sources, it can be said that the excavation findings are in abundance. This paper aims to evaluate Kubad Abad and Samsat bracelets with Kubad Abad bead findings researched by us.

**Keywords:** Kubad Abad, Samsat, glass, bracelet,bead

## Giriş

Tarihi geçmişi oldukça eskilere dayanan cam, uygarlık tarihinde önemli bir malzemedir. Özellikle Akdeniz çevresinde gelişme gösteren camcılığın tarihinde yer alan birçok dönem iyi bilinmesine rağmen Anadolu Selçuklu devri camcılığı hakkında bilgilerimiz henüz sınırlıdır. Bu durumun en büyük nedenlerinden birisi Anadolu Selçuklu dönemine yönelik kazıların azlığı ve mevcut kazılardaki cam buluntuların bir kısmının henüz ayrıntılı bir biçimde incelenmemiş olmasıdır. Kazı buluntuları yayınlandıkça ve değerlendirmeleri yapıldıkça bu konudaki bilgi eksikliği de giderilmiş olacaktır.

Tarih boyunca cam malzemeden günlük kullanım eşyası olarak çeşitli formlarda kadehler, şişeler, kandiller üretilmesinin yanında, takı eşyası olarak bilezik ve boncukların da yapıldığı dikkati çekmektedir. Camdan yapılmış bilezikler ve boncukların MÖ 2. binden itibaren üretilmeye başlandığını araştırmalar ortaya koymuştur. Bileziklerin moda olmaya başlaması ise daha çok Geç Roma devrine rastlamaktadır. Bu tarihlerden sonra Doğu Akdeniz bölgesinde Bizans ve İslam sahalarında yaygın olarak cam bileziklerle karşılaşılır (Spaer,1988: 51-52). Takı unsuru olarak üretilen bilezik ve boncukların ilk camcılık örnekleri olduğu araştırmacılar tarafından kabul edilmektedir.

Bilezik ve boncukların aidiyetlerinin belirlenmesi ve tarihlendirilmesi çoğu zaman güçlük taşımaktadır. Bunun sebepleri arasında, hem söz konusu objelerin taşınabilir nitelikte olmaları, hem de farklı coğrafyalarda aynı form ve bezemelere sahip biçimde karşımıza çıkmaları sayılabilir.

Diğer toplumlar gibi İslam dünyasında da kadınların takı malzemesi olarak kollarına bilezik, boyunlarına boncuklardan oluşan gerdanlık taktıklarını çeşitli araştırmalar göstermiştir. Özellikle Selçuklu tarihi araştırmalarında daha çok altın ve gümüş gibi takılardan söz edilmektedir. Bunlar arasında bileziklerin de bulunduğu biliniyor fakat kaynaklarda cam kullanıldığına dair bir bilgi yoktur.

Yazılı kaynaklarda doyurucu olmayan bu bilgilere karşın kazı buluntularının daha zengin oldukları söylenebilir. Bu bildiride, özellikle tarafımızdan araştırılmış olan Kubad Abad ve Samsat bilezikleri ile Kubad Abad boncuk buluntuları üzerinden bir değerlendirme yapılması amaçlanmıştır.

Bilindiği gibi, ilk iskân tarihi MÖ 4. binlere kadar giden Samsat; Anadolu'nun güneydoğusunda, Fırat nehri kenarında kalan bir yerleşim alanıdır (Özgüç, 2009:88,73-74). Sırasıyla Akad, Hitit, Asurlular, Medler ve Perslerin egemenlikleri altına giren Samsat Helenistik dönemde Büyük İskender tarafından fethedilmiştir. Kent; MÖ 69'dan MS 72'ye kadar devam eden Kommagene Krallığı'na (MÖ 163-MS 72) başkentlik etmiştir. Romalılar tarafından fethedildikten sonra da önemini koruduğu bilinmektedir. 7. yüzyılın sonlarına doğru Müslümanlar tarafından ele geçirilmiştir. Bunu izleyen asırlarda Emevi ve Abbasiler ile Bizans arasında sürekli el değiştiren kent, 12. yüzyıl ilk yarısında Haçlı kontluğu idaresinde kalır. 12. yüzyıl ortalarından itibaren Selçuklu emirliklerinin kontrolüne geçer. Selçuklu çağında Artuklu, Zengî, Eyyubî ve Anadolu Selçukluları idareleri altında kalan şehir, daha sonraları İlhanlı, Dulkadırlı ve Osmanlı dönemlerini yaşar (Demirkent,1997:232-236;Turan,1971:666 ;İbn Bibi,1996: 30).

Anadolu Selçuklularının güçlü hükümdarı I. Alaeddin Keykubad (M.1220-1237) tarafından Beyşehir gölünün batı kıyısında kurulan Kubad Abad Sarayı ise zaman zaman Selçuklu sultanları tarafından kullanıldıktan sonra 14. yüzyıl başlarında kendi kaderine terk edilmiştir (Arık, 2000:47).

Samsat kenti ve Kubad Abad Sarayı, hem mimari hem de küçük buluntularıyla genelde İslam uygarlığı özelde ise Selçuklu uygarlık ve sanatı açısından önemli arkeolojik sitlerdir. Bunlardan Samsat'ta önce Teresa Goell tarafından (1964,1967), daha sonra Prof.Dr. Nimet Özgüç ve ekibi tarafından kazılar (1978-1989) yapılmıştır (Bulut,2000:8). Kubad Abad'da ise ilk bilimsel kazılara Prof. Dr. Katherina Otto-Dorn (1965-1966) tarafından başlanılmış olmakla birlikte; buradaki asıl uzun süreli çalışma Prof. Dr. Rüçhan Arık tarafından 1981'den itibaren gerçekleştirilmiştir (Arık,2000:47). Kubad Abad kazıları halen sürmektedir.

Bugün Atatürk Baraj gölünün suları altında kalmış durumdaki Samsat'ta Prof.Dr. Nimet Özgüç ve ekibi tarafından 1978-1989 yılları arasında kazı çalışmalarında da çok sayıda bilezik buluntusuyla karşılaşılmıştır. Bunların bir kısmı Bizans bir kısmı İslam dönemine aittir. Prof. Dr. Rüçhan Arık tarafından Kubad Abad' da yapılan kazılar sonucunda diğer cam objelerin yanısıra çok sayıda bilezik ele geçirilmiştir.

## Bilezik Tipolojisi

Bildirimizde Kubad Abad'dan ve Samsat'tan seçilmiş örnekler kullanılmıştır. Cam takılar konusundaki araştırmalarda bilezik tipolojisi, genellikle kesit ve görünüşe göre yapılmaktadır. Fakat bizim çalışmamızda bilezikler, esas olarak bezeme ve görünüşleri dikkate alınarak sınıflanmışlardır.

Her iki merkezde ele geçen bilezikler; burmalı, düz, sırtı profilli (yivli) ve paralel lif sarmalı olarak dört tipe ayrılmaktadır. Samsat'taki boyalı bilezikler Bizans işi oldukları için kapsam dışında bırakılmıştır.Renk olarak mavi ve tonları ağırlıklı olmak üzere yeşil ve tonları da kullanılmıştır. Teknik açıdan da her iki merkezin bilezikleri farklılık göstermezler. Bu genellemeden sonra söz konusu iki merkezin bilezikleri tiplerine göre ele alınmıştır:

### Burmalı Bilezikler

İslami dönemde yoğun olarak kullanılan bir tip olduğu bilinmektedir. Bu bileziklerin esası cam lifinin ya da liflerinin burularak spiralli bir görünüş elde edilmesine dayanır (Uysal, 2013:138 ;Uysal, 2009a:497; Uysal, 2010:46; Uysal, 2008:469 ).Çeşitli Bizans merkezlerinde de karşılaşılan bu bilezik grubunun çok renkli uygulamaları da görülmektedir. (Gill, Lightfood, Ivison, Wypski, 2002:182). Burada sunduğumuz Samsat burmalı bileziklerinden bir tanesi tam diğerleri kırıktır. Çapları 6-9 cm aralığında değişmektedir. Buna karşılık Kubad Abad'ın burmalı bilezikleri 7-9 cm çapındadır. (Şekil 1).

Bu gruptaki bilezikler hem Bizans merkezlerinde hem de İslam dönemi kazı merkezlerinin buluntuları arasında görülür. Bizans dönemine ait olan örnekler arasında Amorium (Gill ve diğerleri, 2002:230), Demre Aziz Nikolas (Çömezoğlu, 2007:574), Yumuktepe (Köroğlu, 2002: 368), Komana (Bakırer, 2019: 337) sayılabilir.

Samsat'taki burmalı bileziklerin dönemlerini ayırt etmek güçtür. Çünkü bu tiplerdeki bilezikler Erken Bizans döneminden itibaren Erken İslam, Selçuklu, Memlûk devirleri ve modern çağa kadar uzanan geniş bir zaman diliminde uygulanmışlardır. Bu bileziklerin kesit ve çapları bakımından da Bizans ve İslam dönemleri arasında anlamlı farklılıklar bulunmamaktadır. Kazıya ait statigrafik verilerin yetersizliği nedeniyle Samsat'ın burmalı bileziklerinin ait oldukları dönem konusunda çok kesin konuşmamak gerekir (Şekil 2).

Buna karşılık Kubad Abad burmalı bilezikleri Selçuklu tabakasında diğer Selçuklu buluntularıyla birlikte ele geçmişlerdir ve 13. yüzyıla tarihlenmişlerdir. Dolayısıyla onların aidiyeti konusunda kuşku taşımıyoruz. Burmalı bilezikler Ani (Çoruhlu, 2009:70; Çoruhlu ve Oktay,2011:157) ve Gevale Kalesi (Yavuzyılmaz, 2017:54) gibi Selçuklu devrine yönelik kazılarda da ele geçmiştir.

### Düz Yüzeyli Bilezikler

Bu tip bileziklerden hem Samsat'ta hem de Kubad Abad'da çok fazla ele geçmiştir. (Şekil 3), (Şekil 4). Bu tip bilezikler tek bir cam lifinin iki ucundan çekilerek birleştirilmesiyle yapılabilmektedir. Samsat örnekleri kendi içlerinde yuvarlak, yassı ve üçgen kesitli olarak çeşitlilik gösterirken; Kubad Abad'ın düz yüzeyli bilezikleri esas olarak dairesel kesitlidir. Samsat örneklerinin çapları 7-10 cm aralığındadır. Kubad Abad'da ise düz yüzeyli bileziklerin çapları 6,5-10 cm. arasında olup, kalınlıkları 0,5-0,6 cm. arasında değişmektedir (Uysal, 2013:140).

Kubad Abad'daki düz yüzeyli bilezikler Selçuklu tabakasında, diğer Selçuklu devri buluntularıyla beraber ele geçmişlerdir. Dolayısıyla Samsat'taki aidiyet güçlüğü Kubad Abad'da yoktur. Anadolu'dan Gevale kalesi (Yavuzyılmaz, 2017:53) ve Ani (Çoruhlu ve Oktay, 2011:166) de bu tipte bilezikler ele geçmiştir. Düz yüzeyli bileziklerin görüldüğü bazı Bizans merkezleri arasında Amorium, (Gill ve diğerleri, 2002:229) Stratonikeia

(Öztaşkın, 2015:179), Komana (Bakırer, 2019:338) sayılabilir. Hemen hemen bütün Bizans merkezlerinde bu tiple karşılaşılmaktadır.

### Sırtı Profilli (Yivli) Bilezikler

Bunların kesitlerinde iç yüzey yassı, sırtları ise profillidir. Bu gruptan örneklerde bileziklerin sırtlarına bazen iki, bazen üç ya da dört sıra dış bükey profil yapılmaktadır. Bu tarz bileziklerle Bizans sahasında yaygın biçimde karşılaşılır. Amorium (Gill ve diğerleri, 2002:229) Kadıkalesi/ Anaia (Coşkun, 2017:159) örnek verilebilir. Bu nedenle Samsat'taki bileziklerden sırtı profilli (yivli) olanların da öncelikle Bizans devrinden kalmış olma ihtimali öne çıkar. Buna karşılık Kubad Abad'da bu tipte örneklere Selçuklu tabakasında rastlanılmıştır. (Şekil 5). Kubad Abad'da bu tipe giren parçalar arasında bir tanesi, üzerindeki mineleme bezeme açısından ilgi çeker. Bu noktada "mineleme" tekniğinin İslam dünyasında çok sevilerek kullanıldığını hatırlamak gerekir. Söz konusu bilezik tipi başka İslami devir merkezlerinde de görülmektedir. Bu açıdan Samsat'ın profilli bilezikleri hakkında kesin yargıdan kaçınmak daha doğru olabilir. (Şekil 6). Anadolu'da benzer örnekler Ani (Çoruhlu ve Oktay,2011:158) kazılarında da ele geçmiştir.

### Paralel Lif Sarmalı Bilezikler

Bu grup bilezikler, aynı renkte birkaç cam lifi paralel biçimde sarılarak meydana getirilmektedir. Bu yüzden kesitleri profilli bir görünüşe sahiptir. (Şekil 7). Samsat'ta bu tipe uyan bir tane parça görebildik. (Şekil 8). Herhalde Samsat kazıları tamamlanabilseydi, daha fazla örnekle karşılaşmak mümkün olacaktı. Bu parçanın çapı 8 cm, kalınlığı 0,7 cm' dir. Kubad Abad'da ise çapları 8 cm olup, kalınlıkları 05-0.7 cm arasında değişmektedir. Bu tip bilezikler Ani kazılarında da bulunmuştur. (Çoruhlu ve Oktay, 2011:158)

## Boncuk Tipolojisi

Bir süs ve takı unsuru olarak cam boncukların tarihi de cam bilezikler gibi çok eski zamanlara dayanmaktadır. Araştırmalar cam boncukların MÖ II. binden itibaren yapılmaya başlandığını ortaya koymuştur. Bunlar aynı zamanda ilk camcılık örnekleridir. Dolayısıyla cam işçiliğinin ilk önce boncuk ve bilezik gibi küçük süs eşyalarının yapımıyla kendini gösterdiğini söylenebilir. Formlar yuvarlak, silindirik, çok tüplü, muska, yassı veya zeytin çekirdeği şeklinde olabilmektedir. Süsleme bakımından tek renk boncukların yanında, katmanlı bezenmişler, nazarlık gibi çok gözlü boncuklar, bin çiçek yöntemiyle yapılanlar, renkli cam ipliğiyle kaplanmış olanlar görülmektedir (Uysal, 2013:143).

İslamî dönem boncukları arasında tek renkli olanlar bulunmakla birlikte, özellikle renkli cam lifi sarılarak bezenmiş örnekler yaygındır. Fakat bu tür boncuklar Roma ve Bizans dönemlerinde de çok görülmektedir. Farklı devirlerdeki ya da aynı dönemdeki cam boncuklar genel biçim açısından çok benzer görünmekle birlikte, aslında aralarında hiçbir standart yoktur (Uysal 2013:143).

Adıyaman müzesinde korunmakta olan Samsat kazısı cam buluntuları arasında boncuk göremedik. Bu durum Samsat'ta cam boncuk bulunmadığı anlamına gelmez. Herhalde kazılar sürdürülebilseydi, orada da cam boncuklarla karşılaşabilecektik.

Kubad Abad'da 1981-2004 yılları arasında yapılan kazılarda altı adet boncuk ele geçmiştir. Bu boncuklar; yassı ve yuvarlak olarak iki gruba ayrılırlar. Bu parçalar cam sarma, ezme ve kalıp tekniğiyle oluşturulmuşlardır (Uysal, 2009b:68). Bunlardan dört örnekte cam sarma yöntemi uygulanmıştır. Sadece bir örnekte kalıp tekniği, yine bir örnekte ezme yöntemi uygulanarak boncuk meydana getirilmiştir. Boncukların her birinin cam rengi farklıdır. Buna göre boncuklarda görülen malzeme renkleri açık kahverengi, siyah, yeşil, koyu yeşil, mor ve koyu mavidir (Uysal, 2013:143). (Şekil 9).

Anadolu Selçuklu devrine yönelik kazılardan sadece Konya Sahip Ata Camii'nde yapılan çalışmada boncuklar bulunduğundan söz edilmekle birlikte; bunların biçimleri açıklanmamıştır. Sadece bunların Roma eşyalarına benzerliğinden söz edilmiştir (Yörükoğlu,1981:904).

### Yuvarlak Tipteki Boncuklar

Yuvarlak tipteki boncukların çapları 0,8-2,6 cm. arasında; yükseklikleri ise 0,9-2,2 cm arasında değişmektedir. Bu tipte boncuklarla her devirde karşılaşılabilmektedir. Bu bakımdan boncuklar arasında dönem farklılıkları belirlemek zordur. Fakat Kubad-Abad boncukları diğer Selçuklu devri buluntularıyla birlikte ele geçtiğinden, dönem belirleme açısından bir güçlük söz konusu değildir (Uysal, 2009b:70).

### Yassı Tipteki Boncuklar

Yassı tipe giren, 0,8 cm. çapında, 2,2 cm. yüksekliğindeki mor boncuğun benzerlerini de çok farklı devirlerde görmek mümkündür.

Boncuklardan en küçük boydaki yuvarlak örnek ile yassı tipteki boncuk bezemesizdir. Diğer dört boncukta cam sarma yöntemiyle yapılmış boncuğun üzerine sarı renkli cam lifiyle (S) ya da zikzağa benzeyen dalgalı kompozisyonlar işlenmiştir. Böyle bezenmiş ortaçağ İslam devri boncukları Suriye ve Filistin bölgelerinde ve Hama'da yapılan kazılarda ele geçen boncuklarda benzer bezemeler dikkati çekmektedir. Bu bezemeye sahip boncukların Sardes kazılarında da bulunması boncuk biçim ve süsleme tarzlarının farklı kültür sahaları arasında ortak bir moda gibi yayıldığı duygusunu uyandırmaktadır (Uysal, 2009b:72).

## Sonuçlar ve Tartışma

Samsat'ta ve Kubad Abad'da yapılan kazılarda, camcılık açısından zengin sayılabilecek buluntular elde edilmiştir. Ancak Atatürk barajı inşaatı nedeniyle Samsat'taki kurtarma kazıları tamamlanamamıştır. Özellikle Ortaçağ camcılığı açısından zengin buluntular sunan Samsat höyüğünün sadece 1/3'lük bir kısmı kazılabilmiştir. Bu kısıtlı alanda yapılabilen kazılarda, diğer cam eşyaların yanı sıra çok miktarda cam bileziğe de rastlanılmıştır. Bir örneğin dışında parçalar hâlinde ele geçen bilezikler esas olarak Ortaçağı kapsayan I, II ve III. kültür katlarında bulunmuşlardır. Kubad Abad cam bilezikleri ise Selçuklu tabakasında ele geçmişlerdir.

Her iki merkezde ele geçen bilezikler tipolojik açıdan burmalı, düz yüzeyli, sırtı profilli ve paralel lif sarmalı olmak üzere dört gruba ayrılabilmektedir. Bunlar çap, kalınlık, renk gibi açılardan birbirlerinden çok farklı değildir. Aynı şekilde burada sunduğumuz bilezik tiplerinin esas olarak Bizans kültür sahasında da görüldüğünü söylemek mümkündür. Bu açıdan Ortaçağ'da Akdeniz çevresinde bir arada yaşayan Hıristiyan ve Müslüman toplumların birbirlerini her bakımdan etkilediklerini unutmamak gerekir. Bu nedenle İslam egemenlikleri ile Bizans arasında, diğer endüstriyel sanatlarda olduğu gibi camcılık açısından da paralellikler ve benzerlikler bulunması ya da, karşılıklı etkilenişimlerle birbirlerinden beslenmiş olmaları son derece doğal bir sonuçtur. Biraz da bu yüzden, Samsat gibi her iki kültüre de ev sahipliği yapmış merkezlerde, cam ürünlerinin aidiyetleri konusunda tereddütler oluşabilmektedir. Kubad Abad'da 1981-2004 yılları arasında çıkan boncukları değerlendirmeden önce; buradaki statigrafik verileri belirtmekte yarar vardır.

Kubad Abad' da sürdürülen kazılarda elde edilen stratigrafik bilgiler alandaki en eski kültür tabakalarının Geç Kalkolitik ve Erken (Eski) Tunç MÖ 3. Bin) çağlarına ait olduklarını kanıtlamıştır. Bu tabakaların üzerine ise Selçuklu saray yerleşmesi yapılmıştır. Şimdiye kadar yapılan çalışmalarda Eski Tunç ile Selçuklu devri arasında herhangi bir ara devreye rastlanılamamıştır.

Camcılık tarihinin belki de en eski eşya türü olan boncukların biçimsel bakımdan döneme özgü niteliklerinin bulunduğunu söylemek zordur. Bu nedenle ele geçen boncukların Selçuklu devrine aidiyeti kazılar sırasında dönemin tipik çini, çini mozayik, seramik, sikke gibi buluntularıyla birlikte çıkmış olmalarıyla belirlenmiştir. (Uysal, 2013:158) Bu verilerin ışığında saray külliyesinde ele geçen boncukların sarayın tarihi sürecine uygun biçimde ana hatlarıyla 13. yüzyılın ilk çeyreği ile 13. yüzyıl sonu arasına tarihlendirilmesi gerektiğini düşünüyoruz.

Kubad Abad bilezik ve boncuklarının nerede üretildiklerini kesin olarak belirlemek zordur. Ancak kazılarda tespit edilen hatalı üretilmiş cam parçaları ve cam cürufları özellikle pencere camlarının burada üretildiklerini düşündürmektedir. Bu tür bir imalat sırasında bilezik ve boncuk gibi süs eşyalarının da yapılmış olması mümkündür.

Samsat kazılarında çok miktarda cam külçeleri ele geçmiştir. Burada Bizans devrinden itibaren üretime işaret etmektedir (Özgüç, 2009: 24). Fakat bunlardan ne kadarının Samsat'ta üretildiğini hangilerinin başka merkezlerden ithal edildiğini kestirmek güçtür. Bununla birlikte bilezikler ve diğer cam buluntularının çokluğu ile cam külçelerinin varlığı Samsat'ın Anadolu'da Ortaçağ cam üretim merkezleri arasına eklenmesi gerektiğini düşündürmektedir.

## Teşekkür

Samsat çalışmaları için gerekli izinleri veren T.C. Kültür ve Turizm Bakanlığı Adıyaman Müze Müdürlüğü'ne ve Çanakkale Onsekiz Mart Üniversitesi Bilimsel Araştırma Projeleri Koordinasyon birimine SBA 2017/1308 nolu projemizi destekledikleri için teşekkür ediyorum. Buluntuların çizimleri için Oğuz Koçyiğit'e, çalışmanın çeşitli aşamalarındaki katkıları için A.Osman Uysal'a, Selçuklu camcılığı için önemli bir merkez olan Kubad Abad camlarını inceleme ve yayınlama fırsatını verdiği için hocam Rüçhan Arık'a ve her zaman cam konusundaki desteği için Ömür Bakırer'e teşekkür ediyorum.

## Kaynaklar

**Arık, R. (2000).** *Kubad Abad, Selçuklu Saray ve Çinileri*, İstanbul: Türkiye İş Bankası Yayınları.

**Bakırer, Ö. (2019).** Komana Glass Bracelets, Preliminary Report, D. B. Erciyas, M. A. Eser (Ed.), *Komana Small Finds. Settlement Arkeology Series 7 / Monography 2.* (265-346). İzmir: Ege Yayınları.

**Bulut, L. (2000).** *Samsat Ortaçağ Seramikleri, (Lüster ve Sıraltılar)*. İzmir: Ege Üniversitesi, Edebiyat Fakültesi Yayınları.

**Coşkun, T. H. (2017).** Kuşadası, Kadıkalesi/Anaia Bizans Cam Bilezikleri: Anaia Üretimi Bileziklerin Yapımına İlişkin Gözlemler. *Tüba-Ked, Türkiye Bilimler Akademisi Kültür Envanteri Dergisi 16*, (145-162). Ankara.

**Çoruhlu, Y. (2009).** Yeni Dönem Kars / Ani Kazıları 2006-2009 Yılı Çalışmalarına Kısa Bir Bakış. *Türk Dünyası Araştırmaları, Prof. Dr. Oktay Aslanapa Özel Sayısı*, Sayı: 183, (47-86). İstanbul.

**Çoruhlu,Y. Oktay, J. Ö. (2011).** 2006-2009 Kars Ani Kazılarında Ortaya Çıkarılan Cam Bilezikler Üzerine. *XIV. Ortaçağ Ve Türk Dönemi Kazıları ve Sanat Tarihi Araştırmaları Sempozyumu (Konya 20-22 Ekim 2010)*, (155-171). Konya.

**Çömezoğlu, Ö. (2007).** *Akdeniz Çevresi Ortaçağ Camcılığı Işığında Demre Azis Nikolaos Kilisesi Cam Buluntuları.* (Yayınlanmamış Doktora Tezi), İstanbul Üniversitesi Sosyal Bilimler Enstitüsü: İstanbul.

**Demirkent, I. (1997).** Sümeysât. *İslam Ansiklopedisi*, Cilt:11, 2. Baskı, (232-236). Eskişehir.

**Gill, M. A. V., Lightfood, C. S., Ivison, E. A., Wypski, M. T., (2002).** Amorium Reports. *Finds I: The glass (1987-1997)*, Oxford.

**İbn Bibi (1996).** El Evamirü'l-Ala'iyefi'l-Umuri'l-Ala'iye, II. Çev.: Mürsel Öztürk, Ankara: T.C. Kültür Bakanlığı Yayını.

**Köroğlu,G. (2002).** Yumuktepe Höyüğünden Bizans Dönemi Cam Bilezikleri, *Ortaçağ'da Anadolu, (Aynur Durukan'a Armağan).* (355-372). Ankara.

**Özgüç, N. (2009).** *Samsat*, Sayı:1, Ankara: Türk Tarih Kurumu Yayınları.

**Öztaşkın, M. (2015).** Stratonikeia Bizans Dönemi Cam Buluntuları. *Stratonikeia ve Çevresi Araştırmaları*, (175-188). İstanbul.

**Spaer, M. (1988).** The Pre-Islamic Glass Bracelets of Palestine. *Journal of Glass Studies, Vol: 30*, (51-61).

**Turan, O. (1971).** *Selçuklular Zamanında Türkiye Tarihi*, İstanbul: Nakışlar Yayınevi.

**Uysal, Z. (2010).** Kubadabad Kazılarında Bulunan Cam Bilezikler (2005-2010), *Sanat Tarihi Dergisi, Sayı: XIX/2*, (43-54). İzmir.

**Uysal, Z. (2013).** *Kubadabad Sarayında Selçuklu Cam Sanatı*, Ankara: Türk Tarih Kurumu Yayınları.

**Uysal, Z. (2009a).** Kubadabad Kazılarında Bulunan Cam Bilezikler, *Türk Dünyası Araştırmaları, Prof. Dr. Oktay Aslanapa Özel Sayısı, Sayı: 183*, (496-504). İstanbul.

**Uysal, Z. (2009b).** Kubadabad Kazılarında (1982-2004) Bulunan Cam Boncuklar. Ege Üniversitesi Sanat Tarihi Dergisi, XVI (2), (67-75). İzmir.

**Uysal, Z. (2008).** *Kubad Abad Sarayı Cam Buluntuları (1981-2004)*, (Yayınlanmamış Doktora Tezi), Ege Üniversitesi Sosyal Bilimler Enstitüsü, Sanat Tarihi Anabilim Dalı: İzmir.

**Yavuzyılmaz, A. (2017).** Gevale Kalesi Cam Bilezik Buluntuları (2013-2015), *XX. Uluslararası Ortaçağ Türk Dönemi Kazıları Ve Sanat Tarihi Araştırmaları Sempozyumu*, (49-61). Sakarya.

**Yörükoğlu, Ö. (1981).** Sahip Ata Araştırması, VIII.Türk Tarih Kongresi (11-15 Ekim 1976, Ankara), *Kongreye Sunulan Bildiriler, Cilt: II*, (899-905). Ankara.

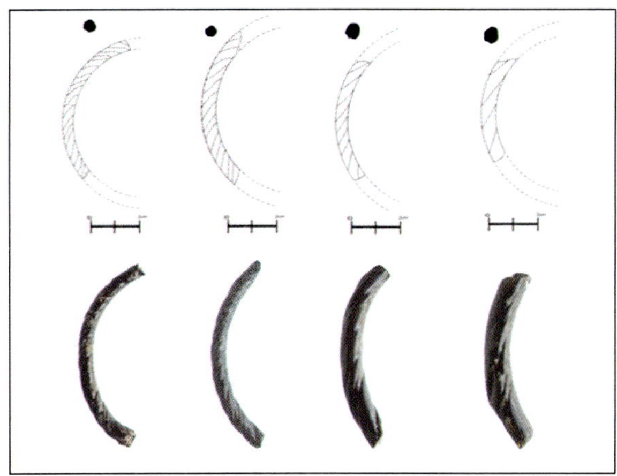

**Şekil 1.** Kubad Abad Burmalı Bilezikler.

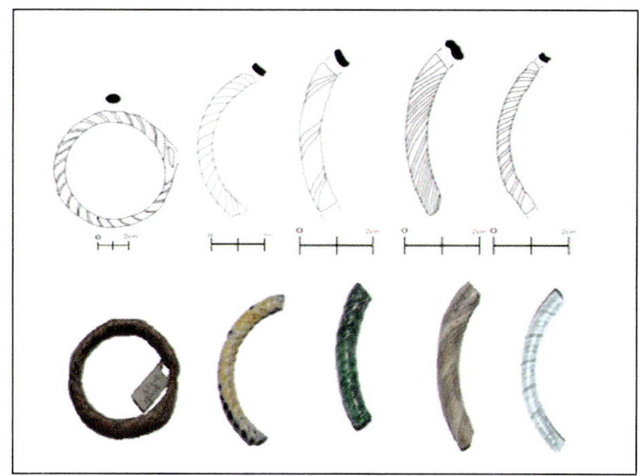

**Şekil 2.** Samsat Burmalı Bilezikler.

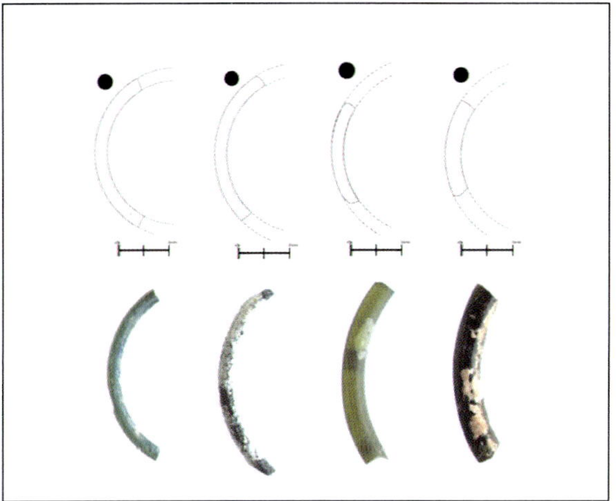

**Şekil 3.** Kubad Abad Düz Yüzeyli Bilezikler.

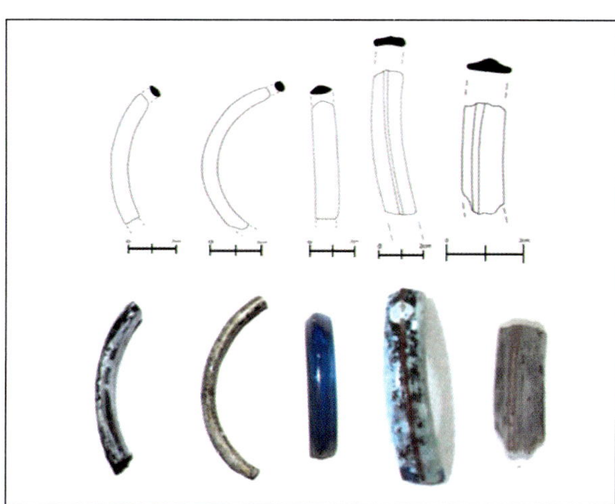

**Şekil 4.** Samsat Düz Yüzeyli Bilezikler.

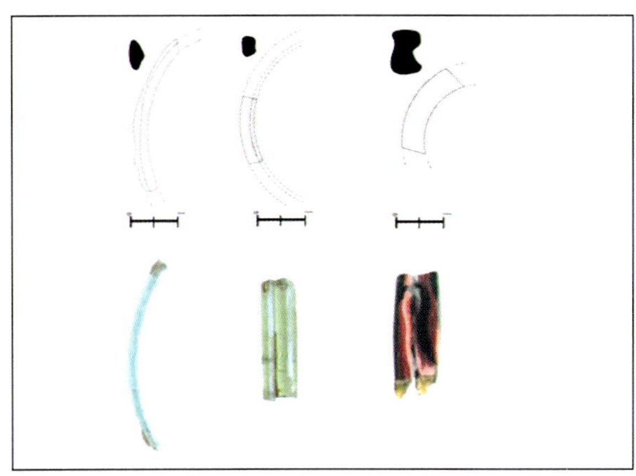

**Şekil 5.** Kubad Abad Sırtı Profilli (Yivli) Bilezikler.

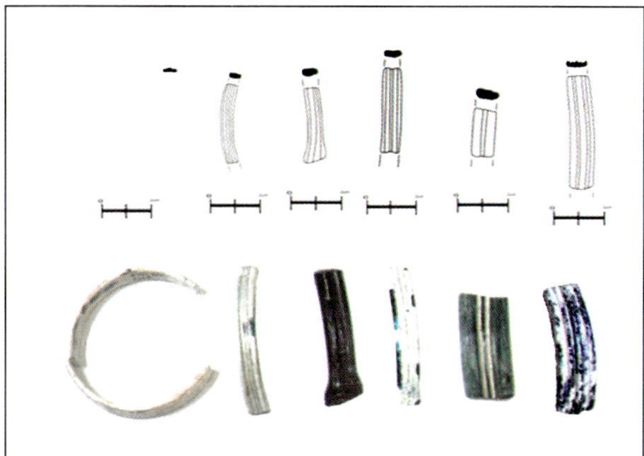

**Şekil 6.** Samsat Sırtı Profilli (Yivli) Bilezikler.

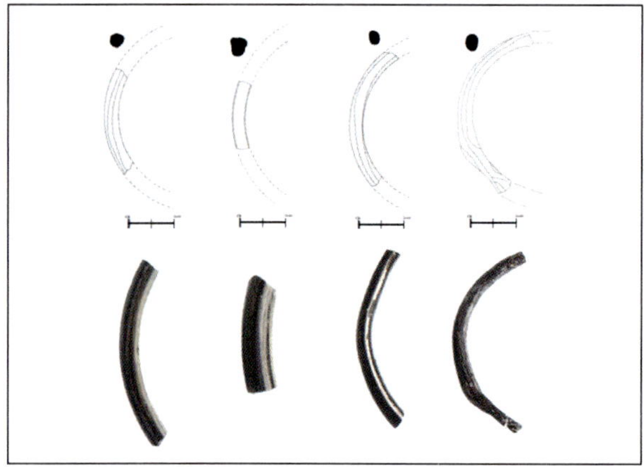

**Şekil 7.** Kubad Abad Paralel Lif Sarmalı Bilezikler.

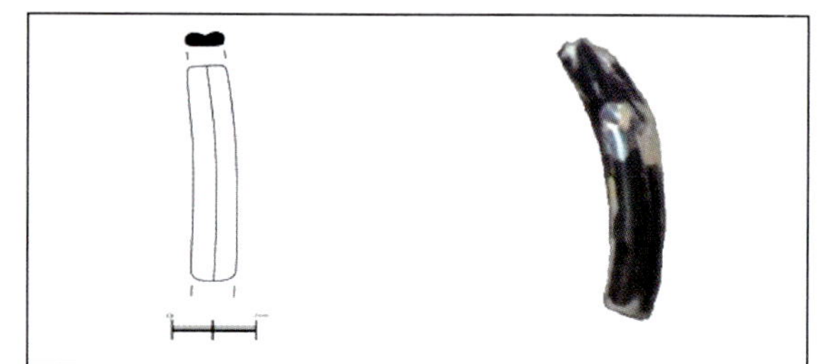

**Şekil 8.** Samsat Paralel Lif Sarmalı Bilezikler.

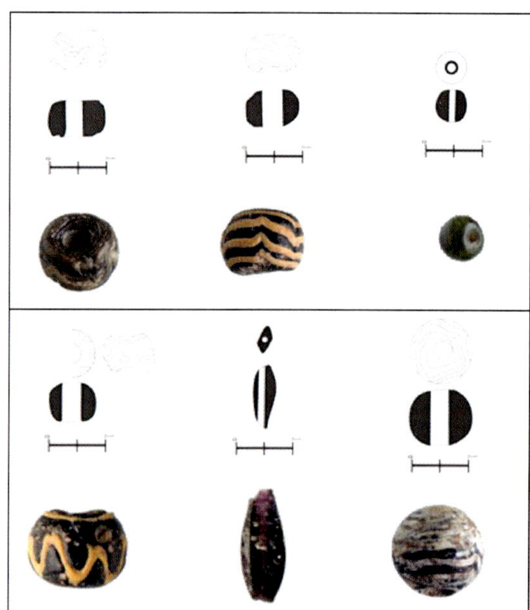

**Şekil 9.** Kubad Abad Boncukları.

# Tokat-Komana Kazısı Buluntularından Cam Boncukların Biçimsel ve Yapısal Özellikleri

## *Shape and Structural Characterıstics of Glass Beads from the Excavations at Komana, Tokat*

Ömür BAKIRER
ODTÜ Mimarlık Fakültesi, Koruma Yüksek Lisans Programı, Arkeometri Anabilim Dalı, Ankara, obakirer@metu.edu.tr

D. Burcu ERCİYAS
ODTÜ Sosyal Bilimler Enstitüsü, Yerleşim Arkeolojisi Anabilim Dalı, Ankara, berciyas@metu.edu.tr

N. Emine CANER-SALTIK
ODTÜ Mimarlık Fakültesi, Koruma Yüksek Lisans Programı, Arkeometri Anabilim Dalı, Ankara, canersal@yahoo.com.tr

Nurdan YÜCEL
ODTÜ Arkeometri Ana Bilim Dalı, Ankara, nurdany@samsunmakina.com.tr

## Özet

Bu çalışmada, Tokat yakınında Gümenek köyünde yer alan çok katmanlı Komana arkeolojik alanının Hamamtepe bölgesinin HTP01 ve HTP02 alanlarında şimdiye kadar bulunan 12 adet cam boncuk tanıtılmaktadır. Biribirinden farklı boyut, şekil, renk ve bezeme özellikleri gösteren 12 boncuğun, biçimsel özellikleri açısından değerlendirilmesi sonucunda, bir kısmının yerel üretim olabileceği, bir kısmının ise Anadolu'daki başka kazılarda bulunan boncuklarla ve Anadolu dışındaki cam merkezlerinde bulunan boncuklarla da benzerlikler gösterdikleri görülmüş bunların Komana'ya ticaret yolu ile gelmiş olabilecekleri düşünülmüştür. Cam boncukların biçimsel özelliklerinin yanısıra, teknolojik özelliklerinin belirlenmesine yönelik laboratuvar analizlerinin yapılması da önem taşımaktadır. Bu çalışmada, seçilen 6 adet Komana cam boncuğu, stereo mikroskop ve XRF spektroskopisi ile analiz edilerek, boncuklar camın yapısal özellikleri ana hammadde bileşimleri ve bozulmuşluk durumlarına göre irdelenmiştir. Sonuçlar, cam boncukların teknolojik özelliklerini tanımlamaya ve Anadolu'daki Bizans ve Selçuklu yerleşmelerinden gelen boncuklarla olası ilişkilerini tanımaya katkıda bulunmuştur.

**Anahtar Kelimeler:** Komana, Bizans dönemi,Ortaçağ, cam boncuk, biçim, bozulma, XRF

## Abstract

This paper presents 12 glass beads recovered from the excavations at Komana, a multi-layered archaeological settlement, near Tokat, Gümenek village. They came from the different sectors of HTP01 and HTP02 at Hamamtepe. These 12 glass beads are all different in their form, size, colour and ornamentation characteristics which suggested that some could be local production while others that show similarities to some beads recovered in other excavation sites in Anatolia and even in glass workshops outside of Anatolia may have arrived in Komana by way of trade. The comparative studies of the glass beads need to be supported by archaeometric studies in order to evaluate the results better. In this study, 6 glass beads were selected for further investigation and analyzed by using stereo microscope and XRF spectroscopy to investigate their structural and compositional characteristics. Results are used to describe the technological characteristics of the glass beads and their possible connections with the beads coming from Byzantine and Seljuk sites in Anatolia.

**Keywords:** Komana, Byzantine period, Medieval Anatolia, glass bead, shape, weathering, XRF

## Giriş

Komana, Tokat'ın Gümenek köyünde yer alan, Hellenistik dönemden Osmanlı dönemine kadar varlığını sürdürmüş, çok katmanlı bir arkeolojik yerleşkedir (Şekil 1 a,b). Kazılar, 2009 yılında, Kültür ve Turizm Bakanlığı izni ile Komana'nın Hamamtepe mevkiinde, HTP01-HTP04 alanlarında Prof. Dr. Burcu Erciyas tarafından başlatılmış ve halen sürdürülmektedir (Erciyas ve Tatbul, 2015; Erciyas ve Acara Eser, 2019). Komana Hellenistik dönemdeki önemli bir dini merkez olma özelliğini Bizans döneminde de sürdürmüş, Selçuklu ve Osmanlı dönemlerinde ise, doğu–batı, kuzey–güney kervanyolları üzerinde bir ticaret merkezi olarak varlığını devam ettirmiştir. Yerleşmede ticaret hayatı, hareketli ve zengin temposu ile Osmanlı dönemi sonuna kadar devam etmiştir.

Komana'da Hamamtepe'nin merkezinde, 2009-2018 yılları arasında, HTP01, HTP02 alanlarında yapılan çeşitli açmalarda elde edilen ve 11-13. yüzyıllar arasındaki orta Bizans dönemine tarihlenen camlar çeşit ve sayısal açıdan yoğunluk göstermektedir. Farklı amaçlar için üretilmiş olan camlar bazı gruplarda kümelenmektedir. Bu gruplar arasında, günlük kullanım için camlar, aydınlatma amaçlı kandil parçaları, kişisel süs eşyası olarak bilezik, yüzük ve boncuklar bulunmaktadır. Bunlar arasında en yoğun sayılabilecek olanlar cam bileziklerdir, cam boncuklar ise az sayıdadır.

## Boncuk Üretimi, Bileşimleri ve Komana Boncukları

Hamamtepe'de, HTP01 ve HTP02 alanlarında bulunan boncuklar sayısal olarak azdır ve biçim, boyut ve bezeme açısından gruplamalara gidilebilen bileziklerin aksine, boncukların her biri biçim, yapım tekniği renk ve benzeri görsel özellikleri ile çeşitlenmekte ve son yıllarda Anadolu'daki Bizans ve Selçuklu dönemleri yerleşkelerinde bulunan cam boncuklarla bazı benzerlikler göstermektedir. Bu çalışmada, birbirinden farklı boyut, şekil, renk ve bezeme özellikleri gösteren 12 boncuk, biçimsel özellikleri açısından değerlendirilmiş, bunun yanısıra, analiz için seçilen 6 adet boncuk camların yapısal ve bileşim özellikleri açısından, stereo mikroskop ve XRF spektroskopisi ile analiz edilmiş, sonuçlar ana hammadde bileşenleri ve bozulmuşluk durumlarına göre irdelenmiştir.

### Boncuk yapımının tarihçesi

Dünya genelinde, arkeolojik kazılardan elde edilen cam boncukların, hergün kullanılan kişisel takılar, asillerin seremonilerde giyecekleri kıyafetlerin bezemesinde kullanılan süs parçaları, ve bunların yanısıra değiş-tokuş ve ticaret eşyaları olarak, yüzyıllardır üretildikleri anlaşılmaktadır. Boncuklar, arkeolojik kazılarda bazen birkaç tane bazen de özelliklerine göre gruplamaya olanak verecek sayılarda elde edilmiştir. Bu cam boncukların biçim, boyut, renk ve bezeme özelliklerine ek olarak malzeme özellikleri ve üretim yöntemlerinin incelenmesi, bulundukları kazı bölgelerinde değişim ve ticaretin yönelişine ve boyutuna ışık tutmaktadır. İleri analitik araştırmaların çoğalması ile Hint Okyanusu, Afrika, Asya, Orta Doğu, Akdeniz çevresi, Avrupa ve Amerika arasında boncuk değişimi ve boncuk ticareti ilişkilerinin kurulabileceğine dair bazı bulgular yayınlanmıştır (Koleini ve diğ., 2019; Neri ve diğ., 2019). Cam hammaddesinin geri dönüşümlü olarak kullanımı ve hammadde ticareti yerel üretim kaynaklarının karakteristiklerini belirlemeyi zorlaştırmakla beraber ileri analitik yöntemlerin kullanımının çoğalması ile veri bankası gelişimi gerek üretim merkezleri gerekse teknoloji gelişimi konusunda sağlam ilişkilerin kurulmasına yol açacaktır (Koleini ve diğ., 2019).

### Boncuk Üretim Yöntemi

İlk çağlardan başlayarak cam boncukların üretiminde ve bezemesinde kullanılan ve günümüze kadar gelen temel yöntemler, Komana cam bocukları için de geçerlidir. İncelenen 12 adet boncuğun üretiminde sıcak işlemlerden çubuk sarma veya çekirdek sarma olarak isimlendirilen cam ipliği sarma yöntemi kullanıldığı anlaşılmaktadır (Küçükerman, 1988; Gürler, 2000; Uysal, 2009) (Şekil 2). Bu yöntem, boncuk üretiminde, araştırmacılar tarafından birçok cam merkezinin ürünlerine dayanarak saptanmış en erken tarihli, geleneksel bir tekniktir (Neri ve.diğ., 2019).

Araştırmacılar, boncuk üretimi yapan erken toplumlardan Mısır'da, en erken yerleşimlerden Fustat bölgesinde M.Ö. ikinci binde çubuk sarma yönteminin kullanıldığını kaydetmektedir. Bu yöntemde, eriyik haldeki sıcak cam harmanı içerisine bir metal çubuk daldırılarak alınan bir miktar camın devamlı çevrilerek yuvarlak boncuk biçimi verildiği belirtilir (Koleini ve diğ., 2019; Küçükerman, 1988; Gürler, 2000; Uysal, 2009). Boncuk metal çubuk üzerinde iken alet kullanılarak yuvarlak yerine silindirik veya benzeri farklı bir biçim de verilebilmekte ve gene boncuk aynı çubukta iken yüzeyine farklı renkte cam iplikler eklenerek bezeme yapılabilmekte idi.

Cam eritme teknolojisinin öğrenilmesi ve camın farklı koşullara uyumunun anlaşılması uzun cam tüplerin üretimine olanak vermiş ve bunların faklı boyutlarda kesilmesi ile ikinci bir boncuk üretim yöntemi de geliştirilmiştir (Koleini ve diğ., 2019). Ancak, bu yöntemle üretime Komana cam boncukları arasında rastlanmamıştır.

Çubuk çevirme yöntemi ile yapılan boncukların hemen çoğunda, renkli cam ipliklerinden, zigzag kıvrımlı hatlar şeklinde bezeme yapıldığı görülmektedir. Bu tür bezemeler, gene en erken cam üretme tekniklerinden olan, iç kalıp tekniği ile yapılan küçük objelerin yüzeylerindeki kıvrımlı hatların oluşturdukları düzenlemeleri hatırlatmaktadır. Bu bezemenin şekillendirilmesinde, boncuk yüzeyine renkli cam iplikler eklendikten sonra bunların sivri bir aletle aşağı doğru çekilerek altlı üstlü "V" şeklinde kıvrılan hatların oluşturulduğu düşünülebilir. Bu yöntemin, MÖ 16. yüzyıl sonlarında kuzey Mezopotamya, Anadolu, Kuzey Suriye'de kullanıldığı ve sonraki yüzyıllarda da devam ettiği söylenmektedir.

MÖ 5. yüzyıl ile MS 8. yüzyıllar arasında Akdeniz çevresindeki kültür merkezlerinde boncuklar Roma döneminin en yoğun kullanılan cam çeşidi olan soda-kireç camından yapılmıştır. Ergitici olarak Orta Doğu, Suriye bölgelerinde zengin yatakları bulunan Natron ($Na_2CO_3.10H_2O$) ve Trona ($Na_2CO_3.NaHCO_3.H_2O$) kullanılmıştır. Anadolu'da da Natron ve Trona yatakları, özellikle Beypazarı-Ankara civarında dünyanın ikinci zengin Trona yatakları bulunmaktadır (Helvacı 2001). Bu cam türünün diğer özelliği de Potasyum, Magnezyum ve Fosfor seviyelerinin düşük olmasıdır (Koleini ve diğ., 2019).

## Cam Boncukların Hammadde Bileşim Özellikleri ve Bozulma Durumları

Camın hammadde bileşimi ve geçirdiği üretim süreçleri, onun yapısal özelliklerini, performansını ve bozulma davranışını belirlemektedir. Bunlar arasında, işlem sıcaklığı da camın yapısını etkilemektedir. Cam yapısındaki ana hammaddelerin belirlediği element oksitleri, genel olarak ağ yapıcılar ($SiO_2$, $Al_2O_3$, $P_2O_5$) ve ağ yapıyı değiştirenler olarak gruplandırılabilir. Ağ yapıyı değiştirenler de, ayrıca, sağlamlaştırıcılar (CaO, MgO, MnO, CuO, PbO, vb.), ergiticiler ($Na_2O$, $K_2O$, vb.) ve ara işlev görenler ($Al_2O_3$, $P_2O_5$, FeO, vb.) (Newton ve Davison, 1989) olarak üç başlık altında toplanabilir. Ara işler görenler, üretim sürecine göre ağ yapıcılar veya ağ yapıyı değiştirenler olarak işlev görebilir. Bu farklılıklar aynı zamanda camın bozulma davranışını belirlediğinden aynı arkeolojik katmandan çıkan cam buluntularda farklı bozulma türlerinin görülmesi, cam buluntuların bileşim farklılıklarından kaynaklanabileceğini düşündürmektedir (Tournié, ve diğ., 2008).

Görsel olarak tanımlanabilen özelliklere dayanarak yapılan çalışmaların yanısıra, cam boncukların teknolojik özelliklerinin ve bozulma durumlarının belirlenmesine yönelik laboratuvar analizlerinin de yapılması önem taşımaktadır. Laboratuar çalışmaları, cam boncukların teknolojik özelliklerindeki farklılıklara dayanarak üretim merkezi ve ticaret ilişkileri açısından daha somut değerlendirilmelerin yapılmasına katkı sağlamaktadır. Bu çalışmada, görsel olarak farklılıklar gösteren ve farklı bozulma durumlarında olan bazı cam boncuk örnekleri laboratuvar analizleri ile de incelenmiştir (Tablo 1).

## Komana Boncukları

Komana kazısında HTP01 ve HTP02 alanlarında bulunan ve belgelenen 12 boncuğun özellikleri aşağıdaki katalog tanımlarında verilmiştir. Ayrıca, aralarından seçilip analizleri yapılan 6 adet boncuk Tablo 1'de gösterilmiştir.

# Katalog

**Kat.No.1** (Şekil 3)
Env.No: KARP18-HTP01-203
Sektör-Tabaka: HTP01287/618T04
Ölçüler: Çap: 2,5 cm., Yükseklik: 2,01cm., delik çapı:0,5cm
Tanım: Biçim yuvarlak, kırıksız, çubuk sarma yöntemi ile yapılmış. Zemin rengi siyah, bezeme için beyaz ve kırmızı renkte cam iplikler yatay yönde sarıldıktan sonra, iç kalıp tekniğinde olduğu gibi sivri uçlu bir aletle aşağı-yukarı çekilerek "V" kıvrımlar, zigzag hatlar yaratılmış. Aynı işlem sırasında, aletin yüzeye bastırılması ile düşey yönde derin çizgiler ve aralarında dilimler şekillendirilmiş. Bu bezeme, çubuk sarma yöntemi ile yapılan kap ve şişelerin yüzeyindeki zigzag bezeme ile benzerlik gösterir.

Araştırmamız, başta ABD de Corning Cam müzesi olmak üzere çeşitli koleksiyonlarda bunlara çok benzer cam boncukların bulunduğunu ortaya koymuştur (Corning Museum of Glass, 2019).

Corning Müzesi'ndeki iki örnek:
- accession no. 95.1.35, Suriye, MÖ 399- MS 399.
- accession no. 95.1.35, Suriye, tarih 600-799 AD (yük: 2.1 cm, Çap: 2.6 cm.)

Bu iki örnek için farklı tarihler verilmesi bu boncuk tipinin çok uzun yıllar kullanıldıklarının göstergesidir. "Morfia Cam Boncukları" olarak tanınan bu boncuk tipinin üretim yeri veya yerleri için yorum yapılmamış olmasına karşın Mısır'da Kahire ve Furtat yanısıra bütün Kuzey Afrika'da "Morfia Cam Boncukları" olarak tanınmalarına neden olmuştur.

Renk ve zigzag bezemeleri ile benzerlik gösteren bu boncuklarda tek fark, Komana örneğindeki derin düşey hatların şekillendirdiği dilimlerin olmamasıdır. Muhtemelen, bunların üretiminde, çubuk sarma sırasında bezeme için aplike edilen cam ipliklerle zigzag kıvrımlar şekillendirildikten sonra, işlem masası üzerinde çevrilerek sonradan eklenen cam iplikler yüzeyle hemyüz yapılmıştır. İslam dönemine ait olduğu belirtilen ancak buluntu yeri ve tarihi belirsiz olan bir diğer örnekte ise yüzey Komana boncuğu gibi dilimlidir (boyutları 17mmx21mm olarak verilmiştir).

**Kat.Ko.2**
Env.No. KARP10-HTP02-92 (Fiş No: 246)
Sektör-Tabaka: 222/608 – T02
Ölçüler: Çap:1.4 cm, Yükseklik:1.2 cm, Delik çapı: 0.6 cm
Tanım: Yuvarlak boncuk, çubuk sarma, siyah, üzerinde sarı iplik ile bezeme, yüzeyden kabarık. Boncuk üretimi tamamlandıktan sonra bezeme için eklenen iplikler, biraz erimiş, birinci boncuğa oranla soyut bir görünüm veriyor. Sonradan marver / metal işlem masası üzerinde düzleştirilmemiş. Yüzey parlak, bozulma, aşınma, matlaşma yok.

**Kat.No.3**
Env.No.: KARP14-HTP01-346 (Fiş No: 496)
Sektör-Tabaka: 287/608 - T07
Ölçüler: çap: 0.8cm, yük:0.6 cm, delik çapı: 0.3 cm
Tanım: İki küçük yuvarlak boncuk yapışık, yapım sırasında bilinçli veya yanlışlıkla yapışmış. Çubuk sarma, siyah, üzerinde bej iplik ile bezeme. Bej cam ipliği serbest bir şekilde akıtılmış, işlem masası üzerinde çevrilerek yüzey ile hemyüz yapılmamış.

Kat No. 2 ve 3 e yakın oldukları söylenebilecek örnekler:
Konya-Beyşehir, Kubadabad Sarayı buluntusu, (Uysal, 2013, s.144, Res. 152c, 144, Res. 152d)
Manisa-Sardis,buluntusu (Von Saldern,1980)
Benzer örnekler Suriye Hama kazılarında da bulunmuştur (Rijs ve diğ.,1957).

**Kat.No.4**
Env.No.: KARP16 -HTP02-018 (Fiş No: 068)
Sektör-Tabaka: 277/633 – T01
Ölçüler: Çap: 1.1 cm, Yükseklik: 0.99 cm.

Tanım: Yuvarlak boncuk, yarısı kırık, çubuk sarma. Lacivert, üzerinde, yatay yönde, asimetrik, mavi iplik sarma. Marver (işlem masası) üzerinde az çevrilmiş, iplikler fazla ezilip yüzeyle hemyüz olmamış. İnce irizasyon tabakası, matlaşma.

Kubadabad Sarayı cam boncuk buluntularında benzer örnekler vardır (Uysal,2013, s.144, Res.152 a, b).

**Kat.No.5**

Env.No.: KARP15-HTP01-474 (Fiş No: 874)

Sektör-Tabaka: 297/608 – T05

Ölçüler: çap: 0.9 cm, yükseklik: 0.9 cm, delik çapı: 0.3 cm.

Tanım: Yuvarlak boncuk, siyah, üzerine sulandırılmış bir boya ile küçük toplar boyanmış. Yaldız boya kullanılmış olabilir. Gövde sağlam, bir noktada kırık var.

**Kat.No.6**

Env.No.: KARP14 –HTP02-107

Sektör-Tabaka: 257/633 – T07

Ölçüler: çap: 1.0 cm, yükseklik: 1.1 cm, Delik çapı: 0,4 cm

Tanım: Tek parça üretilmiş yuvarlak boncuk, beş dilimli / lobed. Aletle düşey yönde bastırılarak derin yivler yapılırken, aralarında da dilimler oluşturulmuş. Yüzey parlak ve kalın grimsi bir irizasyon tabakası ile kaplı, özgün renk ve üzerinde farklı renkte cam ipliği ile bezeme olup olmadığı anlaşılamıyor. Eğer böyle bir bezeme var ise Kat.no.1 ve çeşitli İslam merkezlerinde bulunan boncuklar ile ilişkilendirilebilir.

**Kat.No.7**

Env.No.: KARP12-HTP02-059

Sektör-Tabaka: 252/613 – T 04

Ölçüler: çap: 0.7 cm. yükseklik: 1.2 cm, Delik çapı: 0,5 cm

Tanım: Yuvarlak boncuk, dilimli/lobed. Kat.no.6 da olduğu gibi belirli aralıklarda, düşey yönde. Alet bastırılarak ince, derin yivler ve aralarında geniş, yüzeysel dilimler oluşturulmuş. Yüzey kalın irizasyon tabakası ile kaplı, renk ve Kat.no.6 için belirtildiği gibi farklı renkte cam ipliği ile bezeme olup olmadığı anlaşılamıyor.

**Kat.No.8**

Env.No.: KARP10 -HTP01-238 (Fiş No: 738)

Sektör-Tabaka: 282/588 – T03

Ölçüler: Her kenar: 1.3 cm, yükseklik: 1.0 cm, Delik çapı: 0,6 cm

Tanım: Kare boncuk, köşeleri yuvarlatılmış. Bir köşe daha belirgin yuvarlatılmış. Bu özellikleri taşıyan tek buluntu. Çubuk sarma yöntemi ile üretilmiş olabilir. Orta mavi, ince parçalar halinde yer yer irizasyon.

**Kat.No.9**

Env.No.: KARP14-HTP01- 216

Sektör-Tabaka: 262/598 – T 01

Ölçüler: çap: 0.5 cm, uzunluk: 3.5 cm, Delik çapı: 0.3 cm

Tanım: Uzun boncuk, iki ucu da biraz kırık. Yapım yöntemi farklı olabilir. İplik çekme-birleştirme ile yapılmış görünüyor. Veya irizasyondan bozulmuş. Oyulmuş hatlar görünüyor. Orta mavi, mat.

Yukarıdaki uzun boncuk için çok benzer örnekler Selanik, Doğu Kabristan'ında (Evangelistria cemetery.) mezar buluntusu olarak bulunan bir kolye üzerinde görülebilmektedir. (Boncuk kolye, BYM 10/5, Antonaras, 2019, s. 192, no.257).

Dokuz boncuklu kolyede, hepsi çubuk sarma yöntemi ile üretilmiş boncuklar için aşağıdaki tanımlar verilmiştir:

a) İki silindirik boncuk, yeşil, Uzunluk :,0.5 cm, enine kesit: 0.4 cm.

b) Dört altıgen boncuk, yeşil, Uzunluk: 1 cm, enine kesit: 0.4 cm.

c) Üç silindirik boncuk, mavi ve uzun, Uzunluk: 0.7-1.1 cm, enine kesit: 0.3 cm. Bu mavi boncuk yeşillere oranla iki misli uzun ve daha ince. Komana, Kat.no.9a çok benzer.

Bu boncukların buluntu yerlerine dayanarak Bizans dönemine ait oldukları saptanmış ancak tarih verilmemiştir.

**Kat.No. 10**
Env.No.: KARP14-HTP01- 008 (Fiş No: 008)
Sektör-Tabaka: 267/608 – T 01
Ölçüler: çap: 0,7cm., Uzunluk: 2,4cm, Delik çapı: 0,3 cm
Tanım: Bir önceki gibi uzun boncuk. İplik sarma yöntemi ile yapılmış, düzenli aralarla eklenen farklı renkte cam ipliği sivri aletle çekilerek zigzag çizgiler oluşturulmuş, iç kalıp yöntemi ile yapılan küçük vazolar gibi. Siyah üzerinde bej, kirli beyaz zigzag çizgiler. Yüzey kalın irizasyon tabakası ile kaplı.

**Kat.No.11**
Env.No.: KARP14-HTP01- 513.
Sektör-Tabaka: 287/608- T 17
Ölçüler: çap: en geniş orta kısımda: 0.6 cm, yükseklik: 1.4 cm, Delik çapı: 0,3 cm
Tanım: Asimetrik, çift yönlü konik, 6 köşeli, bir ucu daha ince, koyu bordo, parlak yüzey, irizasyon ince parçalar. Tek Boncuk, Kat.no.11 e az benzer simetrik, iki yönde konik mavi. BYM 10/4 Selanik, Doğu Kabristanı'nda (Evangelistria Cemetery) mezar buluntusu boncuklarına benzer (Antonaras, 2019, s.192, no.258).

**Kat.No.12**
Env.No.: KARP10-HTP02- 116.
Sektör-Tabaka: 222/623- T 06
Ölçüler: çap: en geniş orta kısımda: 0.6cm, yük:1.6cm, Delik çapı:0,3 cm
Tanım: Bir öncekine benzer ancak yassı, simetrik, çift yönde konik, iki uç yuvarlatılmış. Renk, turuncu, akik olabilir, parlak, irizasyon yok.

### Yöntem ve Örnekler

Komana, Hamamtepe kazısında HTP01 ve HTP02 alanlarında bulunan 12 adet cam boncukların arasından, analizleri yapılmak üzere farklı dayanıklılık, bozulma durumlarına göre 6 adet boncuk seçilmiştir (Tablo 1). Numunelerin renk ve bozulmuşluk durumlarını daha iyi değerlendirmek için stereo mikroskop (Marka: Leica, Model: DFC 425) ile görüntüleri alınmıştır. Cam boncukların boyutları Mitutoyo marka dijital kumpas ile 0.01 mm hassasiyetle ölçülmüştür. Farklı dayanıklılık durumlarına göre seçilen cam boncukların (Tablo 1), element bileşimleri Olympus Marka, VMR model (Tube Rating: 50 kV, 0.2 mA) XRF spektroskopisi ile tayin edilmiştir (Tablo 2). Referans cam standardı olarak, sertifikalı BAM-S005 "Multielement Glass Standard for XRF" kullanılmıştır.

## Sonuçlar ve Tartışma

Bu çalışmada, görsel analizlerin sonuçları ve laboratuvar analizlerinin sonuçları ayrı ayrı değerlendirilip, karşılaştırılmıştır. Bu farklılıklara dayanarak cam boncukların üretim merkezleri ve ticaret ilişkileri açısından değerlendirmeler yapılmıştır.

Komana kazısında HTP01 VE HTP02 alanlarında, farklı tabakalarda, cam bileziklerle birlikte bulunan 12 boncuğun yapım teknikleri aynı olmakla birlikte, görsel özellikleri yani biçim ve bezeme özellikleri biribirinden farklıdır. Kat.no.1, Mısır ve Suriye'de yapılan bir grup Ortaçağ boncuğuna çok uyan özellikler taşımakta ve ticaret ilişkilerini düşündürmektedir. Diğerleri için de "yerellik" veya "ticaret ilişkileri" düşünülebilir.

Boncukların bazıları karşılaştırma örneklerine dayanarak 11-13. yüzyıllar arasına tarihlenebilir. Diğer bazıları, buluntu tabakalarına bakarak, Erciyas'ın görüşüne göre daha geç dönemlere tarihlenebilir veya kaçak kazılar nedeniyle tabakaların karıştığı düşünülebilir.

Komana cam boncuklarının görsel incelenmelerinin ışığında, bu boncukların bileşim özelliklerini ve farklı bozulma durumlarını temsil eden altı örnek seçilerek laboratuvar analizleri ile incelenmiştir (Tablo 1).

O.D.T.Ü. Malzeme Koruma Laboratuarı'nda, seçilen cam boncukların bozulma durumunu gözlemlemek için stereo mikroskop görüntüleri alınmış ve XRF spektroskopisi ile element bileşimleri tayin edilmiştir (Tablo 1, 2).

Cam boncukların bir kısmının bozulma olmaksızın, sağlam, iyi korunmuş durumda olduğu, bazılarında yer yer aşınma, bazılarında ise sağlam gövde ama süsleme kısmında aşınma, bir kısmında da az sedeflenme ve matlaşma, veya çok sedeflenme izlenmiştir (Tablo 1).

Cam boncukların tespit edilen bozulma durumları ve element bileşimleri dikkate alınarak, teknolojik özellikleri açısından bazı yorumlar yapılmıştır. Bu yorumlar her cam boncuk için sırayla aşağıda verilmiştir. Ayrıca, cam boncuklar element bileşimlerine göre karşılaştırılarak, gruplandırılmalarının mümkün olup olmadığına bakılmıştır. Element bileşiminin karşılaştırmaları ikili element miktarları kullanılarak yapılmıştır. Ana hammade kaynağı olarak kullanılan kumun benzerliğini saptamak için cam boncukların "CaO - $Al_2O_3$" oranları ve kullanılmış olan ergiticinin bitkisel kül olma olasılığı da "$K_2O$ – MgO" yüzdeleri karşılaştırılarak irdelenmiştir (Vandini, ve diğ., 2006).

Siyah renkli, sağlam, parlak gövdeye sahip **"496 kodlu"** cam boncuk örneğinde, ağ yapıcılar $SiO_2$ (%68) ve $Al_2O_3$ (%9,67), dengeleyici ve ergiticiler olarak CaO (%5,09), MgO (%2.45) ve $K_2O$ (%2.89) belirlenmiştir. Bu örnek, tüm cam boncuklar içerisinde en yüksek oranda ağ yapıcılar bileşimine sahiptir (Şekil 4). Camın yapısında yeterli miktarda dengeleyici ve ergitici olduğu, ergitici olarak bitkisel kül kullanılmış olabileceği yüksek $K_2O$ ve MgO yüzdeleri ile ortaya çıkmaktadır (Şekil 5).

**"874 kodlu"** siyah renkli, gövdesi sağlam, süslemelerinde az sedeflenme ve aşınma görülen örnekte, ana gövdede XRF analizi sonuçlarına göre, yeterli miktarda ağ yapıcıları olduğu (%64 $SiO_2$ ve %5.9 $Al_2O_3$), dengeleyiciler ve ergiticiler olarak CaO (%5.27), MgO (%4.1) ve $K_2O$ (%3.0) bulunduğu görülmüştür. Yüksek MgO ve K2O oranları ergitici olarak bitkisel kül kullanılmış olabileceğini düşündürmektedir (Şekil 5). Bu örnek tüm örnekler içinde en yüksek FeO / $Fe_2O_3$ (%6.46) oranına sahiptir ve gövdenin siyah rengi yüksek demiroksit yüzdesinden kaynaklanabilir. Gövde sağlam olmasına rağmen, bozulma görülen süsleme bölgesinde yapılan analizlerde, en yüksek $PO_3$ yüzdesinin (%0.69) yanı sıra, $SO_3$ (%2.07), renk giderici olarak MnO (%4.42), matlaştırıcı olarak $SnO_2$ (%3.57) ve PbO (%1.51) de tespit edilmiştir.

Parlak, sağlam, siyah renkli gövdeli **"246 kodlu"** örnekte XRF analizi sonucuna göre, ağ yapıcıları $SiO_2$ (%55) ve $Al_2O_3$ (%8.9) bulunmaktadır. $SiO_2$ oranı düşük olmasına rağmen, ağ yapıdaki $Al_2O_3$ oranının yüksek olması sebebi ile sağlam bir ağ yapısı oluştuğu düşünülmektedir. Camın yapısındaki dengeleyiciler ve ergiticiler olarak sırasıyla CaO (%2.48), MgO (%1.93), $K_2O$ (%2.12) ve PbO (%3.16) vardır. CaO oranı düşük olmasına rağmen, tüm örnekler içinde en yüksek PbO yüzdesine sahiptir. Örneğin dengeleyici oranları da yeterlidir. Siyah gövde rengi demir oksit (%2.77) ve en yüksek orandaki $SO_3$ (%2.44)'ten kaynaklanmış olabilir. Sarı renkli süsleme bölgesi analiz edildiğinde, matlaştırıcı olarak $SnO_2$ (%3.07) ve PbO (%7.15) kullanıldığı görülmüştür. 300°C üzerinde kurşun beyazı sarı renkli kurşun okside dönüştüğünden sarı renk kurşundan gelmiş olabilir.

**"738 kodlu"** örnek olan, ince parçalar halinde yer yer aşınma görülen mavi renkli cam boncukta, ağ yapıcıları olarak %72 oranında $SiO_2$ ve tüm örneklerdeki en düşük miktar olan %1,7 oranında $Al_2O_3$ tespit edilmiştir. Göreceli olarak zayıf ağ yapısında olan bu örnekte az miktarda bozulma görülmüştür. Örnekte $SiO_2$ oranı yüksek olmasına rağmen bozulma vardır, bu sebeple, ağ yapıcıların bileşiminde $Al_2O_3$ varlığının önemli olduğu ve sağlamlığa katkıda bulunduğu söylenebilir. 738 kodlu örnekte, dengeleyiciler ve ergiticiler olarak CaO (%6.02), MgO (%2.14) ve $K_2O$ (% 2.3) görülmüştür. Ergitici türü bitkisel kül olabilir (Şekil 5). Mavi rengin boncuk gövdesinin bileşimindeki yüksek oranda CuO (%1.15)'den gelmiş olabileceği düşünülmektedir.

Az sedeflenme ve matlaşma görülen **"068 kodlu"** örneğin lacivert renkli gövdesinde yapılan XRF analizi sonuçlarına göre, camın ağ yapısını $SiO_2$ (%47) ve $Al_2O_3$ (%5.07) oluşturmaktadır. Bu oranlara dayanarak az bozulma görülen örneğin ağ yapısının da göreceli olarak zayıf olduğu söylenebilir. Cam boncuk bilişimindeki dengeleyiciler ve ergiticiler CaO (%2.77), MgO (%1.77) ve $K_2O$ (%0.86) olarak tespit edilmiştir ve bu oranlar göreceli olarak azdır. Ergitici olarak natron ($Na_2CO_3$) kullanılmış olabilir.

Tüm analiz edilen örneklerde en çok sedeflenme görülen siyah renk gövdeli **"008 kodlu"** örneğe ait XRF analizi sonuçlarına göre, ağ yapıcılar %44 oranında $SiO_2$ ve %4.81 oranındaki $Al_2O_3$'ten oluşmaktadır. Göreceli olarak en zayıf ağ yapısına sahip cam boncukta, en çok bozulma görülmektedir. Dengeleyiciler ve ergiticiler olarak CaO (%3,22) ve $K_2O$ (%1.85) bulunmuş ancak MgO (%0.00) tespit edilememiştir. Cam boncuğun bileşiminde dengeleyici miktarının da az olduğu değerlendirilmesi yapılabilir. Ergitici olarak bitki külü değil, natron ($Na_2CO_3$) kullanılmış olabilir (Şekil 5).

Özet olarak, analiz edilen cam boncuklar farklı bozulma derecelerine sahiptir. XRF analizleri ana hammaddelerin oranlarını ve örnekler arasındaki farklılıkları ortaya çıkarmaktadır. Tablo 2 de görülen cam boncukların bileşim özellikleri camın bozulmaya olan etkilerini de yansıtmaktadır. Bozulmanın görülmediği cam boncuklarda, ağ yapıcılar olarak $SiO_2$ ve $Al_2O_3$ oranları toplamı yüksektir. $SiO_2$ oranının göreceli olarak düşük olduğu örnekte $Al_2O_3$ oranının yüksekliği ağ yapıyı takviye etmekte ve sağlam bir ağ oluşturmaktadır (Tablo 2). Bu durumda, kumdaki $Al_2O_3$ miktarı ağ yapıcı olarak ve dengeleyici (sağlamlaştırıcı) olarak önem taşımaktadır. Stereo mikroskop görüntülerinden izlenen bozulma durumlarına göre gruplama bu örneklerin XRF sonuçları ile çelişmemişlerdir. Sonuç olarak, hammadde kaynakları açısından incelenen boncuklar farklılık göstermektedir. Farklı boncuklar Komana'da biraraya gelmiş olabilir.

## Teşekkür

Olympus Marka, portatif XRF spektroskopisi ile Malzeme Koruma Laboratuvarında ölçümleri yapan Sayın Anıl Çetinkaya'ya teşekkürlerimizi sunarız.

## Kaynaklar

**Antonoras, A. (2019).** The Art of Glass, works from the collection of the Museum of Byzantine Culture s.192. no.257, ISBN 978-618-5251-05-5.

**Corning Museum of Glass (2019).** Life on a String: 35 Centuries of the Glass Bead. (https://tr.pinterest.com/pin/414331234438699438/erişim:25.08.2019).

**Erciyas, D. B., Acara Eser, M. (der.) (2019).** *Komana Small Finds, Settlement Archaeology Series 7.* İstanbul: Ege Yayınları.

**Erciyas, D. B., Tatbul M. N. (der.) (2015).** *Komana'da Ortaçağ Yerleşimi/ The Medieval Settlement at Komana.* İstanbul: Ege Yayınları.

**Gürler, B. (2000).** Tire Müzesi Cam Eserleri, Ankara

**Helvacı, C. (2001).** Doğal Soda Yatakları ve Ekonomik Önemleri", *Türkiye Jeoloji Bülteni*, Cilt 44, Sayı 3, Ayhan Erler Özel Sayısı, 49-58.

**Koleini, F., Colomban, P., Pikirayi, I., Prinsloo, L. C. (2019).** Glass Beads, Markers of Ancient Trade in Sub-Saharan Africa: Methodology, State of Art and Perdspectives, *Heritage,* 1(3), 2543-2569.

**Küçükerman, Ö. (1988).** *Glass beads: Anatolian glass bead making: the final traces of three milenia of glass making in the Mediterranean region*, İstanbul: Turkish Touring and Automobile Association.

**Neri, E., Gratuze, B., Nadine, S. (2019).** The trade of Glass beads in Early Medieval Illyricum: towards an Islamic monopoly, *Archaeological and Antropological Sciences,* n11, 1107-1122.

**Newton R., Davison, S. (1989).** *Conservation of Glass.* Oxford: Butterworths.

**Riis, P. J., Poulsen, V.H., Hammershaimb, E. (1957).** *Hama: Fouilles et recherches,* 1931-1938 / IV, 2, *Les verreries et poteries médiévales* / par P.J. Riis et Vagn Poulsen; avec le concours de E. Hammershaimb, Copenhague: Nationalmuseet, Fondation Carlsberg (Copenhague).

**Tournié A., Ricciardi P., Colomban P. (2008).** Glass corrosion mechanisms: a multiscale analysis, *Solid State Ionics,* 179 (38), 2142-2154.

**Uysal, Z. (2009) Kubad Abad Kazılarında (1981-2004).** Cam Boncuklar, *Sanat Tarihi Dergisi*, Ege Ünniversitesi, Edebiyat Fakültesi Yayınları, XVI/2, Ekim,67-75.

**Uysal, Z. (2013).** *Kubad-Abad Sarayında Selçuklu Cam Sanatı.* Ankara: Türk Tarih Kurumu

**Vandini M., Fiori C., Cametti R. (2006).** Classification and Technology of Byzantine Mosaic Glass, *Annali di Chimica,* 96, (9-10), 587-599.

**Von Saldern, A. (1980).** Ancient and Byzantine Glass from Sardis, *Sardis Monographs,* 98,Cambridge, Massachusetts: Harvard University Press.

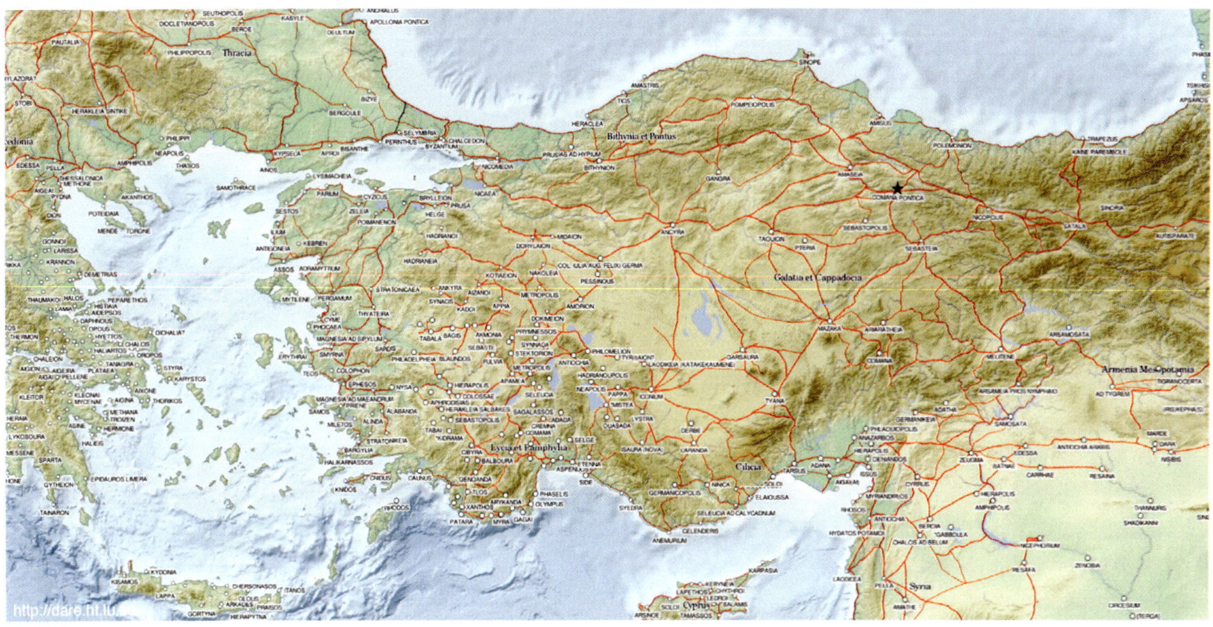


**Şekil 1a.** Komana.

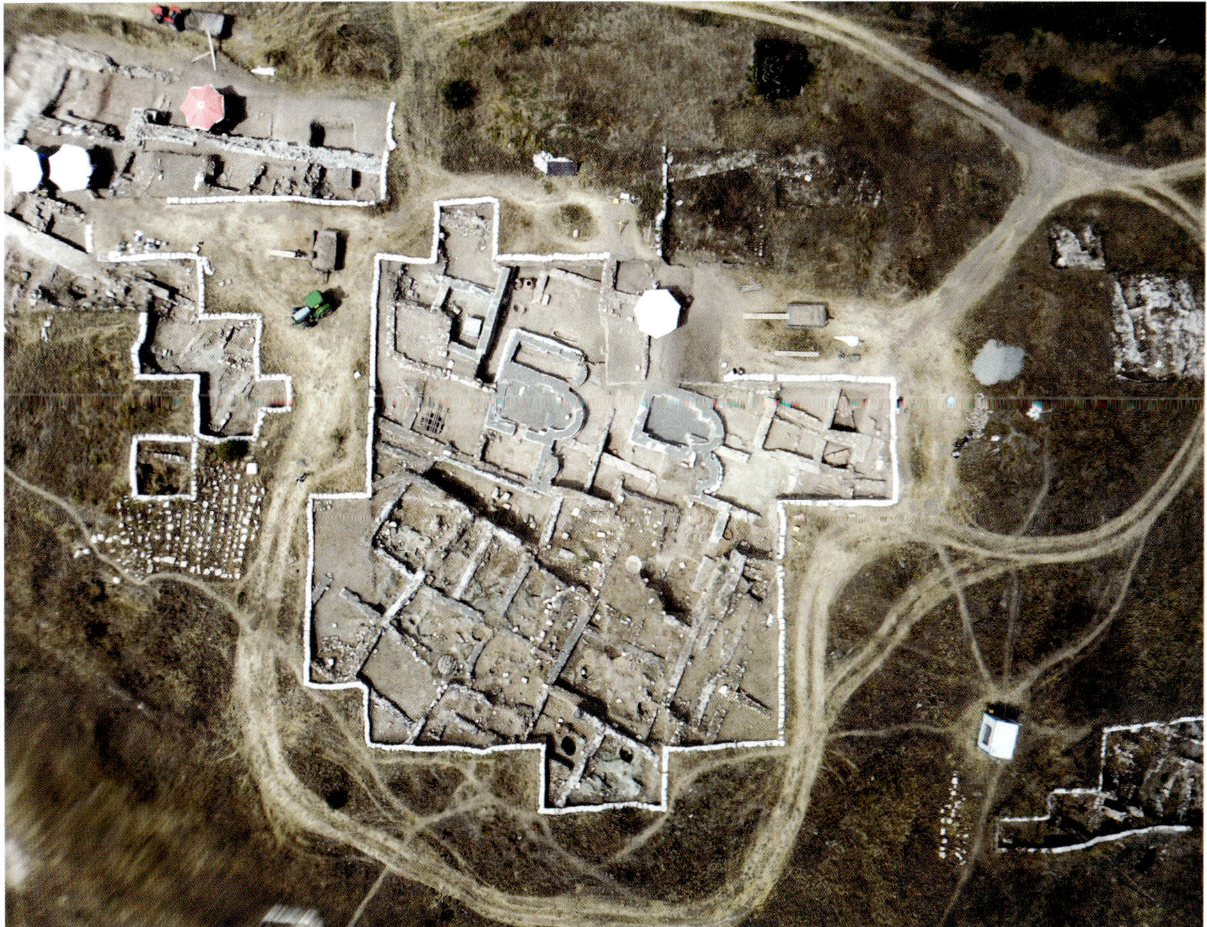

**Şekil 1b.** Komana, Hamamtepe.

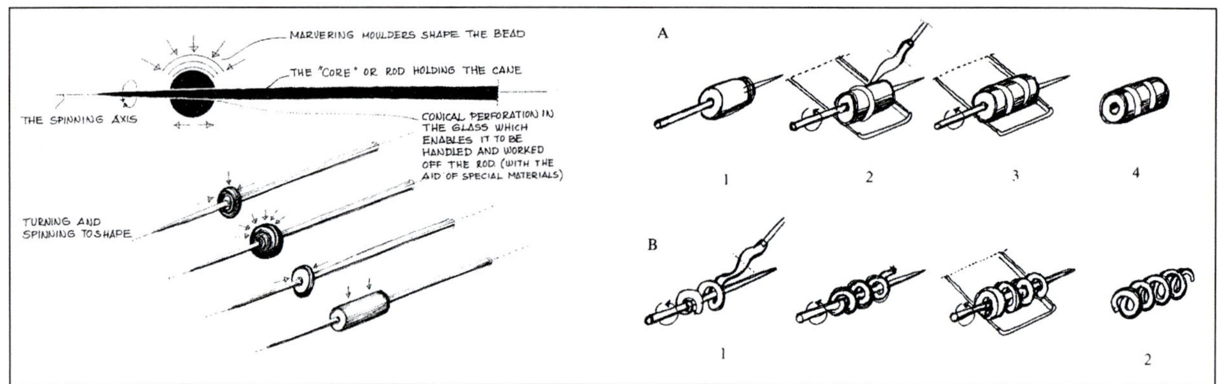


**Şekil 2.** Küçükerman (1988) Glass Beads, p.64, Fig.38; p.35, Fig.19

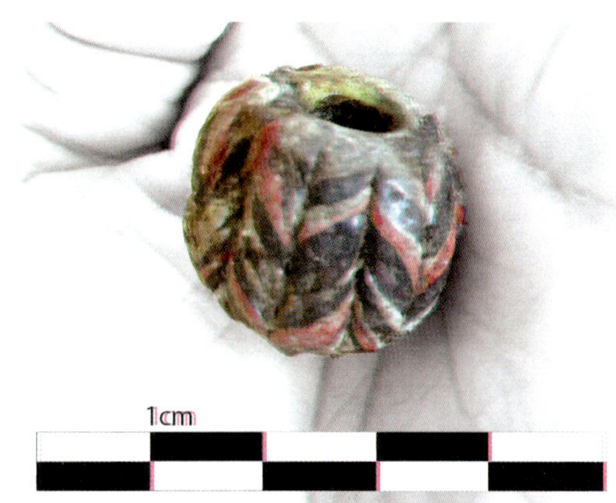


**Şekil 3.** Komana Kat.No. 1 boncuk.

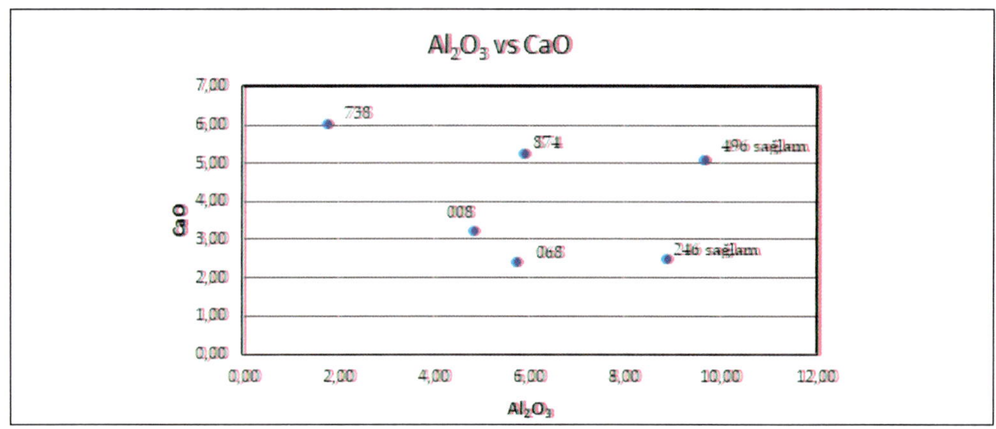


**Şekil 4.** Kullanılan silis kumunun hammadde olarak benzerliğinin CaO ve $Al_2O_3$ oranlarına göre karşılaştırılması.

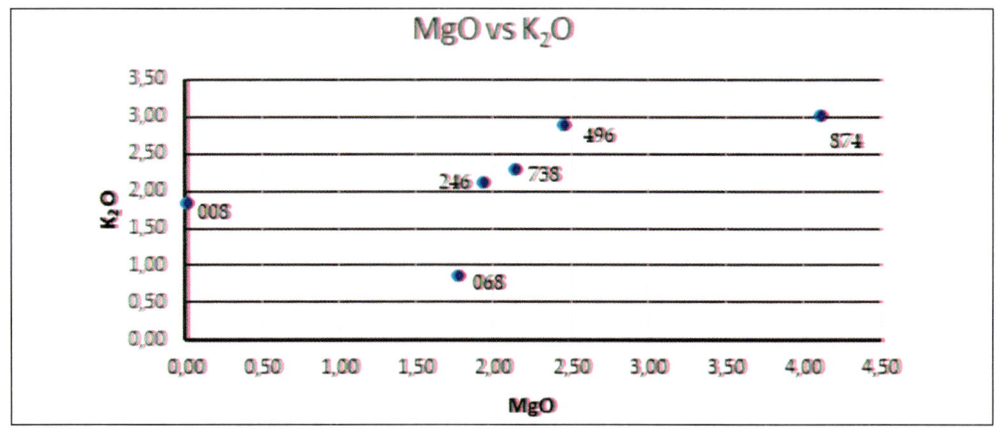


**Şekil 5.** Kullanılan ergiticinin bitkisel kül olma olasılığının $K_2O$ ve MgO oranlarına göre karşılaştırılması.

**Tablo 1. Komana kazısında HTP01 ve HTP02 alanlarında bulunan ve bu çalışmada incelenen cam örneklerin boyut, renk ve dayanıklılık durumları.**

| Buluntu / Fiş No | Sektör/ Tabaka No | Boyut | Örnek Görseli ve Renk | Dayanıklılık Durumu |
|---|---|---|---|---|
| KARP14-HTPO1-008 / **No.008** | 267/608 – T01 | Çap: 0.7 cm, Uzunluk: 2.4 cm, Delik çapı: 0.3 cm 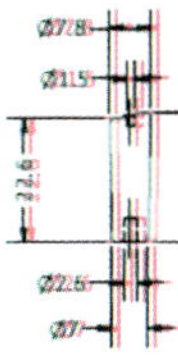 | 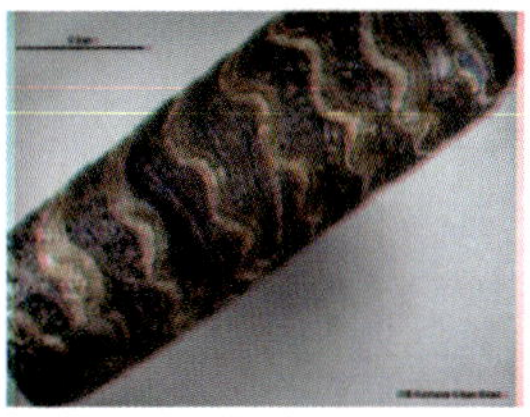 Siyah üzerinde bej beyaz zig zag çizgiler | en çok sedeflenme görülen örnek |
| KARP16 - HTPO2-018 / **No. 068** | 277/633 – T01 | Çap: 1.18 cm, Yükseklik:0.99 cm Delik çapı: 0.6 cm 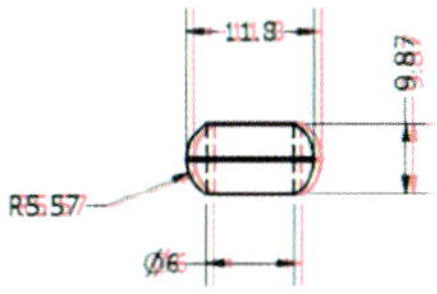 | 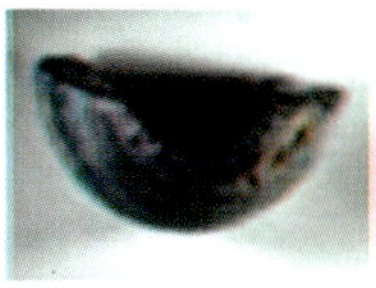 Lacivert, üzerinde, yatay yönde, asimetrik, mavi iplik sarma | az sedeflenme, matlaşma |
| KARP10 - HTPO1-238 / **No. 738** | 282/588 – T03 | Her kenar: 1.3cm, Yükseklik: 1.0cm, Delik çapı: 0.6 cm 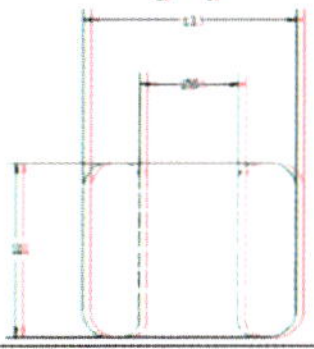 | 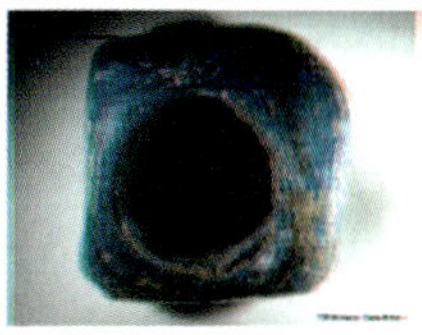 Orta mavi, köşeleri yuvarlatılmış. Bir köşe daha belirgin yuvarlatılmış | ince parçalar halinde, yer yer aşınma |
| KARP15-HTPO1-474 / **No. 874** | 297/608 – T05 | çap: 0.95cm, yükseklik: 0.9cm, delik: 0.3cm. 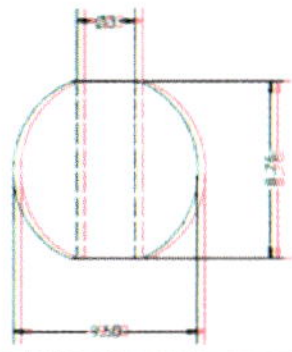 | 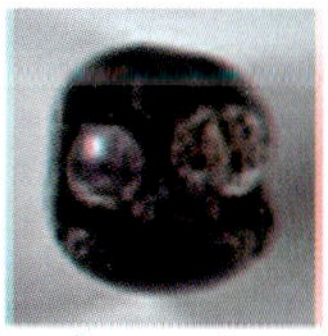 siyah, üzerine sulandırılmış bir boya ile küçük toplar boyanmış | gövde sağlam, süsleme kısımında sedeflenme, aşınma |
| KARP10-HTPO2-92 / **No. 246** | 222/608 – T02 | Çap: 1.4 cm, Yükseklik: 1.2cm, Delik çapı: 0.6 cm 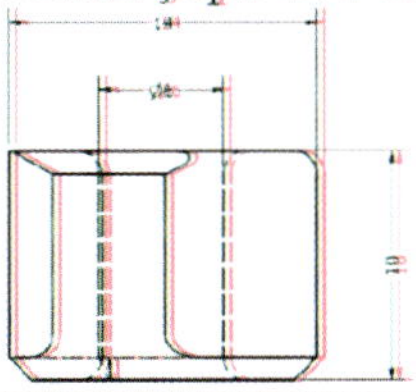 | 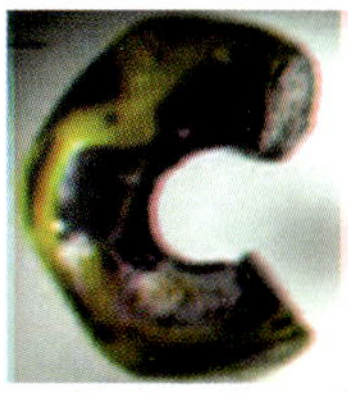 Siyah üzerinde yüzeyden kabarık sarı iplik ile bezeme | sağlam ve parlak |
| KARP14-HTP1-346 / **No. 496** | 287/608 - T07 | Çap: 0.8cm, Yükseklik: 0.6 cm, Delik çapı: 0.3 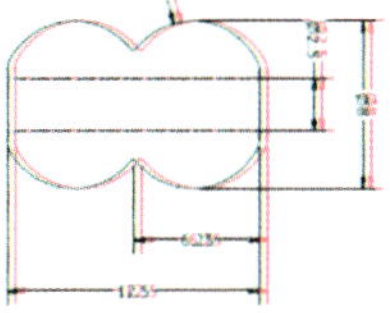 | 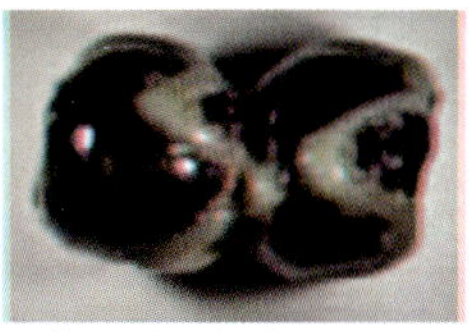 Siyah, üzerinde ince bej-beyaz iplik ile bezeme | sağlam ve parlak |

**Tablo 2. Komana kazısında HTP01 ve HTPO2 alanlarında bulunan ve bu çalışmada incelenen farklı bozulma durumlarını temsil eden cam boncuk örneklerinin XRF analizi ile kimyasal bileşimi sonuçları (Ağırlıkça % olarak verilmiştir). (Sodyum (Na) XRF kullanılan cihaz ile saptanamamaktadır).**

| Örnek Tanımı | MgO | $Al_2O_3$ | $SiO_2$ | $PO_3$ | $SO_3$ | $K_2O$ | CaO | MnO | $FeO/Fe_2O_3$ | $Cu_2O$ | $PbO_2$ | $SnO_2$ | Yüzey Durumu |
|---|---|---|---|---|---|---|---|---|---|---|---|---|---|
| 738-mavi | 71,65 | 1,7 | 6,02 | 2,14 | 2,30 | 0,36 | 0,04 | 0,98 | 1,15 | 0,54 | 0,10 | 0,87 | ince parçalar halinde, yer yer aşınma |
| 496-Siyah | 67,82 | 9,7 | 5,09 | 2,45 | 2,89 | 0,27 | 0,16 | 0,79 | 0,02 | 0,36 | 0,25 | 2,71 | sağlam ve parlak |
| 496-Beyaz süsleme | 51,10 | 5,9 | 3,12 | 2,81 | 1,71 | 0,10 | 0,35 | 0,76 | 0,03 | 0,93 | 0,61 | 2,20 | |
| 008-Siyah | 43,83 | 4,8 | 3,22 | 0,00 | 1,85 | 0,69 | 1,96 | 1,42 | 0,09 | 1,28 | 0,76 | 2,08 | en çok sedeflenme görülen örnek |
| 008-Beyaz süsleme | 39,84 | 4,6 | 2,83 | 0,00 | 1,54 | 0,61 | 1,36 | 1,00 | 0,07 | 1,04 | 0,88 | 1,40 | |
| 874-Siyah | 64,34 | 5,9 | 5,27 | 4,10 | 3,03 | 0,66 | 0,55 | 0,41 | 0,02 | 0,10 | 0,55 | 6,46 | gövde sağlam, süsleme kısımında aşınma |
| 874-Gri | 63,91 | 5,2 | 2,77 | 0,00 | 3,68 | 0,69 | 4,42 | 2,07 | 0,13 | 1,56 | 3,52 | 3,50 | |
| 068-lacivert | 46,77 | 5,7 | 2,41 | 1,77 | 0,86 | 0,38 | 0,05 | 0,14 | 0,02 | 0,05 | 0,04 | 3,05 | az sedeflenme, matlaşma |
| 068-Mavi süsleme | 25,63 | 4,4 | 2,12 | 0,00 | 1,29 | 0,26 | 0,05 | 0,32 | 2,15 | 3,40 | 3,37 | 1,31 | |
| 246-siyah | 54,98 | 8,9 | 2,48 | 1,93 | 2,12 | 0,25 | 0,23 | 2,44 | 0,10 | 3,16 | 0,74 | 2,77 | Sağlam |
| 246-Sarı süsleme | 30,22 | 3,2 | 3,07 | 0,00 | 1,20 | 0,04 | 0,25 | 7,45 | 0,05 | 15,04 | 3,07 | 1,33 | |
| Referans Numune | 1,37 | 0,5 | 73,19 | 0,00 | 0,29 | 0,39 | 10,64 | 0,01 | 0,04 | 0,01 | 0,03 | 0,01 | |

# Gordion Helenistik ve Roma Dönemi Boncuk Örnekleri

## *Gordion Hellenistic and Roman Period Glass Bead Examples*

Billur TEKKÖK KARAÖZ
Başkent Üniversitesi, Güzel Sanatlar,Tasarım ve Mimarlık Fakültesi, Görsel İletişim Tasarımı Bölümü, Ankara,
tekkok@baskent.edu.tr

*"Bugünlerde camdan daha uyumlu bir madde daha yok.." Plinius (NH)*

## Özet

Akdeniz'de cam üretiminin tarihçesi Uluburun Batığı'nda ele geçen cam külçelerle Tunç Çağı'na uzanan geçmişe sahiptir. Cam boncuk yapımı belki de bu üretimin erken teknolojisini göstermesi açısından incelenmesi gereken bir konudur. Cam boncuk üretimi, üreticisi, üretim yeri, ticareti, farklı alan ve işlevde kullanımı boncuk çalışmalarının odak noktasıdır. Cam boncuğun üretildiği veya bulunduğu kültürde birlikte kullanıldığı boncuklarla gücü sembolize etmesi, mezar hediyesi tipleri, farklı işlevlerle kullanılışı çalışılmıştır. Bu çalışmada Gordion A4 Açması boncuk örneklerinin geldiği katmana göre tarihi, tipolojisi,yapım tekniği incelenmiştir. Arkeolojik kazılarda tarihlenebilir katmandan gelen boncuk sayısı oldukça azdır, bu anlamda Gordion örnekleri kronolojik açıdan önemlidir.

**Anahtar Kelimeler:** Gordion (A4) boncukları, boncuk teknolojisi, boncuk ticareti

## Abstract

The history of glass production in the Mediterranean dates back to the Bronze Age with the glass ingots found in the Uluburun Shipwreck. Glass bead making is perhaps an issue that needs to be examined in terms of showing the early technology of this production. Glass bead production, producer, production place, trade, usages in different areas and function is studied subjects for beads. The beads symbolize power within the culture in which they are found. The beads as grave gifts and their use with different functions are studied at great length. This article aims to present typology,material and technology of beads from well excavated layers at Gordion Excavations, A4 Trench. Datable beads from stratified context are scanty, so Gordion beads serve as an important chronological landmark for bead types in well dated context.

**Keywords:** Gordion (A4) beads, bead technology, bead trade

## Giriş

Boncuklar Paleolitik dönemden beri sadece takı işlevli değil, amuletler gibi koruyucu nitelikli kullanılmıştır. Güney Afrika'da 76,000 yıl önceye tarihlenen Blombos Mağarası üst Paleolitik evrede deniz minarelerinden (*Nassarius kraussianus*) kolyeler, Hatay Üçağız Mağarası'nda, Kinet Höyük'te Kalkolitik evrede bulunmuştur (https://www.world-archaeology.com/world/africa/south-africa/shell-beads-from-blombos-cave-south-africa/; Gates, 2010).

Orta Paleolitik evrede Cezayir Oued Djebbana'da bulunan deniz kabuklarından boncuklar ve İsrail'de Es-Skhul buluntuları (*Nassarius gibbosulus*) farklı coğrafyalarda deniz minaresinin kullanımını ve ticaretini belgeler. (Vanhaeren ve diğ., 2006:1785-1788, Baysal, 2015: 13, not 43). Brittany, Fransa'da (MÖ 7000-5000) deniz boncuğu kolyelerin mezarlarda nasıl bırakıldığının örnekleri mezar hediyesi olarak da kullanımlarının belgesidir (Danukalova ve diğ., 2015). Deniz kabuğu (*Cypraea SP*) Augustus döneminde Laodicea nekropolünde mezar hediyesi olarak bulunmuş, başka bir mezarda da deniz minaresi kolye ucu (*Melanoides Tuberculata*) örneği ile bu geleneğin Roma döneminden geç Roma döneminde bile kullanıldığını belgelemiştir. (Şimşek ve diğ., 2011: 692, Kat.707, Kat 708, Kat 712 (Augustus dönemi); ibid.: 901, Kat.1055 (MS 4 yy) Bu gelenek farklı coğrafya ve dönemlerde statü sembolü olarak gömüde kullanılmıştır. (Renfrew and Bahn, 2015: 41).

Neolitik dönemden beri boncuk, bölgesel üretimi olsa da, ticareti yapılan bir üründür. Farklı malzemelerle (kemik, taş, doğal taş, cam gibi) üretilmiş boncuklar ticaretinin yapıldığı bölge ile iletişimi belgelemesi açısından arkeolojik olarak önemli bir eser grubudur (Dubin, 2004: 30).

Fayans ve cam boncuklar, deniz canlılarından boncuklar gibi Tunç çağından beri hem amulet gibi, hem de taşıyan kişinin sosyal sınıfını gösteren takılar olarak arkeoloji dünyasında ayrı bir kategoride incelenmelidir.

Boncuklar, ticareti belgelemeleri açısından buluntu yerlerine göre Geç Tunç çağından beri bölgelerarası ticareti belgeler. 1982 yılında bulunan ve George Bass ve Cemak Pulak tarafından kazılan Kaş Uluburun'da batan MÖ 14. yüzyılın sonuna tarihlendirilmiş Uluburun batığında yaklaşık 75,000 fayans, 9,500 adet cam boncuk bulunmuştur. (Ingram, 2005: 70, Pulak, 1998: 213-4)

Özel yapım cam boncukların elitlerin tercih ettiği ürünler olduğu kesindir. (Pulak, 2001: 48). Ancak bazı boncukların gemi mürettabatına ait olduğu da belgelenmiştir. (Ingram, 2005: 3). Gemide Miken kraliyet sarayına ait kargoyu denetlemek için gemide kişilerin oluşu Suriye-Filistin bölgesinden alınan özel ürünlerin bu denetimle taşındığının göstergesi olarak önemlidir. Bu ürünler arasında kehribar boncuklar, kabartmalı cam kolye uçlarının da oluşu takı yapımında kullanılacak hammadelerin Tunç çağından beri farklı bölgelerden sağlanması hakkında bir bilgidir. (Pulak, 1998: 218). Gemide bulunan cam külçeler bölgelere satılan cam hammadesi olup, yerinde üretilmek için ticareti yapılan bir üründür (Pulak, 1998: 202). Gemide fayans, kehribar dışında bulunan kuvartz, devekuşu yumurtası kabuğundan boncuk, kemik, kırmızı akik boncuklar boncuk dizilerindeki çeşitliliği sunar. Filistin bölgesi Kenan amforası içinde bulunan delikleri oldukça ince olan 8,000 fayans boncuk kumaş üzerine işleme amaçlı kullanılmak üzere ticareti yapılan bir ürün olabilir. Fayans boncukların lapise alternatif olarak da kullanılmış olması mümkündür. (Åström ve diğ., 1983: 177, Pulak, 1998: 206).

Fayans boncuk örnekleri Levant bölgesinde sıklıkla görülür. Akdeniz'de en erken boncuk hammaddesi kuvars içerikli taşların ezilip tuza alışkın (halopitik) bitki külü ile karıştırılması ile elde edilmiş, Geç Tunç Çağı'nda kullanılan bu karışım sonraki dönemlerde kuvars içerikli kum, soda minerali karışımıyla üretilmiştir. Bu boncukların erken dönemden beri görülmesi olasılıkla denize yakın coğrafyada benzer karışımların kullanılmasıyla üretildiklerini göstermiştir. Strabon da erken Roma döneminde yazdığı eserinde Suriye-Filistin bölgesinde Sidon'un kumunun cam üretimine uygunluğundan bahseder (Strabo, *Geog*.: 17.758).

Anadolu'da erken cam üretim teknolojisi ile ilgili bilgiler kısıtlıdır. Son yıllardaki kazılar bu konuya yeni bakış açıları yaratmıştır. (Baysal, 2015: 10)

Boncuklarda yapılacak arkeometrik analizler bu oranların tespiti için önemlidir. İzotop analizleri ve oranları dönemsel farklılıkları göstermesi ve boncukların yerel üretimlerinin saptanması açısından gereklidir. Ayrıca renklendirmede kullanılan element analizleri de, renklendirmedeki elementlerin belirlenmesinde önemlidir. Orta Demir Çağı'nda cam kullanımının hala az olduğu dönemde üstü sarı iplik bezekli siyah boncuk üretimi Sardis'de MÖ 8-7. yüzyıllarda görülür. Bu boncukların arkeometrik analizleri, Sr, Pb and B izotop içerdiklerini ve sarı bezek içinde kurşun-kalay karışımı kullanıldığını göstermiştir. (Van Ham-Meert ve diğ., 2019: fig.1). Sardis'de bezekte kullanılan hammadde analizi yerel üretilmiş olabileceği önerisini getirmiştir.

Roma döneminde Pliny, *De Naturale Historia* adı verilen keşif ve deneyimlerini özetlediği kitabında Sidon'da üfleme cam üretiminden söz eder (Plinius, *NH:* 36.193).

Rodos'da sadece boncuk üretimine odaklanmış bir atölye ve eriyik cam parçalarının yeniden kullanılmasını mümkün kılan ısıtma teknolojisi ve alanda uzmanlaşma özellikle Roma döneminde cam üfleyen bir ustanın aynı zamanda boncuk yapmayışı, üretimin teknik özellik ve farklılıklarında da uzmanlaşmanın gerekliliğini gösterir (Weinberg, 1969). Cam boncuk yapımında özellikle eriyik halde iken boncuğa delik açma işlemi, cam eriyiği üzerine farklı renk cam ile ikinci bir tabaka ekleme ve onun üzerine cam ipliği tabir edilen üçüncü renkle bezeği dolama linear veya zigzag şekillerde sonuçlanan yüzeyi yaratma bir uzmanlık sanatıdır. (Spaer, 2001, Oleson, 2008: 536).

Camın geri dönüşümlü malzeme olarak kullanıldığı bilinir, ancak Roma camlarının yeniden kullanıldığına dair ip uçları olsa da, daha erken dönem camları için bu konuda bilgiler kısıtlıdır. (Freestone, 2015: 29) Adriyatik Denizi'nde batan *Iulia Felix* kargosunda bulunan 140 kilogram ağırlığındaki cam kırığının yeniden kullanılmak üzere ticareti yapılan bir ürün olarak kargoda yer alması önemlidir. (Silvestri ve diğ., 2008: 331-341, not.10). Yapılan arkeometrik analizler bu kırıkların doğu Akdeniz kökenli olabileceğini de göstermiştir. (Picon 2007: 55-57) Roma pencere camı günümüze kıyasla içinde yüksek oranda demir ositleri barındıran özelliktedir. Camı renksiz hale getirmek için mangan dioksit ($Mn0_2$) ve antimuan pentoksit ($Sb_20_5$) kullanılmıştır. (Freestone, 2015:29.not 6, Fig.2, Sayre, 1963: 263-282). Bu açıcı etkide demirin oksitlenmesi ile sağlanan açık maviye kaçan ton, Roma camında sıklıkla görülür. Demir içeriği de çok uçuk sarı rengi verir. (Schreurs ve Brill, 1982:199-209; Jackson, 2005:763-780). İçinde sadece antimuan olup, mangan konmayan cam hamuru renksiz olurken, yüzde bir manganlı hamur yine renksiz olur, ancak az miktar manganez olan hamur yeşil-mavi tonlarına dönüşür. Her iki elemente de sahip olan hamur yeşil-mavi tonlarında görülür. Bu elementlerin cam hamurunun oluşturulduğu yerin kumunda doğal olarak var olduğu son yapılan çalışmalarla kanıtlanmıştır. O nedenle camın hammaddesinin sağlandığı yerin tespiti önemlidir. İçinde düşük seviyede magnezyum, potasyum veya sodyum bikarbonat olan cam örnekleri Helenistik ve Roma dönemi camlarında görülür. (Van Ham-Meert ve diğ., 2019: 2).Batı Anadolu camlarında ise yüksek oranda alüminyum oksit tespit edilmiştir. (Rehren vd., 2015, Swan vd., 2018)

Roma döneminde doğu ile bağlantılı ticarette Hint Okyanusu'ndan gelen aristokratların tercihi olan ürünler arasında değerli taş (elmas, inci) ticareti yapılmıştır. (Parker, 2002: 40-95) Roma boncuklarının Tanzanya, Rufiji deltası kökenli örnekleri paylaşılmıştır. (Chami 1999: 237-241, 239, fig.1) Ayrıca Berenike'de bulunan cam boncuklar Pakistan ve Sri Lanka ile bağlantılı bir ticareti vurgular (Wendrich, 2003: 59-62).Apollonia 'daki (Bulgaristan) MÖ 5-3. yüzyıla tarihlendirilen cam boncukların da bölgeye ithal edildikleri kanıtlanmıştır. (Lyubomirova, 2014).

Antik çağda olduğu gibi boncuk ticareti Rönesans döneminde de devam eder; 16. yüzyıldan 18. yüzyıla dek Venedik'te üretilen cam boncuklar Avrupalı tüccarlar tarafından Afrika'ya köle ve altın almak üzere satılmıştır. (Dubin, 2004:132)

## Gordion A4 Açması Boncukları

Kazı malzemesinin tarihlendirilmesinde yapım tekniği ve malzemesi ile önemli yer tutan boncuklar; üretim teknikleri, elle işlenen motifleri, buluntu konteksi ile özel değerlendirilmesi gereken bir malzeme grubudur. Kazılarda takı ile ilişkilendirilen bu grup, aslında ticari boyutu, üretim yeri anlamında taşıdığı bilgilerle; etnik kökenler, ticaret, göç, dini inanışları sembolize eder. (Eisen, 1916:1, Pl.1).

Bu araştırmada 2016-2018 yılları arasında Gordion-Yassıhöyük'ün A4 (Alan 1,4) Açması'ndan gelen boncukların buluntu yerine göre değerlendirilmesi yapılmıştır. Prof. Dr. Brian C. Rose başkanlığında Pennsylvania Üniversitesi tarafından T.C. Kültür ve Turizm Bakanlığı izni ile sürdürülen kazılarda A4 Açması olarak adlandırılan alan Yassıhöyük'ün Erken Helenistik ve Roma Dönemi'nde konut alanı olarak kullanılan alanıdır. Boncuklar Helenistik ve Roma Dönemi'nde yapıların duvarlarının yıkılması, onarımı sırasında oluşan dolgu ve düzleme tabakalarında ele geçmiştir.

Burada sunulan toplam **15 boncuk stratigrafik** katman ile tarihlendirilmiştir. Sadece **15 No.lu** boncuk tarihlenemez dolgudan gelmiştir. **1 No.lu** boncuk MÖ 8. yüzyıla tarihlendirilmiştir. Bu tarz boncuklar MS 5. yüzyıla dek çok az farkla kullanılmıştır. (Şimşek, 2011: 585, Res.1c). **2 No.lu** boncuk iç kalıp tekniğinde yapılmış 3 renkli (sarı-siyah ve beyaz zigzag bezekli) benzeri Sardis'de bulunan MÖ 8-7. yüzyıllara tarihlenmiş, bezekte kullanılan hammaddede incelemesi ile yerel üretilmiş olabileceği önerilmiştir. (Van Ham-Meert ve diğ., 2019: fig.1). **2 No.lu** boncuk örneği Laodikeia'da Roma dönemine (Şimşek vd., 2011, 476: Kat.286), Mersin Yumuktepe'de Ortaçağ'a tarihlendirilmiştir. (Köroğlu 2013: 149, Res.5) 3 ve **4 No.lu** boncuklar Geç Frig Dönemi (MÖ 540-330) yuvarlak turkuaz renkli cam ve kumaş üstüne işlemek için fayans boncuk örnekleridir.

**2, 3, 4 No.lu** boncuklar Gordion kentinin Pers kontrolu altında olduğu döneme aittir. Dönemin son evresi MÖ 334/333 Erken Helenistik dönemdir. **5 No.lu** boncuk mavi silindirik, deliği metal bir rodun etrafına camın sarılması ile oluşturulmuştur. **6 No.lu** boncuk mavi silindirik iç kalıp tekniği ile yapılmış beyaz üzerine mavi renklidir. **6 No.lu** boncuk *in situ* bulunan bir kolyeye aittir. 5 ve **6 No.lu** boncuklar Erken Helenistik tabanı üzerinde bulunmuş ve MÖ 325'e tarihlendirilmiştir. Benzer boncuk tipi MS 4. yüzyıla dek üretilir (Şimşek vd., 2011: 997-998, Kat. 1411, Kat.1416).

**12 No.lu** boncuk MS 1. yüzyıla ait Roma dolgusu içinde Erken Helenistik 2 evresine (MÖ 275–235) ait kırmızı fayans boncuktur. **13 No.lu** boncuk 12 Nolu boncukla aynı katmandan gelen tam beyaz taş boncuktur.

**7, 8, 9 No.lu** boncuklar Erken Helenistik 3.1 (MÖ 275) evresine aittir. 7 ve **8 No.lu** örnekler mavi, **9 No.lu** boncuk kırmızı cam örnek olarak tektir. **10 No.lu** boncuk beyaz fayans boncuk örneğidir. Orta Helenistik 1 evresine aittir ve Seleucus II (MÖ 246-225) sikkesi ile tarihlendirilmiştir.

**11 No.lu boncuk** Orta Helenistik 2 evresinin sonuna (MÖ 189) tarihli yuvarlak opak mavi bir boncuktur. Bu boncuk da metal rod etrafına dolama tekniği ile yapılmıştır. **14 No.lu** boncuk Roma dönemi 1 (MS 1-3. yüzyıl) evresine ait turkuaz köşeli cam boncuktur. **15 No.lu** boncuk tarihlenebilir bir katmandan gelmese de, iç kalıp tekniği ile yapılmış siyah üstüne beyaz iplik bezekli silindir formlu erken Frig Teras duvarının konservasyonu sırasında bulunmuştur. Benzerleri MS 1. yüzyıl Roma dönemi örnekleri olarak Tarsus, Köylüpazarı Mezarı (Yurtseven, 2006: 99) ve Stratonikeia Akdağ Nekropolü buluntuları arasında ele geçmiştir. (Tamsü Polat, 2013: 27-28, res.1)

## Katalog

Katalog'da kısaltmalar : Y.: Yükseklik, G.: Genişlik, D.: Delik

1) F3819, 1174 (Alan 1) Yuvarlak açık yeşil boncuk, yüzeyde aşınmış ve vitrifiye olmuş durumda. Y.1.1; G.1.6; D.0.025.
Erken/Orta Frig MÖ 8. yüzyıl.
Şekil 1 Kat.1, Levha 1.

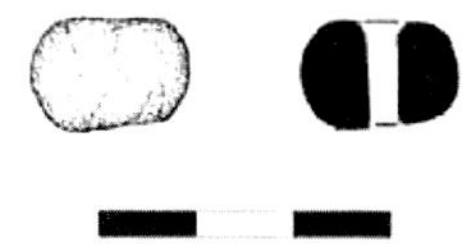

2) F3259, 4449 (Alan 4) İç kalıp tekniğiyle yapılmış sarı hamur üzerine siyah ve üstüne iplik bezekli beyaz zigzag bezekli yuvarlak boncuk. ½ si korunmuş. Y.1.7; G.2.2; D.0.07. Boncuk 3 m. derinlikte yanmış, yıkılmış kerpiç duvar dolgu toprağı (4449) içinde terasın yanındaki megaron yapıların yıkımı kaynaklı pişmiş toprak çatı kiremitleri, duvar sıvaları, bakır mızrak uçları, demir çivilerle birlikte bulunmuştur. Bu dolgu toprağı MÖ 6. yüzyıla tarihlendirilmiştir, Pers tahribat tabakası ile ilişkilidir (Leppard, S. (2017). *Gordion A4 Açması Kazı Defteri.* 6–7).
MÖ 540.
Şekil 2 Kat.2, Levha 1.

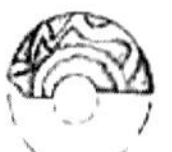

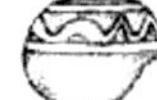

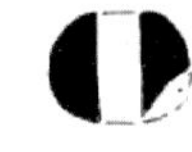

3) F3041, SU 4431. Yuvarlak turkuaz 1/6'sı korunmuş yüzeyde aşınmaları olan boncuk. D.0.02. Boncuk Geç Frig 1 (MÖ 540-330) dönemi mimari evresi için hazırlanan 1 m.kalınlığında bir dolgu tabakasından gelmiştir. (Leppard, 2017). *Gordion A4 Açması Kazı Defteri* 6,fig.13).
MÖ 540-330 Geç Frig Dönemi 1
Kat.3, Levha 1

4) F4286, 4441. Fayans boncuk. Turkuaz mavi. Y.0.6; G.0.02; D.0.01'den az (kumaş üzerine işlemek için). Büyük bir odanın zemini içinde yer alan çukurun (4440) üzerindeki tabakada ele geçmiştir. Olasılıkla tahıl depolama için kullanılmış bu odada Zemin altı (4417) dolgusundadır (Leppard, 2017, 6, Fig.13).
MÖ 540-330 Geç Frig Dönemi 1
Şekil 4. Kat. 4, Levha 1.

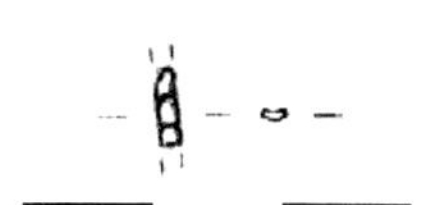

5) F2579, 4374. Mavi silindirik boncuk. Y.1.3; G.0.4; D.0.02 mm. Dışta çok aşınmış durumda. Büyük odanın (Oda 1) tabanı üstünde (4374) bulunmuştur. (Leppard, 2017), 4. Fig.7).
MÖ 325 Erken Helenistik 1.2
Şekil 5 Kat.5, Levha 1.

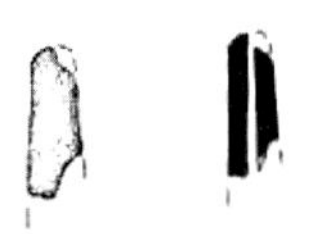

6) F2517, 4371. Mavi silindirik iç kalıp tekniğinde yapılmış, iç kısmı kırık durumda olan boncuğun 1/10u korunmuş durumdadır. Beyaz üzerine mavi renklidir. G.0.5; D.0.02. Oda 1'in zemininde (4371) bulunmuştur. (Leppard, 2017) 3, Fig. 6).
MÖ 325 Erken Helenistik 1.2

7) 3111, 4308. Tam boncuk. Mavi. Y.0.02; G 0.025; D.0.01den az. Erken Helenistik 1, Oda 2'ye ait duvarın tahrip edildiği dolgudan (Leppard, 2016) Fig.6) Duvarın tahrip evresine aittir (4307).
MÖ 275 Erken Helenistik 3.1
Şekil 7, Kat.7, Levha 1.

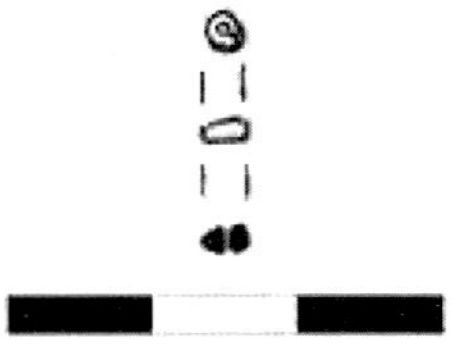

8) F3110, 4302. Tam boncuk. Gri mavi. Y. 0.015; G. 0.003; D. 0.001. Boncuk düzleme katmanı (4297)'nin altından gelmiştir. (Leppard, 2016, 6).
MÖ 275 Erken Helenistik 3.1
Şekil 8, Kat.8, Levha 1.

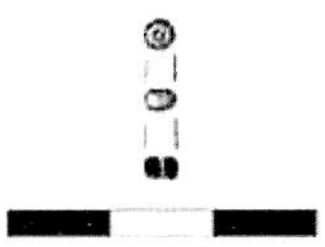

9) F3015, 4255. Kırmızı cam boncuk. Y. 1.2; G.0.04; D.0.01. Stratigrafik olarak daha geç olan bir katmandan (4255) gelen boncuk taban altında (4234) bulunmuştur. (Leppard, 2016, 5-8, Fig. 15; (2017) matriks).
MÖ 275-235 Erken Helenistik 3.2
Şekil 9 Kat.9, Levha 1.

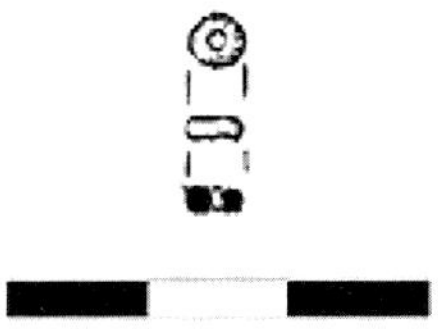

10) F4288, 4489, Beyaz fayans boncuk. Y. 1.2; Gen.0.02; D.0.01. Küçük kare bir fırın (SU4489) içinde bulunmuştur. Mutfak olarak kullanılan bu mekanda bulunan sikke ile Seleucus II (MÖ 246-225) tarihlendirilmiştir. (Leppard,S., 2018, 1-2, Figs. 2 ve 6).
MÖ 246-225 Orta Helenistik 1
Şekil 10, Kat.10, Levha 1.

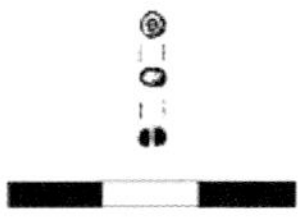

11) F1470, 4197. Yuvarlak opak mavi, tam boncuk.Y.1.4; G.1.6; D.0.04. Yanmış karışık Orta Helenistik tabakanın son evresine ait dolgu toprağı içinde (4197) bulunmuştur. (Leppard 2016, S. 9-11, Fig.25)
MÖ 235-189 Orta Helenistik 2
Şekil 11, Kat.11, Levha 1.

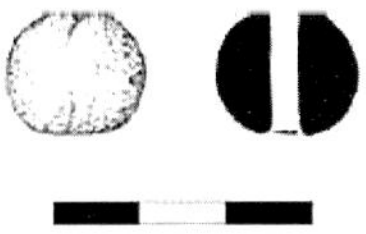

12) F2833, 4184. Kırmızı fayans boncuk yüzeyde yıpranmış. Y. 1.2; G.0.3; D.0.02. Yumuşak yeşil Roma tabakası (4186/4188) üstünde yanmış atığın olduğu dolgu tabakasında (4184) bulunmuştur. Roma tabakasında altın bir kolye parçası (F1381/SF200) MS 1. yüzyıla tarihlendirilmiştir. Ancak (4184) dolgusu içindeki boncuklar Erken Helenistik evreye ait olmalıdır. (Leppard, S. 2016, 11-12, not 15, fig. 28; 2017 matriks).
MÖ 275-235 Erken Helenistik 2
Şekil 12, Kat 12, Levha 1.

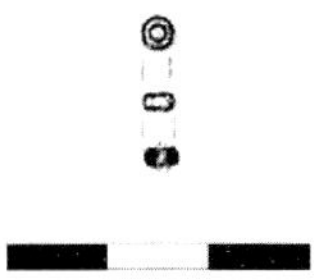

13) F2832, 4184. Tam korunmuş taş boncuk. Y.0.4; G.0.4;D.0.01. Katalog 12 ile aynı katmanda bulunmuştur.
MÖ 275-235 Erken Helenistik 2
Şekil 13, Kat.13, Levha 1.

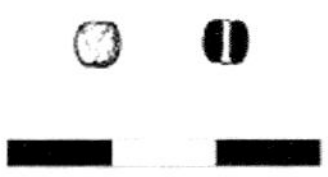

14) F2923, 4423. Ağız kısmı kırığı dışında korunmuş turkuaz köşeli cam boncuk. Yüzeyde oldukça aşınmış. Y.1.1; G.0.6; D.0.02. Roma dönemi düzleştirme dolgusu içinde bulunmuştur. MS 1-3 yüzyıl Roma Dönemi 1
Şekil 14, Kat.14, Levha 1.

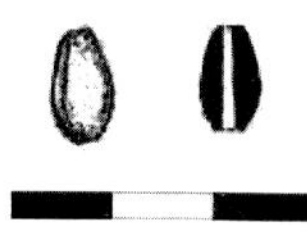

15) F3523, TB8. Tümü korunmuş. Siyah üzerine beyaz cam ipliği ile zigzag bezekli. Silindir formunda, iç kalıp tekniği ile yapılmış boncuk. Y.1.7; G. 0.8; D. 0.02. Erken Frig Teras duvarının parçası olan TB-8 yapısının MÖ 800'de yanması sonrası oluşan dolguda duvarı konservasyonunu yapan ekip tarafından 2017'de bulunmuştur. Belli bir katmandan gelmediği için tarihlemek zordur.
Şekil 15 Kat 15, Levha 1.

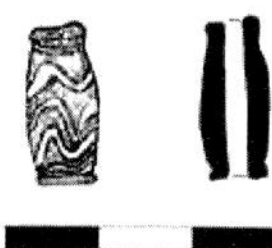

## Sonuçlar ve Tartışma

Gordion A4 Mekanı içinde ele geçen boncukların kazının stratigrafik tarihleme sağlayan katmanlarından gelmesi Geç Frig, Helenistik ve Roma döneminde farklılıklar gösteren boncuk tipolojisi, malzemesi, teknik farklılıkları ile bazı grupların (fayans, ip bezekli iç kalıp tekniğinde olan örnekler) Gordion'un hem doğu dünyası, hem de Batı Anadolu özellikle Sardis bölgesi ile bağlantılı ticaretten payını aldığını gösterir. Roma dönemi bir örnekle temsil edilmiştir. Boncuklar üzerine yapılacak arkeometrik analizler farklı bölgelerle bağları kanıtlayacaktır.

## Teşekkür

Gordion A4 açması boncuklarını çalışmama izin veren kazı başkanı Prof. Dr. Brian C.Rose'a, boncukların katman analizlerinde yardımcı olan Dr. Garreth Darbyshire'a ve kazı defterlerinden yararlandığım A4 Açmasını kazan (2016-2018) Sarah Leppard ve Simon Greenslade'e kazı günlükleri için, çizimleri gerçekleştiren Günsel Güngör'e ve fotoğrafları çeken ve foto levhasını düzenleyen Gebhardt Bieg'e en içten teşekkürlerimi sunarım. Ayrıca bu araştırmanın yayına dönüşmesini mümkün kılan sayın Prof. Dr. Asuman Türkmenoğlu, Prof. Dr. Şahinde Demirci'ye ve ekibine en içten teşekkürlerimi sunarım.

## Kaynaklar

**Åström, P., E. Åström, A. Hatziantoniou, K. Niklasson, and U. Öbrink. (1983).** *Hala Sultan Tekke. Excavations 1971-79. SIMA* 45:8. Göteborg: Paul Åströms Förlag.

**Baysal, E. (2015).** Neolitik Dönem Kişisel Süs Eşyaları: Yeni yaklaşımlar ve Türkiye'deki Son Araştırmalar TÜBA-AR 18,9-23.

**Chami, F., (1999).** Roman Beads from the Rufiji Delta, Tanzania: First Incontrovertible Archaeological Link with the Periplus, *Current Anthropology* 40 (2), 237-241.

**Danukalova G., Hallégouët, B., Lefort, J-P., Monnier, J-L., Osipova, E. (2015).** "Reconstruction of the Middle-Late Pleistocene and Holocene Palaeoenvironments of the Piégu Palaeolithic Site (Brittany, France) based on Biostratigraphical Data," *Journal of Archaeometry* 39, 7-30. (DOI 10.4000/archeosciences.4348).

**Dubin, L. S. (2004).** Reprint. *The History of Beads: from 30,000 B.C. to the Present.*New York: Harry N. Abrams, Inc. Original edition, New York: Harry N. Abrams, Inc.

**Eisen, G. (1916).** "The Characteristics of Eye Beads from the Earliest Times to the Present." *American Journal of Archaeology* 20,1-27.

**Freestone, I. C. (2015).** The Recycling and Reuse of Roman Glass: Analytical Approaches, *Journal of Glass Studies*, 57, 29-40.

**Gates, M. H. (2010).** 2008 Season at Kinet Höyük (Yeşil-Dörtyol, Hatay), (303-320). T.C. Kültür ve Turizm Bakanlığı, *Uluslararası Kazı Sonuçları Toplantısı* 31 (3). Ankara.

**Ingram, R. (2005).** *Faience and Glass Beads from the Late Bronze Age Shipwreck at Uluburun*, Texas A&M University Texas, (yayınlanmamış yüksek lisans tezi).

**Ingram, R. (2014).** Vitreous beads from the Uluburun shipwreck, in: A. Golani and Z. Wygnanska (eds), *Beyond Ornamentation. Jewelry as an Aspect of Material Culture in the Ancient Near East.* (225-246). Polish Centre of Mediterranean Archaeology of the University of Warsaw (PCMA), Polish Archaeology in the Mediterranean 23(2).

**Jackson, M. (2005).** Making Colour less Glass in the Roman Period, *Archaeometry*, v. 47,4, 763-780.

**Köroğlu, G. (2013).** Yumuktepe Höyüğünden Ortaçağ Camları, *Anadolu Antik Cam Araştırmaları Sempozyumu,Kaunos /Kbid Toplantıları 2*, (143-150), (ed. Ç .Gençler Güray) Ankara: Bilgin Kültür Sanat Yayıncılık.

**Leppard, S. (2016-2018).** *Gordion A4 Açması Kazı Defteri*leri.

**Lyubomirova, V. (2014).** Chemical Composition of Glass Beads from the Necropolis of ApolloniaPo ntica (5 th-3rd Century BC) https://www.researchgate.net/publication/266810039_Chemical_Composition_of_Glass_Beads_from_the_Necropolis_of_Apollonia_Pontica_5_th_-3_rd_Century_BC.

**Oleson, J. P. (ed.) (2008).** *The Oxford Handbook of Engineering and Technology in the Classical World*: Oxford, Oxford University Press.

**Parker, G. (2002).** Ex Oriente Luxuria: Indian Commodities and Roman Experience.*Journal of Economic and Social History of the Orient* 45,1: 40–95.

**Plinius Secundus, C. (1857).** *The Natural History of Pliny.* Vol. VI (Translated by J.

**Bostock and H. T. Riley), London: George Bell & Sons.**

**Picon, M. (2007).** Note sur le recyclage du verre dans l'Antiquité et sur les groups de recyclage, *Bulletin de l'Asso ciation Française pour l'Archéologie du Verre*, 55-57.

**Pulak, C. (1998).** The Uluburun Shipwreck: An Overview. *IJNA* 27,188-224. Pulak, C. (2001). The Cargo of the Uluburun Ship and Evidence for Trade with the Aegeanand Beyond. In *Italy and Cyprus in Antiquity, 1500-450 B.C. Proceedings ofan International Symposium held at the Italian Academy for Advanced Studies inAmerica at Columbia University, November 16-18 2000*, edited by L. Bonfanteand V. Karageorghis, 13-60. Nicosia: The Costakis and Leto Severis Foundation.

**Rehren, Th.,Connolly, P., Schibille, N., Schwarzer, H. (2015).** Changes in glass consumption in Pergamon (Turkey) from Hellenistic to late Byzantine and Islamic Times, *Journal of Archeological Science*, 55, 266-279.

**Renfrew, C. and Bahn, P. (2015).** *Archaeology Essentials: Theories, Methods, and Practice.* New York:Thames and Hudson.

**Sayre, E. V. (1963).** The Intentional Use of Antimony and Manganese in Ancient Glasses, in *Advances in Glass Technology, Part 2*, (263-282). (Frederick R. Matson, Guy E. Rindone, eds) New York: Plenum Press.

**Schreurs, J. W. H., Brill, R. H. (1984).** Iron and Sulfur Related Colors in Ancient Glasses,"*Archaeometry*, 26, 2,199-209.

**Silvestri, A., Molin, G., Salviulo, G. (2008).** The Colourless Glass of lulia Felix, *Journal of Archaeological Science*, 35 (2), 331-341.

**Spaer, M. (2001).** *Ancient Glass in the Israel Museum: Beads and Older Small Objects.* Jerusalem: The Israel Museum.

**Swan, C., Rehren, Th., Dussubieux, L., Eger, A. A. (2018).** High-boron and High-alumina Middle Byzantine (10th-12th century CE) Glass Bracelets: a Western Anatolian Glass Industry. *Archaeometry* 60 (2), 207-232.

**Strabo (2015).** *The Geography of Strabo* **(Translated by Duane W. Roller), Cambridge: New York: Cambridge University Press.**

**Şimşek, C., Okunak, M. ve Bilgin, M. (2011).** *Laodikeia Nekropolü 2004-2010 Yılları, Laodikeia Çalışmaları 1.1.* İstanbul: Ege Yayınları.

**Tamsü Polat R. (2013).** Stratonikeia Akdağ Nekropolü Cam Buluntuları Üzerine bir Değerlendirme, Anadolu Antik Cam Araştırmaları Sempozyumu,Kaunos /Kbid Toplantıları 2, (25-39). (ed. Ç. Gençler Güray) Ankara: Bilgin Kültür Sanat Yayıncılık.

**Van Ham-Meert, A., Dillis, S., Blomme, A., Cahill, N., Claeys, P., Elsen, J. Degryse, P. (2019).** A unique recipe for glass beads at Iron Age Sardis, *Journal of Archeological Science*, 108., 1-9. DOI: 10.1016/j.jas.2019.104974.

**Vanhaeren, M., d'Errico, F., Stringer, C. B., Mienis, H. K. (2006).** "Middle Paleolithic Shell Beads in Israel and Algeria," *Science*, 312 (5781),1785-1788.

**Weinberg, G. D. (1969).** Glass Manufacture in Hellenistic Rhodes, *Archaiologikon Deltion* 24 (published 1971): 143-151, figs. 1-2, pIs. 76-88.

**Wendrich, W. Z., Tomber,R. S., Sidebotham, S. E., Harrell, J. A., Cappers, R. T. J., Bagnal, R. S. (2003).** Berenike Crossroads: The Integration of Information, *Journal of the Economic and Social History of the Orient* 46 (1), 59-62.

**Yurtseven, F. (2006).** "Tarsus Köylü Garajı Mezarı Buluntuları," *Anatolia/Anadolu* 31. 91-121.

## Levha 1

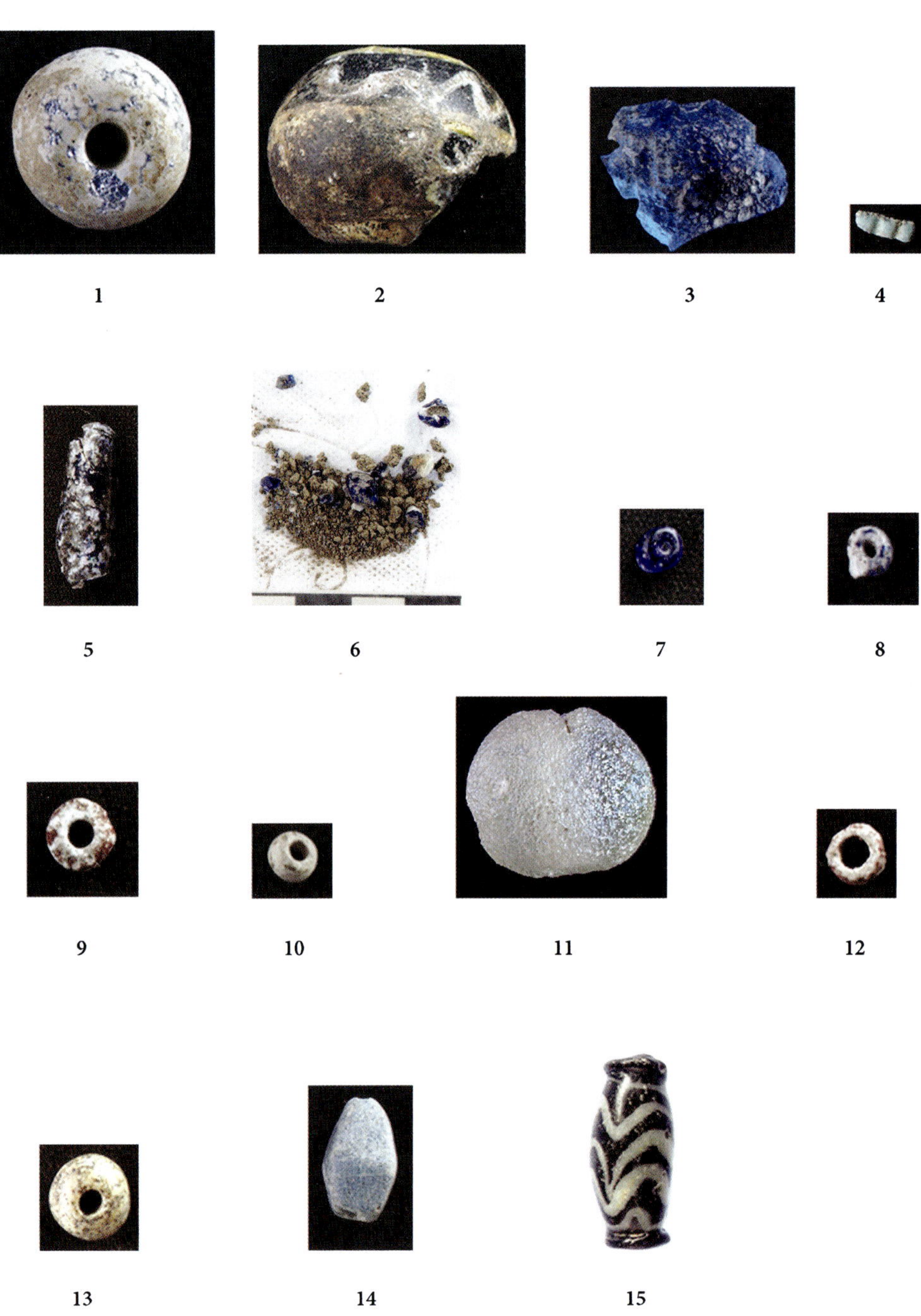

Ölçek 1:1 (6); 2:1 (1-5, 11, 14-15); 3:2 (7-10, 12-13)

# Roma Dönemi'nde Bulla Geleneği

## *Tradition of Bulla in the Roman Period*

Durmuş ERSUN
Mardin Artuklu Üniversitesi, Edebiyat Fakültesi, Arkeoloji Bölümü, Artuklu, Mardin, durmusersun@artuklu.edu.tr

## Özet

Bulla, Roma Dönemi'nde altın, bronz ya da deriden yapılan bir takıdır. Bulla geleneği Etrüskler aracılığıyla Romalılara aktarılmıştır. Bulla genellikle kız ve erkek çocukları tarafından takılmıştır. Ancak yetişkinlerin kullanımına ilişkin bilgiler vardır. Başlangıçta bulla'nın anlamı Romalılar'da kazanılan bir zaferle ilişkilendirilmektedir. Sonrasında ise; özgür doğan çocuklar aracılığıyla Roma vatandaşlığını karakterize etmesi amacıyla takılmıştır. Çocuklarının toplumdaki statüsünü takılacak olan bulla'nın malzemesi belirlemekteydi. Patrici, senatör ve atlı sınıf mensuplarının çocukları altın'dan yapılmış bulla takarken, daha düşük alt kademedeki ailelerin çocukları bronzdan ya da deriden yapılmış bir bulla takmıştır. Bulla'nın kişiyi kötülüklerden korunmak amacıyla takıldığı da bilinmektedir. Roma Dönemi'ndeki bu kullanım günümüz söylemiyle nazar inancına da işaret etmektedir. Kötülükler karşısındaki koruyucu özelliği inancı *amulet* ile benzer işleve sahip bir takı olduğunu göstermektedir. Roma'nın Anadolu üzerinde eyalet şeklinde örgütlenmesiyle çok sayıda gelenek de beraberinde gelmiştir. Bunlardan birisi de bulla geleneğidir. Anadolu'da bulla örneklerinin varlığı gerek heykel sanatında gerekse de müze koleksiyonlarında bilinmektedir. Böylelikle somut örnekler ışığında bulla geleneğinin Anadolu'da da sürdüğü ispatlanabilmektedir. Roma sanatında önemli bir yer tutan bulla geleneği bugüne kadar yapılan Anadolu araştırmalarında göz ardı edilmiştir. Burada bulla'nın terminolojik karşılığı ve kullanımına değinilmesiyle Anadolu'daki varlığı da ortaya konulmaktadır.

**Anahtar Kelimeler:** Roma Dönemi, Etrüskler, muska, kolye, takı

## Abstract

Bulla is a jewel made from gold, bronze or leather in the Roman Period. Its origin went back to the Etruscan period and Romans adapted bulla from them. It was usually worn by boys and girls although evidence indicates that it might have been also worn by adults. In this context, initially, the meaning of bulla is associated with a victory for the Romans. Afterwards; it was worn to characterize Roman citizenship through free-born children. The material of bulla is determined by the status of children in society. The children of patricians, senators and equestrians wore gold bullas whereas the children of the lower classes wore bronze or leather ones. It is also known that the Bulla has a spiritual meaning that it protects people from harm. This tradition had continued hundreds of years and today it seems to survive in the form of evil eye. To sum up, the meaning ascribed to bulla indicates that many traditions of Anatolia may have been brought by the Romans. Their presence has appeared on sculptures and museum collections in modern Turkey. In the light of these examples, the shape of the bulla has changed through centuries, however, its meaning stays the same. Here, the presence of terminology and usage of bulla is revealed in Anatolia.

**Keywords:** Roman Period, Etruscans, amulet, necklace, jewelry

## Giriş

Bulla, Roma Dönemi'nde kolye ya da muska türü bir işleve sahip olan bir takıdır. Hem antik kaynaklar hem de müze koleksiyonlarından var olan somut örnekler aracılığıyla bulla ile ilgili bilgiler gelmektedir. Roma Dönemi'nde yetişkinlerin kullanımına ilişkin kanıtlar bulunmakla birlikte bulla, ağırlıklı olarak *toga* giyimli çocuklar aracılığıyla takılmıştır. Başlangıçta kazanılan bir zaferle ilişkilendirilen objeye daha sonra kötülüklere karşı koruyucu bir anlam da yüklenmiştir. Bu özellikten hareketle *amulet* ile benzer bir işleve sahip olduğu ortaya çıkmaktadır. Roma'nın eyalet biçiminde örgütlendiği Anadolu coğrafyasında da bulla örneklerinin varlığı gerek heykel sanatında gerekse de müze koleksiyonlarında bilinmektedir. Böylelikle somut örnekler ışığında bulla geleneğinin Anadolu'da da sürdüğü ispatlanabilmektedir.

## Bulla

Bulla, metal ya da deriden yapılan ve boyun'a takılan bir takıdır. Yuvarlağımsı ya da damla biçimli iki iç bükey tabaka birbirine birleştirilmiş ve buna bir kopça eklenmiştir. Kopçaya bağlanan deriden iple boyun'a takılmıştır. Yuvarlağımsı ya da damla biçimli bir formda olduğu Macrobius (2011,1.6.17) deriden bulla'nın varlığı Varro'nun (5.116) aktarımından bilinmektedir. Yaşlı Plinius (Pliny the Elder,2010, 3.4) ve M. Tullius Cicero (2.1.152) elit ailelerinin çocuklarının altından bulla taktığını aktarmaktadır. Hem antik kaynaklar hem de müze koleksiyonlarında küçük buluntular arasından bulla örneklerinin varlığıyla kullanılan malzeme ve tanımlanan şekli ispatlanabilmektedir. Bulla boyun'a *lorum* olarak adlandırılan deriden bir ip yardımıyla takılmaktaydı (Gabelmann, 1985: 469; Ammerman, 2007: 146). Ayrıca Geç Antik Dönem *toga* elbisesinde statü temsiliyle kumaşa eklenen erguvan renkli yaka da *lorum* olarak isimlendirilmektedir (Wilpert, 1899: 490; Delbrueck, 1929: 45; Gehn, 2012: 63). *Lorum* terimi ile ilgili böyle bir adlandırma da yapılmaktadır. Söz konusu yazılı kaynaklar ve somut örneklerden hareketle bulla burada tanımlanmaktadır.

### Modern Bulla Araştırmaları

Mau, bulla takma geleneğinin Etrüskler aracılığıyla Roma'ya aktarıldığını belirtir (Mau, 1897: 1047 vd.). Fowler, *toga praetexta* giyimli erkek ve kız çocuklarının bulla kullanımına ilişkin bilgi aktarır ve bunu antik kaynaklar aracılığıyla destekler (Fowler, 1920: 42 vd.). Seyrig, Emessa nekropol'ünde ele geçen altın bulla örnekleri ışığında kullanımına ve işlevine ilişkin bilgi verir (Seyrig, 1953: 12 vd.). Geyer, sözde "Kardeşler Lahdi" olarak adlandırılan eserde betimlenen kadın figürünün boynundaki gerdanlığı bulla olarak yorumlar ve zaferle ilişkilendirir (Geyer, 1978: 377). Higgins, bulla geleneğinin kökenini Etruria ile ilişkilendirmektedir (Higgins, 1980: 142). Araştırmacı altın ve bronz örneklerinin varlığının yanı sıra bulla'ların üzerlerinin çeşitli kabartmalarla süslendiği konusunda bilgi vermektedir (Higgins, 1980: 142 vd.). Torelli, Roma da Forum alanında gerçekleşen bulla takdim törenlerine değinir (Torelli, 1984: 23). Gabelmann, *toga praetexta* giyimli çocuk figürlerinden hareketle bulla konusunu ele alır (Gabelmann 1985: 497 vd.). Gabelmann, bulla kullanımının Etrüsklerden alınan bir gelenek olduğunu belirtir ve geçmişteki kullanım öyküsüne yer verir (Gabelmann, 1985: 510-511). Anlatımını araştırmacı antik kaynaklardan Plinius ve Macrobius aracılığıyla destekler. Goette, son dönem araştırmalarında Geyer'in bulla olarak adlandırdığı takıyı gerdanlık olarak yorumlamaktadır ve bulla olarak tanımlanamayacağını ileri sürmektedir (Goette, 1986: 133). Ayrıca Goette, gerek müze koleksiyonlarından küçük buluntu niteliğindeki eserler gerekse de heykeltıraşlık sanatından örnekler ışığında bulla konusunu ele alır( Goette, 1986: 133 vd.; Goette, 1990: 104). Binder ve Saiko, bulla'nın malzemesinin takan kişinin statüsüne göre değiştiği konusuna değinmektedir (Binder ve Saiko, 1999: 1210 vd.). Bu kapsamda araştırmacılar kullanılan üç tür malzemeyi ele alır ve açıklama yoluna gider. Rawson, *toga praetexta* giyimli erkek ve kız çocuklarının yetişkinlik çağına kadar bulla taşıdığına ve gerçekleşen törenlere dikkat çeker (Rawson, 2005: 144 vd.). Ammerman, İtalya merkezli örnekler ışığında bulla'nın *amulet* türü işleve sahip olduğuna ve kişinin toplumdaki statüsüne göre malzemesinin değiştiği konusuna değinir(Ammerman, 2007: 146 vd.). Edmondson, *toga paretexta* giyimli çocuklar ve bulla ilişkisini değerlendirir (Edmondson, 2008: 21 vd.). Castor, bulla'nın kökeni, anlamı ve kullanımını antik ve modern kaynaklar aracılığıyla açıklar (Castor, 2016: 275 vd.). Harlow, Ara Pacis sunağı güney frizinde betimlenen çocuk figürleri ışığında bulla konusunu ele alır (Harlow, 2017: 45 vd).

## Roma Dönemi'nde Bulla

Bulla kullanımı Etrüskler aracılığıyla Romalılara aktarılmıştır (Calinescu, 1994: 28; Ammerman, 2007: 145; Dasen, 2003: 283; Castor, 2016: 279). Bu bağlamda Etrüsklere ait bağımsız heykeller, duvar resimleri, mezar kabartmalarında erkek, kadın ve çocuk figürlerinde çok sayıda temsili vardır (Goette, 1986: 139 vd.; Castor, 2016: 281). Roma sanatında bulla objesi çoğunlukla erkek ve kız çocukları ile temsil edilmiştir. Önemli bir başyapıt niteliğinde olan Ara Pacis sunağı güney frizindeki üç *toga praetexta* giyimli çocuk kabartması bu durumu destekleyen önemli kanıtlardandır (Şekil 1). Mimari bağlamda sunaklarda bağımsız kabartma biçimli bulla tasvirlerine de Roma Dönemi'nde yer verilmiştir (Şekil 2). Romalılarda da Etrüsklerde olduğu gibi yetişkinlerin kullanıma ilişkin de arkeolojik kanıtlar bulunmaktadır (Goette, 1986: 133 vd.). Roma vatandaşlığına sahip erkek çocukları olgunluğa eriştikleri döneme kadar bulla takmıştır (Fowler, 1920: 42; Rawson, 2005: 144; Dolansky, 2008: 47). Kız çocuklarının da evlilik çağına geldiği döneme kadar bulla taktıkları bilinmektedir(Fowler, 1920: 42; Rawson, 2005: 145). Çocukların taktığı bulla'nın malzemesi ailesinin toplumdaki statüsüne göre değişmekteydi (Binder ve Saiko, 1999: 1210; Castor, 2016: 280). Elit ailelerin üyelerinin çocukları altından bulla takarken; daha düşük alt kademedeki ailelerin çocukları bronzdan ya da deriden bulla takmıştır (Binder ve Saiko, 1999: 1210; Castor, 2016: 279 vd.). Müze koleksiyonlarından altın ve bronz bulla örnekleri takip edilebilmektedir (Şekil 3, 4). Cumhuriyet Dönemi'nde kral Tarquinius Priscus'un 14 yaşındaki oğlu savaşta gösterdiği başarının ardından bulla ile ödüllendirilmiştir (Gabelmann, 1985: 510-511). Bu örnekten hareketle bulla'nın başlangıçta kazanılan bir zaferle ilişkilendirildiği bilinmektedir. Sonrasında ise çocuklar aracılığıyla Roma vatandaşlığını karakterize etmesi amacıyla takılmıştır (Gabelmann, 1985: 511-512; Rawson, 2005: 144). Çocuklar çoğunlukla Roma'da *toga praetexta* elbisesiyle birlikte bulla takmıştır (Rawson, 2005: 145, dnp. 33; Dolansky, 2008: 47). *Toga*'nın *praetexta* olarak adlandırılan erguvan yakalı çeşidinin yanı sıra üst düzey yetkililer aracılığıyla giyilmesi oldukça ilgi çekicidir. Bu durumu Gabelmann, "elit ailelerin ileride çocuklarını da kendileri gibi üst düzey birer yetkili olarak görmek istedikleri şeklinde" yorumlar (Gabelmann, 1985: 513). Romalılar bulla'nın kişiyi kötülüklerden koruduğuna inanmaktaydı (Mau, 1897: 1048; Goette, 1990: 104; Ammerman, 2007: 146; Castor, 2016: 279). Bu kullanım günümüz söylemiyle nazar inancına işaret etmektedir. Bu durum günümüzde kullanılan muskalar ile benzer işleve sahip bir takı olduğuna işaret etmektedir. Bu nedenle bulla bir tür *amulet* olarak aktarılmaktadır (Dasen, 2003: 283). Bulla Roma Dönemi'nde çoğunlukla *toga* elbisesiyle birlikte takılan bir takıdır. Bulla'nın heykel sanatında kabartma bazında Anadolu dışında bilinen çok sayıda temsili mevcuttur (Bkz. Gabelman, 1985: 497 vd.; Goette, 1986: 133 vd.). Bugüne kadar yapılan araştırmalarda Anadolu'dan heykeltraşlık sanatında bulla takan bir örnek tespit edilmiştir (Şekil 5; Ersun, 2019: 121, lev. 26, 1-2). Perge antik kenti sütunlu protiko'da bulla'lı bir figür (Bordenache, 1969: 84, lev. 32; Goette, 1986: 147, res. 16) sütun üzerinde betimlenmiştir. *Toga* giyimli bulla takan figürün yanında bir sunak betimlenmiştir ve elinde bir *patera* tutmuştur. Sunak ve *patera*'nın varlığı figürün bir sunu ya da tapınım yapıyor olduğuna işaret etmektedir. Yanı sıra *toga*'lı figürün bir yanındaki sütunda tanrıya diğer yanındaki sütunda ise tanrıça betimine yer verilmiştir ( Şekil 6). Bunları Bordenache ve Goette, Tyche ve Helios olarak yorumlamaktadır (Bordenache, 1969: 84; Goette, 1986: 147). Mitolojik figürler *toga*'lı figüre oranla oldukça büyük boyutlu betimlenmiştir. Araştırmacılar buradaki resimsel anlatımdan hareketle tanrı ve tanrıçanın togalı figürü kutsadığı yönünde bir sav ileri sürmüştür( Bordenache, 1969: 84; Goette, 1990: 61). Goette kutsama savının yanı sıra buradaki sütunların kurulması için finansal destek sağlayan bir hayırsever olduğuna yönelik yaklaşımda da bulunmuştur (Goette, 1990: 61). Figür, boynunda bir *bulla* takmıştır. Bulla'nın çocuklar çevresindeki kullanımının yanı sıra sınırlıda olsa yetişkinlerin kullanıma ilişkin kanıtlarda vardır (Bkz. Goette 1986, 147, 164, No. 2c; 2c1; Goette, 1990, 61, No. Bb 175-177; Cb 26, 27). Anadolu'da küçük buluntu niteliğinde Afyon Arkeoloji Müzesi koleksiyonunda altın bulla örneğinin varlığı da bilinmektedir (Goette, 1990: 104, dnp. 494).

## Sonuçlar ve Tartışma

Roma Dönemi'nde bulla geleneğinin açıklanmaya çalışıldığı bu araştırmada var olan antik ve modern kaynaklar temel alınarak takının işlevine yönelik yaklaşımlar ortaya konulmaktadır. Boyun'a asılması günümüzde kolye ya da gerdanlık özelliğine; kötülüklerden koruduğu inancı da muska özelliğine işaret etmektedir. Bu nedenle günümüz terminolojisindeki karşılığı kolye/gerdanlık ya da muska olarak yorumlanabilir. Roma'nın Anadolu'da eyalet şeklinde örgütlenmesi beraberinde bulla geleneğini de getirmiştir. Gerek müze koleksiyonları gerekse de heykel sanatındaki varlığıyla Anadolu'da aktif kullanımı ispatlanabilmektedir. Roma sanatında önemli bir yer tutan bulla geleneği bugüne kadar yapılan Anadolu araştırmalarında göz ardı edilmiştir. Burada bulla'nın terminolojik karşılığı ve kullanımına değinilmesiyle Anadolu'da göz ardı edilen bulla geleneğinin varlığı ortaya konulmaktadır.

Roma Dönemi'nde bulla takısına kötülüklere karşı koruyucu bir özellik yüklenmişti. Perge'den sütun kabartmasında betimlenen *toga*'lı heykeltıraşlık eseri Tyche ve Helios arasında kutsama sahnesinde betimlenmiştir (Şekil 5, 6). Burada kutsanan figür bulla takmaktadır. Bulla'ya bir kutsama sahnesinde yer verilmesi şahsı koruyucu özelliğe sahip bir takı olduğunu desteklemektedir. Yanı sıra sunaklarda bağımsız bir biçimde betimlenen bulla kabartmaları da bu durumu destekler (Şekil 2).

Roma da çocukların yanı sıra yetişkinlerin kullanımına ilişkin kanıtlar da bulunmaktadır. Bu durumda da çocukların ve yetişkinlerin nazara karşı korunmak amacıyla bulla takmaları olasıdır. Bulla, iki iç bükey metal ya da deri plakanın birleştirilmesiyle oluşturulan bir takıdır. Belki de günümüzde boyuna takılan muska ya da cevşen örneğinde olduğu gibi Roma Dönemi'nde de içerisine bir dua konuluyordu. Bir boşluğunun yani başka deyişle haznesinin olması bu durumu desteklemektedir. Bulla Roma Dönemi'nde çoğunlukla *toga* elbisesinin üzerine takılan bir takıdır. Bilindiği üzere *toga* sadece Roma vatandaşlığı ayrıcalığına sahip kişiler tarafından giyilebilen bir elbisedir.

Anadolu Roma'nın eyalet şeklinde örgütlendiği bir coğrafyadır. Bu coğrafya da Roma vatandaşlığına sahip çok sayıda elit olarak tabir edilebilecek nitelikteki şahısların *toga* giyimli heykelleri dikilmiştir. Hem yayımlanmış eserler hem de 52 Arkeoloji Müzesi'nden 92 adet *toga*'lı heykeltıraşlık eseri "Anadolu'da *Toga*'lı Heykellerin Gelişimi: Tipolojik ve Stilistik Değerlendirme" başlıklı proje kapsamında değerlendirmeye alınmıştır (Ersun, 2019). Bu heykeltıraşlık eserleri içerisinde Perge'den sütun kabartmasında 1 adet yetişkin bulla takar biçimde betimlenmiştir (Resim 5). Bu durumdaki elitlerin çoğunlukla ya senatör ya da hayırsever olarak *toga*'lı heykelleri dikilmiştir. Bu nedenle yetişkin merkezli bir yaklaşımla *toga* giyimli çocuk örneğine yer verilmemiş olabilir. Roma'nın eyalet biçimde örgütlendiği bir diğer önemli coğrafya ise, Yunanistan'dır. Yunanistan üzerindeki eyaletlerde betimlenen *toga*'lı heykeller Havé-Nikolaus tarafından değerlendirilmiştir (Havé-Nikolaus, 1998). Havé-Nikolaus, 53 adet heykeltıraşlık eserine katalogunda yer vermiştir. Bunlardan sadece iki çocuk (Havé-Nikolaus, 1998: Kat. No. 29, 48) bulla takar biçimde betimlenmiştir. Yunanistan üzerindeki çocuk örneklerinin sayısal azlığı da Anadolu'da olduğu gibi yetişkin merkezli bir yaklaşımla *toga*'lı heykel dikilmesi ihtimalini desteklemektedir.

## Teşekkür

Çalışmalarımı kurum burslarıyla destekleyen Türk Eskiçağ Bilimleri Enstitüsü (2016 Yılı Prof. Dr. Ali Dinçol Araştırma Bursu) ve Türk Amerikan İlmi Araştırmalar Derneği'ne (2017 Yılı George Maxim Anossov Hanfmann) minnettarlığımı ifade etmeyi bir borç bilirim.

## Kaynakça

**Ambrosius Aurelius Theodosius Macrobius (2011).** *Saturnalia.* R. A. Kaster (Çev.), Cambridge: Harvard University Press.

**Ammerman, R. M. (2007).** Children at Risk: Votive Terracottas and the Welfare of Infants at Paestum, A. Cohen - J. B. Rutter (Eds.) *Constructions of Childhood in Ancient Greece and Italy.Hesperia,* Supplement 41, 131-152.

**Barroso, M. D. S. (2013).** Bezoar Stones, Magic, Science and Art, *Geological Society,* 375, 1-16.

**Bindler, G., Saiko, M. (1999).** Bulla/Lebensalter", *DNP,* 6, 1207-1212.

**Bordenache, G. (1969).** Colonne di un portico tomitano, J. Bibauw (Ed.) *Hommages à Marcel Renard* (79-86). Bruxelles: Latomus, Revue d'etudes latines.

**Calinescu, A. (1994).** *The Art of Ancient Jewelry: An Introduction to the Burton Y. Berry Collection.* Bloomington: Indiana University Art Museum.

**Castor, A. Q. (2016).** Etruscan Jewelry and Identity, S. Bell - A. A. Carpino (Eds.). *A Companion to the Etruscans* (275-292). England: Wiley Blackwell.

**Dasen, V. (2003).** Les Amulettes d'enfants dans le monde gréco-romain, *Latomus,* 62(2), 275-289.

**Delbrueck, R. (1929).** *Die Consulardiptychen und verwandte Denkmäler.* Leipzig: W. De Gruyter.

**Dolansky, F. (2008).** Toga virilem sumere: Coming of Age in the Roman World, J. Edmondson – A. Keith (Eds.). *Roman Dress and the Fabrics of Roman Culture* (47-70). Canada: Toronto University Press.

**Edmondson, J. (2008).** Public Dress and Social Control in Late Republican and Early Imperial Rome, J. Edmondson – A. Keith (Eds.). *Roman Dress and the Fabrics of Roman Culture* (21-46). Canada: Toronto University Press.

**Ersun, D. (2019).** *Anadolu'da Togalı Heykellerin Gelişimi: Tipolojik ve Stilistik Değerlendirme.* Ankara Üniversitesi, Sosyal Bilimler Enstitüsü, Arkeoloji Anabilim Dalı, Klasik Arkeoloji Bilim Dalı, Yayımlanmamış Doktora Tezi.

**Fowler, W. W. (1920).** *Roman Essays and Interpretations.* Oxford: The Clarendon Press.

**Gabelmann, H. (1985).** Römische Kinder in Toga Praetexta, *JdI*, 100, 497-541.

**Gehn, U. (2012).** *Ehrenstatuen in der Spätantike: Chlamydati und Togati.* Wiesbaden: Reichert.

**Geyer, A. (1978).** Ikonographische Bemerkungen zum Neapler Brüdersarkopha, *JdI*, 93, 369-393.

**Goette, H. R. (1986).** Die Bulla, *Bjb*, 186, 133-164.

**Goette, H. R. (1990).** *Studien zu römischen Togadarstellungen.* Mainz: Verlag Philipp von Zabern.

**Harlow, R. (2017).** Little Tunics for Little People: The Problems of Visualising the Wardrobe of the Roman Child, C. Laes – V. Vuolanto (Eds.) *Children and Everyday Life in the Roman and Late Antique World* (43-59). London and New York: Routledge.

**Havé-Nikolaus, F. (1998).** *Untersuchungen zu den kaiserzeitlichen Togastatuen griechischer Provenienz.* Mainz: Verlag Philipp von Zabern.

**Higgins, R. (1980).** *Greek and Roman Jewellery.* USA: University of California Press.

**Mau, A. (1897).** Bulla, *RE*, 3(1), 1047-1051.

**M. Tullius Cicero (1903).** *The Orations of Marcus Tullius Cicero.* C. D. Yonge (Çev.). London: George Bell & Sons.

**Pliny the Elder (2010).** *Naturalis Historia.* Turnhout Brepols Publishers.

**Rawson, B. (2005).** *Children and Childhood in Roman Italy.* İngiltere: Oxford University Press.

**Seyrig, H. (1953).** Antiquités de la nécropole d' Émèse, *Syria*, 30(1.2), 12-50.

**Torelli, M. (1984).** *Lavinio e Roma: riti iniziatici e matrimonio tra archeologia e storia.* Roma: Quasar.

**Varro (1938).** *De Lingua Latino / On the Latin Language.* R. G. Kent (Çev.), Londra: Harvard University Press.

**Wilpert, J. (1899).** Der Parallelismus in der Entwicklung der toga und des pallium, *ByzZ*, 8, 490-492.

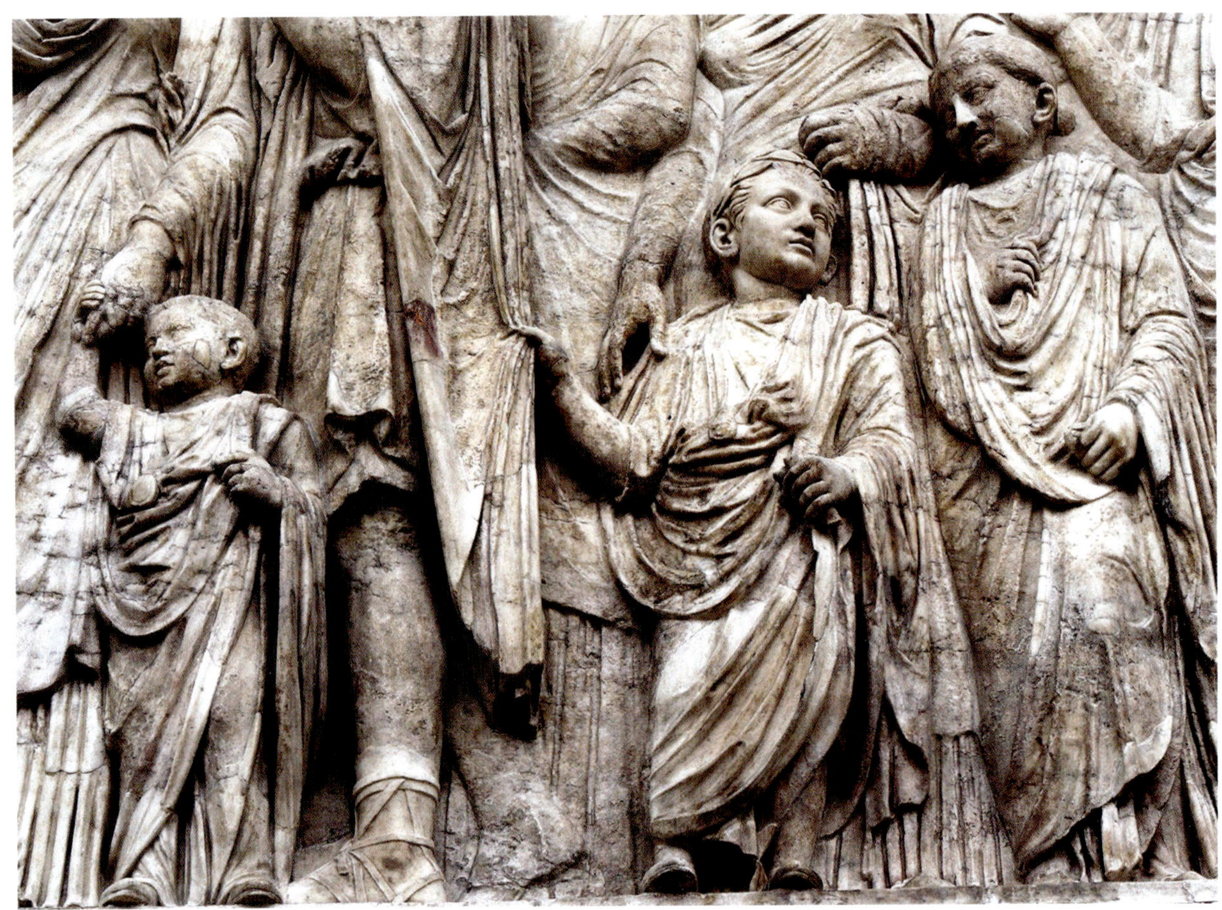

**Şekil 1.** Ara Pacis Sunağı güney frizi (Harlow, 2017: 45, Fig. 4.1a-b).

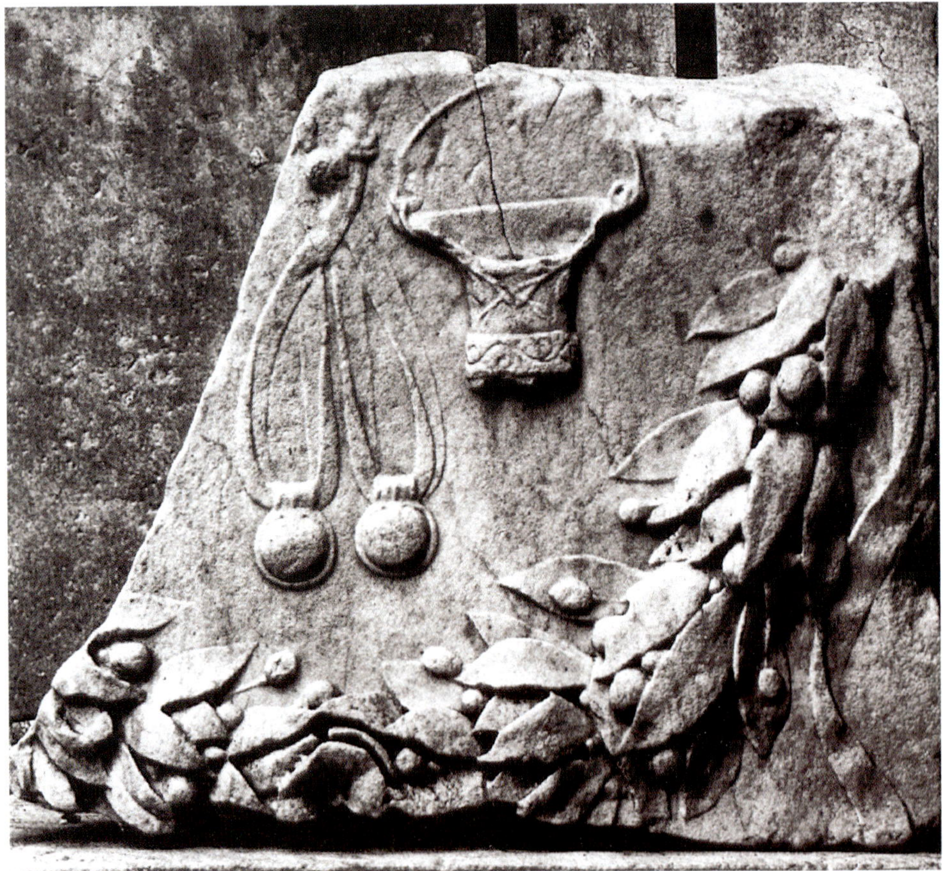

**Şekil 2.** Roma Kapitol Müzesi'nden sunak parçası (Goette, 1986: 139, Fig. 4).

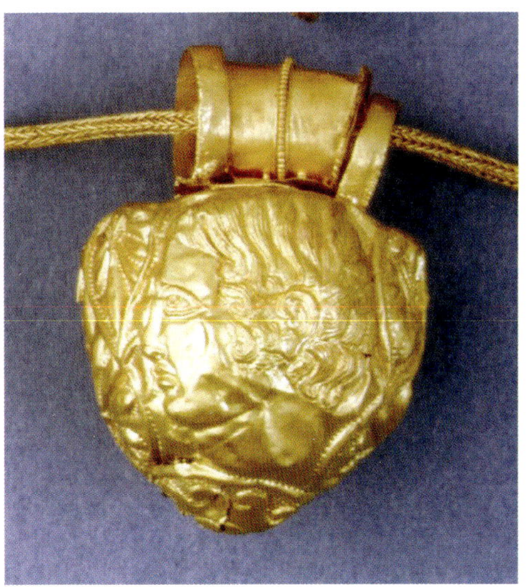

**Şekil 3.** Londra British Müzesi katalogundan altın bulla (Goette, 1986: 140, Fig. 5).

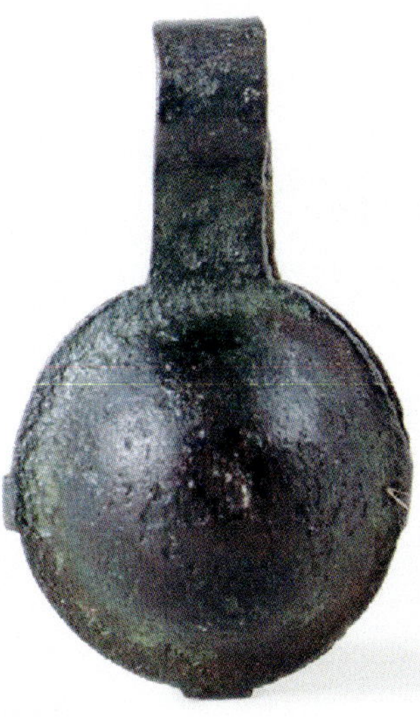

**Şekil 4.** Lizbon Ulusal Arkeoloji Müzesi'nden bronz bulla örneği (Barroso, 2013: Fig. 16).

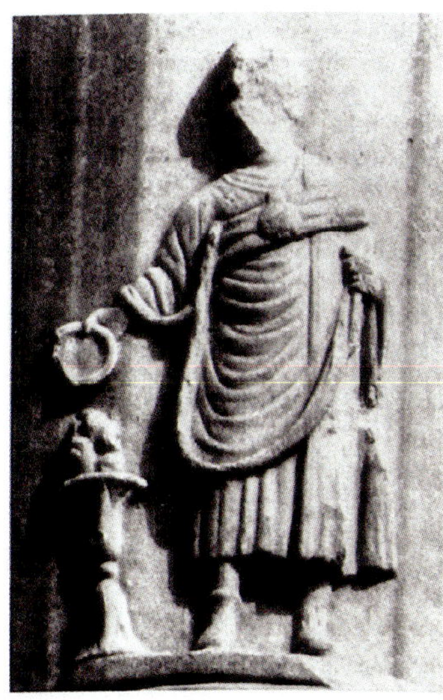

**Şekil 5.** Perge sütunlu portiko'dan Bulla'lı kabartma (Bordenache, 1969, 84; Goette,1986: 147, Res. 16,).

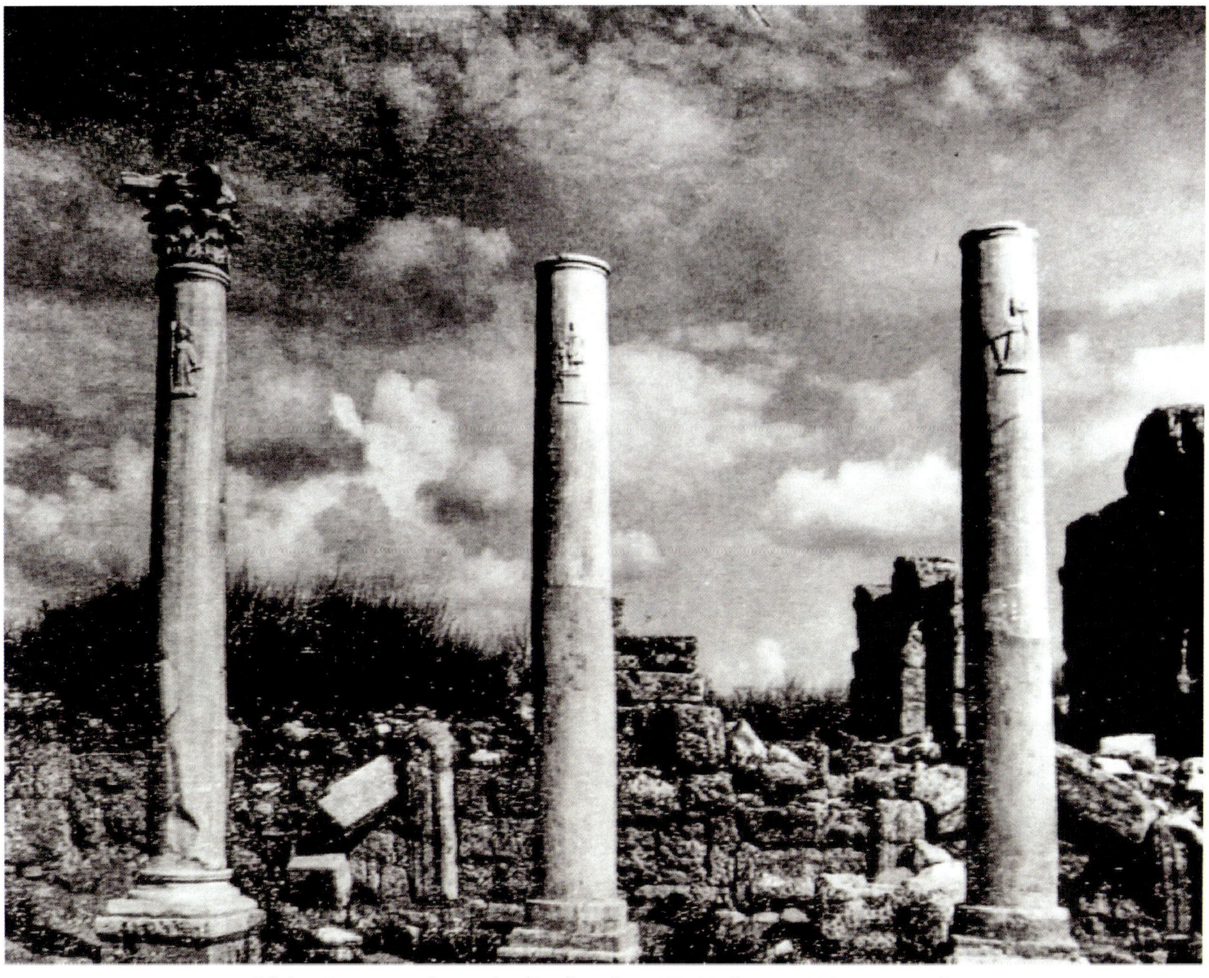

**Şekil 6.** Perge sütunlu portiko (Bordenache, 1969, 84; Goette, 1986: 147, res. 16).

# Çalıştay Değerlendirme Paneli: Arkeologların; Sanat Tarihçilerinin ve Arkeometri Alanında Çalışanların Takı ve Boncuk Çalışmalarından Beklentileri ve Sorunları

## *Workshop Evaluation Panel: Expectations of Archaeologists, Art Historians and Archaeometrists From Ornament and Bead Research, and Their Problems*

Şahinde DEMİRCİ -Moderatör

Bu çalıştay değerlendirme panelinde, arkeologların, sanat tarihçilerinin ve arkeometri alanında çalışanların takı ve boncuk çalışmalarından beklentileri ve sorunları kapsamında bir grup araştırıcı ve akademisyenin görüşlerini dinlemenizde yarar olacağı görüşündeyim. Bunun için takı ve boncuk alanında yoğun çalışmaları olan Melih Arslan, Billur Tekkök Karagöz, Emma baysal, Çiğdem Lüle ve Mahmur Sür konuşmacı olarak seçilmiş bulunmaktadır.

Şimdi sözü konuşmacılarımıza bırakıyor ve başarılar diliyorum.

### Melih Arslan

Antikçağda işlenerek kullanılmış süs taşları genellikle, yüzük taşı, amulet (muska), kolye boncuğu, giysi süsü veya mobilya süslemesi olarak kullanılmışlardır. Amulet ve yüzük taşı olarak kullanılmış olanların birçoğunun üzerinde oyma *(intaglio)* ve yüksek kabartma (kameo) olarak çok çeşitli figürler bulunmaktadır.

Antikçağ süs taşlarının tümü, 2863 sayılı kültür ve tabiat varlıklarını koruma kanunu gereğince, taşınır kültür varlıkları olduklarından, müzelerde korunması gerekmektedir. Ayrıca özel müze ve ruhsatlı özel koleksiyoncularda bu tür eserler bulunmaktadır.

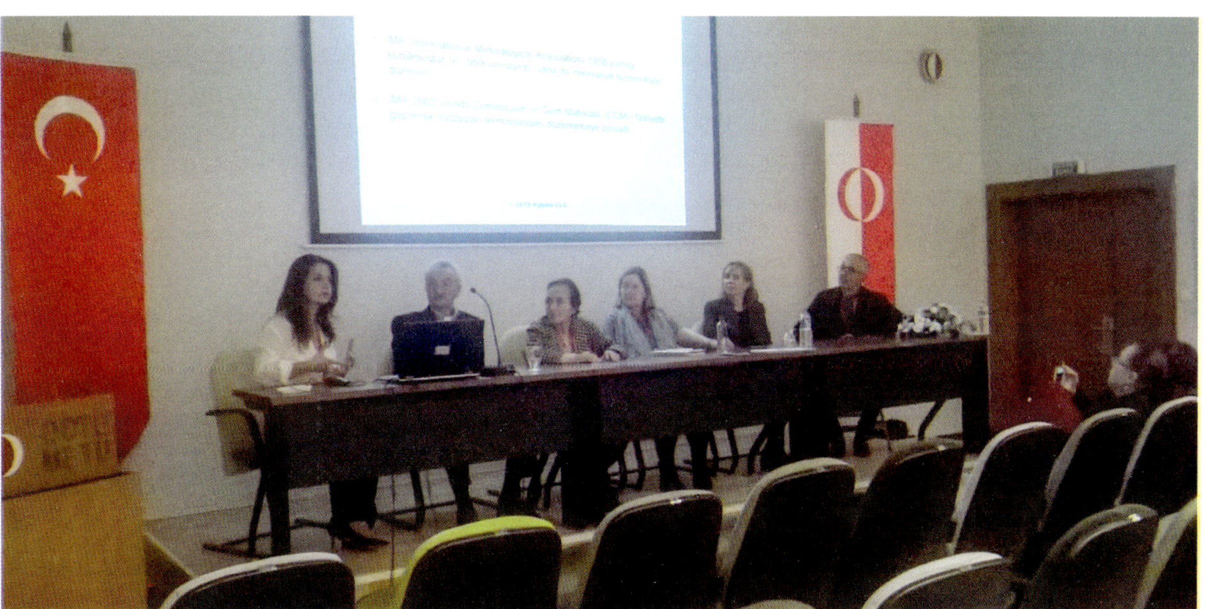

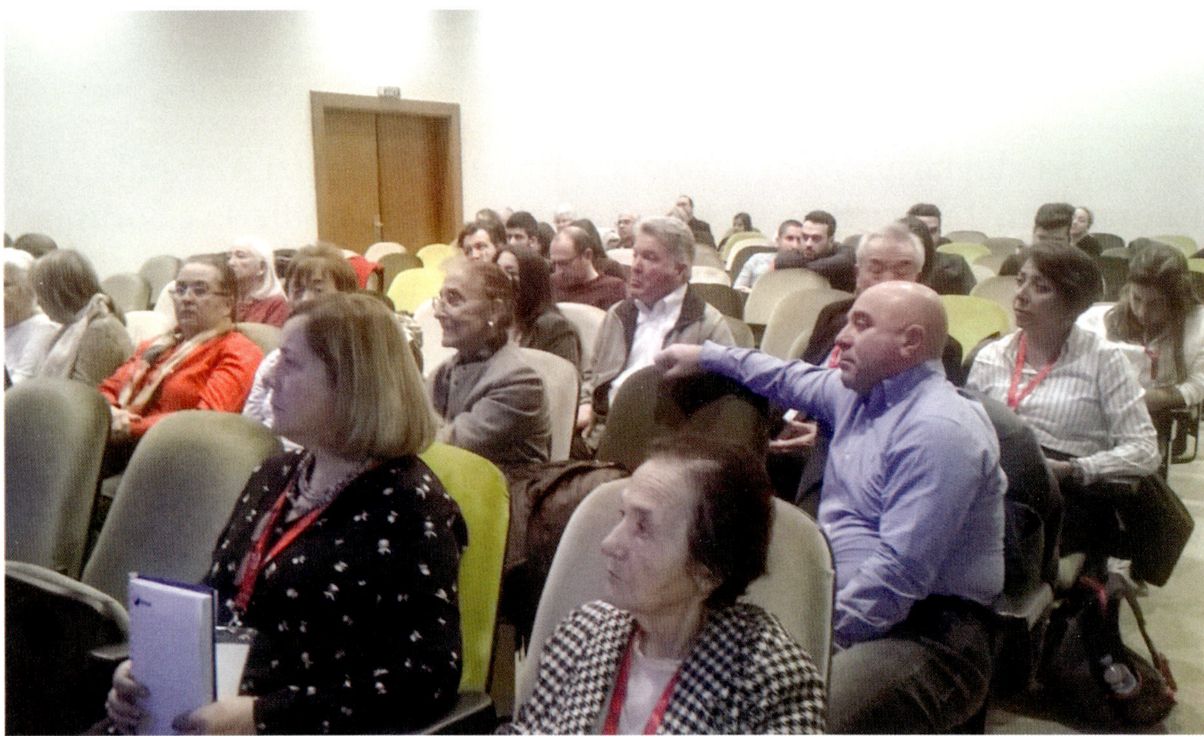

Burada belirtmeliyim ki, Türkiye müzelerinde bu güne kadar, bu konuda çalışma yapan, uzman bir arkeolog (arkeogemolog) ve Sanat Tarihçi bulunmamaktadır. Hatta üniversitelerimizde bile bu konuda doktora yapmış insan sayısı bir elin parmağını geçmemektedir.

Müzelerimizde korunan bu malzemeler, bilimsel kazılar ve satın alma yoluyla gelmektedir. Bu nedenle bu tür malzemelerin incelenmesi ve bilimsel yayınlarının yapılabilmesi için müzelerimizde ne yazık ki, bu konuda yetişmiş uzmanlarımızın olmaması en büyük eksikliğimizdir.

## Billur Tekkök Karaöz

Arkeogemolojinin disiplinlerarası araştırmalarda, özellikle de kazılarda bulunan malzemenin doğru değerlendirilmesi için önemi, alan uzmanlarının yaptığı çalışmalarla antik ticaretin ve taş işleme sanatında uzmanlaşmanın odak noktaları tartışılmıştır. Arkeogemolojinin 2019'da nasıl katkılar sunduğu ortaya çıkmıştır.

- Hammadde halinde ülkemiz sınırları içinde çıkan değerli taşlar ve ocak işletim modelleri değerlendirilmiş, özellikle de Milas'da bulunan sultanit taşı ve bunun gibi diğer taşların yerel otoritelerce işletme politikalarının devretme niteliğinde olduğu ve ülkemize geri dönüşünün ticari anlamda yeterli olmadığı tartışılmıştır. Bu tarz devret-işlet modelinin dünya yerel kültürel miras değerinde olan bazı taş yatakları için yeniden gözden geçirilmesi gerekliliği ortaya çıkarılmıştır.
- Boncuk araştırmalarında hammadde-köken analizinin önemi, özellikle Raman, FT-IR vb. tekniklerin mutlaka kullanılarak gözle görünmeyen özelliklerin saptanması gerekliliği vurgulanmıştır.
- Takının bulunduğu yerde antik çağ, hatta günümüzde bile ticareti yapılan ürün olarak ticaret ağının saptanması ve bunun kronolojik belgelerle ortaya konmasının önemi vurgulanmıştır.
- Boncuk üretiminde fırınlama tekniğinin de, üretim lokalizasyonu için önemli olduğu ortaya çıkmıştır.
- Günümüzde devam eden nazar boncuğu ve boncuk üretim geleneğini sürdüren ustalar ve bu *usta-geleneği*'nin kültürel miras öğesi olarak korunması gerekliliği değerlendirilmiştir.

Bu bağlamda yaşayan kültür mirası için etnoarkeoloji kullanmak, kazılarda çıkan boncukların konteks bazında önemi, müze koleksiyonlarıyla karşılaştırmalı değerlendirilmesi konuları da vurgulanmıştır.

## Emma Louise Baysal

Çalıştayın sonunda yer alan son panel tartışmaları çalıştayın devam ettiği günler içinde de gündeme getirilen birkaç önemli konuya odaklandı. Bunlar arasında ön plana çıkanlardan bir tanesi disiplinlerarası seviyede etkili komünikasyonun gerekliliğiydi. Araştırmaların birçok alanında olduğu gibi, disiplinler ayrı bir şekilde geliştiğinden, farklı yöntemleri, tanımlamaları ve konularının açıklanması geliştirilmektedir. Bu durum terminolojinin kullanımında karışıklıklara sebep olmaktadır, genellikle aynı terimin çoklu anlamlarından ve farklı disiplinlerde farklı kodlama pratiklerinden kaynaklanmaktadır. Dolayısıyla, etkili iletişim ve komünikasyonda olacağı gibi araştırmaların disiplinler arası tercümelerinde de engellere sahip olacaktır.

Genel olarak hemfikir olunan konu ise takı ve süs eşyalarının yapılmış olduğu materyallere ait jeolojinin daha iyi anlaşılmasıydı. Bu aynı zamanda terminoloji konusunda ortaya çıkan sorunların bir kısmını da çözebilecektir.

Tartışmalar bunun dışında disiplinler arası iletişim, eğitim ve işbirliği ile başka alanlardaki uzmanlıkların varlığını kabul etmek ve bunlardan yararlanmanın üzerinde odaklandı. Söz konusu durum, her ne kadar daha geniş bir alana yayılması gerekse de, arkeoloji içerisinde hızla artış göstermektedir. Örneğin, günümüzde Nazarköy'deki boncuk üretimi ve bu alandaki bilgi ve beceriler (malzeme bilgisi dahil) bizlere üretim aşamalarını ve ne kadar karmaşık bir yapıda olduğunu ve buna bağlı olarak gerek etnoğrafik ve gerekse arkeolojik kaynaklardan öğreneceğimiz şeylerin ne kadar çok olduğunu göstermektedir.

Genel olarak ulaşılan düşünce ise bu ve benzer örneklerin bilgi ve becerilerin kayıt altına alınarak bir an evvel yitirilmeden belgelenmesi üzerine oldu. Arkeoloji, çok ciddi bir araştırma alanı olan takı ve süs eşyaları üzerindeki çalışmaları bünyesine uyarlamakta yavaş kaldı. Çalıştay ise bu alandaki çalışmaların önemini, daha ne kadar çok araştırma yapılmasını ve diğer materyal kültür çalışmaları ile aynı standartlara ulaştırmak için kat edilmesi gereken yolun uzunluğunu gösterdi. Bunu söylemekle birlikte, çalıştayda sunulan çok sayıda ve yüksek kalitedeki bilimsel çalışmalar bu alandaki yapılan ve yapılabileceklerin potansiyelini ortaya koyarken umuyor ve görüyoruz ki gerçekleştirilen çalışmalar ve yüksek motivasyona sahip araştırmacılar takı ve süs eşyaları üzerindeki çalışmalara pozitif sonuçlar eklemeye devam edecektir.

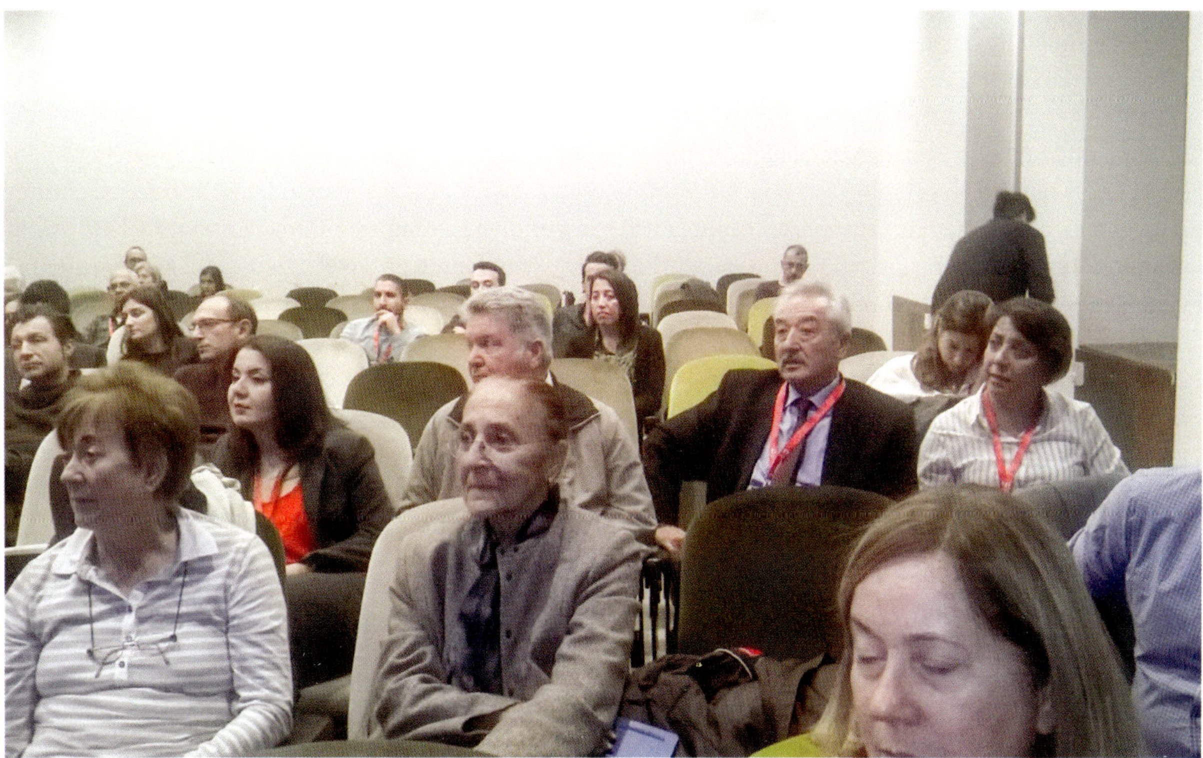

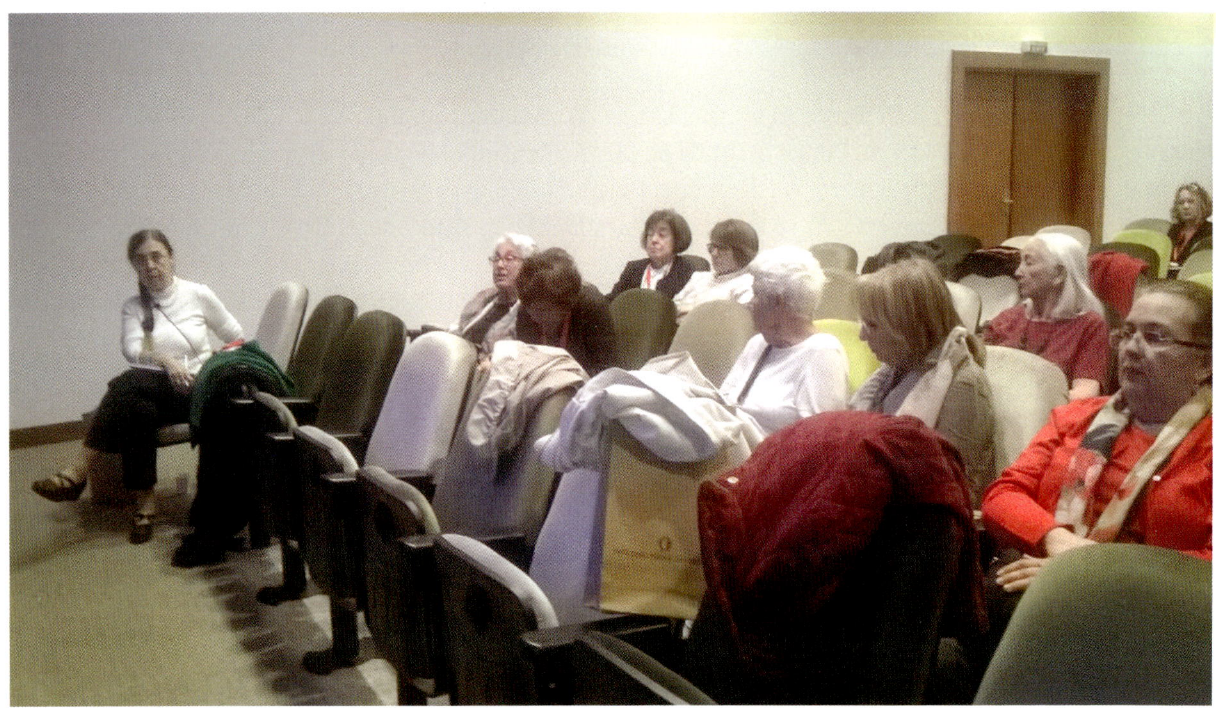

## Çiğdem Lüle

Bu bildirinin amacı arkeogemoloji olarak bilinen ancak oldukça az tanınan, çalışma alanı arkeolojik süstaşlarını disiplinler arası yaklaşımlar kullanarak tanımlamanın yanı sıra kökenlerini de araştırmak olan bilim dalıyla ilgili bir tartışma sunmak ve süregelen süstaşı terminolojisi tartışmalarına yeni bir bakış açısı getirmektir. Arkeogemoloji; gemoloji, arkeoloji ve jeoloji bilim dallarının ilgili yönlerini birleştirerek antik süstaşlarını tanımlayan, mineralojik ve coğrafi kökenlerini belirleyen bir bilim dalıdır. Disiplinin bu özelliği antik süstaşlarının kökenlerine dayanarak eski kültür ve uygarlıkların göç rotalarına, birbirleri arasındaki ticari bağlara ve toplumsal ilişkilere dair bilgi edinilmesine katkı sağlamaktadır.

Arkeogemolojik araştırmalarda ilk adım arkeolojik buluntuya ait süstaşını tanımlamaktır. Tanımlama hızlı, örneğe zarar vermeyen ve kazı alanından müzeye kadar her ortamda uygulanabilir gemolojik bir çalışmadır.

Gemoloji hemen her zaman mineraloji, fizik, kimya gibi diğer bilim dalları ile kesişen ve ortak çalışan bir alandır. Her ne kadar eğitimli bir gemolog herhangi bir süstaşını çoğu zaman tanımlayabilse de, iyileştirme işlemi görmüş ya da sentetik olarak üretilmiş süstaşlarını tanımlamak için gemoloji laboratuvarlarında ileri analiz tekniklerinin kullanılması gerekebilir. Bu ileri teknikler aynı zamanda arkeogemolojinin de temelini oluşturan köken belirleme çalışmalarında kullanılan tekniklerdir.

Arkeologlar süstaşlarının tanımlanmasında ve bu tanımların diğer disiplinlerde ifade edilmesinde zaman zaman kavram karmaşası yaşayabilmektedirler. Arkeogemoloji; bu noktada arkeologlara çözüm olabilecek pratik bir gemolojik terminoloji ve süstaşlarının sınıflandırılmasında bilimsel olarak kabul edilen bir sözlükçe sunmaktadır. Buna ek olarak ileri mineralojik ve jeokimyasal tanımlama yöntemleri antik süstaşlarının jeolojik ve coğrafik kökenlerini de belirlemeyi sağlamaktadır.

## Mahmut Sür

2002 yılında kendi atölyemi açtıktan sonra amacım nazar boncuğunu takıya sokup önünü açmaktı hedefim. Bu tarihe kadar nazar boncuğu takıda yer almıyordu. Nazar boncuğunun daha iyi bir yere gelmesi için bayanlara takı boncuğu olarak yapıp nazar boncuğunu iyi bir yere getirip ivme kazandırmak istedim.

İlk buzlama nazar boncuğunu ben yaptım. Bu tekniği 15 yıl çalıştığım cam fabrikasında öğrenmiştim. Camı buzlayıp bir çok model yaparak takı boncuğu haline getirdim, 2005 yılında altın yılımı yaşadım. Buzlu boncuk çok rağbet gördü. Hâla iyi bir şekilde devam etmektedir. Buzlama tekniği dışında renk çeşitlerini de artırdım. Şu anda renkleri ayrı ayrı buzlama tekniğiyle 12 renk elde ettim. Böylelikle rengi ve çeşitliliğini artırarak nazar boncuğunu daha farklı boyutlara getirdim. Sadece kapı süsü ya da hayvan takısı olmaktan öte elit bir takı malzemesi haline getirdim. 12 renge çıkarmamdan dolayı ayakkabı sektöründe de çeşitliliklerin (özellikle yazlık sandalet) meydana gelmesine vesile oldum.

Yukarıda açıkladığım gibi nazar boncuğunun gelişmesine yaptığım katkılar ve nazar boncuğu hikayesini bambaşka boyutlara getirmemin hikayesini yukarıda anlatmaya çalıştım. Her şey yaşadığım Köyün sembolü olan Nazar Boncuğunu ulusal ve uluslararası düzeyde en iyi şekle getirme çabasından ibarettir.

Bilgilerinize.

## Şahinde Demirci -Moderatör

Panel sona ermiştir. Konuşmacılarımıza bu Çalıştayımıza katılımları ve Çalıştayımızın teması olan takı ve boncuk konusunda Panelimiz sırasında konu ile ilgili önemli hususları vurguladıkları için tekrar teşekkür ediyorum.

Yeni bir çalıştayda buluşmak üzere başarılı çalışmalar diliyorum.